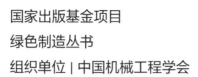

产品和技术可持续性评价方法及应用

李 涛 张洪潮 著

目前国内系统论述产品和技术可持续性评价方法的书籍不多。作者以国内外文献资料为基础，结合课题组近年的研究成果，对该领域相关理论研究成果进行总结和提炼，写作本书，以促进可持续性评价方法在我国制造业的发展和应用。全书包括产品和技术可持续性评价的相关概念、可持续性评价指标体系和数学模型、有代表性的可持续性评价方法及相应的实例分析等内容。

本书既可作为机械工程、管理工程、环境工程等有关学科、专业读者的科研资料，也可作为有关专业高年级本科生及研究生的教学参考书，亦可作为相关科学技术、工程技术及管理人员的参考用书。

图书在版编目（CIP）数据

产品和技术可持续性评价方法及应用/李涛，张洪潮著. —北京：机械工业出版社，2022.5

（国家出版基金项目·绿色制造丛书）

ISBN 978-7-111-70590-1

Ⅰ.①产… Ⅱ.①李… ②张… Ⅲ.①制造工业-可持续发展-研究 Ⅳ.①F407.4

中国版本图书馆 CIP 数据核字（2022）第 065250 号

机械工业出版社（北京市百万庄大街 22 号　邮政编码 100037）
策划编辑：李　楠　　　　　责任编辑：李　楠　王　芳　马新娟　郑小光
责任校对：张　征　王　延　责任印制：李　娜
北京宝昌彩色印刷有限公司印刷
2022 年 6 月第 1 版第 1 次印刷
169mm×239mm · 24 印张 · 423 千字
标准书号：ISBN 978-7-111-70590-1
定价：118.00 元

电话服务　　　　　　　　　网络服务
客服电话：010-88361066　　机　工　官　网：www.cmpbook.com
　　　　　010-88379833　　机　工　官　博：weibo.com/cmp1952
　　　　　010-68326294　　金　书　网：www.golden-book.com
封底无防伪标均为盗版　　机工教育服务网：www.cmpedu.com

"绿色制造丛书"编撰委员会

主　任
宋天虎　中国机械工程学会
刘　飞　重庆大学

副主任（排名不分先后）
陈学东　中国工程院院士，中国机械工业集团有限公司
单忠德　中国工程院院士，南京航空航天大学
李　奇　机械工业信息研究院，机械工业出版社
陈超志　中国机械工程学会
曹华军　重庆大学

委　员（排名不分先后）
李培根　中国工程院院士，华中科技大学
徐滨士　中国工程院院士，中国人民解放军陆军装甲兵学院
卢秉恒　中国工程院院士，西安交通大学
王玉明　中国工程院院士，清华大学
黄庆学　中国工程院院士，太原理工大学
段广洪　清华大学
刘光复　合肥工业大学
陆大明　中国机械工程学会
方　杰　中国机械工业联合会绿色制造分会
郭　锐　机械工业信息研究院，机械工业出版社
徐格宁　太原科技大学
向　东　北京科技大学
石　勇　机械工业信息研究院，机械工业出版社
王兆华　北京理工大学
左晓卫　中国机械工程学会
朱　胜　再制造技术国家重点实验室
刘志峰　合肥工业大学
朱庆华　上海交通大学

张洪潮　大连理工大学
李方义　山东大学
刘红旗　中机生产力促进中心
李聪波　重庆大学
邱　城　中机生产力促进中心
何　彦　重庆大学
宋守许　合肥工业大学
张超勇　华中科技大学
陈　铭　上海交通大学
姜　涛　工业和信息化部电子第五研究所
姚建华　浙江工业大学
袁松梅　北京航空航天大学
夏绪辉　武汉科技大学
顾新建　浙江大学
黄海鸿　合肥工业大学
符永高　中国电器科学研究院股份有限公司
范志超　合肥通用机械研究院有限公司
张　华　武汉科技大学
张钦红　上海交通大学
江志刚　武汉科技大学
李　涛　大连理工大学
王　蕾　武汉科技大学
邓业林　苏州大学
姚巨坤　再制造技术国家重点实验室
王禹林　南京理工大学
李洪丞　重庆邮电大学

"绿色制造丛书"编撰委员会办公室

主　任
刘成忠　陈超志

成　员（排名不分先后）
王淑芹　曹　军　孙　翠　郑小光　罗晓琪　李　娜　罗丹青　张　强　赵范心
李　楠　郭英玲　权淑静　钟永刚　张　辉　金　程

丛书序一

制造是改善人类生活质量的重要途径，制造也创造了人类灿烂的物质文明。

也许在远古时代，人类从工具的制作中体会到生存的不易，生命和生活似乎注定就是要和劳作联系在一起的。工具的制作大概真正开启了人类的文明。但即便在农业时代，古代先贤也认识到在某些情况下要慎用工具，如孟子言："数罟不入洿池，鱼鳖不可胜食也；斧斤以时入山林，材木不可胜用也。"可是，我们没能记住古训，直到20世纪后期我国乱砍滥伐的现象比较突出。

到工业时代，制造所产生的丰富物质使人们感受到的更多是愉悦，似乎自然界的一切都可以为人的目的服务。恩格斯告诫过：我们统治自然界，决不像征服者统治异民族一样，决不像站在自然以外的人一样，相反地，我们同我们的肉、血和头脑一起都是属于自然界，存在于自然界的；我们对自然界的整个统治，仅是我们胜于其他一切生物，能够认识和正确运用自然规律而已（《劳动在从猿到人转变过程中的作用》）。遗憾的是，很长时期内我们并没有听从恩格斯的告诫，却陶醉在"人定胜天"的臆想中。

信息时代乃至即将进入的数字智能时代，人们惊叹欣喜，日益增长的自动化、数字化以及智能化将人从本是其生命动力的劳作中逐步解放出来。可是蓦然回首，蓦地发现环境退化、气候变化又大大降低了我们不得不依存的自然生态系统的承载力。

不得不承认，人类显然是对地球生态破坏力最大的物种。好在人类毕竟是理性的物种，诚如海德格尔所言：我们就是除了其他可能的存在方式以外还能够对存在发问的存在者。人类存在的本性是要考虑"去存在"，要面向未来的存在。人类必须对自己未来的存在方式、自己依赖的存在环境发问！

1987年，以挪威首相布伦特兰夫人为主席的联合国世界环境与发展委员会发表报告《我们共同的未来》，将可持续发展定义为：既满足当代人的需要，又不对后代人满足其需要的能力构成危害的发展。1991年，由世界自然保护联盟、联合国环境规划署和世界自然基金会出版的《保护地球——可持续生存战略》一书，将可持续发展定义为：在不超出支持它的生态系统承载能力的情况下改善人类的生活质量。很容易看出，可持续发展的理念之要在于环境保护、人的生存和发展。

世界各国正逐步形成应对气候变化的国际共识，绿色低碳转型成为各国实现可持续发展的必由之路。

中国面临的可持续发展的压力尤甚。经过数十年来的发展，2020年我国制造业增加值突破26万亿元，约占国民生产总值的26%，已连续多年成为世界第一制造大国。但我国制造业资源消耗大、污染排放量高的局面并未发生根本性改变。2020年我国碳排放总量惊人，约占全球总碳排放量30%，已经接近排名第2~5位的美国、印度、俄罗斯、日本4个国家的总和。

工业中最重要的部分是制造，而制造施加于自然之上的压力似乎在接近临界点。那么，为了可持续发展，难道舍弃先进的制造？非也！想想庄子笔下的圃畦丈人，宁愿抱瓮舀水，也不愿意使用桔槔那种杠杆装置来灌溉。他曾教训子贡："有机械者必有机事，有机事者必有机心。机心存于胸中，则纯白不备；纯白不备，则神生不定；神生不定者，道之所不载也。"（《庄子·外篇·天地》）单纯守纯朴而弃先进技术，显然不是当代人应守之道。怀旧在现代世界中没有存在价值，只能被当作追逐幻境。

既要保护环境，又要先进的制造，从而维系人类的可持续发展。这才是制造之道！绿色制造之理念如是。

在应对国际金融危机和气候变化的背景下，世界各国无论是发达国家还是新型经济体，都把发展绿色制造作为赢得未来产业竞争的关键领域，纷纷出台国家战略和计划，强化实施手段。欧盟的"未来十年能源绿色战略"、美国的"先进制造伙伴计划2.0"、日本的"绿色发展战略总体规划"、韩国的"低碳绿色增长基本法"、印度的"气候变化国家行动计划"等，都将绿色制造列为国家的发展战略，计划实施绿色发展，打造绿色制造竞争力。我国也高度重视绿色制造，《中国制造2025》中将绿色制造列为五大工程之一。中国承诺在2030年前实现碳达峰，2060年前实现碳中和，国家战略将进一步推动绿色制造科技创新和产业绿色转型发展。

为了助力我国制造业绿色低碳转型升级，推动我国新一代绿色制造技术发展，解决我国长久以来对绿色制造科技创新成果及产业应用总结、凝练和推广不足的问题，中国机械工程学会和机械工业出版社组织国内知名院士和专家编写了"绿色制造丛书"。我很荣幸为本丛书作序，更乐意向广大读者推荐这套丛书。

编委会遴选了国内从事绿色制造研究的权威科研单位、学术带头人及其团队参与编著工作。丛书包含了作者们对绿色制造前沿探索的思考与体会，以及对绿色制造技术创新实践与应用的经验总结，非常具有前沿性、前瞻性和实用性，值得一读。

丛书的作者们不仅是中国制造领域中对人类未来存在方式、人类可持续发展的发问者，更是先行者。希望中国制造业的管理者和技术人员跟随他们的足迹，通过阅读丛书，深入推进绿色制造！

华中科技大学　李培根
2021 年 9 月 9 日于武汉

丛书序二

在全球碳排放量激增、气候加速变暖的背景下，资源与环境问题成为人类面临的共同挑战，可持续发展日益成为全球共识。发展绿色经济、抢占未来全球竞争的制高点，通过技术创新、制度创新促进产业结构调整，降低能耗物耗、减少环境压力、促进经济绿色发展，已成为国家重要战略。我国明确将绿色制造列为《中国制造2025》五大工程之一，制造业的"绿色特性"对整个国民经济的可持续发展具有重大意义。

随着科技的发展和人们对绿色制造研究的深入，绿色制造的内涵不断丰富，绿色制造是一种综合考虑环境影响和资源消耗的现代制造业可持续发展模式，涉及整个制造业，涵盖产品整个生命周期，是制造、环境、资源三大领域的交叉与集成，正成为全球新一轮工业革命和科技竞争的重要新兴领域。

在绿色制造技术研究与应用方面，围绕量大面广的汽车、工程机械、机床、家电产品、石化装备、大型矿山机械、大型流体机械、船用柴油机等领域，重点开展绿色设计、绿色生产工艺、高耗能产品节能技术、工业废弃物回收拆解与资源化等共性关键技术研究，开发出成套工艺装备以及相关试验平台，制定了一批绿色制造国家和行业技术标准，开展了行业与区域示范应用。

在绿色产业推进方面，开发绿色产品，推行生态设计，提升产品节能环保低碳水平，引导绿色生产和绿色消费。建设绿色工厂，实现厂房集约化、原料无害化、生产洁净化、废物资源化、能源低碳化。打造绿色供应链，建立以资源节约、环境友好为导向的采购、生产、营销、回收及物流体系，落实生产者责任延伸制度。壮大绿色企业，引导企业实施绿色战略、绿色标准、绿色管理和绿色生产。强化绿色监管，健全节能环保法规、标准体系，加强节能环保监察，推行企业社会责任报告制度。制定绿色产品、绿色工厂、绿色园区标准，构建企业绿色发展标准体系，开展绿色评价。一批重要企业实施了绿色制造系统集成项目，以绿色产品、绿色工厂、绿色园区、绿色供应链为代表的绿色制造工业体系基本建立。我国在绿色制造基础与共性技术研究、离散制造业传统工艺绿色生产技术、流程工业新型绿色制造工艺技术与设备、典型机电产品节能减排技术、退役机电产品拆解与再制造技术等方面取得了较好的成果。

但是作为制造大国，我国仍未摆脱高投入、高消耗、高排放的发展方式，资源能源消耗和污染排放与国际先进水平仍存在差距，制造业绿色发展的目标尚未完成，社会技术创新仍以政府投入主导为主；人们虽然就绿色制造理念形成共识，但绿色制造技术创新与我国制造业绿色发展战略需求还有很大差距，一些亟待解决的主要问题依然突出。绿色制造基础理论研究仍主要以跟踪为主，原创性的基础研究仍较少；在先进绿色新工艺、新材料研究方面部分研究领域有一定进展，但颠覆性和引领性绿色制造技术创新不足；绿色制造的相关产业还处于孕育和初期发展阶段。制造业绿色发展仍然任重道远。

本丛书面向构建未来经济竞争优势，进一步阐述了深化绿色制造前沿技术研究，全面推动绿色制造基础理论、共性关键技术与智能制造、大数据等技术深度融合，构建我国绿色制造先发优势，培育持续创新能力。加强基础原材料的绿色制备和加工技术研究，推动实现功能材料特性的调控与设计和绿色制造工艺，大幅度地提高资源生产率水平，提高关键基础件的寿命、高分子材料回收利用率以及可再生材料利用率。加强基础制造工艺和过程绿色化技术研究，形成一批高效、节能、环保和可循环的新型制造工艺，降低生产过程的资源能源消耗强度，加速主要污染排放总量与经济增长脱钩。加强机械制造系统能量效率研究，攻克离散制造系统的能量效率建模、产品能耗预测、能量效率精细评价、产品能耗定额的科学制定以及高能效多目标优化等关键技术问题，在机械制造系统能量效率研究方面率先取得突破，实现国际领先。开展以提高装备运行能效为目标的大数据支撑设计平台，基于环境的材料数据库、工业装备与过程匹配自适应设计技术、工业性试验技术与验证技术研究，夯实绿色制造技术发展基础。

在服务当前产业动力转换方面，持续深入细致地开展基础制造工艺和过程的绿色优化技术、绿色产品技术、再制造关键技术和资源化技术核心研究，研究开发一批经济性好的绿色制造技术，服务经济建设主战场，为绿色发展做出应有的贡献。开展铸造、锻压、焊接、表面处理、切削等基础制造工艺和生产过程绿色优化技术研究，大幅降低能耗、物耗和污染物排放水平，为实现绿色生产方式提供技术支撑。开展在役再设计再制造技术关键技术研究，掌握重大装备与生产过程匹配的核心技术，提高其健康、能效和智能化水平，降低生产过程的资源能源消耗强度，助推传统制造业转型升级。积极发展绿色产品技术，研究开发轻量化、低功耗、易回收等技术工艺,研究开发高效能电机、锅炉、内燃机及电器等终端用能产品,研究开发绿色电子信息产品,引导绿色消费。开展新型过程绿色化技术研究,全面推进钢铁、化工、建材、轻工、印染等行业绿色制造流程技术创新,新型化工过程强化技术节能环保集成优化技术创新。开展再制造与资源化技术研究,研究开发新一代再制造技术与装备,深入推进废旧汽车(含新能源汽车)零部件和退役机电产品回收逆向物流系统、拆解/破碎/分离、高附加值资源化等关键技术与装备研究并应用示范,实现机电、汽车等产品的可拆卸和易回收。研究开发钢铁、冶金、石化、轻工等制造流程副产品绿色协同处理与循环利用技术,提高流程制造资源高效利用绿色产业链技术创新能力。

在培育绿色新兴产业过程中,加强绿色制造基础共性技术研究,提升绿色制造科技创新与保障能力,培育形成新的经济增长点。持续开展绿色设计、产品全生命周期评价方法与工具的研究开发,加强绿色制造标准法规和合格评判程序与范式研究,针对不同行业形成方法体系。建设绿色数据中心、绿色基站、绿色制造技术服务平台,建立健全绿色制造技术创新服务体系。探索绿色材料制备技术,培育形成新的经济增长点。开展战略新兴产业市场需求的绿色评价研究,积极引领新兴产业高起点绿色发展,大力促进新材料、新能源、高端装备、生物产业绿色低碳发展。推动绿色制造技术与信息的深度融合,积极发展绿色车间、绿色工厂系统、绿色制造技术服务业。

非常高兴为本丛书作序。我们既面临赶超跨越的难得历史机遇,也面临差距拉大的严峻挑战,唯有勇立世界技术创新潮头,才能赢得发展主动权,为人类文明进步做出更大贡献。相信这套丛书的出版能够推动我国绿色科技创新,实现绿色产业引领式发展。绿色制造从概念提出至今,取得了长足进步,希望未来有更多青年人才积极参与到国家制造业绿色发展与转型中,推动国家绿色制造产业发展,实现制造强国战略。

中国机械工业集团有限公司　陈学东
2021 年 7 月 5 日于北京

丛书序三

绿色制造是绿色科技创新与制造业转型发展深度融合而形成的新技术、新产业、新业态、新模式,是绿色发展理念在制造业的具体体现,是全球新一轮工业革命和科技竞争的重要新兴领域。

我国自20世纪90年代正式提出绿色制造以来,科学技术部、工业和信息化部、国家自然科学基金委员会等在"十一五""十二五""十三五"期间先后对绿色制造给予了大力支持,绿色制造已经成为我国制造业科技创新的一面重要旗帜。多年来我国在绿色制造模式、绿色制造共性基础理论与技术、绿色设计、绿色制造工艺与装备、绿色工厂和绿色再制造等关键技术方面形成了大量优秀的科技创新成果,建立了一批绿色制造科技创新研发机构,培育了一批绿色制造创新企业,推动了全国绿色产品、绿色工厂、绿色示范园区的蓬勃发展。

为促进我国绿色制造科技创新发展,加快我国制造企业绿色转型及绿色产业进步,中国机械工程学会和机械工业出版社联合中国机械工程学会环境保护与绿色制造技术分会、中国机械工业联合会绿色制造分会,组织高校、科研院所及企业共同策划了"绿色制造丛书"。

丛书成立了包括李培根院士、徐滨士院士、卢秉恒院士、王玉明院士、黄庆学院士等50多位顶级专家在内的编委会团队,他们确定选题方向,规划丛书内容,审核学术质量,为丛书的高水平出版发挥了重要作用。作者团队由国内绿色制造重要创导者与开拓者刘飞教授牵头,陈学东院士、单忠德院士等100余位专家学者参与编写,涉及20多家科研单位。

丛书共计32册,分三大部分:① 总论,1册;② 绿色制造专题技术系列,25册,包括绿色制造基础共性技术、绿色设计理论与方法、绿色制造工艺与装备、绿色供应链管理、绿色再制造工程5大专题技术;③ 绿色制造典型行业系列,6册,涉及压力容器行业、电子电器行业、汽车行业、机床行业、工程机械行业、冶金设备行业等6大典型行业应用案例。

丛书获得了2020年度国家出版基金项目资助。

丛书系统总结了"十一五""十二五""十三五"期间,绿色制造关键技术与装备、国家绿色制造科技重点专项等重大项目取得的基础理论、关键技术和装备成果，凝结了广大绿色制造科技创新研究人员的心血，也包含了作者对绿色制造前沿探索的思考与体会，为我国绿色制造发展提供了一套具有前瞻性、系统性、实用性、引领性的高品质专著。丛书可为广大高等院校师生、科研院所研发人员以及企业工程技术人员提供参考，对加快绿色制造创新科技在制造业中的推广、应用，促进制造业绿色、高质量发展具有重要意义。

当前我国提出了2030年前碳排放达峰目标以及2060年前实现碳中和的目标，绿色制造是实现碳达峰和碳中和的重要抓手，可以驱动我国制造产业升级、工艺装备升级、重大技术革新等。因此，丛书的出版非常及时。

绿色制造是一个需要持续实现的目标。相信未来在绿色制造领域我国会形成更多具有颠覆性、突破性、全球引领性的科技创新成果，丛书也将持续更新，不断完善，及时为产业绿色发展建言献策，为实现我国制造强国目标贡献力量。

中国机械工程学会　宋天虎
2021年6月23日于北京

前 言

可持续发展概念的产生在很大程度上受到人类对环境灾难、化学污染和资源耗尽担忧的驱使。随着煤炭、石油等自然资源的持续消耗，环境问题的不断出现，人类社会现有的经济发展模式已不断呈现出不可持续的趋势。如何扭转这种趋势，达到可持续发展的目的，已成为人类社会发展迫切需要解决的问题。

随着各国以及贸易体系对环境问题的重视，绿色贸易壁垒成为当今国际贸易的新特征，并成为技术性贸易壁垒的重要组成部分。绿色贸易壁垒既有正面影响也有负面影响，合理利用绿色贸易壁垒能够为不断扩大的市场贸易提供可持续发展的保障，对我国对外贸易和经济的健康发展有着重要的理论和现实意义。我国需要尽快完善绿色贸易壁垒相关的环境标志认证、绿色技术标准、绿色包装、绿色卫生检疫等法律制度和环境标准，促进绿色生产，构筑我国的绿色保障体系，保护我国的生态环境和人民健康。

从最初的可持续发展理论的提出至今，可持续发展的研究已延伸为多种不同的层面：从全球可持续性、国家可持续性、区域可持续性，到城市可持续性、行业可持续性、供应链可持续性，再到企业可持续性、产品可持续性和技术可持续性等。无论怎样，这些研究都必须围绕可持续发展的基本思想来进行，其中，全球、国家和区域层次的可持续性研究属于宏观层面，城市、行业和供应链层次的可持续性研究属于介观层面，而企业、产品和技术层次的可持续性研究属于微观层面。在可持续发展观下，绿色制造越来越受到重视，制造企业所生产产品的可持续性和所采用技术的可持续性作为绿色制造的最终体现和组成部分，变得越来越重要。

在对可持续发展水平进行评价或对其进行规划时，无一例外地会遇到应该选取哪些指标进行度量以及应该采取什么方法进行评价等一系列问题。评价是人们忧虑制造的存在是否已经超出了大自然负载极限所必须采取的措施。关于可持续发展的评价问题，当前被认可的观点是从经济、环境和社会三个方面进行可持续性分析。可持续概念的复杂性和抽象性，使评价看起来很直接，但其实存在着许多挑战：其一是采用哪些指标及指标体系度量一个系统可持续程度，最终表征形式是多个指标还是综合指标；其二是如何追溯影响一个系统不可持续的根本原因、跟踪可持续的进程以及设定可持续性评价的频次；其三是如何在数据缺乏、具有不确定性和复杂性的条件下，确定数据之间的关联关系以及采取什么样的评价机制。由于产品和技术评价指标和评价方法的不完善和复杂性，目前，还没能有一个科学准确的量化方法可用于分析一个产品和技术的可持续性。因此，探讨产品和技术可持续性评价方法和实践问题具有重大理论与现实意义。

产品和技术作为可持续发展研究的微观层面，如同可持续发展的微观细胞单元，产品和技术的可持续性不容忽视。只有保证产品和技术在微观层次的可持续协调发展，才能实现企业、行业、区域和国家等在介观和宏观层面的可持续协调发展。技术可持续性评价是一个用来描述和评估技术对生态健康、经济发展和社会接受度的潜在影响，并为技术的筛选提供重要依据的系统过程。技术可持续性评价具有预测性，是解决可持续发展问题的重要手段。产品可持续性评价是科学系统评价产品生命周期可持续程度的过程，产品"可持续属性"贯穿产品的设计、制造、使用以及产品废弃后的回收、重用及处理等生命周期全过程，而不是产品的某一局部或某一阶段。生命周期理论是产品可持续的理论基础，只有从全生命周期角度评价，才能准确度量产品的可持续性。产品可持续是技术可持续的最终载体。

目前国内系统全面论述产品和技术可持续性评价方法的书籍不多，因此，为推进可持续性评价方法在我国的发展和应用，作者对该领域相关理论研究成果进行总结和提炼，写作本书。全书主要包括产品和技术可持续性评价相关概念、可持续性评价指标体系和数学模型、可持续性评价方法和实例分析等方面内容。针对产品和技术的可持续性评价方法问题，挑选当前常见的基本可持续性评价方法、基于智能优化算法的可持续性评价方法、不确定条件下的可持续性评价方法、生命周期可持续性评价方法进行了介绍。各种评价方法有简有繁，相互独立，但都符合可持续性评价要求。全书以重卡柴油发动机零部件、压缩机叶轮以及典型制造和再制造技术为例进行实例分析，所列举的评价指标体系和数据并不完善，也不完全合理，只为说明评价方法及应用，供读者借鉴和参考。本书最后一章，作为微观层次可持续性评价向介观和宏观可持续性评价的进一步延伸，还介绍了基于主成分分析方法的企业可持续性评价方法。

可持续性评价模型和方法的研究还有很多问题需要解决，例如，可持续性评价指标的选取和筛选、可持续性评价分级标准的制定、可持续性评价结果准确性的衡量、不可持续因素的分析和追溯、基于大数据的智能化可持续性评价方法和模型、基于模型驱动的绿色设计与评价协同建模技术、基于云架构的绿色制造集成服务平台等，因此该领域的研究任重而道远。但各种新理论、新方法、新要求和新应用的出现，却更加令人振奋和满怀希望。作者希望通过本书的抛砖引玉，能够为推进制造业的可持续发展尽一点微薄之力。

全书由大连理工大学李涛副教授、张洪潮教授撰写。同时特别感谢刘志超、姜秋宏、时君丽和彭世通等博士研究生，以及高旺、王亮、董萌萌、郭燕春、马敏和崔福曾等硕士研究生所做的大量数据收集、方法研究和实例分析等工作；特别感谢教研室的张元良、张应中、刘淑杰和刘伟嵬老师一直以来在科研和生活上的帮助；特别感谢同领域许许多多的学者、老师一直以来的支持和帮助。本书编写过程中引用了大量的国内外文献资料，作者尽量将所涉及的资料列在参考文献中，但尚有许多没有列出，在此向这些文献资料的作者表示歉意和感谢。由于目前可持续性评价理论不够完善，尚处于研究和发展过程中，加之时间仓促以及作者水平和所掌握资料有限，一些概念和文字表述可能不够确切，各种评价方法的准确性和适用性尚需推敲，缺点、错误和不妥当的提法在所难免，衷心希望各位读者批评指正。

本书的出版得到国家自然科学丛书基金（2020T-121）、国家重点基础研究发展计划（2011CB013400）、国家重点研发计划（2020YFB1711600）的支持，在此表示诚挚的感谢。

作　者

2021 年 12 月

目录 CONTENTS

丛书序一
丛书序二
丛书序三
前　言
第1章　概述 ·· 1
 1.1　可持续发展与绿色制造概论 ··· 2
  1.1.1　可持续发展的概念与内涵 ·· 2
  1.1.2　可持续发展与绿色制造 ··· 4
  1.1.3　绿色制造可持续发展的维度 ··· 5
 1.2　绿色制造相关概念 ·· 8
  1.2.1　绿色制造 ··· 8
  1.2.2　绿色产品 ··· 11
  1.2.3　绿色技术 ··· 14
  1.2.4　可持续性 ··· 16
 1.3　产品和技术微观层面可持续性评价特点 ································· 18
  1.3.1　产品可持续性评价边界和维度 ·· 18
  1.3.2　技术可持续性评价边界和维度 ·· 20
  1.3.3　产品和技术可持续性评价特点 ·· 22
 1.4　可持续性评价研究现状 ··· 24
  1.4.1　可持续性评价指标体系研究现状 ····································· 25
  1.4.2　基于综合评价方法的可持续性评价研究现状 ····················· 27
  1.4.3　生命周期可持续性评价方法研究现状 ······························ 30
  1.4.4　产品可持续性评价研究现状 ··· 39
  1.4.5　技术可持续性评价研究现状 ··· 40
 1.5　小结 ··· 42

参考文献 ·· 42

第2章 产品和技术可持续性评价指标体系和数学模型 ·················· 49
2.1 可持续性评价指标体系 ·· 50
2.1.1 评价指标体系的概念 ·· 50
2.1.2 评价指标的选取原则 ·· 55
2.1.3 产品可持续性评价指标体系的建立 ·· 56
2.1.4 技术可持续性评价指标体系的建立 ·· 57
2.2 生命周期可持续性评价指标体系 ·· 58
2.2.1 生命周期可持续性评价基本框架 ·· 58
2.2.2 基于生命周期评价方法的环境指标 ·· 59
2.2.3 基于生命周期成本分析方法的经济指标 ·· 62
2.2.4 基于社会生命周期评价方法的社会指标 ·· 64
2.3 综合评价理论和数学方法 ·· 67
2.3.1 综合评价方法概述 ·· 67
2.3.2 评价系统空间及评价标准 ·· 72
2.3.3 评价指标的预处理方法 ·· 83
2.3.4 多指标综合的数学方法 ·· 90
2.4 可持续系统协调发展评价方法和模型 ·· 97
2.4.1 协调发展和协调度模型概述 ·· 97
2.4.2 可持续系统协调发展模型 ·· 101
2.5 产品和技术可持续性评价方法论及步骤 ·· 116
2.6 小结 ·· 118
参考文献 ·· 118

第3章 基本的可持续性评价方法 ·· 123
3.1 基于层次分析法的可持续性评价方法 ·· 124
3.1.1 层次分析法概述 ·· 124
3.1.2 基于层次分析法的可持续性评价模型 ·· 125
3.1.3 基于模糊层次分析法的评价指标权重确定方法 ···························· 127
3.1.4 基于层次分析法的叶轮增减材制造可持续性评价实例分析 ·········· 129

3.2 基于主成分分析法的可持续性评价方法 ··········· 140
3.2.1 主成分分析法概述 ··········· 140
3.2.2 基于主成分分析法的可持续性评价模型 ··········· 141
3.2.3 基于主成分分析法的增材修复技术可持续性评价实例分析 ··········· 144

3.3 基于模糊综合评价法的可持续性评价方法 ··········· 161
3.3.1 模糊综合评价法概述 ··········· 161
3.3.2 基于模糊综合评价法的可持续性评价模型 ··········· 162
3.3.3 基于模糊综合评价法的再制造发动机可持续性评价实例分析 ··········· 162

3.4 基于灰色逼近理想解法的可持续性评价方法 ··········· 166
3.4.1 灰色逼近理想解法概述 ··········· 166
3.4.2 基于灰色逼近理想解法的可持续性评价模型 ··········· 169
3.4.3 基于灰色逼近理想解法的增材修复技术可持续性评价实例分析 ··········· 171

3.5 小结 ··········· 174
参考文献 ··········· 174

第4章 基于智能优化算法的可持续性评价方法 ··········· 177
4.1 基于遗传算法的可持续性评价方法 ··········· 178
4.1.1 遗传算法简介 ··········· 178
4.1.2 基于遗传算法的可持续性评价模型 ··········· 179
4.1.3 基于遗传算法的增材修复技术可持续性评价实例分析 ··········· 181

4.2 基于蚁群算法的可持续性评价方法 ··········· 186
4.2.1 蚁群算法简介 ··········· 186
4.2.2 基于蚁群算法的可持续性评价模型 ··········· 188
4.2.3 基于蚁群算法的增材修复技术可持续性评价实例分析 ··········· 189

4.3 基于支持向量机的可持续性评价方法 ··········· 191
4.3.1 支持向量机简介及基本原理 ··········· 191
4.3.2 用于分类的支持向量机 ··········· 194
4.3.3 用于回归的支持向量机 ··········· 199

  4.3.4 基于支持向量机的可持续性评价的基本步骤 ······················ 202

  4.3.5 基于支持向量机的增材修复技术可持续性评价实例分析 ······ 203

4.4 基于人工神经网络的可持续性评价方法 ······································ 210

  4.4.1 人工神经网络简介 ·· 210

  4.4.2 基于人工神经网络的可持续性评价的基本步骤 ······················ 215

  4.4.3 基于人工神经网络的增材修复技术可持续性评价实例

     分析 ·· 216

4.5 小结 ·· 223

参考文献 ·· 223

第5章 不确定条件下的可持续性评价方法 ··································· 225

5.1 基于不确定性理论的可持续性评价方法概述 ···························· 226

5.2 基于集对分析的可持续性评价方法 ·· 226

  5.2.1 集对分析方法简介 ·· 226

  5.2.2 基于集对分析的同异反态势排序的可持续协调发展评价

     模型 ·· 227

  5.2.3 基于集对分析的再制造发动机可持续性评价实例分析 ········· 231

5.3 基于图示评审技术的可持续性评价方法 ···································· 233

  5.3.1 再制造工艺中的不确定性 ·· 233

  5.3.2 图示评审技术简介 ·· 234

  5.3.3 废旧曲轴不确定再制造工艺过程分析 ······································ 237

  5.3.4 工艺单元层面的环境经济和技术评价 ······································ 240

  5.3.5 工艺链层面的环境、经济和技术评价 ······································ 247

  5.3.6 废旧曲轴再制造过程可持续性综合评价 ·································· 258

5.4 小结 ·· 261

参考文献 ·· 262

第6章 生命周期可持续性评价方法 ··· 265

6.1 研究对象及意义 ·· 266

6.2 废旧机械产品可持续性评价内容与评定标准 ···························· 267

  6.2.1 可持续性评价的内容及分析流程 ··· 267

  6.2.2 再制造可持续性综合评价指标与判定标准 ······························ 273

6.3 基于生命周期的废旧产品可持续性评价模型 ·················· 274
  6.3.1 废旧产品技术可持续性评价指标及模型 ·················· 274
  6.3.2 废旧产品环境可持续性评价指标及模型 ·················· 286
  6.3.3 废旧产品经济可持续性评价指标及模型 ·················· 294
  6.3.4 废旧产品社会可持续性评价指标及模型 ·················· 300
6.4 废旧发动机再制造可持续性评价实例分析 ·················· 308
  6.4.1 废旧发动机技术可持续性评价 ·················· 309
  6.4.2 废旧发动机环境可持续性评价 ·················· 312
  6.4.3 废旧发动机经济可持续性评价 ·················· 317
  6.4.4 废旧发动机社会可持续性评价 ·················· 328
  6.4.5 废旧发动机生命周期可持续性综合评价 ·················· 331
6.5 小结 ·················· 335
参考文献 ·················· 336

第7章 制造企业可持续性评价方法 ·················· 339

7.1 企业可持续性评价研究背景及意义 ·················· 340
  7.1.1 企业可持续发展面临的压力 ·················· 340
  7.1.2 企业可持续性评价的意义 ·················· 342
7.2 企业可持续性评价方法和模型 ·················· 343
  7.2.1 总体研究思路 ·················· 343
  7.2.2 信度和效度分析 ·················· 345
  7.2.3 企业可持续性评价指标体系 ·················· 346
  7.2.4 基于主成分分析的企业可持续性评价模型 ·················· 348
7.3 基于主成分分析的内燃机制造企业可持续性评价
  实例分析 ·················· 349
  7.3.1 研究样本 ·················· 350
  7.3.2 企业可持续性评价指标体系 ·················· 350
  7.3.3 企业可持续性评价及结果分析 ·················· 352
7.4 小结 ·················· 361
参考文献 ·················· 362

第 1 章

概 述

1.1 可持续发展与绿色制造概论

1.1.1 可持续发展的概念与内涵

可持续发展概念自 1987 年世界环境与发展委员会在《我们共同的未来》报告中明确定义和阐述以来，其理论日益完善，并受到世界各国、各组织、各行业及各企业的高度重视。可持续发展的经典定义是既满足当代人的需求又不对后代人满足其自身需求的能力构成危害的发展。从自然属性定义可持续发展：保护和加强环境系统的生产和更新能力，即可持续发展是不超过环境系统承载能力和更新能力的发展。从社会属性定义可持续发展：在生存不超出维持生态系统承载能力的情况下，改善人类的生活质量。从经济属性定义可持续发展：在保护自然资源的质量和其所提供服务的前提下，使经济发展的净利益增加到最大限度。从科技属性定义可持续发展：可持续就是转向更清洁、更有效的技术，尽可能地接近"零排放"或"封闭式"工艺方法，以此减少能源和其他自然资源的消耗。也就是说，可持续发展是指经济、社会、资源和环境保护协调发展，它们是一个密不可分的系统，既要达到发展经济的目的，又要保护好人类赖以生存的大气、淡水、海洋、土地和森林等自然资源和环境，使得子孙后代能够永续发展和安居乐业。可持续发展的原则是公平性、持续性和共同性。可持续发展的内涵为："可持续"是资源的永续利用和良好的生态环境；"发展"是鼓励经济增长，谋求社会全面进步。发展是基础，生态保护是条件，持续性是关键，社会全面进步是目标。

联合国在 2000—2015 年千年发展目标（Millennium Development Goals，MDGs）到期之后，于 2015 年通过《变革我们的世界：2030 年可持续发展议程》，制定了 17 个可持续发展目标（Sustainable Development Goals，SDGs）和 169 个具体目标，这些目标围绕五大主题——人类、地球、繁荣、和平和伙伴关系，兼顾可持续发展的三个方面——社会、经济和环境，旨在倡议世界各国从 2015 年到 2030 年在那些对人类和地球至关重要的领域中采取行动，以综合方式彻底解决社会、经济和环境三个维度的发展问题，以真正实现全球可持续发展。

可持续发展作为当代人类社会所关注的最重大问题和诸多学科共同关注的前沿领域，具有多种不同研究角度——侧重于生态的环境可持续性、侧重于社会的社会可持续性、侧重于经济的经济可持续性，以及多种不同的研究层面——全球可持续性、国家可持续性、区域可持续性、城市可持续性、行业可持续性、供应链可持续性、企业可持续性、产品可持续性和技术可持续性等。无论怎样，这些研究都必须围绕可持续发展的基本思想来进行，其中，全球、国家和区域层次的可持续性研究属于宏观层面，城市、行业和供应链层次的可持续性研究属于介观层面，而企业、产品和技术层次的可持续性研究属于微观层面。

在可持续发展观下，绿色制造越来越受到重视，制造企业所生产产品的可持续性和所采用技术的可持续性作为绿色制造的一部分，变得越来越重要，探讨产品和技术可持续性评价方法和实践问题具有重大理论与现实意义。制造企业的可持续发展是国家安全和国民经济健康运行的重要保障，经济效益不再是企业发展的唯一追求，企业还肩负着建设资源节约型和环境友好型社会的重大责任。当今社会，资源消耗型的粗放发展模式已被证明越来越不可持续，对全面提高资源利用率的要求越来越具体。一般认为，当社会消耗资源和产生废物的速度超过了自然将工业和社会废物转化为环境营养和资源的能力时，一个系统可能被认为是不可持续的。人类无限制的工业生产活动，已不断显露出不可持续性的趋势，如何扭转这种趋势，达到可持续发展的目的，已成为人类社会发展的迫切需求。

1996年我国将可持续发展上升为国家战略并全面推进实施，是最早提出并实施可持续发展战略的国家之一。进入21世纪，可持续发展理论在我国本土化拓展的集中体现便是科学发展观和生态文明理念。我国政府先后制定了生态文明建设考核目标体系、绿色发展指标体系和美丽中国建设评估指标体系等，并积极推动目标评价考核工作。《中国制造2025》发展规划将绿色制造列为2015—2025年我国制造业将要发展的五大工程之一，提出全面推行绿色制造，坚持把可持续发展作为建设制造强国的重要着力点，发展循环经济，提高资源回收利用效率，构建绿色制造体系，走生态文明的发展道路。《中华人民共和国国民经济和社会发展第十四个五年规划和2035年远景目标纲要》中指出：要坚定不移贯彻创新、协调、绿色、开放、共享的新发展理念；深入实施智能制造和绿色制造工程，发展服务型制造新模式，推动制造业高端化智能化绿色化，完善绿色制造体系；推动绿色发展，促进人与自然和谐共生，实施可持续发展战略，建立统一的绿色产品标准、认证、标识体系，构建绿色发展政策体系。

可持续发展系统是一个复杂系统，具有一般复杂系统的共同特征，即综合性、系统性、层次性、复杂性、动态性、开放性和自组织性等。一方面，可持续发展系统的研究需要综合运用自然科学、社会学科和工程技术领域的知识。另一方面，可持续发展系统强调综合、整体、系统地考虑经济、社会、环境多方面的相互关系和协调发展。可持续发展系统及其主要子系统，相互关联、相互制约、相互作用，具有复杂多变的系统结构，研究时需要大量的信息、数据和资料，而许多信息和数据很难或根本无法得到，难于用传统的建模方法来建立其数学模型，即使模型建立起来，求解也将十分困难。

实施可持续发展是一项庞大的系统工程，需要制定可持续发展规划、计划并组织实施，需要制定相应的政策法规予以引导，进行科学的决策和有效的管理，并对可持续发展进程进行监督、评估和预测。综合评价是对被评价对象的客观、公正、合理的全面评价。把握系统发展（或运行）状况的有效措施之一，就是要经常对系统的发展状况做系统的、全面的综合评价，这样才能及时获取反馈信息，制定并实施相应措施，促使系统协调发展。如何科学、定量地对可持续发展状况进行综合评价，进而分析问题，追溯不可持续因素，找出制约因素和薄弱环节，提出建议或对策，是目前可持续发展中亟待解决的问题。

▶ 1.1.2 可持续发展与绿色制造

制造业是通过人类劳动改造自然资源以满足人类需要，并将废弃物重新排放到自然中的产业，直接表现为人类社会和自然环境之间的物质交换，集中体现了人类经济活动对自然环境的改造。制造业是国民经济的支柱产业，制造业的发展能够有力推动经济发展，推动工业化和现代化进程，提升综合国力。然而，传统制造业在将自然资源转变为产品以及产品使用和报废处理过程中，消耗大量资源能源的同时也造成了严重的环境污染，使其成为资源能源消耗和生态破坏的重点产业。

可持续发展强调的是社会、经济、环境的整体持续发展，是建立在人与自然关系和谐基础上的发展。这种整体发展以环境的持续发展为基础、以经济的持续发展为主导、以社会的持续发展为目的。绿色制造系统是全面贯彻可持续发展理念的制造业系统，旨在与环境协调共生的基础上实现经济的持续增长和社会的全面进步。绿色制造作为制造业发展的重要方向之一，将成为工业界重要的竞争领域。绿色贸易壁垒作为一种市场准入的门槛，限制措施越来越严格，已经引起各国政府、企业和学术界的高度重视。为了将绿色贸易壁垒对企业的影响减至最低，最切实可行的办法就是充分利用绿色制造技术、实施绿色制造、生产绿色产品，以积极的态度顺应全球日益高涨的环境保护要求，完善绿色贸易壁垒相关的法律制度和环境标准，尽可能地消除绿色贸易壁垒对我国国际贸易的不利影响。

绿色制造作为可持续发展理念在制造业的体现，能够有效地解决传统制造业存在的"经济增长是建立在资源能源消耗和环境负担基础之上的"这个内在矛盾，是实现制造业由直线消耗型生产模式到循环节约型生产模式转变，进而实现可持续发展的关键途径。绿色制造综合考虑系统的社会经济效益及环境的压力，通过优化资源配置来提高资源使用率，通过改善员工的工作环境来提高员工的身心健康水平、调动其工作能动性，通过注重消费者的利益、主动承担社会责任来提高企业的社会形象。这些不仅能降低对环境的影响，还能够降低生产成本，提高生产效率、经济利润和企业的核心竞争力，为企业乃至整个社会带来长久的环境效益和经济社会效益。

绿色制造的目标是尽量减少人类行为对环境的影响，是一种通过新技术研发、产品和工艺设计、生产和供应链管理最大限度地减少浪费和污染的制造方法。绿色制造目标涵盖了产品从概念设计到处置的全生命周期，旨在通过合理的资源优化利用，减少浪费和污染，使得人类行为对环境的不利（负面）影响降到最小。狭义的绿色制造主要致力于企业内部的管理和技术创新，实行可持续设计和可持续的生产流程，在增加企业利润的同时，关注制造的环境影响与社会效益，以实现社会、经济和环境的可持续发展。若将绿色制造扩展到产品整个生命周期，形成大制造系统观念，则它不仅要求制造企业自身以可持续的方式进行生产，还要求其他相关企业的制造或非制造活动的可持续发展，因此，需要加大广义绿色制造组织管理模式的研究，例如生命周期管理、可持续供应链管理、商业模式转型等。

绿色制造符合可持续发展的理念，是制造业发展的方向之一。但是目前绿色制造的基础理论研究不足，在绿色制造的体系、评价和标准等核心问题上没有形成较完善的理论和实施框架，有待进一步在实证研究的基础上对相关理论进行探讨、验证和细化。我国当前资源短缺、环境恶化状况严重，推广施行绿色制造对经济健康发展、提升生态文明、促进社会和谐具有重要意义。

1.1.3 绿色制造可持续发展的维度

21世纪将是人类社会努力实施可持续发展战略的关键时代，人类社会面临着"什么是可持续发展"和"怎样度量可持续发展"等重大理论问题和紧迫现实任务。

1997年，Elkington提出"三重底线"（Triple Bottom Line，TBL）的概念，阐述经济效益、环境保护和社会责任是企业谋求生存与发展的基本底线。之后，"三重底线"被广泛认可为一种可持续发展的思维方法，实施可持续发展战略，不仅要考虑环境因素，还要考虑社会和经济因素，并将它们以可测量的方式联系起来,这三者被称为可持续发展的"三大支柱"。只有这三者均衡发展,系统才能实现真正的可持续。目前关于可持续发展的测量维度,已达成的共识主要集中在社会、经济和环境等三个维度。因此,可持续发展也被认为是社会进步、经济发展和环境友好之间的一种均衡状态。这三者相互关联:①经济因素与效率、增长、发展相对应。对环境而言,存在价值评估和内部化等问题;对社会而言,存在代内公平、就业、区域协调等问题。②环境因素与生物多样性、自然资源的保护、污染等相对应。对经济而言,存在价值评估、内部化、制约等问题;对社会而言,存在代内代际公平、公众参与等问题。③社会因素与贫困、文化、社会遗产等相对应。对环境而言,存在代际公平、人与自然的和谐、公众参与等问题;对经济而言,存在公正、福利等问题。

绿色制造贯彻可持续发展理念,不仅追求自身经济增长,同时还要兼顾与自然环境的改善、社会发展的和谐统一,即在与环境、社会协调共生的基础上实现经济的持续增长。绿色制造要考察产品、工艺及制造系统在技术、经济、环境、社会和组织机构等多个维度的可持续性,在技术研发、产品制造、企业发展过程中必须同时且平等地考虑多个维度的相关因素,才能保证技术、产品及企业均可持续发展。

在科学技术中,评价是一个通过数学模型将多个评价指标集成为一个综合评价值的过程,一般包括评价指标体系构建、评价标准和方法设计、评价信息获取和评价结果分析。针对绿色制造可持续性问题,国内外很多学者开发了相应的评价模型和方法,由于制造系统和产品种类不同以及可持续性评价方法、时间与边界划分的差异,可持续性评价在学术界并没有形成统一的标准。三个维度中常用的评价指标及方法如下:

1)环境可持续性是绿色制造的直观体现,它包括资源与能源消耗及其他环境影响两个部分。资源与能源消耗方面的评价指标有每单位产品的资源消耗、每单位产品的能源消耗、投入资源中循环材料所占比例、消耗的能源中可再生能源的比例、效率提升所节约的能源等。为了提高资源、能源利用率,减少废弃物排放,明确制造系统中物料与能量的复杂流动过程以支持环境可持续性,常采用的系统工具为物料流分析(Material Flow Analysis,MFA)和能量流分析(Energy Flow Analysis,EFA)。由于产品的制造过程以及原材料和能源的生产过程均会产生污染气体、固体废物等,造成相应的环境影响,因此关于环境排放的评价指标有单一性指标(例如总废水排量、温室气体排放量、SO_2 或者 NO_x 排放量等)和综合性指标(例如温室效应、富营养化、臭氧层破坏等)。最为常用的且被工业界与学术界广泛接受的环境可持续性度量方法为生命周期评价

（Life Cycle Assessment，LCA），也可利用其他的环境管理工具如环境影响评价（Environmental Impact Assessment，EIA）、生态效益分析（Ecological Benefit Analysis，EBA）、环境风险分析（Environmental Risk Assessment，ERA）、策略性环境评估（Strategic Environmental Assessment，SEA）等。

2）经济可持续性是企业实施绿色制造的重要推动力。产品制造的经济性分析能够为企业投资决策和提高盈利提供支持。经济可持续性有不同尺度的评价指标，例如财务健康（单位产品成本、收益率、偿债能力等），经济业绩（市场占有率、GDP 贡献率等），潜在收益（政策补偿、资助等）等。评价方法主要包含净现值（Net Present Value）、生命周期成本（Life Cycle Costing）、经营成本（Cost of Ownership）等。经济可持续性指标可能会和社会可持续性指标相融合，如在环保上的投资、工人健康与安全上的投资等。

3）社会可持续性是绿色制造的重要特征，其指标复杂、主观性强并且难以量化。绿色制造、低碳制造和再制造已经对原材料的节约、工艺过程的节能减排、零部件的再使用、材料的再生性和产品的碳轨迹等诸多因素给予了考虑。随着社会的发展，产品对社会的影响因素已经从过去的省钱、好使、易维修、对客户负责、环保、低碳等，向社会的较深层次发展（对社会和谐稳定的影响）。在社会维度，学术界对选取何种指标以及如何量化尚未达成共识，但是一般都集中于三个方面：产品、职工、社会发展与公正。在产品层面，评价指标有拥有环境标志产品比例、客户满意度、拥有回收政策的产品比例等。在职工层面，评价指标有员工性别比例、员工每年平均训练时间、员工流动率、员工满意度等。在社会发展与公正层面，评价指标有本地产品的消费比例、纳税、慈善投入、在人权方面的投入等。也有学者基于企业对社区及社会的责任将社会可持续性指标分为三类：人类发展及福祉（包括教育、培训、健康、安全等）；工资福利的公平、机会公平；伦理道德（包括人权、代际平等、文化价值等）。经济合作与发展组织（Organization for Economic Co-operation and Development）以及可持续发展委员会（Commission for Sustainable Development）等机构和组织开发了在公司/产品层面和全球/国家层面的社会可持续性指标。联合国环境规划署、国际环境毒理学与化学学会的生命周期倡议（UNEP-SETAC Life Cycle Initiative）将社会属性整合到生命周期评价中，利用社会生命周期评价（Social Life Cycle Assessment）度量社会可持续性。但是由于社会性指标的主观性、难以获取可靠数据等，在实行社会生命周期评价建模、分类、特征化等过程中会遇到诸多困难。目前，无论社会可持续性指标还是评价方法均有待进一步发展。

1.2 绿色制造相关概念

本节将论述绿色制造、绿色产品、绿色技术、可持续性的基本概念及其关联关系。绿色工厂是制造业的生产单元,是绿色制造的实施主体,属于绿色制造体系的核心支撑单元,侧重于生产过程的绿色化。绿色产品是以绿色制造实现供给侧结构性改革的最终体现,侧重于产品全生命周期的绿色化。绿色技术是实现绿色制造的核心内容之一,绿色产品是由绿色技术加工制造出来的。也就是说,绿色产品是绿色技术的最终载体,而绿色产品的获得必须以绿色制造为基础。

1.2.1 绿色制造

绿色制造(Green Manufacturing),又称为可持续制造(Sustainable Manufacturing)、环境意识制造(Environmentally Conscious Manufacturing)、面向环境的制造(Manufacturing for Environment),是一个综合考虑环境影响和资源效率的现代制造模式。绿色制造在学术界并没有形成统一的定义。狭义的界定可视其为一种通过新技术、新工艺,在把材料转化为产品的同时考虑减少环境影响,消费者、雇员、社会的安全性并且经济合理的生产方式,只关注产品生命周期中的生产阶段;而广义的界定则将狭义绿色制造的研究视角扩展到产品的整个生命周期。

绿色制造的目标是使得产品从设计、制造、包装、运输、使用到报废处理的整个产品生命周期中,对环境负面影响小,资源利用率高,并使企业经济效益和社会效益实现协调优化。可以看出,绿色制造具有非常丰富和深刻的内涵,主要强调了两个概念:全生命周期、环境-资源-效益协调优化。绿色制造的"制造"涉及产品整个生命周期,是一个"大制造"的概念,并且涉及多学科的交叉和集成,因此体现了现代制造科学的"大制造、大过程、学科交叉"的特点。环境-资源-效益协调优化是在整个生命周期过程中的分析、评价和优化,即对制造过程、制造技术及其产品的"绿色化程度"的评价和优化,以获得最好的节能降耗减排效果。绿色制造的内容为采用绿色材料、绿色能源,经过绿色的生产过程,生产出绿色产品。绿色制造是一个极具包容性的概念,可将末端治理、清洁生产、循环制造、再制造等都看作其具体举措。绿色制造是制造业可持续发展的关键途径,实质上是人类社会可持续发展战略在现代制造业中的体现。绿色制造在内涵上与可持续制造是基本相同的。

绿色制造是从可持续性的角度构建的新制造系统范式。国内学者自20世纪90年代末开始研究绿色制造问题，成果可概括为四个方面：绿色制造理论、绿色制造的内部结构、绿色制造的外部环境和绿色制造评价。

1）绿色制造是一种系统性地降低制造系统的能源使用、资源消耗、环境影响，并考虑制造伦理性、安全性与经济可行性的制造模式。由于绿色制造考察制造系统或工艺是否满足技术、经济、环境、社会和组织机构等多个维度的可持续性，其内涵主要包括：采用新的生产技术或生产方式，最大化资源及能源利用率，最小化环境影响及经济成本，构建有效的评估与管理模式，最小化对生态与社会的负面影响。绿色制造在产品的设计与工艺选择中考虑对环境污染小、低能耗的产品设计方案与工艺方法，生产中的废弃物与报废产品具有某种程度的降解性，在原材料使用中考虑再生性材料，应对产品寿命终结后期的再利用与材料再生，注重点在于对环境（空气、水、土壤）污染的最小化和再资源化。

2）绿色制造的内部结构包括绿色制造采用的技术、组织形态、运行管理模式等方面。近年来，绿色制造的内部结构方面的研究成果十分丰硕，绿色制造的内部结构的优化和变革会极大地推进制造的可持续性。

3）绿色制造的外部环境包括外部制度供给、市场需求两部分。外部环境重要的一环是政府制度的制定。政府的角色是一个监督者，所起的作用是为绿色制造提供动力和促进其良性运行，如法律法规体系完善、税收政策和资金市场支持、环保监察等。市场对绿色产品的需求总量和需求结构变化，都会影响制造系统的可持续性，实现绿色制造要认真分析国内外市场需求的变化。目前国内对绿色制造的制度环境、需求环境的研究相对较少，尤其缺乏对制度作用机制的深入探讨。

4）绿色制造评价的研究主要集中于评价指标体系研究、区域及行业可持续发展能力评价。从宏观层面，可持续能力评价从测度一国制造业的可持续能力（竞争力），各地区制造业可持续发展能力的排序，到评价一省制造业的可持续能力，均有涉及。从介观层面：评价行业可持续发展能力的研究，虽不如从宏观层面评价区域可持续发展能力的研究多，但也卓有成效；通过计算、比较各区域、各行业的综合和分类可持续能力指数，获知其在绿色制造方面的优势和薄弱环节，以提高可持续发展综合水平。在微观层面，评价产品和技术的可持续能力的研究相对较少，但也形成了较完善的理论和方法体系。因缺乏普遍认可的绿色制造测度指标体系，学者们或从生命周期角度或根据自己的需要设置或繁或简的评价指标，采用基本或智能的综合评价方法进行产品或技术可持续能力的评价。

绿色制造研究内容体系如图 1-1 所示，包括绿色制造的理论体系与总体技术、绿色制造的专题技术和绿色制造的支撑技术。

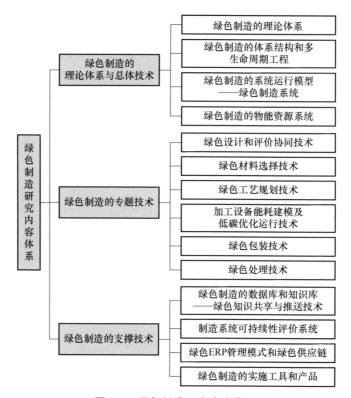

图 1-1 绿色制造研究内容体系

未来绿色制造的发展主要体现在以下六个方面：

1）全球化——绿色制造的研究和应用中将越来越体现全球化的特征和趋势。ISO 14000 系列标准的陆续出台为绿色制造的全球化研究和应用奠定了很好的基础，但一些标准还有待进一步研究、完善和制定，同时随着全球化市场的形成，在敏捷制造和绿色贸易壁垒的推动下，绿色产品的市场竞争将是全球化的。

2）社会化——需要形成绿色制造涉及的立法和行政规定、经济政策等社会支撑系统。绿色制造的研究和实施需要全社会的共同努力和参与，建立企业、产品、用户三者之间新型的集成关系，从而形成绿色制造所必需的社会支撑系统。

3）集成化——将更加注重系统技术和集成技术的研究。绿色制造涉及产品生命周期全过程，涉及企业生产经营活动的各个方面，要真正有效地实施绿色制造，必须从系统的角度和集成的角度来考虑和研究绿色制造中的有关问题。

4）并行化——绿色并行工程将可能成为绿色产品开发的有效模式。绿色设计今后仍将是绿色制造中的关键技术，绿色设计今后的一个重要趋势就是与并行工程的结合，从而形成一种新的产品设计和开发模式——绿色并行工程，力求在产品开发设计阶段就考虑到产品全生命周期中从概念设计到报废处理各阶段的可持续问题。

5）智能化——人工智能和智能制造技术将在绿色制造研究中发挥重要作用。绿色制造的决策目标体系是产品上市时间、产品质量、产品成本和为产品服务、环境影响、资源消耗和社会进步等多目标的集成，这些目标的优化是一个难以用一般数学方法处理的复杂的多目标优化问题，需要用人工智能方法来支撑。另外，绿色并行设计知识库以及绿色制造评价专家系统等均需要人工智能和智能制造技术来支撑。

6）产业化——绿色制造的实施将导致一批新兴产业的形成。制造业不断研究、设计和开发各种绿色产品以取代传统的资源消耗较多和对环境负面影响较大的产品，将使相关方面的产业持续兴旺发展；企业实施绿色制造，需要大量实施工具和软件产品，如绿色产品设计与评价协同建模系统、绿色设计知识智能推送系统、绿色工艺规划系统、绿色制造决策系统、绿色设计集成服务云平台、ISO 14000 国际认证支撑系统等，将会推动新兴软件产业的形成和快速发展。

1.2.2 绿色产品

对于绿色产品（Green Product）的概念，不同学者从不同角度给出了定义，如：

1）绿色产品是指从生产到使用乃至回收的整个过程都符合环保要求，对生态环境无害或危害极小，以及能够使资源再生利用和回收再循环的产品。

2）绿色产品是采用绿色材料，通过绿色设计、绿色制造、绿色包装而产生的一种节能、降耗、减污的环境友好型产品。

3）绿色产品是一种通过先进技术手段获得的，在生命周期过程中，符合特定的环境保护要求，对生态环境无害或危害极小，有利于人类的安全与健康，能满足不断变化的绿色消费需求，资源利用率高，能源消耗低的高新产品。

上述定义均符合可持续发展理念，绿色产品的内涵应兼顾资源能源消耗少、污染物排放低、低毒少害、易回收处理和再利用、健康安全和品质高等特征。

绿色产品是以绿色制造实现供给侧结构性改革的最终体现，侧重于产品全生命周期的绿色化。产品的绿色体现在产品的生命周期全过程，而不是产品的某一局部或某一阶段。基于全生命周期的理念，在产品设计开发阶段就应该系统考虑原材料选用、生产、销售、使用、回收、处理等各个环节对资源环境造成的影响，应用产品轻量化、模块化、集成化、智能化等绿色设计共性技术，采用高性能、轻量化、绿色环保的新材料，开发具有无害化、节能、环保、高可靠性、长寿命和易回收等特性的绿色产品，从而实现产品全生命周期的能源资源消耗最低化、生态环境影响最小化、可再生率最大化。

绿色产品的内涵中体现了资源、能源和生态环境之间不可分割的关系。产品产生环境污染的根本原因是产品在整个生命周期过程中的资源及能源消耗和废弃物的产生及排放。由于不同类型产品所产生的环境影响不同，而且有些差别很大，因此，不同产品必须根据自身的特点符合特定的环境保护要求，如汽车产品的燃油效率、尾气排放标准等。

绿色产品是一个相对概念，如何建立绿色产品评价指标体系以及如何评价产品的绿色度是绿色设计理论研究的一个十分重要的方面。从目前的实际情况来看，绿色产品的生产制造与消费都已经成为市场的热点。但从总体来看，市场上的绿色产品良莠不齐，主要原因是缺乏统一的绿色产品标准、认证、标识体系，因此，绿色产品评价方法、评价标准等相关研究的开展非常迫切。

为有助于识别绿色产品和非绿色产品，国际标准化组织颁布了 ISO 14020 系列环境标志标准，采用环境标志来认证绿色产品。环境标志一般分为三类，我国三类环境标志如图 1-2 所示。Ⅰ型环境标志，即通常所说的产品环境标志，也是目前大多数国家采用的标志类型。该类标志首先根据预先选定的产品种类，基于生命周期考虑制定标准，然后对某产品进行评估，根据评估结果比较产品在具有同样功能的产品中是否具有环境优越性，决定是否授予产品环境标志。其主要特点是：自愿参加，以有关准则、标准为基础，考虑产品生命周期，需经第三方认证。Ⅱ型环境标志，称为自我环境声明。其特点是：由制造商、零售商等利益相关者对产品的环境性能做出自我声明，由第三方进行认证。Ⅲ型环境标志，称为环境产品声明，由供应商提供，第三方检测、验证并公布信息公告，该声明基于定量的生命周期评价，能够为市场上的产品和服务提供科学的、可验证和可比性的环境影响信息，评价结果辅以额外的环境信息，绿色信息公告的指标优于市场准入标准，国际接轨额外加分，被认为是产品生态设计和绿色采购最有力的支持工具，越来越受到世界各国的重视。此外，有些部门和行业也根据自己的行业特征制定了自己的产品环境认证标准。

a)　　　　　　　　　　　　b)　　　　　　　　　　　　c)

图 1-2　我国三类环境标志

a) Ⅰ型环境标志　b) Ⅱ型环境标志　c) Ⅲ型环境标志

这里重点介绍Ⅰ型环境标志。它又称为绿色标志、生态标签，是一种印刷或粘贴在产品上或其包装上的证明性标志，是由政府管理部门或公共、独立的民间环境团体按严格的程序和环境标准颁发给厂商的"绿色通行证"，以向消费者表明使用该标志的产品不仅质量符合标准，而且从研制、生产、使用、消费直至回收处理的整个生命周期中均符合特定的生态、环保要求，对生态环境和人类健康均无损害，与同类商品相比，具有低毒、少害、节约资源等综合环保优势。目前实施产品环境标志认证的国家或地区很多，图 1-3 所示为若干国家或地区环境标志。

图 1-3　若干国家或地区环境标志

环境标志评价通常采取如下步骤：①产品种类选择；②对初选产品种类进行产品全生命周期的环境影响评价；③建立恰当的考核产品环境性能的标准值；④精选产品种类范围。其中，对初选产品进行全生命周期的环境影响评价是选择产品种类和制定绿色产品标准的依据。由于目前产品生命周期评价方法尚未规范和统一，且进行完整的产品生命周期评价需要大量的基础数据，因此，推行环境标志认证的一些国家采用了定性或简化定量产品生命周期评价方法来制定绿色产品的标准。例如，一些国家只是简单地将产品有利于环境保护、有利于资源回收利用和对人体健康危害较小等一般原则作为制定绿色产品标准的依据。所以,各国的绿色产品评价指标与标准有一定的差异。

我国Ⅰ型环境标志产品认证是国内最具权威的绿色产品、环保产品认证,又被称作"十环认证",代表官方对产品的质量和环保性能的认可,认证程序与国际接轨,由环境保护部颁布环境标志产品技术要求,技术专家现场检查,行业权威检测机构检验产品,最终由技术委员会综合评定。我国Ⅰ型环境标志立足于ISO 14000国际环境管理标准,将生命周期评价方法、环境管理意识和清洁生产技术融入产品环境标志认证。我国发布的有关政府采购实施意见明确指出,各级国家机关、事业单位和团体组织用财政性资金采购的,要从国家认可的认证机构认证的环境标志产品中,即从"环境标志产品政府采购品目清单"中,优先采购环境标志产品。

德国"蓝天使"是目前最严格的环保产品标志之一,对于每个产品类别都制定了标准,在确定绿色产品标准时,必须始终考虑产品生命周期全过程中对环境造成的危害。"欧洲之花"是欧洲市场最著名的生态标志之一,是全球第一个跨国性的环保标志系统,评价标准涵盖了产品的整个生命周期对环境可能产生的影响。北欧"白天鹅"标志评估产品从原材料到废品的整个生命周期的环境影响,要求每一组产品标准都是在产品生命周期相关环保因素的基础上制定的。俄罗斯"生命之叶"也是在全生命周期分析基础上,依据ISO 14020标准建立的Ⅰ型环境标志。

绿色产品的范围非常广泛,有食品、纺织品、塑料制品、洗涤用品、建筑材料、机械产品、化工产品、电子电器和快递包装等的各种产品。而本书中所指的产品主要是工业机械产品,简称产品。

1.2.3 绿色技术

目前,经济增长方式特别是发展中国家的经济增长方式主要以自然资源和劳动力为投入手段。这种粗放型经济增长方式不仅大量消耗、浪费不可再生资源,而且资源消耗和工业废弃物造成的环境污染会破坏人类生态系统,造成生态系统失衡,直接威胁人类的生存。因此,必须实施以绿色技术为先导的可持续发展战略。

绿色技术是最大限度地节约资源和能源、减少环境污染,有利于人类生存而使用的各种现代技术、工艺和方法的总称。更具体地说,绿色技术是以传统工艺技术为基础,结合材料学、环境学、控制学、机械学、计算机科学等新技术的优秀成果,对制造过程进行柔性化、精细化和绿色化的改进,形成高效、清洁、环保的制造工艺技术。因此，绿色技术本质上可以被认为是综合考虑了制造工艺、资源消耗与环境协调发展的综合技术，是注重环境友好型的先进制造技术，是实现绿色制造的核心内容之一。

绿色技术是实现可持续发展的有效途径。首先，绿色技术以节约资源能源为目标，资源能源的过度开采与消耗是造成经济不可持续发展的主要原因，而绿色技术则是通过各种技术手段和管理手段，提高资源和能源利用效率或采用可再生资源与能源，因而可以实现经济的可持续发展。其次，绿色技术以保护环境为准则，采用绿色技术能够节约资源和能源、减少废弃物的产生、有力保护环境、维持生态平衡。

绿色技术创新体系的最高级别是绿色产品，也就是说，绿色产品是绿色技术创新结果的最终载体，而绿色产品的获得必须以绿色技术为基础。绿色消费是通过实行绿色产品制度得以传播和扩展的，绿色产品是由绿色技术加工制造出来的，于是，由绿色消费反溯绿色技术。

环境技术认证（Environmental Technology Verification，ETV）是由第三方对技术持有者声明的环境技术性能指标进行的测试和认证，具有程序化、系统化、可重复性及客观公正的特点。"环境技术"是指那些具有环境增益或可检测环境影响指标的技术。在应对环境挑战和实现可持续发展过程中，这类技术会起到越来越重要的作用。20 世纪 90 年代初期，美国国家环境保护局（EPA）提出 ETV 计划，倡导建立一种环境技术评价体系，之后加拿大、日本、韩国、菲律宾和部分欧盟成员国也推出了类似的计划。环境技术评价体系建立之初的目的类似于环境标志制度（通过环境标志引导消费者购买环境友好型产品），旨在通过第三方评估机构对具有商业化潜力的创新环境技术进行测试、评价，为技术购买者和管理者提供客观、准确的决策依据，提高新技术的市场认可度，最终达到保护环境的目的。

美国的 ETV 制度是由 EPA 创建的一套程序和方法，用于评估创新技术解决威胁人类健康和环境问题的能力。EPA 为实现对现有污染源、常规污染物、非常规污染物和新污染源的有效控制，建立技术管理体系，要求企业分别采用现行最佳可行控制技术（BPT）、最佳常规污染物控制技术（BCT）、污染防治最佳可行技术（BAT）和最佳示范技术（BADT），并制定颁布了不同行业工业废水和城市污水排放限值指南和标准。美国的技术管理体系已成为其贯彻《清洁水法》和《清洁空气法》最重要的政策和措施之一。

我国国家标准《环境管理 环境技术验证》（GB/T 24034—2019）规定了环境技术验证的原则、程序和要求，适用于对各类环境技术进行客观性验证。我国陆续发布和施行的环境保护科学技术研究成果管理办法、环保最佳实用技术评选结果、环保产品认定等制度，对推动我国的环境保护技术和产品的发展起到了重要的作用。环境技术认证是环境技术管理的重要手段，因此，将环境技术认证评价体系引入机械制造业的绿色设计和绿色制造，能够为绿色技术选择提供科学的决策服务。

1.2.4 可持续性

可持续性（Sustainability）又称绿色度、可持续力，目前可持续性有不同的定义。狭义的可持续性是指产品的资源与环境的友好性，广义的可持续性还包含了产品的技术先进性、经济合理性以及对社会发展的促进作用，是一种多角度的综合评价指标，是体现该产品的经济性、环境影响程度、社会贡献和资源消耗等方面的综合测度。

中国科学院将可持续发展能力定义为：一个特定系统在规定目标和预设阶段内，能够成功将其发展度、协调度、持续度稳定地约束在可持续发展阈值内的概率或能力。美国政府在颁布的文件中指出：可持续性是维持人与自然和谐共生的条件，是满足当今及后代的社会、经济和其他需求的基础。可持续性是对人类和生产系统的一种设计方法，来保证人类对自然资源使用的同时不会带来未来生活质量的下降，包括经济机会的减少或是社会、环境以及人身健康负面影响的产生等。本书将可持续性定义为可持续发展的能力或程度。

可持续性的内涵包括：①自然资源的存量和环境的承载能力，物质上的稀缺性及其在经济上的稀缺性相结合，共同构成经济发展的制约条件；②代际利益的考虑，要保证人均福利水平应随时间的变化不断增长（或至少不减少）；③考虑环境资产和自然资源的代际配置问题。

绿色制造系统可持续性的大小可由多维空间坐标中的轨迹和位置来体现，如图1-4所示。将影响系统可持续性的每方面因素（经济、环境和社会等）视为空间中的一维数。在某一时刻，每维数的可持续性在空间中体现为一个点，并由一系列指标来描述，然后通过一定的方法将这些点整合成一个点，即为该系统此时刻的可持续性大小。随着时间的推移，每个点慢慢发展成为一条曲线。当系统处于一定区域内则说明其可持续，反之不可持续；系统的某一维数不可持续，则整个系统不可持续。

随着日益增长的资源、环境和社会压力，可持续性被越来越多的制造企业接受为公共政策制定和公司战略发展的指导原则。然而，制造系统中资源消耗种类繁多、制造过程对生态环境及人类社会影响状况多样且程度不一，如何准确地评估绿色制造实施的状况和程度是一个十分复杂的问题。因此，建立有效的绿色制造可持续性评价指标体系和机制成为当前绿色制造研究和实施急需解决的重要问题之一。面向绿色制造，可持续性评价对象包括企业、产品、技术和工艺过程等。

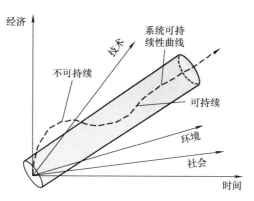

图 1-4　绿色制造的多维评价指标系统

企业可持续性是指企业的可持续发展能力，是企业实施绿色制造程度的衡量。企业可持续性好表示企业在思想上和财务上的长远利益与其资源利用效率、主动采取的健康与安全措施以及负责任的领导方式保持一致，意味着企业创造的财富要多于其所破坏的财富。不仅要关注企业自身的经济活动可持续发展能力，还需要关注与其相关的供应链上的资源、能源公司及其服务公司的可持续发展能力。

产品可持续性是指产品在功能、性能、经济效益、社会贡献、资源能源消耗、环境影响及人类健康等方面的综合发展和协调程度。技术可持续性是指在满足产品基本及特殊功能的前提下，技术和工艺过程尽可能地节约资源和能源，保护环境和工人健康，节约成本，提高产品质量，实现经济增长、环境保护及社会公正的综合程度。

可持续性评价是一个复杂的系统评价过程，是管理可持续性的定量基础，是一个跨学科的研究领域，日益成为工业界和学术界研究的热点。可持续性评价能够评价系统可持续发展的能力和潜力，能够甄别出其在发展过程中存在的优势和不足，进而提高可持续性表现。可持续性的评价标准是反映可持续发展的能力、状态或程度的基准。可持续性评价的衡量标准包括：①向环境系统排放的污染物或废弃物是否超过了环境系统的容量或承载能力。②整体上资本存量是否得到保护。例如，可再生资源的采伐速率不超过其再生速率等。③人类的福利水平是否随时间的推移有所增长。也有用如下四项指标来评判可持续性的：①污染物和废弃物排放是否超过了环境的承载能力；②对可更新资源的利用是否超过它的可再生速率；③对不可再生资源的利用是否超过了其他资本形式对它的替代速率；④收入是否可持续增加。面向绿色制造的可持续性评价需要对环境、经济和社会发展进行统筹兼顾、综合平衡和科学评价。

1.3 产品和技术微观层面可持续性评价特点

可持续发展被明确定义为一种正向的、有益的过程，并希望可在不同的空间和时间尺度，作为一种标准去度量、诊断、监测和仲裁一个"自然-社会-经济"复杂系统的"健康程度"。企业是现代国民经济社会的基础单位，是可持续发展的微观主体，只有实现企业的可持续发展，才会有整个经济社会的可持续发展。企业生产的产品和采用的技术均属于可持续发展研究的微观层面范畴。产品和技术的可持续性评价不仅受宏观层面指标的影响，而且面向产品全生命周期及相关行业技术领域、面向制造技术、环境技术以及管理技术的交叉领域，其评价指标体系的建立涉及的影响因素多，各因素之间的关系复杂。在微观层次上，为保证评价结果的准确和正确性，要求产品和技术的可持续性评价指标及数据选取应该更全面、更科学、更具体和更准确。

1.3.1 产品可持续性评价边界和维度

产品可持续性评价是指在可持续发展理念下，建立客观合理的评价指标体系，采用正确的综合评价方法，经过科学的推理计算得出待评产品可持续程度的直观量化的评价结果，并对设计、生产等方面提出必要的改进意见和措施的系统评价过程。

在产品可持续性评价中，关于产品整体的评价、产品零部件的评价、材料的评价以及包装的评价等，一般都是以产品系统作为评价对象的。产品系统不仅包括产品个体，它是指通过物质和能量联系起来的，具有一种或多种特定功能的单元过程的集合。它包括单元过程，穿过系统边界的基本流和产品流，以及系统内的中间产品流。通常采用过程流程图或过程树描述产品系统内各单元过程间的关系。一般来说，产品系统应包括从产品的原材料到设计制造再到废弃回收再利用的全生命周期，图1-5为一个产品系统及边界的示例。产品系统与环境或其他产品系统之间的界面是系统边界，系统边界与产品系统紧密相连，它对于产品系统相当于划定其界线，界线内部就是整个产品系统，输入输出流穿越界线将产品系统的内部与外界环境联系起来。以产品系统作为绿色制造评价对象时，应以产品的生命周期过程为主线，研究产品整个生命周期或某一重点阶段的资源消耗或环境影响情况，即对产品系统进行生命周期评价。

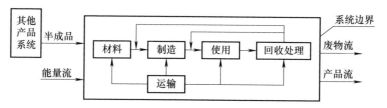

图 1-5 产品系统及边界

绿色产品是在产品生命周期中（原材料制备、产品规划、设计、制造、包装发运、安装、使用维护、报废后回收处理及再使用），通过采用先进的技术，经济地满足用户功能和使用性能上的要求，同时实现节省资源和能源、减小或消除环境污染，且对人体伤害最小的产品。因此，绿色产品应具有的基本要素为技术先进性、经济合理性、环境友好性和社会公正性等。这些基本要素相互联系、相互制约，共同形成绿色产品。

（1）绿色产品的技术先进性　绿色产品的技术先进性也可称为品质先进性，是绿色产品设计和生产的前提，如果一种产品连其功能和基本的使用性能都不能可靠地实现，不能满足用户要求，就根本谈不上产品的环境友好性和经济性。绿色产品的技术先进性强调在产品整个生命周期中采用先进的技术，从技术上保证安全、可靠、经济地实现产品的各项功能和性能，保证在产品的生命周期中具有良好的环境友好性，保证绿色产品的制造企业具有较高的技术领先性和较强的市场竞争力。

（2）绿色产品的经济合理性　从生命周期的角度来看，产品的成本包括设计成本、制造成本、销售成本、维修成本、使用成本和回收报废成本等。经济合理性是指在多种产品设计方案或技术方案中，在类似功能和产量（或产值）的方案中比较成本，以产品全生命周期内成本最低的方案为最优，或者在功能、产量和成本中综合寻优。经济合理性与技术先进性的关系密切，后者是前者的基础。随着技术的进步，对经济合理性的要求也会提高，旧的方案随时可能被新的方案所替代。一个产品无论技术上有多先进、环境保护性有多好，若企业不盈利或不具备用户可接受的价格，就很难走向市场。经济合理性是绿色产品中必不可少的因素之一。

（3）绿色产品的环境友好性　绿色产品作为绿色制造的产物，是实现可持续发展战略的基础。也就是说，只有人们接受并采纳了绿色产品，社会才可能实现可持续发展。产品的环境友好性包括节省能源、节省资源、保护环境以及保护人体健康4个方面的内容。但仅仅在产品生命周期某个阶段中具备环境友好性的产品并不能够称为绿色产品，只有在产品生命周期的各个阶段中都采取各种绿色措施，并实施严格的管理，才能使产品在整个生命周期过程中都具有环境友好性。为实现产品的环境友好性，企业在生产过程中应选用绿色材料，采用绿色制造工艺过程；用户在使用产品时不产生或只有微小的环境污染；报废淘汰产品在回收处理过程中产生的废物很少，且不产生二次污染。

（4）绿色产品的社会公正性　近年来，产品社会维度的公正性越来越受到关注，成为产品可持续性评价的新的维度。产品社会生命周期评价是一种关于产品社会性影响的评价技术，用于评估产品在其生命周期内包括原材料的开发到最终处置，在社会及社会经济方面的正面和负面的影响，通过量化产品对工人、利益相关者、消费者以及当地社区和社会的影响，包括食物、医疗保健、居住条件、教育水平、人权、工作环境、健康和安全等方面，确定产品生产过程的社会公正性。引发人们对产品生产和消费在社会和社会经济方面影响的关注，以改善企业生产行为，最终实现利益相关者的福祉或者提高人民生活质量。

可以看出，绿色产品在强调产品技术和经济性的传统产品的基础上有了新的发展，提出了产品的环境友好性和社会公正性。只有在产品生命周期中将技术先进性、经济合理性、环境友好性以及社会公正性融合为一个整体，才能获得真正的绿色产品。在对产品进行可持续性评价时，只有根据评价的要求和目的，综合考虑产品技术、经济、环境和社会方面的影响，从生命周期角度选择符合评价目标的维度和相应的指标，保证评价指标体系和方法的全面性和科学性，才能准确测度产品的可持续性。

1.3.2　技术可持续性评价边界和维度

技术可持续性评价则是指以技术为评价对象，建立多维度可持续性评价指标体系，通过一定的数学模型将多个评价指标集成为一个综合的评价值，为筛选优劣技术或对各种技术进行排序提供依据的系统评价过程。

ISO 9000中对过程的定义是一组将输入转化为输出的相互关联或相互作用的活动。因此，过程是一系列能够实现特定功能的单元过程的组合。

产品制造过程是产品生命周期的主要阶段，是一种将输入转化为输出的过程。其中，输入包括原材料、辅助材料（如刀具、切削液等）、能源等，输出包括产品、副产品、固体废物、废液、噪声、振动、辐射和其他环境影响。

技术与过程的区别在于过程是一组活动的集合，而技术则是一种手段、方法或技能。将一种或几种技术组合在一起实现某一特定功能，就构成了过程。

因此，一个过程中包含一种或多种技术，而一种技术只涉及一个过程。比如对干式切削技术、低温强风冷却切削技术、快速原型制造技术等绿色工艺技术，以及废旧产品绿色拆卸技术、高温水射流清洗技术、激光熔覆修复技术等再制造技术的评价，都属于以技术为对象的评价。一个过程和一个单项技术的系统边界如图 1-6、图 1-7 所示。当然，一个复杂的技术也可以分解为多个过程进行分析和评价。

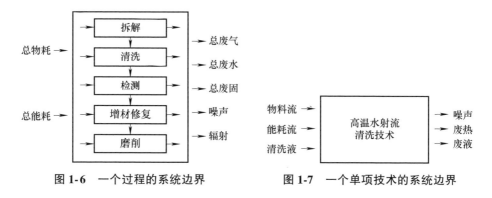

图 1-6　一个过程的系统边界　　　图 1-7　一个单项技术的系统边界

评价单项技术的可持续性，就是以技术为评价对象，通过对该工艺制造技术和过程的分析，判定该项技术的可持续性，所以技术可持续性评价的目标是获得工艺制造过程的"可持续性"。

技术从本质上而言应以实现产品功能、保证产品质量为前提，如果最基本的功能目标都无法实现，这项技术即使零排放也不具有使用价值。因此，技术性能达到传统制造技术水平应该是绿色制造技术的根本前提。此外，制造过程会产生大量的资源消耗和环境影响，其中有毒有害物质会对人类、生态造成伤害，绿色制造强调生产过程对人体健康及环境的危害最小或不产生危害，因此，绿色制造技术还应该是生产、效益、资源优化利用、环境保护、工人健康等多方面的协调和优化。

因此，针对技术的特性，需要从技术性能、经济性、环境性和社会性四个维度衡量绿色制造技术的可持续性，且在微观层次上这四个维度指标的关联和耦合程度比宏观层次可持续性评价指标更敏感、更细微、更复杂，它们之间既存在密切联系，又相互制约。例如：为提高技术的技术性能，而采用技术性能更优的新材料，此时材料成本可能增加，而且相比普通材料，新材料的加工制造回收等过程可能会产生更大的环境影响，从而造成经济性增加而环境性降低；若为提高技术的环境性，而用无铅材料代替含有害物质的材料，由于材料的成本会高于含有害物质的材料，则会造成产品绿色性和社会性提高而产品的经济性降低。

技术性能高、经济增长性大、环境保护性好和社会公正性好这四个目标的协调统一是绿色制造技术追求的最佳状态，但大多数情况下，四个目标存在此消彼长的制约关系。可持续制造的战略思想又不允许只追求单一目标的实现，必须实现四个目标的综合发展，因此，只能通过四个目标的协调优化，根据实际情况求得相对最优解。从而，绿色制造技术整体评价目标即转化为多目标优化决策问题。

1.3.3 产品和技术可持续性评价特点

绿色制造评价的对象主要是企业、产品、技术或过程。企业可以是整个企业、关联企业集团甚至车间或生产线等；产品可以是某种机械产品、零部件、材料等；技术可以是某项技术、工艺、方法等；过程可以是某个工艺过程、运输过程、存储过程、使用过程等。

企业可持续性评价除了能强化企业的可持续发展意识、规范自身行为外，还能为合理规划发展、加强管理及产品的市场定位等提供建议，从而提高企业自身竞争力，也能为整个行业的管理、可持续性提升和政策制定提供决策建议。在产品作为制造企业一个重要组成部分的同时，制造企业又是产品全生命周期过程中的一个重要主体。产品的可持续性评价不仅能为自身的产品设计选择、研发及优化升级等提供决策依据，还能为企业推进绿色制造战略、拓展市场、工艺选择、技术改进及供应商选择等提供改进建议和决策支持，并有助于企业提高其品牌知名度和社会信誉度，以及引导消费者绿色消费。技术和工艺过程的可持续性评价是指对不同工艺或技术进行能耗、物耗分析与测量，研究不同工艺过程中的环境、成本和社会影响。一般来说，技术和工艺过程都是作用于产品的（载体为产品）。

与宏观层次可持续性评价不同，产品和技术可持续性评价主要具有以下特点：

（1）评价范围更注重全生命周期视角　一般所述的可持续性评价是指产品、技术或过程的全生命周期可持续性评价，目前已有较完善的生命周期可持续性评价（LCSA）理论、方法和框架的支持。在实际应用过程中根据评价目标，产品、技术和过程的可持续性评价，可能是全生命周期的，也可能是多个生命周期的组合（如产品的多生命周期），或可能是某个生命周期的片段或片段组合（如一个或多个产品的某个制造工艺过程）。但按照生命周期的理论，产品、技术和过程的可持续性评价范围应该是全面的和完整的，而不应是片面的。

(2) 指标体系更强调技术维度的指标　由于产品和技术固有的功能和质量要求，其可持续性评价指标体系不仅要包括环境、经济和社会属性方面的指标，还要包括产品性能参数、功能特点及产品加工过程所选用技术的可行性等评价指标，若忽视产品的性能、功能、质量等的基本因素，将会导致可持续发展无法实现。因此，技术维度也常常需要加入可持续性评价指标体系中，形成技术、经济、环境和社会四个维度的综合评价指标体系，如图1-8所示。技术、经济、环境和社会是评价产品或技术可持续性的不同维度，采用主观或客观方法确定各个维度所占的权重，将不同维度综合起来评价，从而获得可持续性评价综合指标。

图1-8　四个维度的产品或技术可持续性综合评价指标体系

需要注意的是：一般来说，对于产品，其技术维度指标的系统边界可能不是生命周期范围的，可选择产品的性能参数、功能特点、可靠性和寿命等指标以及生产技术可行性等指标，形成其技术维度的指标体系。对于技术，则可选择影响工艺质量和性能的参数等作为指标，形成其技术维度的指标体系。

(3) 需更明确定义评价的功能单元　产品和技术可持续性评价的另一个特点是需要定义功能单元。功能单元又称为功能单位，是评价系统中用来量化产品或技术性能的基准单位。只有基准单位相同，被评价对象才具有可比较性。在评价过程中收集的所有指标数据都必须换算为功能单元。关于功能单元的更详细的定义和指标数据的换算方法，可参考生命周期评价（LCA）相关理论。

基于上述产品和技术可持续性评价特点，针对企业、产品或技术的评价对象不同，相应的可持续性评价技术路线也有所不同。

企业的可持续性评价的主要技术路线是：①通过理论分析或行业调研等手段，选择关键性指标，建立所研究企业的可持续性评价指标体系，进而量化企业的环境、经济和社会影响；②运用综合评价方法将企业的三维可持续性评价指标加权集成为一个或几个综合评价指数。

理论上，企业的可持续性评价技术路线也同样适用于产品。但研究学者更倾向于基于生命周期思想来评价产品的可持续性。产品可持续性评价的主要技术路线是：①运用环境生命周期评价、生命周期成本分析及社会生命周期评价方法，建立评价指标体系，并分别量化产品环境、经济和社会影响；②运用去量纲或量纲统一的方法处理各维度和多维度的指标，选择一种生命周期可持续性集成方法，建立产品生命周期可持续性评价模型，进而获得一个或几个综合评价指数来衡量产品的可持续水平。

技术可持续性评价既可运用基于生命周期思想，定义技术的功能单元，建立指标体系，量化分析技术的技术、经济、环境和社会影响，进行技术可持续性的评价；也可与企业可持续性评价类似，针对技术的特性，从技术、经济、环境和社会维度选择关键评价指标，构建指标体系，进行基于综合评价方法的可持续性评价。

产品和技术可持续性评价目标为：技术性能最优、经济成本最小（或经济增长性最大）、环境影响最小（或环境保护性最好）、社会公正性最好。对于多目标决策问题，还会考虑各维度多指标之间的耦合制约关系。产品和技术多维度可持续性评价体系，如图1-9所示。

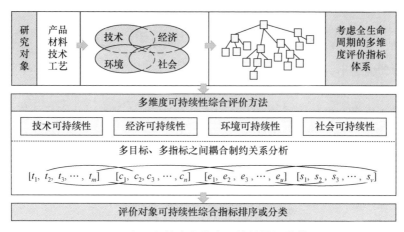

图1-9　产品和技术多维度可持续性评价体系

由于产品和技术可持续性评价理论和标准尚未完善和统一，评价所采用的综合评价方法不尽相同，评价指标的基础数据缺乏，评价过程烦琐复杂等，因此评价结果的有效性和实用性不高，制造企业难以采用实施，这影响了绿色制造评价技术的发展。

1.4　可持续性评价研究现状

可持续性评价越来越成为国内外众多学者的研究热点。虽然目前对于绿色制造尚没有统一的定义，但总体思想是一致的，即绿色制造是一种使环境影响最小化，节能减材，对员工、消费者及其他相关人员安全无害，且又经济有利的产品生产方式；绿色制造应在生态完整、经济增长和社会公平三者之间达到一个理想的平衡点。科学的可持续性评价为寻找这一平衡点提供强有力的决策支持。

多维度可持续性评价工作主要包括：选取评价指标，建立合理完整的可持续性评价指标体系，采用科学的评价方法和模型，确定评价指标权重，将多维度指标集成为一个或几个综合的评价指数，以此来度量或表征评价对象的可持续性。

目前，根据评价系统范围不同，企业、产品和技术的可持续性评价主要有两种方法：①评价指标体系法+综合评价方法；②生命周期可持续性评价方法。评价指标体系法+综合评价方法是基于构建的评价指标体系，通过数学方法来建立评价模型，此方法多用于企业和技术的可持续性评价；生命周期可持续性评价方法是基于生命周期思想进行可持续性评价，此方法多用于产品的可持续性评价，少量用于技术的可持续性评价。

在可持续发展概念和理论尚处于探索阶段时，要求确定明确的可持续性评价指标和方法是不大可能的，但聊胜于无，若没有定量的评价结果，规划和推进可持续发展是无法进行的。众多学者或组织从不同角度提出了各种各样的评价方法，建立了大量用以度量的可持续性评价指标体系，这些方法和指标体系数量众多，指标体系错综复杂，适合领域或范围不一，尚没有形成可遵循的可持续性度量框架和体系结构。

1.4.1 可持续性评价指标体系研究现状

当前可持续发展领域讨论的主要问题集中在两个方面：一是可持续发展的理论与概念；二是可持续发展的实现途径和手段。这两个方面的问题是紧密联系在一起的，其联系纽带就是可持续发展的度量。对于如何度量可持续发展，人类尚未达成共识。可持续发展指标（SDI）体系是评估可持续发展的重要工具，建立完整的评价指标体系是对可持续发展状态进行评价的前提条件，探讨可持续发展的度量的指标体系是一个具有重大现实意义的理论与实践问题。

指标是指示系统特征或事件发生的信息集，能够从多方面为决策提供决定性指导，能够帮助衡量可持续发展状况。指标可以是变量或变量的函数。评价指标体系是指为完成一定研究目的，由若干个相互联系的指标组成的指标群，是对可持续性这一总目标的具体化。

随着可持续性评价指标体系构建研究的不断发展，政府、相关组织、工业和学术界提出了一系列的制造业可持续性评价指标体系。1992年，联合国环境与发展大会通过《21世纪议程》以后，联合国可持续发展委员会（UNCSD）开始倡导指标的开发和研究，目的是将指标作为重要的技术基础，以指导走向可持续发展的决策、信息改进和数据收集，为国家和组织衡量可持续发展进程提供可测量的目标。此后，国际可持续发展指标体系研究得到长足发展，指标体系及定量评价方法很多，主要有经济合作与发展组织（OECD）提出的"驱动力–状态–响应"（DSR）指标概念、联合国可持续发展委员会的指标体系、联合国统计局（UNSTAT）的可持续发展指标体系框架（FISD）、国际科学联合会环境问题科学委员会（SCOPE）的可持续发展指标体系、联合国开发计划署（UNDP）的人文发展指标（HDI）、世界银行的"国家财富"指标体系、加拿大国际可持续发展研究所（IISD）的环境经济持续发展模型（EESD）等。部分可持续性评价指标见表1-1。大多数可持续性评价指标体系是从经济、社会和环境三维方向上构建的，极少数将机构制度作为第四个维度。由于这些指标体系来自不同层面，使用者对它们的关注点也不同，有的侧重于经济方面，有的比较关注环境方面。

表1-1 部分可持续性评价指标体系

作者（组织）	评价指标体系	范畴	指标维度
Mainali等（瑞典皇家理工学院）	能源技术可持续性指数（Energy Technology Sustainability Index）及评价指标体系	电力行业	技术、经济、环境、社会和机构制度
全球报告倡议组织（GRI）	可持续发展报告绩效指标体系	行业企业	经济、环境和社会
Ercan等（美国中佛罗里达大学）	"三重底线"可持续性指标体系（TBL Sustainability Indicators Framework）	公共交通系统	社会、经济和环境
美国环境保护署（EPA）	美国环境保护署可持续性指标体系（Sustainability Indicators at EPA）	国家、区域、行业	经济、环境和社会
道琼斯公司	道琼斯可持续性指数及指标体系（Dow Jones Sustainability Index）	企业	经济、环境和社会
Dreher等（麻省理工学院）	通用汽车指标体系（General Motors Metrics）	企业	环境影响、能源消耗、个人健康、职业安全、制造成本和废物管理

(续)

作者（组织）	评价指标体系	范畴	指标维度
Schmidt 等（福特汽车）	产品可持续性指数及指标体系（Product Sustainability Index）	汽车制造业	经济、环境和社会
Krajnc（意大利）	综合可持续性指数（Composite Sustainable Development Index）	企业	经济、环境和社会
Azapagic（英国）	采矿和矿产行业可持续性指标体系	行业	经济、环境和社会
耶鲁大学和哥伦比亚大学（美国）	环境可持续性指数（Environmental Sustainability Index）	国家、区域	环境健康和生态系统活力
经济合作与发展组织（OECD）	环境指标体系（Environmental Indicators）	国家、区域、行业	环境、社会经济
Brown 等（美国/意大利）	能值可持续性指数（Emergy Sustainability Index）	生态工程	经济、技术和环境
国际自然保护联盟（IUCN）	可持续性晴雨表（Barometer of Sustainability）	人与生态系统	生态系统和社会
Rees（不列颠哥伦比亚大学，加拿大）	生态足迹（Ecological Footprint）	城市经济	经济和环境

由于制造企业内在的复杂性，目前还没有一个被一致认可企业持续性评价指标体系，已有的指标体系来自企业或产品不同层面，指标广泛、分散而且相互之间具有相关重复性，不仅在选择时较困难，实际操作性也差（尤其是对于定量指标），更没有统一的度量单位，综合分析和比较的实用性不高，难以采用实施。因此，需要建立一个科学、合理、操作性强、适用面广的微观层次的可持续性评价指标体系。

1.4.2 基于综合评价方法的可持续性评价研究现状

如何通过科学的方法将可持续性指标体系集成为一个或几个相互独立的可持续性指数，以便直接准确地衡量和比较评价对象的可持续性，即如何建立可持续性评价模型是可持续性评价领域的研究热点。

综合评价是指对以多属性体系结构描述的对象系统做出全局性、整体性的评价，即对评价对象的全体，根据所给的条件，采用一定的方法给每个评价对象赋予一个评价值，再据此择优或排序。通常综合评价主要组成要素为被评价的对象、评价指标、权重系数、评价方法和模型、评价者等。

目前国内外已建立的可以用于综合评价的方法有数百种之多，也没有比较全面的共识，按照不同种类的综合评价方法所依据的理论，有学者将常用的单一的综合评价方法归为九大类：定性评价方法（专家会议法、专家调查法），技术经济分析方法（经济分析法、技术评价法），多属性决策方法（简单线性加权法、理想解法等），运筹学方法（数据包络分析法、分析模型等），统计分析方法（主成分分析、因子分析、判别分析、聚类分析等），系统工程方法（评分法、关联矩阵法、层次分析法等），模糊数学方法（模糊综合评价、模糊积分、模糊模式识别等），对话式评价方法（逐步法、序贯解法、Geoffrion法等）和智能化评价方法（人工神经网络、遗传算法、蚁群算法等）。

按照赋权方法的不同，评价方法分为主观赋权法（如德尔菲法、层次分析法等）和客观赋权法（如主成分分析法、因子分析法、数据包络分析法、灰色关联法和人工神经网络方法等）。按照是否引入时间因素，评价方法分为静态综合评价方法和动态评价方法。按照所采取评价方法的数量划分，评价方法分为单一评价方法和组合评价方法。按照评价对象所处的阶段，评价方法分为事前评价、中间评价、事后评价和跟踪评价。

按照表现形式不同，单一的综合评价方法的评价模型大致可以分为两种类型：

一类是评价模型所基于的数学理论和方法直接用于可持续发展评价模型建模，称为随机方程模型，这类综合评价方法有主成分分析法、层次分析法、模糊综合评价法、集对分析评价法、人工神经网络评价法以及支持向量机评价法等。这类评价模型虽然可以直接将某种理论和方法用于可持续发展分析计算与评价，但不同对象的可持续发展分析与评价模型只能分别独立建模，而不能给出普适公式。

另一类则需要在可持续发展系统分析的基础上，首先提出特定的含参变量的可持续发展评价模型或数学表达式，然后应用某种优化方法或优化技术，在满足目标函数及约束条件的情况下，对评价模型或公式中的参数进行优化，得到优化后的可持续发展评价模型或评价指数公式。将待评价的对象指标值代入优化好的评价模型或评价指数公式中，根据计算结果，结合判定准则就可对其可持续性做出评价，称为确定方程模型。此类综合评价方法有蚁群算法、禁忌搜索算法、模拟退火算法、量子遗传算法和鱼群算法等。这类评价模型的特点是：优化过程一般较复杂，但一旦优化好后，应用优化后的评价模型和公式进行可持续性评价则十分简便，而且多数公式的普适性较好，适用范围广。

综合评价过程中存在大量以不确定信息形式为载体的评价指标。不确定性的范畴包括随机性、模糊性、不确知性、粗糙性、灰性以及混沌性等。目前，比较成熟的不确定性理论主要有模糊数学、概率论、数理统计、随机过程、粗糙集理论、证据理论、未确知数学和灰色系统理论学等。融合不确定性理论与传统评价方法形成了面向不确定信息的综合评价方法，如模糊综合评价方法、基于集对分析的评价方法、基于灰色关联分析的评价方法、基于图示评审技术（GERT）的评价方法、基于粗糙集的评价方法、基于贝叶斯网络的评价方法等。

主观赋权法能利用专家的理论知识和丰富经验，但易受到人为主观判断影响；客观赋权法能利用评价信息同时避免人为因素，但易受到数据的随机误差影响。Saaty 首次提出了层次分析法，基于专家所构造的判断矩阵求取权重，再按照加权求和的方法进行评价。Hotelling 首次提出了主成分分析法，用较少的互不相关的新变量替代原有变量，从而达到降维并保持大部分原始信息的效果，通过对新变量的分析达到评价的目的。Pearson 等学者提出了因子分析法，以较少的因子代表原有变量信息以实现降维，且因子具有一定现实意义。Charnes 等学者首先提出了数据包络分析法（DEA），利用多项投入指标和产出指标间的对比进行效率测度。模糊综合评价以模糊数学为基础把定性评价转化为定量评价，适用于不确定性问题的解决，不仅可对评价对象按照综合分值的大小进行评价和排序，而且可以根据模糊评价集上的值按照最大隶属度原则去评定对象所属的等级。理想解法（TOPSIS）是一种通过衡量评价值到各指标正、负理想点距离求最优和最劣方案的指标赋权法。灰色关联度评价的基本思想是根据待分析系统的各特征参量序列曲线间的几何相似或变化态势的接近程度判断其关联程度的大小。熵值法的思想最早源于热力学，之后被引入综合评价中用于度量权重所含信息量的质量和大小，在数学规划中往往构建熵值最大化的目标函数。人工神经网络法将大量信息处理单元相互连接构建一种非线性、自适应的智能人工神经网络系统，并模拟大脑神经网络训练其进行信息处理和记忆，能较好地模拟评价专家进行综合评价的过程。动态评价法不再局限于静态评价，其主要特征是在评价过程中引入时间因素，用于反映被评价对象在不同时段的动态变化过程、连续时间的综合结果以及变化趋势等。群体评价法打破单一评价主体模式，集结群体成员的判断以形成群体的判断，然后通过某种决策技术集成群体的判断，对决策方案进行评价、比较、排序或从中选择相对满意的方案。

各种单一评价方法的机理不同，方法的属性层次相异，对原始数据的处理、权重的确定的不同，使得不同评价方法的结果存在差异。为了解决多种评价方法结论的不一致性问题，学术界提出了组合评价的思路，即选用多种方法进行评价，而后将几种评价结果进行组合。目前在组合评价方面也获得了一些初步的成果，为解决综合评价过程中不同评价方法结论不一致性提供了很好的思路。

研究发现，当前评价模型或多或少都存在以下局限性：

1）对指标体系的可靠性依赖比较大，影响了方法的推广与应用。有些研究仍停留在理论阶段，实例验证或分析不足，且对选取的指标没有进行筛选或验证，不能保证评价结果是可持续性的真正体现。

2）未将科学发展观完全融入研究中。一是过于强调某一个或两个维度，尤其社会因素考虑得较少；二是未考虑各维度之间的相互依赖关系及发展协调性。由于可持续性各影响因素之间是相互影响的，可持续性综合评价不应该是环境、经济、社会指标或指数之间的简单叠加。

3）数据要求高，耗时耗力。有的指标加权方法主观性太强，例如层次分析法，还有些评价模型没有将各指标数据集成一个或几个信息高度聚集的指数，因此，评价结果不能给出一个全面、直观的解释。

4）对于产品和技术的可持续性评价理论仍不太成熟。评价结果要么过于宏观，实际指导性不够，要么针对性比较强，普适性有待提高。另外，对于产品和技术的可持续性评价理论，没有从全生命周期角度出发，仅考虑了产品和技术生产过程的某些阶段。

由于各种方法出发点不同，解决问题的思路不同，适用的对象不同，各有优缺点，因此在选择评价方法时，应针对综合评价对象和综合评价任务的要求，根据现有资料状况，做出科学的选择。评价方法的选择主要取决于评价者本身的目的和被评价对象的特点，以下几条筛选原则可供参考：

1）选择评价者所熟悉的评价方法。
2）所选择的方法必须有坚实的理论基础。
3）选择的方法必须简洁明了，尽量降低算法的复杂性。
4）所选择的方法必须能够正确地反映评价对象和评价目的。

在大数据和人工智能时代，可以将深度学习、知识图谱和专家系统等理论引入可持续性评价模型中，可弥补当前可持续性评价存在的不足，提高可持续性评价的准确性。开发智能化的可持续性评价支持工具软件，为产品绿色设计和制造提供决策支持，将成为可持续发展领域研究热点，并能快速推进可持续性评价的发展和应用。

1.4.3 生命周期可持续性评价方法研究现状

生命周期思想（Life Cycle Thinking，LCT）在目前已有产品可持续性评价方法论中最为突出。在 LCT 出现之前，人们对产品的环保问题采取的是在报废处理阶段的"有污治污"的"末端治理"方式，即在产品产生直接环境污染后再进行处理，以减轻其环境危害。这种处理方式将问题聚焦在已产生污染物的处理上，环保责任由环保研究管理等人员承担，存在治标不治本的问题。后来，人们逐渐意识到这种治理方式的不足，不应该仅局限于报废处理阶段，应该在产品设计阶段就考虑到产品整个生命周期过程（包括产品的设计、原材料获取、产品生产、使用及报废处理等阶段）产生环境影响的所有因素。

生命周期评价方法（Life Cycle Assessment，LCA）就是在生命周期思想下产生的。LCA 被称为传统 LCA，也被称为环境生命周期评价（Environmental Life Cycle Assessment，ELCA）。ELCA 是一种客观有效的评价产品或工艺过程环境负荷的方法，但其只考虑了环境问题，难以为产品、工艺及技术等提供环境、社会和经济的综合决策意见。生命周期工程（Life Cycle Engineering，LCE）将 ELCA 由环境维度扩展到了经济和社会维度。在生命周期评价领域中，生命周期成本（Life Cycle Costing，LCC）分析常被用于评估产品的经济影响。目前，ELCA 和 LCC 被认为是测量产品环境可持续性和经济可持续性的国际通用方法。产品的生命周期社会影响评估方法被称为社会生命周期评价（Social Life Cycle Assessment，SLCA），其发展起步较晚，近些年才得以重视和发展。虽然 ELCA、LCC 和 SLCA 这三种方法是基于各自不同的应用目的及学科研究发展起来的，但它们本质上是有互通性的，是生命周期可持续性评价（Life Cycle Sustainability Assessment，LCSA）理论的三大技术。

严格来讲，LCSA 是一种将数学理论和方法直接用于可持续发展评价模型的建模方法，只是该方法是从生命周期的角度建立指标体系的，也是在 LCA 国际标准的基础上发展起来的，且其采用的 LCC、SLCA 都有较完善的理论框架，因此在指标选取、数据获取、权重、模型和数据检查等整个评价过程中更加规范化，非常适用于具有生命周期特点的产品和技术微观层次评价对象的可持续性评价。

下面对 ELCA、LCC、SLCA 和 LCSA 的研究现状和集成情况进行概述。

1. 生命周期评价（ELCA）研究现状

ELCA 是 LCSA 三种技术中发展最为成熟、应用最为广泛的理论及工具，它是研究产品在全生命周期过程中对环境影响的最有效的工具，是一个对产品全生命周期过程资源消耗、环境影响与生态健康等进行分析和评价的过程，被誉为 21 世纪最有效的环境管理和决策支持工具。近年来，ELCA 被广泛应用于工业、农业及建筑业等相关产品生命周期的资源利用与环境影响等评价研究。

ELCA 的概念起源于 20 世纪 60 年代末。1969 年，可口可乐公司委托美国中西部研究所（Midwest Research Institute，MRI）对饮料容器进行了评价，揭开了

ELCA 的序幕。ELCA 作为产品系统环境影响评价的重要量化工具得到了国内外广泛关注与研究。1990 年，国际环境毒理学与化学学会（Society of Environment Toxicology and Chemistry，SETAC）将 ELCA 定义为一个评价产品过程或其活动给环境带来的负担的客观方法，该方法通过识别和量化所用的能量、原材料以及废物排放来评价与产品及其行动有关的环境责任，从而得到这些能量和材料应用以及排放物对环境的影响，并且对改善环境的各种方案做出评价，评价包括产品及其过程或行动的整个生命周期。ISO 环境管理标准化技术委员会（TC-207）的 SCS 分委员会专门负责 ELCA 标准的制定，目前公布的有 ISO 14040：2006、ISO 14044：2006 和 ISO 14049：2000 标准。ISO 将 ELCA 分为互相联系的、不断重复进行的四个步骤：目的与范围确定、数据清单分析、环境影响评价和结果解释。传统的产品生命周期包括产品从摇篮到坟墓（Cradle-to-Grave）的所有阶段，即原料选取、生产制造、装配成产品、流通、消费者使用、废物处理全过程。各专业领域机构根据 ELCA 的原则和要求，制定了一系列 ELCA 相关标准，例如 ISO 14025《环境标志和声明》、BSI PAS 2050《商品和服务在生命周期内的温室气体排放评价规范》等，ISO 环境管理标准化技术委员会温室气体管理和相关活动分技术委员会（ISO/TC207/SC7）制定的产品碳足迹国际标准 ISO/DIS 14067《温室气体 产品碳足迹 量化要求和指南》，除了生命周期分析外，该标准重点关注温室气体这个全球最重要的环境影响因素，并确保碳足迹数据首次在全球范围内具有可比性。我国于 1998 年开始全面引进 ISO 14040 系列标准，发布了国家标准 GB/T 24040—2008《环境管理 生命周期评价 原则与框架》和 GB/T 24044—2008《环境管理 生命周期评价 要求与指南》。全国绿色制造技术标准化技术委员会（SAC/TC337）于 2011 年 1 月颁布实施了 GB/T 26119—2010《绿色制造 机械产品生命周期评价 总则》。进入 21 世纪，随着我国绿色制造工作的推进，我国也相继颁布了一系列的政策文件来促进 ELCA 的发展，例如 2012 年，工信部、科技部和财政部联合发布《关于加强工业节能减排先进适用技术遴选评估与推广工作的通知》，明确提出和推荐使用 ELCA 方法进行能耗环境排放评估，提高评估过程的科学性和评估结果的客观性。2013 年，工信部、国家发展改革委、环保部联合发布《关于开展工业产品生态设计的指导意见》，指出要按照全生命周期的理念，力求产品在全生命周期中最大限度降低资源消耗、尽可能少用或不用含有有毒有害物质的原材料，减少污染物的产生和排放。

SETAC 在 20 世纪 80 年代后期，开始在年会上定期讨论关于 ELCA 的研究。进入 20 世纪 90 年代，关于生命周期影响评价的研究相继发展。1995 年，北欧各国公开了每个环境影响类型的特性化系数名单，除了全球变暖系数、光化学氧化剂系数和臭氧层破坏系数等，还提出了生物毒性、人类毒性和酸性化等系数。ELCA 方法目前所面临的主要问题存在于系统边界的确定方法、清单分析方法以及影响评价的加权方法等方面。

生命周期系统边界决定了 ELCA 的研究范围，即需要评价的生命周期阶段和单元过程，也决定了评价过程的难易程度和评价结果的准确性。理论上，产品的生命周期是无界的，即使一个简单的产品也同样包括许多生命周期过程，但实际上难以操作。目前 ELCA 的研究对系统边界还没有一个明确的科学的定义方法，往往是根据研究目标、已有的研究条件及个人经验制定出不同的系统边界。这种带有一定主观性的系统边界定义方法在一定程度上降低了 ELCA 评价结果的准确性。

清单分析（Life Cycle Inventory，LCI）是对产品生命周期的原材料、能源以及废弃物排放等数据进行收集、分析的阶段，是最耗时费力的工作。目前它主要有三种基本方法：基于过程的清单分析方法（P-LCI）、基于经济投入产出分析的清单分析方法（EIO-LCI）和混合清单分析方法（Hybrid-LCI，也称混合LCI）。P-LCI 作为传统的清单分析方法具有数据可靠性高的优点，但也存在数据收集困难、数据缺失、工作强度大、耗时耗力、边界不完整、边界主观划定和存在截断误差等问题，这些问题是阻碍 ELCA 发展和应用的首要问题。EIO-LCI 作为传统 P-LCA 重要的补充工具，具有完整的上游边界、数据采集方便、工作强度小等优点，但是由于其内在的不足，如宏观的数据来源、平均的部门数据、数据分析粒度大、数据失效性差、仅包括产品使用前的阶段等，因此不能取代传统的 P-LCA，仅可以作为其数据缺失情况下的一种重要的预估手段。混合 LCI 综合了 P-LCI 和 EIO-LCI 的优点，是一种有效的清单数据收集分析方法。目前 P-LCI 方法得到了广泛的实际应用，EIO-LCI 和混合 LCI 得到了较深入的理论研究。

目前国外已经开发出了许多 ELCA 商业数据库，例如瑞士 Ecoinvent、欧盟 ELCD、德国 GaBi、美国 NREL-USLCI 等，这些数据库中包含了各种常见物质及能源的清单数据，但是这些清单数据并不完全适用于我国的 ELCA 研究和应用。四川大学的王洪涛教授及其研究团队长期从事国内 ELCA 的理论与应用以及本土化基础数据库的研究；其与亿科环境科技有限公司合作持续开发的基于各行业平均数据的中国生命周期基础数据库（Chinese Life Cycle Database，CLCD）是国内首个公开发布并被广泛使用的本土化 ELCA 基础数据库；其开发了通用型 ELCA 应用软件 eBalance。另外，在国家各类项目的支持下，国内还有其他多家科研单位及企业进行了 ELCA 数据库、绿色设计和制造数据库等的开发工作。

影响评价的一个主要研究热点问题是加权问题，即如何将不同类别的环境影响指数集成一个或几个综合性的影响指标。国外学者已经提出了一些加权方法，例如目标距离法、生态税法、生态能值法、模糊推理理论方法等。但是这些方法都存在一定的争论性，要么没有真正反映出各个影响因素间的相对重要性，要么具有主观性，要么缺乏普遍适用性，要么实际操作性不强，等等。国内一些学者也进行了这方面的研究，例如：中国科学院生态环境研究中心的杨建新及其团队针对我国环境影响的特点，研究了适用于国内的产品生命周期影响评价标准化基准和权重方法；苏向东等根据金属元素的环境特征、实际提取冶金过程和生物效应等要素，提出了综合比例系数法，建立了有色金属材料的环境负荷定量评价模型。

2. 生命周期成本（LCC）分析研究现状

生命周期成本（Life Cycle Costing，LCC）分析最早起源于对军事产品的成本核算和评估，可用来对产品或系统的设计、购置、生产计划、后勤支援等可供选择的方案进行分析和评价，以生命周期费用效益大小为标准，逐步加以分析和评价，从而获得最佳费用效益的方案，现已被广泛用于多个行业，是国际通用的经济可持续性评价工具之一。ISO 将 LCC 定义为一种考虑与初始成本和未来运营成本相关的所有经济因素，对产品、系统、过程和服务等整个生命周期进行成本分析的技术。Rebitzer 将 LCC 定义为对与产品生命周期内相关的所有成本评估，包括与产品生命周期相关的一个或多个利益相关者（原材料或零部件供应商、产品制造商、用户/消费者、最终报废处理者等）所需承担的直接费用，也包含未来产品决策过程所需的间接费用。该定义将利益相关者由制造商和消费者扩展到了包括产品的设计阶段、生产阶段、使用阶段及报废处理阶段等在内的整个产品生命周期供应链上所有的利益相关者，被国际组织和研究学者广泛采纳。

随着 LCC 的发展，根据系统边界包含范围的不同，目前 LCC 有三种类型，分别为常规生命周期成本分析、环境生命周期成本分析、社会生命周期成本分析，又分别被称为常规 LCC、环境 LCC、社会 LCC。常规 LCC 通常是指经济系统内部直接产生的由各利益相关者直接支付于产品的生产、使用或者报废管理的成本，即与业务成本相关的纯财务成本，一般主要考虑产品的某一个或几个阶段。环境 LCC 从产品全生命周期相关的所有利益相关者（原材料或零部件供应商、产品制造商、用户/消费者、最终报废处理者等）角度来分析其所需直接支付的费用及与未来决策有关的可内部化的外部成本，尤其是环境成本，即不仅包括常规 LCC 中的内部成本，还将产品的整个生命周期内的环境影响纳入成本分析中，环境 LCC 拥有相同的完整的生命周期，是与 ELCA 并行使用的经济可持续性评价方法，很多软件都兼容 ELCA 和环境 LCC（ELCC）评价。社会 LCC 系统边界最大，将产品生命周期内可能的社会影响纳入成本分析中，同时也扩大了利益相关者群体的包容性。目前常规 LCC 和环境 LCC 的理论分析基本成熟，而由于社会方面涉及的相关因素多而复杂且难以梳理量化，社会 LCC 理论仍处于发展阶段。

从生命周期的角度来看，产品的生命周期成本包括设计成本、制造成本、销售成本、维修成本、使用成本和回收报废成本。从整个社会的角度来看，产品的生命周期成本包括企业成本、用户成本和社会成本，其中，企业成本主要包括产品使用阶段前所发生的各项费用，用户成本主要产生于产品使用阶段，而社会成本主要是指由生产企业或政府支付的产品生命周期各阶段造成的环境污染治理成本。从资金用途角度来看，产品生命周期成本可以划分为常规成本、可能成本和环境成本。

LCC 与 ELCA 都以生命周期思想为指导，具有相似的评价框架。LCC 的基本评价框架主要包括以下四部分：

（1）目标定义和边界确定　这一步是研究进行的前提和基础，根据研究目标，定义恰当的系统边界和功能单元至关重要。另外，站在不同利益相关者的角度上，研究目标也是不同的。

（2）清单数据信息采集　与 ELCA 中的清单分析类似，收集各成本指标数据，主要包括产品成本构成要素的定义、估算模型的建立、相关资料的收集等。目前主要有三种成本估算方法：①工程造价方法，主要适用于有具体准确的资产、运营成本数据等；②类比成本法，主要是基于类似零部件的历史数据进行估算等；③参数成本法，主要是利用数学回归或级数公式解决成本估算问题等，适用于没有准确成本数据或可参考的历史成本数据的情况。另外，对于多个产品产出的过程，还涉及成本分配的问题，在研究中常采用总销售价值法，即生命周期总成本按照每个产出产品的市场售价比进行分配。

（3）影响评价　此部分的主要工作是将（2）中获取的各成本指标数据归整到各成本类型中。按照研究需要定义不同的成本类型，按照生命周期各个阶段进行成本数据归类，最后求得产品生命周期总成本。

（4）结果解释和重大问题识别　通常采用以定量分析（如净现值、内部收益率等）为主、定性分析为辅的方法来识别产品 LCC 中存在重大问题的环节，并分析问题存在的原因，为优化产品成本-效益提供改进措施，为投资者提供决策支持等。

3. 社会生命周期评价（SLCA）研究现状

UNEP/SETAC 将社会生命周期评价（Social Life Cycle Assessment，SLCA）定义为一种用于评估产品在其整个生命周期过程（包括原材料的采掘与制备、产品的生产、产品的分销、使用、维护、再使用、回收及处置等）所产生的或潜在的对其利益相关者（如工人、消费者、供应链参与者、当地社区、社会等）的积极或消极的社会影响的技术方法。SLCA 是一种比较和改善产品生命周期社会影响的技术方法，其主要目的是通过量化产品整个生命周期内的相关活动所产生的（或潜在的）社会影响信息来督促企业关注其进行产品生产及其相关业务活动的社会表现。

SLCA 的研究始于 20 世纪 90 年代，最早是为了将社会影响考虑到产品或服务全生命周期中。随着研究的不断深入，SLCA 作为 ELCA 的一个有益补充，被纳入生命周期可持续性评价（LCSA）体系中，用于评价产品在整个生命周期中社会方面的有关影响，与 ELCA、LCC 并列为生命周期三大评价技术。由于社会方面的影响因素多而复杂、量化难度大，研究中存在较多的困难，SLCA 的发展远远落后于 ELCA 和 LCC 的发展，目前仍处于理论探索阶段，理论基础和相关分析有待丰富。

近年来，SLCA 受到社会各界越来越多的重视，出现了一些产品层面 SLCA 方法和实例应用的研究成果。例如，丹麦科技大学的 Dreyer 等提出了一种将自下而上方法和自上而下方法相结合的 SLCA 评价框架，将人的尊严和人权（Human Dignity and Well-Being）增加到了社会影响类型中。研究发现，比起考虑单个工业过程，从生命周期角度来考虑企业活动对人类的影响更合理，而且企业活动对产品制造商的社会影响最大；研究还建议通过一个比例因子将产品的社会影响与功能单元相联系。Hunkeler 和 Norris 利用国内生产总值（GDP）与伤残调整生命年（Disability-Adjusted Life Years，DALY）之间的关系预估产品的社会影响。但是该方法只能量化产品对工人和利益相关者的社会影响，如医疗保健、居住条件、教育水平、食物和基本需求，不能量化产品对其他利益相关者的社会影响，如当地社区、社会、消费者和供应链的参与者，也不能量化其他一些社会影响类型，如人权、工作环境、健康和安全、文化遗产管理和社会经济反响等。

针对产品层面的社会可持续性评价研究理论不成熟的问题，从 2013 年开始，一大批来自世界多个知名企业的专家、各高校科研院所及组织机构的相关领域学者联合发起了关于产品社会可持续性评价的圆桌会议，提出了《产品社会生命周期评价指南》。该指南为产品层面上的生命周期社会影响评价提出了一种将定量方法（定量指标）和基于规模的方法（定量指标和定性指标）相结合的新方法。该方法主要通过产品对三个利益相关者群体（工人、消费者和当地社区）的积极或消极影响和绩效指标来合理地评价产品的综合社会绩效。该指南针对工人、消费者和当地社区三个利益相关者群体提出了 19 个社会议题及各个议题下的绩效量化指标。研究表明，这种方法虽然适用范围很广泛，但是也存在不足，例如指标不适用于中小企业、对数据依赖性特别大等。2021 年 6 月，ISO/TC207/SC5 正式成立社会生命周期评价工作组（WG15）并开展社会生命周期评价的原则和框架相关工作，工作组将面向全球可持续发展目标，整合环境、经济和社会角度的生命周期影响评价方法，形成产品、服务和组织的社会生命周期评价理论体系，制定社会生命周期评价相关标准。

UNEP/SETAC 建议尽量借鉴 ELCA 方法来开展 SLCA，主要包括以下四步：

（1）目标定义和范围确定　这主要包括确定研究目标和研究对象、定义功能单元、界定研究系统边界及单元过程的划分、识别利益相关者群体类别、分析及确定影响类型、数据类型及质量要求、提出一些研究假设等。

（2）清单分析　此部分的主要工作是数据收集，可以用于之后的优先排序、热点评估、影响表征等。首先定义产品对这些利益相关者产生社会影响的类型和子类型，其次建立描述这些影响类型的评价指标体系。基于这些指标体系进行数据收集，并对获得的数据进行处理整合，特别是要与功能单元相联系，然后输出清单数据。

（3）影响评价　影响评价是建立在清单分析上的，通过选取合适的方法和模型将清单数据进行分类和特征化，集成到不同的影响子类型和影响类型中，来表征产品的社会影响程度，为结果解释和问题分析提供一个比较直观的依据。

（4）结果解释　对产品的社会影响评价结果进行分析和判断，识别产品生命周期中存在的重大社会影响问题及热点，紧扣第一步中确定的研究目标和范围对分析结果进行讨论、总结和报告。

SLCA 是现有最有效的评估产品全生命周期社会影响的科学方法。它可以被单独使用来识别、学习、交流和报告产品的社会经济绩效信息，既能评估分析产品生命周期不同阶段的社会经济影响，也能比较两个或多个不同产品社会经济绩效，为战略规划、行政管理和采购计划等提供决策支持。

目前 SLCA 还处于研究探索阶段，所面临的一个主要问题是如何建立切实可行的评价指标，并将其与功能单元相结合。与 ELCA 指标不同，已有的社会影响量化指标（多于 200 多个）不都是定量的，很多都是半定量和定性的。对于这些非定量化的指标，尤其是定性指标，很难将其与功能单元相联系。因此，很多学者在进行 SLCA 研究时没有考虑功能单元的问题，提出的指标也没有明确界定为企业层面的还是产品层面的。

4. 生命周期可持续性评价（LCSA）研究现状

生命周期可持续性评价（LCSA）是一种基于生命周期思想（LCI），在传统生命周期评价（也就是 ELCA）基础上发展起来的可持续性评价工具，能够综合评价产品生命周期内所有的环境、经济和社会影响，并将评价结果用于指导决策过程。生命周期可持续性评价作为一个体系，涵括了以上介绍的 ELCA、LCC 和 SLCA 三大生命周期技术。LCSA 在实施过程中需要同时并列进行 ELCA、LCC 和 SLCA 来对产品环境、经济和社会维度的影响进行量化，然后将这三个维度的影响量化结果集成为一个或几个综合指数，以便更直观地表征或比较产品的可持续水平。由于 ELCA、LCC 和 SLCA 三种生命周期评价技术在系统边界、数据清单、评价指标及量纲等方面存在差异性，使得 LCSA 三个维度上的影响集成存在很大的难度。因此，目前 LCSA 的研究还处于起步阶段，理论和评价模型仍然不完善。文献调研发现，目前已有至少四种 LCSA 集成方法理念，如下所示：

1）研究学者 Klöpffer 提出的一种 LCSA 集成模型如式（1-1）所示，为三个独立的生命周期评价，三个维度应具有一致、理想相同的系统边界，不需要加权集成一个可持续性综合指数，方法的主要优势在于其透明度，仍保留维度中具体的评价指标信息。

$$LCSA = ELCA + LCC + SLCA \tag{1-1}$$

为了便于综合评价和决策，在此基础上，研究学者 Finkbeiner、Swarr 等对三个维度之间的加权、相同的功能单元及系统边界等问题进行了研究。这种方法面临双重加权的问题：其一为三个维度各自的评价指标、影响子类型或影响类型之间的加权；其二为三个维度之间的加权。

2）第二种方法是共用一个相同的生命周期清单，这意味着根据研究目标和范围定义了下一个 LCI 之后，进行三次影响评估，评价结果导向同一套保护领域。该方法以 ELCA 评价模型为基础，将 LCC 和 SLCA 看作是 ELCA 影响清单中新的影响类型，最终将 ELCA、LCC 和 SLCA 集成为"$ELCA_{new}$"。

$$LCSA = "ELCA_{new}" \tag{1-2}$$

3）研究学者 Cinelli 等基于环境管理原则、要求和指南，先将 ELCA 和 LCC 集成在一起，得到生态效率（Eco-efficiency）指标。生态效率旨在保障经济发展的同时力求生态影响最小，追求生态友好和经济发展之间的平衡。将 Eco-efficiency 和 SLCA 集成

$$\text{LCSA} = \text{Eco-efficiency} + \text{SLCA} \tag{1-3}$$

4）第四种方法是由德国能源与环境研究所提出的一种 LCSA 集成方法，它先将 LCC 和 SLCA 集成为 Socioeconomic 指标，进行社会经济分析，然后将 ELCA 和 Socioeconomic 集成，进行 LCSA 综合分析，数学模型为

$$\text{LCSA} = \text{ELCA} + \text{Socioeconomic} \tag{1-4}$$

目前，LCSA 的集成方法还很不成熟，第一种方法的研究相对较多。由于 ELCA、LCC 和 SLCA 的清单指标数据具有不同量纲，大多数研究对不同量纲采用标准化处理，然后再进行两次加权并集成。这种方法没有很好地体现出环境、经济、社会三个维度之间的耦合影响关系。ELCA 已经形成国际化标准，但是其中没有包括经济和社会方面，因此第二种方法需要重新修正已有的 ELCA 执行标准（ISO 系列），难度较大。

总体来讲，目前 LCSA 的研究仍处于起步阶段，理论基础薄弱，可以用来将社会和经济因素集成到 LCA 中的方法仍然十分有限。由于系统边界、功能单元、清单数据量纲等的差异性，目前仍缺少有效的方法实现 ELCA、LCC 和 SLCA 的真正集成，且大多数集中于环境和经济维度的集成，很多研究忽略了社会维度。大多数研究停留于理论探索阶段，提出了集成方法的概念思路，但缺少系统深入的研究，具体实施方法较少。为了得到产品或技术可持续性统一的综合评价指标，需要在 LCA、LCC 和 SLCA 的各影响类型被集成之前进行归一化和加权处理，已有的加权集成方法也存在一定的不足，要么具有一定的主观性，要么将产品的环境、经济和社会影响维度分割开，未能体现这三个维度间的相关关系，因而不能普遍适用。另外，产品的社会影响具有宏观区域社会影响的特征，产品不仅仅与其生产制造过程相关，而且与其制造企业在整个供应链中的业务行为息息相关，目前还没有能够将这些过程影响因素关联起来考虑的分析方法。因此，目前仍没有一个被普遍认可的统一的产品可持续性综合度量标准及其集成方法。所以面向绿色制造，综合考虑产品可持续性的所有影响因素（环境、经济、社会），建立基于产品全生命周期的统一可持续性度量标准将是这一领域的研究热点及趋势。

1.4.4 产品可持续性评价研究现状

针对产品的三维可持续性评价，国内外一些学者进行了一些研究。例如：Ocampo 等采用网络分析方法，从经济、环境和社会三个方面来评价产品的可持续性，并以半导体产品为例论证了此方法的有效性；Silva 等基于环境影响、社会影响、资源利用（经济性）、制造性、可循环性/可再制造性、功能性六个方

面的 44 个因素建立了得分模型来评价电子产品的可持续性等；何文运以车用柴油机为研究对象，从环境、技术、经济三个方面构建了柴油机使用阶段的绿色度评价指标体系，基于层次分析法和模糊综合评价法建立了绿色度综合评价模型等。但是，这些研究都没有从完整的生命周期角度来评价产品的可持续性，而且大多数偏重于环境和经济方面。

对产品进行生命周期三维可持续性评价是非常有必要的。联合国环境规划署和国际环境毒理学与化学学会（UNEP/SETAC）建议将 LCC 和 SLCA 方法整合到 LCA，并提出了便于利用 LCA 方法创建出基于全生命周期视角的产品可持续性综合评价指标。Hunkeler 等建议将生命周期评价由环境方面延伸到经济和社会方面；Weidema 对产品的经济影响、社会影响与环境影响的集成进行了研究，并重点研究了如何将社会影响集成到 ELCA 中；Swarr 等讨论了基于符合 ISO 标准的 ELCA、LCC 和 SLCA 三大技术相结合的综合决策方法的适用性；Halog 等建议使用多准则决策分析和动态系统模型，从"系统的角度"将 ELCA、LCC 和 SLCA 相结合，以便提供一个综合的可持续性评价方法；冷如波将产品的生命周期的环境性、能源性、经济性拓展到生命周期社会性，建立了生命周期"3E+S"（Environment，Energy，Economy，Social）模型来评价产品的可持续性，并以中国生物质燃料乙醇系统为对象进行了案例研究；甄文婷基于 ELCA、LCC、SLCA 分别对燃油车和电动车的环境、经济和社会影响进行了量化，然后通过层次分析法和 TOPSIS 法将三个维度的影响进行融合，从而得出这两种汽车的可持续水平；时君丽基于 ELCA、LCC 和 SLCA 等方法分别评价了废旧发动机在技术、环境、经济和社会维度的可再制造性，并采用模糊层次分析法（FAHP）进行技术可行性、环境、经济及社会可再制造性加权集成，从而获得发动机的综合可再制造性。

1.4.5 技术可持续性评价研究现状

联合国环境规划署（UNEP）定义的技术可持续性评价为：一个用来描述和评估技术对生态健康、经济发展和社会接受度的潜在影响，并为技术的筛选提供重要依据的系统过程。在进行技术开发或技术转移活动时，通过技术评价可以事先对技术可能给人类、社会和自然界造成的较大影响进行预测，综合检查评估技术的正效果、负效果和潜在影响，将技术控制在社会所希望的方向，以使未来的科学技术朝向人类期望的方向发展。技术评价将定量分析和定性分析相结合，具有预测性，为技术政策和规划的制定，新技术的研究、开发及其应用提供决策依据。它是可持续发展的前提，是解决可持续发展问题的重要手段。

目前已有学者对技术的可持续性评价进行了深入的研究，采用的方法既包括基于评价指标体系法+综合评价方法的可持续性评价方法，也包括生命周期可持续性评价方法。相比较而言，生命周期评价方法是目前最适用于绿色制造技术评价的系统性方法，但现有的生命周期评价技术程序过于烦琐，对数据资源的要求很高。如果一概而论，全部采用生命周期评价方法，不仅会浪费大量的时间和经费，而且有可能会产生不正确的评价结果，这不仅不利于我国节能减排技术的推广，也将会阻碍绿色制造技术的发展。如何在已有成熟的生命周期评价方法的基础上，结合我国当前的生产技术水平、研究现状和应用需求，借鉴生命周期评价的技术思想以及环境影响评价和健康风险评价中的相关方法，针对不同评价对象、不同目的、不同阶段，进行方法简化和改进，形成一套系统化、合理化、实用化的绿色制造评价指标体系和方法，是目前值得深入研究的课题。

当前技术可持续性评价的研究中，绝大多数研究偏重于技术、经济和环境影响的研究，部分考虑了技术的社会影响。楼上游提出绿色制造技术评价指标体系应包括技术先进性、经济性、绿色性三个方面，详细介绍了单项绿色技术的评价体系和多选项绿色技术评价。郭英玲认为应从技术性能、经济性和绿色性三方面构建绿色制造技术评价指标体系，针对完整生命周期评价方法应用困难等问题，在简式生命周期评价方法的基础上，提出了各个阶段绿色制造技术适用的评价方法。曹华军等基于工艺 IPO 模型和列昂波特相互作用矩阵，提出零件制造过程环境影响量化分析方法，通过对各工艺过程的环境影响评价结果进行综合评价和纵横向对比分析，为制造过程环境友好性改善提供数据参考。曹杰等通过对绿色制造工艺决策体系的研究，从资源利用属性、能源利用属性、环境负担和经济性等方面建立绿色制造工艺评价体系的层次结构模型，采用有限方案多目标决策逼近理想解法对决策工艺方案进行排序，确定绿色产品制造工艺的最优解。张华等提出了绿色制造过程评价的数据包络分析（DEA）方法，有效反映在工艺装备与生产对象不变的情况下特定制造过程的绿色度持续性变化的过程。邢西哲等针对现有的绿色制造评价理论和方法，总结和概括了绿色制造评价存在的一些未解决的技术问题，如产品系统绿色评价的定量化方法、绿色产品数据库和知识库技术、绿色制造的不确定性分析及其方法、绿色制造的企业应用集成等。Musango 等基于动态系统方法提出了能源技术可持续性评价框架。Zhang 等将能值综合法应用到钢铁生产技术的可持续性评价中。Roksana 综述了 LCA 和技术经济分析（TEA）的集成方法，论述了技术、经济和环境绩效之间的关系和未来技术难点。Song 等引入能值回收率和技术效率两个指标，基于LCA方法对电子废物处理的技术经济水平进行了评估。Peng等综合应用LCA、成本分析方法、理想解法（TOPSIS），从技术、经济和环境维度，对典型的四种再制造修复技术的可持续性进行了评价和排序。Aurich等基于LCA对磨削加工技术进行了可持续性评价，提出只有通过完整的生命周期评价才能回答制造过程对可持续性的影响问题。

1.5 小结

绿色制造从一种理念变成产业发展的实际需求和具体行动，成为提高企业核心竞争力的战略思想。我国是制造大国，未来将成为制造强国，绿色制造是工业绿色发展的必经之路，目前我国绿色制造缺乏系统的建设和评价。本章首先综述了可持续性评价的概况，介绍了绿色制造、绿色产品、绿色技术和可持续性等相关概念；其次探讨了可持续性评价的微观层次，即产品和技术可持续性评价特点和存在的问题；最后综述了可持续性评价指标体系、基于综合评价方法的可持续性评价、生命周期可持续性评价方法以及产品和技术可持续性评价的研究现状。可持续性评价方法日新月异，本书中对上述相关概念和研究现状的论述并不系统，国内外一些可持续性评价方法和模型未被提及，但能为读者提供研究参考，也就达到了编写本书的目的。

参 考 文 献

[1] 中国工程院"中国制造业可持续发展战略研究"咨询研究项目组. 中国制造业可持续发展战略研究 [M]. 北京：机械工业出版社，2010.

[2] 斯佩勒博格. 可持续性的度量、指标和研究方法 [M]. 周伟丽，孙承兴，王文华，等译. 上海：上海交通大学出版社，2017.

[3] PAUL I D, BHOLE G P, CHAUDHARI J R. A review on green manufacturing：it's important，methodology and its application [J]. Procedia Materials Science, 2014, 6: 1644-1649.

[4] 陈明，罗家国，赵永红，等. 可持续发展概论 [M]. 北京：冶金工业出版社，2008.

[5] 何岚，钟书华. 国内"可持续制造"研究述评 [J]. 工业技术经济，2013 (8)：139-146.

[6] 刘飞，曹华军，张华，等. 绿色制造的理论与技术 [M]. 北京：科学出版社，2005.

[7] ELKINGTON J. Partnerships from cannibals with forks: the triple bottom line of 21st-century business [J]. Environmental Quality Management, 1998, 8 (1): 37-51.

[8] SIKDAR S K. Sustainable development and sustainability metrics [J]. AIchE Journal, 2003,

49（8）：1928-1932.
[9] STEVEN A. Designing for the environment [J]. Mechanical Engineering, 1993, 115（3）：52-54.
[10] Environmental labels and declarations-Type Ⅲ environmental declarations-Principles and procedures: BS ENISO 14025: 2010 [S]. [S.l.] The Standards Policy and Strategy Committee, 2010.
[11] 吕竹明. Ⅲ型环境标志的方法基础和实施指南 [D]. 北京：中国环境科学研究院，2004.
[12] 王宇刚. 基于聚类及ANFIS的磨削工艺绿色度评价方法研究 [D]. 沈阳：东北大学，2015.
[13] 刘光复，刘志峰，李钢. 绿色设计与制造 [M]. 北京：机械工业出版社，1999.
[14] MIHELCIC J R, CRITTENDEN J C, SMALL M J, et al. Sustainability science and engineering: the emergence of a new metadiscipline [J]. Environmental Science & Technology, 2003, 37（23）：5314-5324.
[15] SIKDAR S K. Journey towards sustainable development: a role for chemical engineers [J]. Environmental Progress, 2003, 22（4）：227-232.
[16] FENG S C, JOUNG C B, LI G. Development overview of sustainable manufacturing metrics [C] //The 17th CIRP International Conference on Life Cycle Engineering. Hefei: CIRP, 2010.
[17] HACKING T, GUTHRIE P. A framework for clarifying the meaning of triple bottom-line, integrated, and sustainability assessment [J]. Environmental Impact Assessment Review, 2008, 28（2-3）：73-89.
[18] 向东，段广洪，汪劲松，等. 基于产品系统的产品绿色度综合评价 [J]. 计算机集成制造系统，2001，7（8）：12-16.
[19] 张成. 代用燃料的生命周期3E评价及可持续设计 [D]. 上海：上海交通大学，2003.
[20] 才磊，姜淑华，姚平录. 2002中国可持续发展战略报告 [M]. 北京：科学出版社，2002.
[21] The White House. Executive order 13514-federal leadership in environmental, energy, and economic performance [J]. Federal Register, 2009, 74（194）：52117-52127.
[22] ARTIACH T, LEE D, NELSON D, et al. The determinants of corporate sustainability performance [J]. Accounting & Finance, 2010, 50（1）：31-51.
[23] FIKSEL J R, EASON T, FREDERICKSON H. A framework for sustainability indicators at EPA [R]. [S.l.]: National Risk Management Research Laboratory, Office of Research and Development, US Environmental Protection Agency, 2012.
[24] MAINALI B, SILVEIRA S. Using a sustainability index to assess energy technologies for rural electrification [J]. Renewable and Sustainable Energy Reviews, 2015, 41：1351-1365.

[25] Global Reporting Initiative (GRI). G4 sustainability reporting guidelines: Reporting principles and standard disclosures [R]. Amsterdam, Netherlands: Global Reporting Initiative, 2013.

[26] ERCAN T, KUCUKVAR M, TATARI O, et al. Congestion relief based on intelligent transportation systems in Florida: analysis of triple bottom line sustainability impact [J]. Transportation Research Record, 2013 (2380): 81-89.

[27] SEARCY C, ELKHAWAS D. Corporate sustainability ratings: an investigation into how corporations use the Dow Jones Sustainability Index [J]. Journal of Cleaner Production, 2012, 35: 79-92.

[28] DREHER J, LAWLER M, STEWART J, et al. General motors metrics for sustainable manufacturing [R]. Cambridge, MA: Laboratory for Sustainable Business, Massachusetts Institute of Technology, 2009.

[29] SCHMIDT W, TAYLOR A. Ford of Europe's product sustainability index [C]//13th CIRP International Conference on Life Cycle Engineering. Leuven: CIRP, 2006: 5-10.

[30] KRAJNC D, GLAVI V C P. A model for integrated assessment of sustainable development [J]. Resources, Conservation and Recycling, 2005, 43 (2): 189-208.

[31] AZAPAGIC A. Developing a framework for sustainable development indicators for the mining and minerals industry [J]. Journal of Cleaner Production, 2004, 12 (6): 639-662.

[32] SAISANAM. Environmental sustainability index [R]. New Haven: Yale Center for Environmental Law & Policy, 2005.

[33] OECD. OECD environmental indicators-towards sustainable development [R]. [S.l.]: Organization for Economic Co-operation and development, 2001.

[34] BROWN M T, ULGIATI S. Emergy-based indices and ratios to evaluate sustainability: monitoring economies and technology toward environmentally sound innovation [J]. Ecological Engineering, 1997, 9 (1-2): 51-69.

[35] PRESCOTT A R. Barometer of sustainability: measuring and communicating wellbeing and sustainable development [M]. Gland: International Union for Conservation of Nature, 1997.

[36] REES W E. Ecological footprints and appropriated carrying capacity: what urban economics leaves out [J]. Environment and Urbanization, 1992, 4 (2): 121-130.

[37] 李晓波. AHP 与 ANP 应用于企业可持续发展评价之比较研究 [J]. 重庆工学院学报 (社会科学版), 2009, 23 (1): 61-64.

[38] 邱英. 企业可持续发展财务评价理论与方法研究 [D]. 成都: 四川大学, 2007.

[39] SHI J L, LI T, LIU Z C. A three-dimensional method for evaluating the remanufacturability of used engines [J]. International Journal of Sustainable Manufacturing, 2005, 3 (4), 363-388.

[40] BIERER A, MEYNERTS L, GÖTZE U. Life cycle assessment and life cycle costing-methodical relationships, challenges and benefits of an integrated use [C]//20th CIRP International

Conference on Life Cycle Engineering. Singapore: CIRP. 2013: 415-420.

[41] KLÖPFFER W. Life cycle sustainability assessment of products [J]. The International Journal of Life Cycle Assessment, 2008, 13 (2): 89-95.

[42] EPA. Life cycle assessment principles and practice [R]. Cincinnati, Ohio: National Risk Management Research Laboratory, 2006.

[43] GUINÉE J B. Handbook on life cycle assessment: operational guide to the ISO standards [M]. New York: Springer Science & Business Media, 2002.

[44] 毛玮. 几种典型综合评价方法的比较及SAS软件实现 [D]. 北京: 中国人民解放军军事医学科学院, 2011.

[45] 金贞珍. 关于多指标综合评价方法及其权数问题的讨论 [D]. 延吉: 延边大学, 2007.

[46] 钟志科. 综合评价方法的合理性研究 [D]. 西安: 西安交通大学, 2010.

[47] 张发明, 华文举, 李玉茹. 几种综合评价方法的稳定性分析 [J]. 系统科学与数学, 2019, 39 (4): 595-610.

[48] 陈国宏, 李美娟, 夏衍泰. 组合评价及其计算机集成系统研究 [M]. 北京: 清华大学出版社, 2007.

[49] LI T, ZHANG H C, LIU Z C, et al. A system boundary identification method for life cycle assessment [J]. The International Journal of Life Cycle Assessment, 2014, 19 (3): 646-660.

[50] SUH S, HUPPES G. Methods for life cycle inventory of a product [J]. Journal of Cleaner Production, 2005, 13 (7): 687-697.

[51] 刘夏璐, 王洪涛, 陈建, 等. 中国生命周期参考数据库的建立方法与基础模型 [J]. 环境科学学报, 2010, 30 (10): 2136-2144.

[52] 王春华, 王洪涛, 肖定全. 生命周期评价 (LCA) 方法中的物质名录研究 [C]//2004年中国材料研讨会论文摘要集. 北京: 中国材料研究学会, 2004: 187-189.

[53] LEE K M. A weighting method for the Korean eco-indicator [J]. The International Journal of Life Cycle Assessment, 1999, 4 (3): 161-165.

[54] ELDH P, JOHANSSON J. Weighting in LCA based on ecotaxes-development of a mid-point method and experiences from case studies [J]. The International Journal of Life Cycle Assessment, 2006, 11 (1): 81-88.

[55] AHLROTH S, FINNVEDEN G O R. Ecovalue 08-A new valuation set for environmental systems analysis tools [J]. Journal of Cleaner Production, 2011, 19 (17-18): 1994-2003.

[56] AFRINALDI F, ZHANG H C. A fuzzy logic based aggregation method for life cycle impact assessment [J]. Journal of Cleaner Production, 2014, 67: 159-172.

[57] 杨建新, 王如松, 刘晶茹. 中国产品生命周期影响评价方法研究 [J]. 环境科学学报, 2001, 22 (2): 234-237.

[58] 苏向东, 王天民, 何力, 等. 有色金属材料的环境负荷定量评价模型 [J]. 环境科学学

报，2002，22（1）：98-102.

[59] New South Wales Treasury. Life cycle costing guideline [R]. Sydney, Australia: New South Wales, Treasury 2004.

[60] Buildings and constructed assets-Service life planning: BS ISO 15686-5 [S]. Geneva, Switzerland: International Organization for Standardization, 2017.

[61] REBITZER G, HUNKELER D. Life cycle costing in LCM: ambitions, opportunities, and limitations [J]. The International Journal of Life Cycle Assessment, 2003, 8 (5): 253-256.

[62] HUNKELER D, LICHTENVORT K, REBITZER G. Environmental life cycle costing [M]. New York: CRC Press, 2008.

[63] United Nations Environment Programme. Guidelines for social life cycle assessment of products [M]. Paris: UNEP/SETAC Life Cycle Initiative, 2009.

[64] DREYER L, HAUSCHILD M, SCHIERBECK J. A framework for social life cycle impact assessment [J]. The International Journal of Life Cycle Assessment, 2006, 11 (2): 88-97.

[65] JORGENSEN A, BOCQ A L, NAZARKINA L, et al. Methodologies for social life cycle assessment [J]. The International Journal of Life Cycle Assessment, 2008, 13 (2): 96-103.

[66] BENOÎT C, VALDIVIA A G, BOS C A, et al. The guidelines for social life cycle assessment of products: just in time! [J]. The International Journal of Life Cycle Assessment, 2010, 15 (2): 156-163.

[67] PETTI L, SERRELI M, DI C S. Systematic literature review in social life cycle assessment [J]. The International Journal of Life Cycle Assessment, 2018, 23 (3): 422-431.

[68] O'BRIEN M, DIOG A, ROLAND C. Social and environmental life cycle (SELCA) [J]. The International Journal of Life Cycle Assessment, 1996, 1 (4): 231-237.

[69] HUNKELER D. Societal LCA methodology and case study [J]. The International Journal of Life Cycle Assessment, 2006, 11 (6): 371-382.

[70] NORRIS G A. Social impacts in product life cycles-towards life cycle attribute assessment [J]. The International Journal of Life Cycle Assessment, 2006, 11 (1): 97-104.

[71] CIROTH A, FINKBEIER M, HILDENBRAND J, et al. Towards a live cycle sustainability assessment: making informed choices on products [R]. Paris: UNEP/SETAC Life Cycle Initiative, 2011.

[72] FINKBEINER M, SCHAU E M, LEHMANN A, et al. Towards life cycle sustainability assessment [J]. Sustainability, 2010, 2 (10): 3309-3322.

[73] SWARR T E, HUNKELER D, KLÖPFFER W, et al. Environmental life-cycle costing: a code of practice [J]. The International Journal of Life Cycle Assessment, 2011, 16 (5): 389-391.

[74] CINELLI M, COLES S R, JORGENSEN A, et al. Workshop on life cycle sustainability assessment: the state of the art and research needs November 26, 2012, Copenhagen, Denmark [J]. The International Journal of Life Cycle Assessment, 2013, 18 (7): 1421-1424.

[75] OCAMPO L A, CLARK E E, TANUDTANUD K V G, et al. An integrated sustainable manufacturing strategy framework using fuzzy analytic network process [J]. Advances in Production Engineering & Management, 2015, 10 (3): 125-139.

[76] SHI J L, WANG Y J, FAN S J, et al. An integrated environment and cost assessment method based on LCA and LCC for mechanical product manufacturing [J]. The International Journal of Life Cycle Assessment, 2019, 24 (1): 64-77.

[77] 何文运, 张俊红. 柴油机使用过程绿色度评价方法研究 [J]. 机械设计与制造, 2016, 12: 263-266.

[78] WEIDEMA B P. The integration of economic and social aspects in life cycle impact assessment [J]. The International Journal of Life Cycle Assessment, 2006, 11 (1): 89-96.

[79] SWARR T E, HUNKELER D, KLÖPFFER W, et al. Environmental life-cycle costing: a code of practice [J]. The International Journal of Life Cycle Assessment, 2011, 16 (5): 389-391.

[80] HALOG A, MANIK Y. Advancing integrated systems modelling framework for life cycle sustainability assessment [J]. Sustainability, 2011, 3 (2): 469-499.

[81] 冷如波. 产品生命周期 3E+S 评价与决策分析方法研究 [D]. 上海: 上海交通大学, 2007.

[82] 甄文婷. 纯电动汽车与燃油汽车生命周期可持续性评估 [D]. 合肥: 合肥工业大学, 2018.

[83] 时君丽. 基于 LCSA 的机械装备多维度可再制造性分析方法研究 [D]. 大连: 大连理工大学, 2017.

[84] HEIJUNGS R, HUPPES G, GUINÉE J B. Life cycle assessment and sustainability analysis of products, materials and technologies: toward a scientific framework for sustainability life cycle analysis [J]. Journal of Cleaner Production, 2009, 17: 1030-1038.

[85] 郭亚军. 综合评价理论、方法及应用 [M]. 北京: 科学出版社, 2007.

[86] 楼上游. 机械制造业环境绿色技术评价体系 [D]. 合肥: 合肥工业大学, 2003.

[87] 郭英玲. 绿色制造技术的分析及评价方法研究 [D]. 北京: 机械科学研究总院, 2009.

[88] 曹华军, 刘飞, 阎春平, 等. 制造过程环境影响评价方法及其应用技术 [J]. 机械工程学报, 2005, 41 (6): 163-167.

[89] 曹杰, 易红, 赵维铎, 等. 基于 Web 的绿色产品制造工艺评价体系和方法的研究 [J]. 制造业自动化, 2008, 24 (8): 35-37.

[90] 张华, 王西彬. 用数据包络方法进行绿色制造过程评价 [J]. 兵工学报, 2005, 26 (4): 523-527.

[91] 邢西哲,李凌. 绿色制造评价的理论、方法及工具 [J]. 河海大学常州分校学报, 2007, 21 (3): 1-4.

[92] MUSANGO J K, BRENT A C. A conceptual framework for energy technology sustainability assessment [J]. Energy for Sustainable Development, 2011, 15 (1): 84-91.

[93] ZHANG X L, JIANG W J, DENG S H, et al. Emergy evaluation of the sustainability of Chinese steel production during 1998–2004 [J]. Journal of Cleaner Production, 2009, 17 (11): 1030-1038.

[94] MAHMUD R, MONI S M, HIGH K. Integration of techno-economic analysis and life cycle assessment for sustainable process design: a review [J]. Journal of Cleaner Production, 2021, 317: 15.

[95] SONG Q B, WANG Z S, LI J H. Sustainability evaluation of e-waste treatment based on emergy analysis and the LCA method: a case study of a trial project in Macau [J]. Ecological Indicators, 2013, 30: 138-147.

[96] PENG S T, LI T, LI M Y, et al. An integrated decision model of restoring technologies selection for engine remanufacturing practice [J]. Journal of Cleaner Production, 2019, 206: 598-610.

[97] AURICH J C, LINKE B, HAUSCHILD M, et al. Sustainability of abrasive processes [J]. CIRP Annals- Manufacturing Technology, 2013, 62 (2): 653-672.

第 2 章

产品和技术可持续性评价指标体系和数学模型

2.1 可持续性评价指标体系

由于产品和技术类型多种多样，不同类型的产品和技术有不同的要求，至今没有形成统一的、公认的、权威的可持续性评价指标体系。即使在某些领域，根据具体产品或技术的特点提出了可持续性评价指标体系，但是由于发展阶段、地域的不同等，还是存在不完善、不全面等问题，很难推广到一般，而且一套指标体系适用于所有产品或技术的情况也不太可能。因此，本书不过多探讨评价指标的筛选、完善和标准等问题，主要探讨建立多维度的可持续性评价指标体系后，如何度量和综合评价等问题。

为了将多层次、多因素的复杂评价问题用科学的度量方法进行量化处理，首先必须建立评价指标体系。可持续性评价指标体系具有描述、评价、分析和预测等功能，可以科学、定量地表征研究对象可持续发展状况，是剖析可持续发展中存在的问题和制约因素、提出有针对性的对策建议的基础。但由于可持续发展过程是诸多社会、经济、自然要素互相作用、协同耦合的过程，加之其具有非线性、开放、动态等特点，评价指标体系的建立十分困难，目前仍处于研究探讨阶段。

2.1.1 评价指标体系的概念

指标（Indicator）是描述系统特征或复杂现象和事件发生的信息集，用于指示或表征系统、事件、现象的状态或变化，旨在简化信息、便于交流，能够从多方面为决策提供决定性指导。指标可以是变量或变量的函数，可以为定性的变量、排序的变量、定量的变量等。根据"三重底线"概念，可持续性评价指标可以定义为系统在环境、经济或社会方面特征变化的可测量信息，是一种能够评价和预测系统的可持续发展状况及趋势，能够提供预警信息，进行决策支持的有效工具。

评价指标体系是指为实现研究目的，由若干个相互联系的指标组成的指标群，通过将多种指标和数据综合，可以勾画出对象系统的整体发展变化趋势，较之于指标而言，指标体系具有全面性、系统性。用指标体系来描述对象系统，目的在于寻求一组具有代表意义，同时又能全面反映对象系统发展过程各方面属性和特征的指标，通过指标组合使人们对整个系统有一个定量或定性的了解。

指数（Index）是一组集成的或经过权重化处理的参数或指标。指数作为一类特殊的指标,能提供经过数据处理而获得的高度凝聚的信息,能够直观地表征系统的可持续性,为评价结果分析提供依据。指标用来表征事物或系统某属性的状态或变化,而指数是对事物或系统的度量或计算方法及结果。

建立指标体系常用的一种方法就是将目标分成总目标层和具体的若干子目标层(或称为准则层)。通过对子目标层指标的构建,逐步明确整个指标体系,形成多层的指标体系。另外,要对建立指标体系过程中存在的问题进行说明,对指标进行筛选,对存在的数据来源和误差进行解释,对指标的优先性进行排序。指标体系的建立不仅应明确指标体系由哪些指标组成,还应确定指标之间的关系,即指标结构。指标体系可以看作一个信息系统,该信息系统的构造主要包括指标的配置和系统结构的安排。指标包括指标的概念、计算范围、计量单位等。各指标之间的相互关系也属于该信息系统的结构。产品或技术的一种可持续性评价指标体系,如图2-1所示。

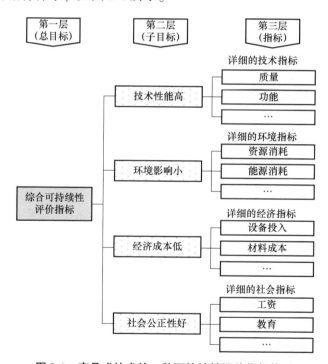

图 2-1 产品或技术的一种可持续性评价指标体系

一般来说,可持续性评价指标体系具有以下几个主要功能:

1) 反映功能:将产品或技术的可持续性浓缩在选定的有限的若干指标之内。

2) 监测功能:通过指标体系评估监测产品或技术的可持续性,分析其存在问题和矛盾的原因,为产品设计、制造或管理决策提供依据。

3)比较功能:有利于明确产品或技术自身当前可持续状态和位置,在比较中找出优势和差距,并分析可持续性落后的原因。

4)预测功能:能对产品或技术可持续发展趋势做出分析和预测,制定可持续发展战略和规划。

随着可持续发展评价指标体系构建和应用的研究的不断发展,政府、相关组织、工业和学术界提出了一系列制造业可持续性评价指标体系,这里仅简要介绍三种有代表性的指标体系。

(1) UNCSD可持续发展指标体系 联合国可持续发展委员会(UNCSD)在《可持续发展指标:指南和方法学》报告(2001)及后续的修订报告中,提出了一个可持续发展核心指标框架。该框架由社会、环境、经济和制度四大系统和驱使力(Driving Force)-状态(State)-响应(Response)概念模型(DSR模型)构成。其中,驱使力指标用于表征造成发展不可持续的人类活动、消费模式或经济系统的因素;状态指标用于表征可持续发展过程各系统的状态;响应指标用于表征人类为促进可持续发展进程所采取的对策。DSR模型指标框架分层次的指标体系描述了可持续发展的四个维度,即社会、环境、经济、制度,包括15个主题和38个子主题,如图2-2所示。

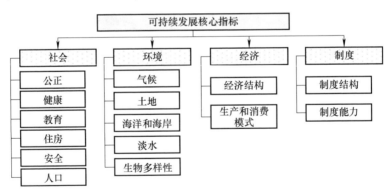

图2-2 DSR模型指标框架

UNCSD于2007年发布了第三版《可持续发展指标:指南和方法学》报告,新修订的指标体系不再明确按照四个维度(社会、环境、经济和制度)划分指标。这一变化反映了可持续发展多维度集成的重要性,并且引入了贫穷和自然灾害等新的具有交叉特性的指标,现有的具有交叉特性的指标(如生产和消费模式)也有了更好的体现。该指标体系按照社会、环境、经济三个维度,最终确定了14个主题、44个子主题、96项指标的指标体系(见表2-1),包括50个核心指标和 46 个非核心指标。UNCSD 的主题、子主题和核心指标体系为所有国家提供了一套被广泛接受的可持续发展指标体系，对各国开发国家级可持续发展指标体系具有重要参考意义。

表 2-1 UNCSD（2007）指标体系

维度	主题	子主题	核心指标示例
社会	贫困	收入贫困、收入不平衡、环境卫生、饮水、能源获得、居住条件	生活在国家贫困线以下的人口比例
	管理	腐败、犯罪	每 10 万人中发生故意杀人案件的数量
	健康	死亡率、医疗服务供给、营养状况、健康状态及风险	5 岁以下儿童死亡率
	教育	教育水平、识字	初等教育净入学率
	人口统计	人口、旅游	人口增长率
环境	自然灾害	对自然灾害的脆弱性、灾害准备和应对	居住在危险地区的人口比例
	气候	气候变化、臭氧层耗竭、空气质量	二氧化碳排放
	土地	土地利用和状态、荒漠化、农业、森林	森林覆盖率
	海洋和海岸	海岸带、渔业、海洋环境	受保护的海洋面积比例
	淡水	水量、水质	所使用水资源总量的比例
	生物多样性	生态系统、物种	物种威胁状态的变化
经济	经济发展	宏观经济表现、可持续公共财政、就业、信息和通信技术、研发、旅游	人均 GDP
	全球经济合作	贸易、外部筹资	经常账户赤字占 GDP 的百分比
	生产和消费模式	物料消耗、能源使用、废物产生和管理、交通	废物处理与处置

（2）中国可持续发展指标体系（CSDIS） 2017 年中国国际经济交流中心与美国哥伦比亚大学地球研究院综合参考国内外现有指标体系，发布了中国可持续发展指标体系（CSDIS）。该指标体系既考虑了创新驱动发展、结构优化升级

和经济稳定增长这些经济发展方面的指标，又针对经济发展中资源环境的突出矛盾增加了消耗排放与治理保护两个关联主题，以反映人类对自然修复所做出的努力（包括资金上的投入、主要环境治理目标的设定等），同时也考虑了一定的社会民生问题。该指标体系主体框架见表2-2。

表2-2 CSDIS（2017）主体框架

一级指标（权重）	二级指标（包含具体指标个数）	三级指标举例
经济发展（19.12%）	创新驱动发展（3）	每万人口有效发明专利拥有量
	结构优化升级（2）	信息产业增加值与GDP比例
	经济稳定增长（3）	GDP增长率
社会民生（27.52%）	教育文化（3）	财政性教育经费支出占GDP比例
	社会保障（2）	人均社会保障财政支出
	卫生健康（3）	人口平均预期寿命
	社会公平/均等程度（2）	基尼系数
资源环境（16.34%）	国土资源（3）	人均碳汇
	水环境（2）	人均水资源量
	大气环境（2）	监测城市平均$PM_{2.5}$年均浓度
	生物多样性（1）	生物多样性指数
消耗排放（28.07%）	资源消耗（3）	单位GDP能耗
	污染物和废弃物排放（5）	单位GDP主要污染物排放
	温室气体排放（2）	碳排放强度
治理保护（8.95%）	治理的资金投入（3）	环境污染治理投资与固定资产投资比
	主要环境治理目标（6）	生活垃圾无害化处理率
	减少温室气体排放（2）	碳排放强度年下降率

（3）Eco-Indicator 99环境影响指标体系 Eco-Indicator方法是由荷兰住宅、空间规划与环境部委托，在瑞士科学基金会环境优先项目协同资助下开发完成的面向环境问题终点的一种评价方法，主要应用于生命周期评价的第三个阶段，即生命周期影响评价。Eco-Indicator方法包含11种环境影响类型，该方法对评价产品的环境影响类型进行计算后，又进一步将11种环境影响类型关联至ISO 14040所定义的三种终点影响类型，即对资源消耗、生态系统和人体健康的影响。Eco-Indicator 99环境影响指标体系如图2-3所示。

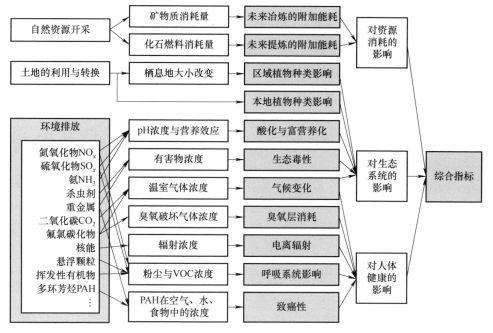

图 2-3 Eco-Indicator 99 环境影响指标体系

▶ 2.1.2 评价指标的选取原则

设计科学的指标体系是可持续性评价的基础。由于产品和技术的可持续性评价涉及技术、经济、社会和环境等诸多因素,在构建指标体系时要保证选取的评价指标能够体现出被评对象在技术先进性、经济增长性、环境友好性和社会公正性四个方面的相互联系、相互补充和相互统一。评价指标体系的构建原则如下:

1) 综合性原则。指标体系应能全面、综合地反映被评对象技术、环境、经济和社会等方面的可持续性,充分利用多学科、学科交叉和综合知识,保证综合评价的全面性和可信度。

2) 科学性原则。指标体系应力求客观、真实、准确地反映被评对象的基本属性。指标的含义明确,测量方法正确,数据统计和计算方法规范。有些指标可能目前尚无法获取必要的数据,但与评价结果关系较大时仍可作为建议指标提出。不同的评价对象差异可能较大,应依据指标体系框架进行修订,做到具体问题具体分析。

3) 系统性原则。根据被评对象特点选择不同的评价层次和深度,既要有反映被评对象各维度的指标，又要充分认识到各维度发展过程有不可分割的联系，注意指标间的耦合性和协调性，避免相同或含义相近的指标重复出现。

4）主要因素原则。指标数目要适量，做到简明、概括，并具有代表性。用于评价的指标不可能面面俱到，选择指标过多会湮没主要因素，并会使问题复杂化，因此，应选择其中反映被评对象特征的影响性大、敏感性大的主要指标。

5）定性与定量指标相结合原则。把握被评对象的"质"和"量"两个方面，采取定性分析和定量分析相结合的方式，对于一些难以量化且意义重大的指标，用定性指标来描述，但要尽可能地将评价指标量化，以便从"质"和"量"的角度，对被评对象做出科学的评价。

6）指标的一致性原则。注意所选指标在数值表现上与其可持续意义的相互匹配，即要求一致性。一致性是指各个指标在反映技术、经济、环境和社会影响程度时，其数值的大小、影响方向及程度在评价方法上是一致的，避免不同向指标应用于同一问题时因方向不同而抵消或混淆了事物本质特征的反映。对于方向不同的指标可以采用一致化处理的方法来解决。

7）动态和静态指标相结合原则。由于产品设计、制造方法和技术随着科技和社会的发展而不断发展变化，因此对绿色产品和绿色技术的要求也将随着工业技术和社会的发展而不断变化。在选取指标时，既要有反映被评对象当前状况的静态指标，又要有表示其未来发展趋势的动态指标。

2.1.3 产品可持续性评价指标体系的建立

指标体系的建立主要是指标的选取及指标之间结构关系的确定。一般来说，产品可持续性评价指标体系包括技术、经济、环境和社会四大体系或类别。由于各体系均由复杂的多因素组成，因此，需从这些庞大而复杂的指标中选择少量且关键的指标组成指标体系。指标的选取和建立应注重全生命周期，这些指标既要全面又要具体，并且数据要容易获取。

基于文献综述和企业调研，若不采用生命周期可持续性评价（LCSA）方法，从技术、经济、环境和社会四个维度，可考虑但不限于采用以下指标构建产品的可持续性评价指标体系：

（1）技术指标　产品的技术性能、功能特点等可以作为指标选取的基础，重点选取消费者关注度高、影响高端品质的产品耐用性、健康安全方面的指标。例如，产品的基本技术性能参数、可靠性指标和功能配置等。再如，产品功能原理，一般来讲，产品技术性能在很大程度上取决于产品所采用的功能原理的先进性。

（2）经济指标　经济指标包括产品生产成本（包括设计成本、制造成本、设备成本、运输成本、人员费、办公管理费等）、销售成本（包括销售过程中的包装成本、运输成本、税费、培训费等）、使用成本（主要是指产品使用过程中的能耗和物耗成本、维修成本等）、回收成本（包括废弃处理过程的拆卸成本、处置成本等）、可能成本（包括法律顾问成本、个人伤害成本、可能的经济损失等）和环境成本（产品生产、使用和回收等生命周期过程中对环境的污染而导致的费用等）等。

（3）环境指标　环境指标包括资源消耗（材料消耗、能源消耗、材料利用率、材料回收率、能源利用率等）、环境污染（废气、废水、固体垃圾废弃物等，特别是有毒有害物质的排放等）、土地占用、噪声和电磁辐射等。

（4）社会指标　社会指标包括产品对利益相关者（员工、消费者、供应链参与者、投资者、当地社区、社会等）的社会影响。例如，员工工资、生活福利、劳动强度、工作时间、工作环境、工伤概率、人权与公平、健康安全、居住条件、医疗保健、教育与培训、员工稳定性、员工工作满意度、消费者满意度、社会福利、促进当地就业和社会经济影响等。

国际 ISO 14000 环境管理体系标准系列，我国陆续发布的 GB/T 33761—2017《绿色产品评价通则》、GB/T 34664—2017《电子电气生态设计产品评价通则》、GB/T 32161—2015《生态设计产品评价通则》、GB/T 32162—2015《生态设计产品标识》、GB/T 32163.1—2015《生态设计产品评价规范 第 1 部分：家用洗涤剂》以及 T/CESA 1019—2018《绿色设计产品评价技术规范 微型计算机》等国家或团体标准和规范，能够从定性和定量两个角度综合评价产品全生命周期的资源环境影响，可指导我国绿色产品的设计制造，推动制造业技术水平和产品质量提升，同时对绿色产品评价指标的选取起着重要的指导作用。

若采用生命周期可持续性评价（LCSA）方法进行产品的可持续性评价，产品可持续性评价指标体系中的环境、经济和社会维度指标可按照 LCSA 理论的 ELCA、LCC、SLCA 的指标体系建立，而技术维度指标则需要根据产品的技术性能、功能特点等的评价选择关键指标，从而形成产品四个维度的可持续性评价指标体系。

2.1.4　技术可持续性评价指标体系的建立

绿色制造技术要求技术水平（功能、质量）高、成本低、绿色化程度高、社会公正性好，总体上追求的是四者的综合协调优化。针对技术的可持续性评价，若不采用 LCSA 方法，以修复技术为例，可从技术、经济、环境和社会四个

维度考虑以下指标因素:

（1）技术指标　技术指标是指与技术本身、产品质量有关的指标,具体包括结合强度、孔隙率、硬度、抗拉强度、寿命、精度、表面粗糙度、时间消耗、合格率、技术难度和技术复杂度等。

（2）经济指标　经济指标包括加工成本、设备投资成本、设备运行维护成本、能耗成本、排放处理成本等。

（3）环境指标　环境指标包括材料消耗/利用率、能源消耗/利用率、材料再利用率、固体/液体/气体排放量等。

（4）社会指标　社会指标包括人工工资、奖金、劳动强度、工作时间、健康安全、个人发展潜力、男女比例、幸福和满意度等。

同样,若采用 LCSA 方法进行技术的可持续性评价,则可按照 LCSA 理论的 ELCA、LCC、SLCA 指标体系构建被评价技术的环境、经济和社会维度的指标体系,而由于技术维度指标的选择和构建还不规范,因此需要根据被评价技术对象的特点,选择关键的技术指标,从而形成四个维度的指标体系。

需要说明的是:在进行产品和技术可持续性评价时,可根据评价目标,从环境、经济、社会和技术等维度中选择考虑的若干维度,进而确定各维度下的单项指标,建立相应的指标体系,再选择合适的综合评价方法进行可持续性的综合评价。例如,若不考虑社会维度,则可选择技术、经济和环境三个维度进行评价。

2.2　生命周期可持续性评价指标体系

2.2.1　生命周期可持续性评价基本框架

UNEP/SETAC 指出,生命周期可持续性评价（LCSA）是对产品生命周期内产生的所有环境、经济及社会的负面影响和效益进行评价,并将评价结果应用于决策的过程。LCSA 系统边界如图 2-4 所示。

LCSA 的主要任务为:克服 ELCA、LCC、SLCA 三种理论方法在功能单位、系统边界、清单方法及影响评价指标方面的差异,定义功能单位,在单元工艺过程和企业组织层面上收集清单数据,构建基于 LCSA 理论的多维度可持续性评价指标体系,选择三个维度的集成方法和恰当的数学模型,提出可持续性指标权重的确定方法,进行可持续性综合评价。一种基于环境、经济和社会三个维度的 LCSA 框架如图 2-5 所示。

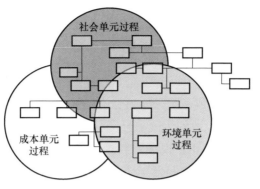

图 2-4　LCSA 系统边界

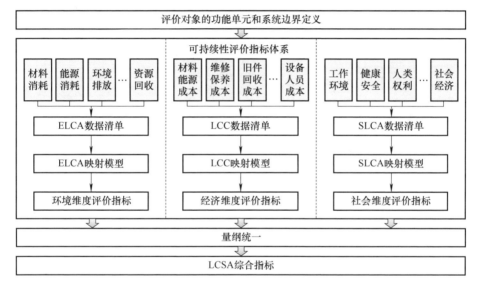

图 2-5　三个维度的 LCSA 框架

LCSA 默认是在产品质量符合要求、技术可行的条件下进行的，因此没有考虑技术维度的指标。根据评价要求和目标，如果在评价过程中需要考虑技术维度，则需要构建相应的技术指标体系，构成技术、环境、经济和社会四个维度的指标体系以进行评价。

2.2.2　基于生命周期评价方法的环境指标

1. 生命周期评价基本原理

环境生命周期评价（Environmental Life Cycle Assessment，ELCA），也即传统 LCA，是对产品全生命周期内（原材料提取与制造、产品加工、包装运输、产品销售与使用、废品回收与掩埋）资源利用、环境影响和生态健康等进行评估和分析的过程，是研究产品在生命周期内对环境的影响的最有效的工具。

在"全生命周期"思想出现之前，人们意识到，任何产品都需要在报废的阶段进行环保处理。当时人们注重处理产品废弃物造成的直接环境影响，被称为"末端治理"。末端治理最大的缺点在于仅仅着眼于处理最终产生的污染物，而忽视了产品生命周期各阶段的资源消耗与污染排放。对于任何一种工业产品，在其生命周期内的制造、使用、报废等各个阶段都会对环境产生不同程度的影响，产品生命周期过程如图 2-6 所示。人们逐渐意识到在产品的设计阶段就要对产品的整个生命周期进行全局考虑，设计阶段在很大程度上决定了产品全生命周期对环境造成的影响（如气候变化、臭氧破坏、酸化、富营养化以及资源消耗等）。

图 2-6 产品生命周期过程

2. 生命周期评价框架

SETAC 指出，ELCA 是评价产品或过程给环境带来负担的一种客观方法，该方法通过识别和量化所使用的原材料、能源以及废物排放来评价与产品相关的环境责任，从而得到这些原材料、能源使用以及污染排放物对环境的影响，并对环境改善的方案做出评价。根据 ISO 14040 标准，ELCA 技术框架如图 2-7 所示。

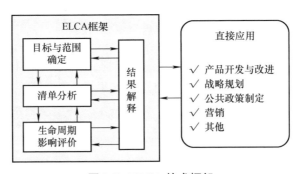

图 2-7 ELCA 技术框架

（1）目标与范围确定（Goal and Scoping Definition，GSD） 目标与范围确定是 ELCA 评价的第一步，主要确定研究目标范围和功能单位等内容，不仅要考虑预先选定的边界范围是否能够满足目标的要求，还要明确陈述产品的系统边界、功能单位，研究对象在功能、技术水平和生产方式方面的特殊性等内容。

（2）清单分析（Life Cycle Inventory，LCI） 生命周期清单分析是分析、量化产品、工艺或系统整个生命周期内原材料、能源、气体排放、固体废弃物排放、水污染排放及其他类型排放数据清单的过程。该分析贯穿于产品的整个生命周期，即原材料的提取、加工、制造、销售、使用和回收处理等，是目前ELCA中发展最为完善的一部分，也是相当花费时间和劳力的阶段。

（3）生命周期影响评价（Life Cycle Impact Analysis，LCIA） 生命周期影响评价是辨别和分析清单数据的结果，划分生态环境负荷影响类型，并对影响类型的特征化与标准化结果进行描述与评价的过程。它一般包括定义和选择影响类型、分类、特征化、归一化（也称为标准化）、分组、加权和结果输出等7个步骤。其中，归一化、分组和加权是可以省略的步骤。影响评价的主要步骤和影响类型指标体系如图2-8所示。根据ELCA的中点（Mid-point）和终点（End-point）理论以及ISO标准，中点影响类型分为全球变暖、臭氧层破坏、光化学烟雾、水体富营养化、酸化、生态毒性、资源和能源消耗、土地使用、可吸入性无机物和离子辐射等，终点影响类型可分为自然资源消耗、生态系统破坏和人体健康影响。目前，这在国际上仍处于研究阶段，有瑞士方法、北欧方法等。

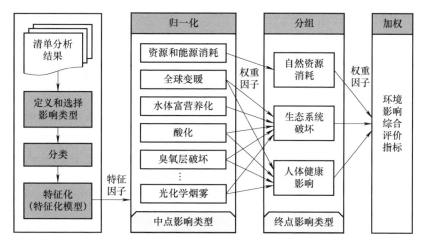

图2-8 影响评价的主要步骤和影响类型指标体系

（4）结果解释（Interpretation） 结果解释是ELCA分析的最后一步，主要内容是分析清单数据和影响评价的结果，并得到相应的结论，为管理者的决策提供科学依据。在ELCA中，调查范围、清单分析中系统边界的定义和分配方法，以及影响评价阶段特征化系数选择不同，都有可能导致不同的结论，因此，有必要对数据结果进行解释。这一步还包括重大问题的识别、不确定分析、敏感性分析、完整性检查以及一致性检查等内容。

从生命周期清单分析到影响评价的影响类型再到环境影响综合评价指标的过程，可以看作环境维度的指标值的综合过程。可以选择中点影响类型指标、三个终点影响类型指标或加权后的环境影响综合指标，参与其他维度进行最终的可持续性评价。

2.2.3 基于生命周期成本分析方法的经济指标

1. 生命周期成本分析的概念

生命周期成本（Life Cycle Costing，LCC）分析是以生命周期费用或效益大小为标准，对产品或系统从设计、采购、生产、维护到废弃的整个生命周期的可选方案逐步加以分析与评价，获得最佳费用或效益方案的一种方法。LCC包括产品设计成本、制造成本、采购成本、使用成本、维修保养成本和废弃处置成本等。最早的LCC曾被美国国防部用于军工产品成本的评估和核算，目前它已经逐步发展成定义和衡量可持续性的另一重要概念和工具。

LCC方法用途广泛，除了用于成本核算之外，还可以用于识别产品或系统相关的外部和内部成本，为备选方案的外部和内部成本提供相比较的基准。此外，LCC还可以将环境相关的输入、输出以及其他信息转化为货币数值，为减少潜在的相关环境影响成本或废物管理成本核算提供一种技术手段，为决策者提供决策依据。

2. 基于生命周期的成本分类

可以采用多种方法对LCC进行分类，本书借鉴冷如波提出的分类方法，从资本用途角度将LCC划分为常规成本、可能成本和环境成本。其中，常规成本是全生命周期成本的主要组成部分，大部分成本都属于常规成本；可能成本是可能发生的、潜在的、不可预测的、不可能完全避免的未来花费，识别生命周期各阶段潜在的可能成本对全部LCC的影响是非常重要的；环境成本是与人类活动对自然环境造成影响（例如资源消耗、生态破坏、影响人类健康等）相关的成本，可基于生命周期评价方法来分析。表2-3给出了通常三种成本包含的内容。

表2-3 LCC分类

常 规 成 本	可 能 成 本	环 境 成 本
资金	法律顾问	全球变暖
设备费	个人伤害	臭氧层破坏

(续)

常规成本	可能成本	环境成本
劳动力费	罚金	光化学烟雾
材料费	经济损失	酸化
能源费	补救活动	富营养化
折旧费	财产损失	资源消耗
运输费	公共形象损失	水污染
销售费	未来市场变化	慢性健康影响
税费		严重健康损害
办公管理费		生物多样性变迁
维护保养费	—	
废物处理费		—
污染控制费		

（1）常规成本　常规成本是在给定系统中的普通财务成本。本书参照常规的会计系统来考察常规成本，认为常规成本包括一般系统产生的资金、运作成本（例如设备、劳动力、能源供应和使用）或者税收等。常规成本组成部分及解释如下：

1）资金。它是指产品在流通、生产过程中占用的银行存款、现金等。

2）设备费。它是指购置或自制的达到固定资产标准的设备或工具所需的费用。

3）劳动力费。它是指在生产经营活动中产生的有关劳动力的费用，如工人工资、职工福利等。

4）材料费。它是指在生产过程中消耗的各类原材料、外协件、辅助材料及半成品等的费用。

5）能源费。它是指在产品采购、生产、运输和销售等过程中消耗的煤、电、汽油与柴油等能源的费用。

6）运输费。它是指产品、原材料运输过程中产生的各种费用。

7）销售费。它是指在产品销售活动中产生的销售费用，如广告费、包装费等。

8）税费。它是指要缴纳的企业所得税和增值税等。

9）办公管理费。它是指在产品生产经营过程中产生的差旅费、办公费、消防费、会议费、合同公证费、财务保险费等费用。

10）维护保养费。它是指为了维护和保持固定资产正常工作状态所进行的经常修理而产生的费用。

11）废物处理费。它是指产品生产过程中处置固体废物所需的费用。

12）污染控制费。它是指产品生产过程中废渣、污水等产生、排放、处理或填埋等各种过程所需的费用。

（2）可能成本 在产品或系统生命周期中，有些成本往往是不可预测的，依赖于未来事件发生的可能性，有时决策者对这类成本是不直接考虑的。例如，个人伤害、罚金等。可能成本的组成部分及解释如下：

1）法律顾问。它是指法律问题的咨询、处理费用，如纠纷、仲裁等法律问题。

2）个人伤害。它是指工人生产过程中的工伤、消费者使用产品过程中受到伤害的医疗费用及赔偿费用等。

3）财产损失。它是指在生产经营过程中发生的流动资产和固定资产的毁损、报废、盘亏等净损失或者坏账损失，以及人类无法抗拒因素（如遭受自然灾害等）造成的损失。

（3）环境成本 产品或系统的环境成本常常被决策者认为是典型的无形成本及外部成本，这与常规成本和可能成本有很大区别。由于目前人们要全面系统地评估产品或系统环境成本比较困难，因此可对环境成本进行理论估算，首先必须量化所给定产品生命周期相关的输入、输出的潜在环境影响。实践中常见的做法是将生命周期成本和生命周期评价结合起来。

2.2.4 基于社会生命周期评价方法的社会指标

1. 社会生命周期评价的概念

根据 UNEP/SETAC 的定义，社会生命周期评价（Social Life Cycle Assessment，SLCA）是一种用于评估产品生命周期过程对利益相关者所产生的及潜在的社会及社会经济正面和负面影响的评价技术。SLCA 从社会的角度对 ELCA 进行补充，既可以单独使用，也可以与 ELCA 联合使用。

SLCA 从评价对象上区别于其他社会影响评价，SLCA 的评价对象为与产品、工艺或技术全生命周期的各阶段相关的企业或利益相关者，评估的社会和社会经济影响是指那些在产品生命周期内有可能直接对利益相关者产生正面或负面影响的方面，例如企业行为、社会经济的进程以及对社会资本的影响。SLCA 的目标是保护和提升劳动者劳动的权利、尊严和福祉。

需要注意的是，关于产品生产、使用及最终处置方面的社会状况，SLCA 本身很少能对此提供充分的依据。SLCA 是一种有助于促进社会影响逐步改善的技术,但是其本身并不能为可持续的消费和可持续的生活提供突破性的解决方案。SLCA 引发人们对生产和消费在社会和社会经济方面影响的关注,从而改善企业行为,最终促进利益相关者的福祉或者生活质量的提高。

2. SLCA 指标体系框架

SLCA 指标体系参考框架如图 2-9 所示。利益相关者是一组在产品生命周期中,由于类似的关系而拥有共同利益的相关者的集合,其类别可以分为工人(雇员)、本地社区、社会(国家或全球的)、消费者(包括终端消费者和供应链上的消费者)、价值链参与者(如供应商)等。利益相关者类型的划分为社会影响子类型的定义和表达提供了广泛的基础,是受产品生命周期社会影响的主要类别。根据 SLCA 研究的范围,SLCA 指标体系参考框架还可以包括其他利益相关者类别(如非政府组织、公共权力机构和后代人等),或进行利益相关者的更进一步分组(如管理层、股东、供应商及业务合作伙伴等),并为关注的特定利益相关者定义更详细和更精确的子类别。

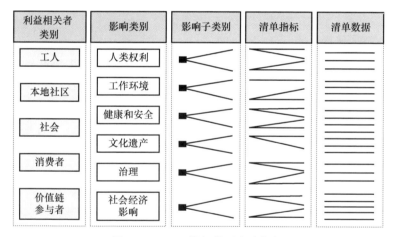

图 2-9 SLCA 指标体系参考框架

社会影响类别可分为人类权利、工作环境、健康和安全、文化遗产、治理及社会经济影响等(图 2-9 中的影响类别列表仅作为示例,并非详尽无遗)。其中,人类权利、工作环境、健康和安全影响类别是对企业中参与生产的劳动者的社会影响;治理是对企业及价值链相关者的运营和管理、社会责任、价值分配和商业道德等方面的社会影响;而文化遗产与社会经济影响类别是对企业之外的利益相关者(如社会与本地社区等)的社会影响。

社会影响子类别是开展 SLCA 的基础,一般是对社会具有重大意义的主题或属性,包括或排除某子类别都需要有清楚的解释说明。

每个子类别由若干个影响指标和相应的计量单位进行评价和度量。将子类别先后按照利益相关者和影响类别进行分类，即有助于确保框架的全面性、提高可操作性，还有助于利益相关者的识别，便于逻辑分组并支持进一步的影响评价和解释。

清单指标是对所需数据的具体定义，为评价影响状态提供了直接描述，具有类型（定性或定量）和计量单位等特征。清单数据包括通用数据和与评价相关的特定的数据。

为了避免个人和文化主观性影响，社会影响类别、社会影响子类别和清单指标的确定都应尽可能地参照国际文书（如国际人权公约）和相关社会准则，较好地反映国际上公认的社会影响分类/标准。

利益相关者类别和影响子类别的一个示例，见表 2-4 所示。

表 2-4 利益相关者类别和影响子类别示例

利益相关者类别	工人	当地社区	社会	消费者	价值链参与者	儿童
影响子类别	结社自由和集体谈判自由 童工 公平工资 工作时间 强迫劳动 机会均等/歧视 健康与安全 社会福利/社会保障 雇佣关系 性骚扰 包括农民在内的小农场主	获取物质资源 获取非物质资源 离域和迁移 文化遗产 安全健康的生活条件 尊重土著权利 社区教育 当地雇佣 安全的生活条件	公众对可持续性问题的承诺 对经济发展的贡献 预防和缓解武装冲突 科技发展 腐败 动物的伦理和待遇 消除贫困	健康与安全 反馈机制 消费者隐私 运输保险 最终处置责任	公平竞争 促进社会责任 供应商关系 尊重知识产权 财富分配	当地社区提供的教育 儿童作为消费者的健康问题 营销活动对儿童的影响

例如，利益相关者"工人"主要面向产品生产阶段（原材料的制备和零部件制造）和产品的报废阶段。保障工人的基本人权和身心安全健康，提供良好的工作环境和学习培训机会，制定平等合理的考核晋升制度，提升他们的工作幸福感，是企业正常运转的基本条件之一，也是企业提升社会形象的重要措施之一。利益相关者"工人"的子类别主要有：结社自由和集体谈判自由、童工、

公平工资、工作时间、强迫劳动、机会均等/歧视、健康与安全等。其中，子类别"结社自由和集体谈判自由""童工""公平工资"等对应的影响类别是"人类权利"；子类别"公平工资"和"工作时间"等对应的影响类别是"工作条件"；而子类别"童工"的清单指标可以包括"工人年龄""童工在劳动力中的小时数或百分比""失学时间"等。

获得评价目标的清单指标后，可采用合适的特征化方法和模型，将清单指标综合为不同的影响子类别和影响类别，最后将影响类别综合为终点影响类型，如人类福祉或公平公正。采用的特征化方法和模型必须是透明的，目前还没有形成被普遍接受的SLCA特征化模型。

2.3 综合评价理论和数学方法

2.3.1 综合评价方法概述

1. 综合评价方法的概念

评价是根据预定的目的，确定被评价对象系统的指标（属性），并将这种指标转化为客观定量的数值或者主观效用的行为。根据评价标准或者评价指标的复杂性不同，评价分为单项评价与综合评价。所谓单项评价，是指对某一个指标或者要素进行的评价，如评价企业利润、计划完成程度、评价学生某一门课程课堂学习的效果。单项评价的标准一般比较单一、明确。综合评价是相对于单项评价而言的，是指当评价指标或者要素有多个方面时的评价，如对企业经济效益进行全面评判就属于综合评价。一般来说，综合评价的标准比较复杂、抽象。

所谓多指标综合评价，就是指通过一定的数学模型（或称综合评价函数、集结模型）将描述被评对象的多个评价指标值合成为一个整体性的综合评价值，从而对被评对象做出的整体评价。综合评价系统主要由评价者、评价目标、被评对象、评价指标、评价标准、指标权重、评价模型和评价结果等要素组成。

属性是关于研究对象本质特征的概括。指标是关于研究对象属性的测度，是对象属性的具体化。鉴于大多数文献对属性和指标的区分并没有严格的界限，这里也遵循惯例，对两者不严加区分。在后续的论述中，若不做特殊说明，本书对于一些关键术语的含义约定如下：属性、因素与指标含义等同，多属性综合评价及多指标综合评价含义等同，（备选）方案与（被）评价对象含义等同，"评价"一词特指多指标（属性）对象的综合评价，以区别于单指标评价。

综合评价问题是多属性决策过程中所遇到的一个具有普遍意义的问题。对于多方案的决策问题来说，综合评价是决策的前提，正确的决策源于科学的综合评价，其中排序是综合评价的主要功能。实际上，综合评价就是按照给定目标，对研究对象进行全面的分类和排序的过程。综合评价的目的通常是希望能对若干对象按一定意义进行排序，从中挑出最优或最劣对象；对于每一个被评对象，通过评价和比较，都可以找到其差距，以便于及时采取措施进行改进。可见，综合评价方法为人们正确认识事物、科学决策提供了有效的手段。

综合评价方法广泛应用于工程设计、经济管理和社会发展等众多领域，国内外众多学者在该领域进行了大量开拓性研究，取得了丰硕的研究成果。目前在评价方法方面有许多理论问题和实践问题尚待解决，研究空间十分广阔。综合评价各环节的方法开拓性很强，随着新的数学理论建立和优化技术的出现，并应用于可持续发展系统的分析中，可持续性评价的方法、模型和应用还将会有更大的发展。

▶ 2. 综合评价方法的数学思想

综合评价的过程是各组成要素之间信息流动组合的过程，是一个主客观信息集成的复杂过程。综合评价问题的经典处理过程是：明确评价目的；确定被评对象；建立评价指标体系（包括收集评价指标的原始值、评价指标的若干预处理等）；确立与各个评价指标相对应的权重系数；选择或构建综合评价模型；计算各被评对象的综合评价值并进行排序或分类。综合评价的经典逻辑过程如图 2-10 所示。

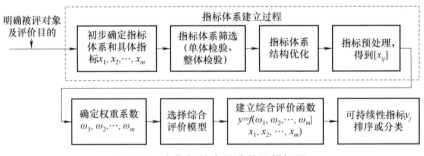

图 2-10　多指标综合评价的逻辑框图

综合评价方法各环节中运用了许多数学方法，同时综合评价方法也是许多数学思想的具体体现。

（1）指标体系的构建是科学的系统分析过程　指标体系的建立是整个多指标综合评价的关键，建立科学的指标体系是对被评对象进行准确的排序或分类的基础和前提。在实际的综合评价活动中，评价指标不是越多越好，也不是越少越好，关键在于评价指标在评价中所起作用的大小。一般原则应是以尽量少的"主要"评价指标用于实际评价。但在初步建立的评价指标集合当中经常会出现不同程度的不合理，如指标体系的结构不合理、指标冗余度过高、存在一些"次要"的评价指标、指标全面性不足等。

综合评价指标体系理论主要包括综合评价指标体系的构建原则和构建方法（初选方法）、指标筛选或测验方法（优选方法）、指标体系结构优化方法、定性变量的数量化技术、单项指标表现形式及计算方法等理论，对指标体系建立的全过程展开具体而深入的理论探索，提高指标体系的合理性和综合评价的科学性。

其中，通常采用的指标筛选方法有专家调研法、最小均方差法、极小极大离差法、相关系数法等；单项评价指标测验以"逻辑测验"为主要手段，基本思路包括关联性测验、方向性测验、关键点测验、可行性测验等；评价指标体系的整体测验主要是检查整个指标体系中指标的一致性（或称协调性）、整体必要性、整体齐备性（或称全面性、完整性）。

（2）综合评价的消除量纲影响是指定量化处理问题 由于指标形式多样，因此需要运用数学方法将指标均转化为正向的数值型指标；由于指标的单位各不相同，因此需要运用数学模型对数值进行无量纲化处理。在综合评价分析中的消除量纲影响的方法，在数学上是在解决定量化处理问题。

综合评价指标体系中的每一个指标（包括绝对指标）都应该有正向型、逆向型与适度型的归属。实践与理论都表明，许多综合评价方法的评价结果会受到指标正逆表现形式的影响。因此，无论定性指标还是定量指标，都应从理论上分析正逆向指标与综合评价的关系，将具有不同计量单位的有量纲指标，通过一定的数学变换或相对化处理转化为不带量纲的数值，解决数值之间的一致性、可运算性和可同度量性问题。这实际上是应用数学中的数量化理论来处理不同指标具体意义不同的问题。

（3）指标权重的确定是因素分析的体现 权重是以某种数量形式对比、权衡被评价对象整体中诸多指标相对重要程度的量值。评价指标体系权重的确定是可持续性评价研究中的一个十分重要而又困难的问题。在综合评价中，各个指标对于被评对象的整体性影响程度是不一样的，影响程度有大有小，重要程度有所不同，各个指标相当于是影响整体性的各个因子，指标权重的确定实际上是揭示各个因子在数量上对于整体性影响的程度和方向。权重主要取决于两方面因素：①指标本身在评价中的作用和指标值的可靠程度；②决策者对该指标的重视程度。权重既是决策者主观的评价，又是指标本质属性的客观反映，是主客观综合度量的结果。

确定各个因子的影响程度和方向的方法有许多种，大致分为主观赋权方法和客观赋权方法，前者为定性赋权法，后者为定量赋权法，但是它们最终都要以数量形式体现出来。可见，综合评价中的权重的确定，实际上是数理统计的因素分析方法的应用。主观赋权法主要有专家评判法、层次分析法和模糊综合评价法等。客观赋权法主要有主成分分析法、因子分析法、相关系数法、变异系数法、熵值法和坎蒂雷法等。可见，综合评价中的权重的确定，实际上是数理统计的因素分析方法的应用。

（4）评价分级标准的制定是各类数学方法各显其能的过程　评价分级标准是判断被评对象性质特征高低或水平优劣的参照系。无论给定标准的评价形式，还是不给定标准的评价形式，综合评价均具有相对性。在不给定标准的评价形式中，相对性是指被评对象之间的相互比较，不同时期、不同被评对象、不同评价样本数量相互参照不同，评价的结果也会随着变化；在给定标准的评价形式中，标准本身也是变化的，不同时期、不同地区和不同基准均有不同的标准等级和标准限值。评价分级标准的选择包括时间评价分级标准、空间评价分级标准、理想或目标评价分级标准、理论或经验评价分级标准等。针对不同的研究目标，评价分级标准可以是客观或主观的标准，也可以是比较明确或相当模糊的标准，还可以是定性或定量的标准。

评价分级标准是衡量被评对象所处可持续等级区间的标尺。在综合评价中，确定合适的评价分级标准是十分关键的步骤，评价分级标准选择得合适，才能正确反映研究对象的真实性和客观性，做出科学的评价。评价分级标准的制定包括等级划分、等级描述和阈值计算等基本内容，其中，划分等级数量、选择数学模型、确定各等级之间的步距和计算相应阈值需要采用合适的数学方法，不同数学方法通过各自不同的思维方式和手段都可达到分级的目的且各有特色。有些评价方法本身就包含分级标准制定的环节，有些评价方法需要额外制定分级标准。针对不同领域，当前的评价分级标准方法各异，在环境质量评价和企业绩效评价领域研究较多，在可持续性评价领域的研究和论述较少，也没有对评价分级标准制定是否合理的判别方法。

（5）综合评价过程是数学映射变化过程　综合评价根据被评对象和评价目的，从不同的侧面选取刻画系统某种特征的评价指标，建立指标体系，把描述被评对象的多个量纲不同的指标实际值转化成无量纲的评价值，并通过一定的数学模型将多个评价指标值"合成"为一个整体性的综合评价值，对被评对象做出的整体性评价。它的数学实质是：把高维空间中的样本点投影到一维直线上，通过一维直线上的投影点来对被评对象做不同时（空）间的整体性比较、排序和分析。

假设用 P 个评价指标描述被评对象。P 个指标构成一个 P 维空间 A，被评对象则是 P 维空间中的若干个点。由于每个评价指标量纲和数量级的不同，综合评价时要进行无量纲化处理，把指标实际值转化成指标评价值，这实质上是把 P 维空间 A 向另一个空间 B 的投影。此时空间 B 仍是 P 维的，但每一维的量纲已经一致了。空间 A 中的点也就相应地投影到空间中，但此时仍无法对空间 B 中的投影点比较大小。而综合评价时把各指标评价值加以恰当合成而成为一个综合评价值，这相当于把空间 B 中的投影点投影到一维直线上。而一维直线上的点是可以比较和排序的，所以综合评价就是通过无量纲化和合成这两次投影，把无序空间 A 中的点（被评对象）投影为有序直线上的点，从而解决了被评对象在不同时（空）间上的整体性比较和排序。

3. 多属性决策与综合评价

评价活动是一种目标驱动的活动，无论哪种评价的进行都必然以存在一定的目标体系为前提。可以说，一定的评价指标体系从属于一定的目标体系，没有一个能对评价过程起导向作用的目标体系，就没有评价结果的有效性。例如，某方案设计的评价目标为：产品的性能质量最优和成本最低等常规技术经济评价目标，以及在产品全生命周期内资源、能源消耗和对环境危害最小等环境评价目标。

多属性决策是多准则决策的重要组成部分，多准则决策包括多目标决策和多属性决策两个部分，它是指在多个不能相互替代的准则存在的情况下进行的决策。一般来说，如果决策对象是离散的，那么备选方案是有限数量的，多准则决策是多属性决策；而如果决策对象是连续的、那么备选方案是无限数量的，多准则决策则是多目标决策。在实际应用中，这样的分类能很好地解决两个方面的问题：选择和评价问题多采用多属性决策方法；设计问题则使用多目标决策方法。

评价是为了决策，而决策需要评价。综合评价以排序为主，多属性决策以择优为主。多属性决策与综合评价在属性信息加权集结的思想上是一致的。多属性决策和综合评价在本质上有着天然的联系，多属性决策本身就是在对各备选方案进行评价之后的选优行为。多属性决策和综合评价之间的互通性很强，在理论开拓中经常处于"你中有我，我中有你"的交织发展状态。在以理论方法创新为主的研究成果中，多属性决策、多指标综合评价、多目标评价、多指标决策等概念几乎是混合使用的，选择哪个名词展开理论或方法论述常常依据学者个人的偏好或学科背景而定。由于方法之间的互通性很强，随着研究的进一步推进，多属性决策与综合评价方法之间的界限将会更加模糊。

技术性能高、经济成本低、环境影响小、社会公正性好，是绿色制造追求的最佳状态，但大多数情况下，四个目标存在此消彼长的制约关系。而产品和技术可持续发展的战略思想又不允许只追求单一目标的实现，必须实现四个目标的综合发展。在综合评价时，一般先通过对指标的正向一致化处理，使得四个维度的目标转化为技术性能高、经济增长快、环境保护性好、社会公正性好，进而采用综合评价方法对评价方案的可持续性进行排序。而多属性决策是先建立目标函数，再根据实际情况确定约束条件，最后应用模糊综合评价法、熵权理想点法、遗传算法等多目标优化方法进行求解，通过对四个目标进行协调优化，得到可行的最优方案。若用 T、C、E 和 S 分别表示技术、经济、环境和社会四个维度，设备维度目标经过了正向一致化处理，那么多属性决策模型可表示为

$$G(s) = (T(t_i), C(c_j), E(e_k), S(s_l))$$
$$\max T = T(t_1, t_2, \cdots, t_i, \cdots, t_m)$$
$$\max C = C(c_1, c_2, \cdots, c_j, \cdots, c_n)$$
$$\max E = E(e_1, e_2, \cdots, e_k, \cdots, e_u)$$
$$\max S = S(s_1, s_2, \cdots, s_l, \cdots, s_v) \tag{2-1}$$

多属性决策和综合评价虽然有很多相似之处，但二者依然有一些不同：

1) 多属性决策面向未来，不确定性较高；而综合评价往往面向过去或者现在，但在一些研究领域，综合评价方法基于历史数据也具有监测和预测功能。

2) 多属性决策的目的是择优，只要可以择优，其他方案间的不完全排序也可以接受；而综合评价必须要对所有被评对象进行排序，要区分对象的优良。

3) 多属性决策可以通过合理删减方案，以减小工作量；而综合评价为体现公平性，必须要对所有被评对象进行考察。

2.3.2 评价系统空间及评价标准

1. 目标点及临界空间

可持续发展系统由若干子系统和指标组成，每一子系统都可以看作可持续发展的一个维度，所有子系统一起构成了可持续发展多维空间。可持续性评价，本质上是对系统的发展状态在可持续发展多维空间中所处的几何位置（状态点）

进行的描述和评价，如图 2-11 所示。设 A、B 分别为可持续发展系统的两个不同状态，x、y、z 分别为可持续发展系统的三个维度。超过三维的可持续发展系统空间称为可持续发展多维空间。

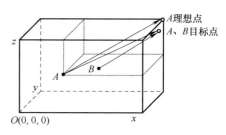

图 2-11 可持续发展多维空间

理论上讲，某一区域的任一时刻都存在一个理想的可持续发展状态。对某一产品或技术进行可持续性评价，可以用其状态点到理想点的距离远近来表示当前可持续性的相对程度。由于可持续发展系统的动态变化性，很难确定可持续发展各指标的理想值，常常通过制定目标值的方法来评价当前发展状态距离可持续发展目标的远近。一方面，尽管目标值是人为制定的，但它建立在人们对可持续发展系统深入研究和分析的基础上，因此，目标值有科学性的一面，在实际应用中可以用目标值近似代替理想值；另一方面，目标值反映了人们对可持续发展系统的期望，引导人们向这一目标而努力，因而，相对理想值，目标值更具有可操作性。当比较不同产品或技术的可持续性时，通过制定目标值，使得不同产品或技术评价具有了相同的衡量尺度和参考标准，评价结果才具有了一定的可比性。

"木桶原理"指出，一个木桶的容积取决于它最短的一块木板。在可持续发展系统中，个别子系统的紊乱可能会导致整个系统的崩溃，累加的方法把子系统之间的相互作用以及子系统对系统的临界控制作用掩盖了。按照指标要素在其所处的子系统和整个系统中所起的综合作用程度，可以把可持续发展指标分为如下三种类型：

第一种是非关键指标，当指标超过临界值时，该指标将发生不可逆的变化，但不会导致子系统崩溃。

第二种是子系统关键指标，当指标超过临界值时，将导致其所在的子系统崩溃，但是不会导致整个系统的崩溃。

第三种是系统关键指标，当指标超过临界值时，该指标的不可逆变化将最终导致整个系统崩溃。

根据以上分析，定义可持续发展系统的临界状态为：当系统关键指标超过临界值时，系统的整体性能主要受该关键指标的控制，表现出一种临界效应，此时，可持续发展系统所处的状态被称为临界状态。在可持续发展多维空间中，若过系统关键指标的临界控制点做整个空间的割面，位于割面以内的空间就是可持续发展系统的临界空间。如图 2-12 所示，假设 x、y 和 z 为系统的 3 个关键指标，各指标临界值分别为 x_0、y_0 和 z_0，过 $x=x_0$、$y=x_0$ 和 $z=z_0$ 分别做可持续发展多维空间的割面，由割面 $x=x_0$、$y=x_0$ 和 $z=z_0$ 所围成的空间就是可持续发展系统的临界空间。

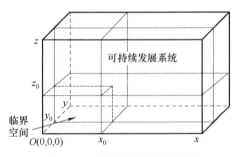

图 2-12 可持续发展临界空间

关键指标和非关键指标都有临界值，可以根据标准限值来确定。所谓标准限值，是指标准里规定的符合标准限定的最大值或最小值，超出这个范围即为不符合标准。因此，这个标准限值应该是评价分级标准的最低一级的值。例如产品的能耗指标：对于部分家用电器产品，比如冰箱、空调等，国家相关标准中进行了限值规定；部分产品没有明确的标准限值，此时可采用产品同行业平均水平值作为标准限值。对于具体产品，还有具体的行业技术标准。也就是说，绿色产品不仅要符合环境法规及标准的要求，而且要符合行业对某类具体产品的技术要求和规定。一般来说，行业标准是对一般标准的补充和丰富，要求更为严格一些。对于没有标准和法规规定的指标，可以用实验统计值或经验值作为标准限值。

2. 评价基准的选择

通过上述分析可知，可持续性评价一般是对多个被评对象进行排序或分类，是一种相对性的比较过程；进行可持续性评价时，不仅需要建立一套可持续性评价指标体系，还要为各个评价指标制定相应的目标值或临界值（标准限值），并以此作为评价基准，开展可持续性评价。

评价基准是产品各个评价指标的横向比较和综合评价计算的标准，决定了各个影响因素在可持续方面的可比性。一般来说，评价一个产品的可持续性时，得到的可能是一个或一组"绝对"性的数据，孤立来看，这些"数据"对产品的设计和制造决策来说意义不是很大，其大小也没有可比的概念。因此，往往不能仅仅根据一组"绝对"数据来判断评价结果的好坏，而只有用它与某些参照数据进行对比才能衡量出评价结果的好坏，这些参照数据就是评价基准。

评价基准的确定对评价结果的正确性和合理性的影响至关重要，比如，一些规范化处理公式需要确定目标值或临界值才能进行。用评价基准（目标值或临界值）对评价指标进行规范化处理时：若评价基准定得太大，评价指标变化的反映就不灵敏，就会减少评价结果的区分效度；若评价基准定得过小，又使得评价值分布不正常，不太符合实际。

对于临界值（标准限值），我国已有许多标准法规明确规定了不同影响因素的标准限值,包括法律法规、国家或地区标准、行业性标准等。根据环境因素的类型,标准法规可分为大气污染标准法规、水污染标准法规、土壤污染标准法规、固体废弃物标准法规、人体健康危害标准法规等。国家标准和国际标准中已明确规定的因素限值,评价基准要等于或高于标准规定值;国家标准或地方标准都规定的因素限值,应根据研究范围选取;国家标准和行业性标准均规定的因素限值,应选取限值标准较高的相应行业因素限值作为评价基准。没有相应标准限值的因素,可计算行业性工业生产水平平均值,将其作为评价基准的最低限值,也可以采用中等水平平均值或同行业内最高水平计算值作为评价基准。评价基准的选择主要取决于评价的目的和被评对象。事实上,不仅不同种影响因素的评价基准不同,相同因素在不同产品中的评价基准也不相同。例如,在车床产品中,噪声为75dB的产品为不合格产品,而对于空压机来讲,达到该噪声值的产品则已达到优等品水平。

评价基准的制定是可持续性评价中重要的一环。由于工业产品或技术的种类繁多,加之对可持续性评价理论的研究还不够深入,目前产品或技术可持续性评价基准的制定方法还不完善,现有的一些标准大部分还不是科学的综合评判标准。评价基准的制定方法可从两方面考虑:一方面是依据现行的环境保护标准、产品行业标准及某些地方性法规来制定相应的评价标准,这种标准是绝对性标准;另一方面是根据市场的发展和用户的需求,以现有产品及相关技术确定参照产品或技术,用新开发的产品或技术与参照的产品或技术的对比来评价产品的可持续性,这种标准是相对性标准。

可持续性评价的第一步通常是选择一个或多个参照产品,作为评价的基准或标准。参照产品一般分为两类:一类是功能参照产品,即参照市场上现有的一种等效产品;另一类则是技术参照产品,即代表新产品的技术内容的一个产品集合。参照产品应被看作不同目的参照的形象化。具体概念如下:

定义2.1:功能参照产品。

功能参照产品是指将现有产品的功能作为评价比较的依据,被评价产品必须与参照产品具有相同的功能。功能参照的目的是参照产品与被评价产品进行功能比较,这是确定产品可持续性改善的基础。参照产品可能与被评价产品在工艺上相差很大,但它必须与被评价产品有相同的功能(功能单元是相同的)。所选的功能参照产品应是同类产品的典型代表,它既可以是被评价产品所属企业的产品,也可以是其他企业的产品,或者是将要被取代的产品。

定义2.2:技术参照产品。

通常技术参照产品是一个或多个产品的集合。技术参照的目的是为评估被评价产品产生的环境负荷提供基础资料，用来评估被评价产品生命周期中在环境方面采取的重要步骤和技术措施是否合乎要求。由于只能在现有产品或现有技术基础上选择技术参照产品，因此，往往在评价采用新技术、新工艺、新结构的产品时选择技术参照产品。

当可持续性评价的目的是对产品的绿色程度进行环境标志认证或判断所设计产品的各项指标是否符合绿色产品的各项性能指标要求，可以形成一个类似于技术参照的形象化虚拟产品。

定义2.3：虚拟参照产品。

虚拟参照产品是一个或者多个产品的集合体，是一种抽象的产品。这个"产品"是一个标准的绿色产品，它的每一项指标都符合国家、行业环境标准及技术要求。虚拟参照产品的作用是提供评价一个产品的功能和性能的技术水平、能源和资源利用、环境保护、经济和社会效益等指标情况的理想或目标参照基础。

对于生产技术的评价基准，类似地也可以引入参照技术和虚拟参照技术的概念。对于一个生产技术或多个不同生产技术的可持续性评价，可以通过构建理想最佳绿色生产技术和最差绿色生产技术，通过计算被评对象最差绿色生产技术的程度，或与最佳绿色生产技术的接近程度，来表征生产技术的可持续性。最佳绿色生产技术和最差绿色生产技术的构建方法有以下两种：

1）选取国内或国际同类水平的先进技术指标值，作为生产技术的理想或目标评价基准，形成理想最佳绿色生产技术；选取国家或行业相关标准限值或清洁生产标准或行业技术水平平均值等，作为生产技术最低评价基准，形成最差绿色生产技术。一般来说，应保证被评生产技术各指标均高于最差绿色生产技术相应指标值，并低于最佳绿色生产技术相应指标值。

2）基于多个被评价的生产技术对象，生成最佳绿色生产技术和最差绿色生产技术，即根据技术指标的特性（正向或逆向指标），选择其中的最大值或最小值，分别构建最差绿色生产技术和最佳绿色生产技术。

假设：有 n 个生产技术被评对象 $S=\{S_i, i=1,2,\cdots,n\}$，$i$ 表示不同生产技术；评价指标为 $X=\{x_{ij}, j=1,2,\cdots,p\}$，$j$ 表示不同评价指标。构建的最差绿色生产技术 $C=\{c_j, j=1,2,\cdots,p\}$、最佳绿色生产技术 $B=\{b_j, j=1,2,\cdots,p\}$。由于各评价指标关于被评对象的相对重要程度不同，在计算生产技术被评对象 S_i 与最差绿色生产技术 C、最佳绿色生产技术 B 的距离时，应考虑各评价指标的权重系数 w_j。因此，可采用欧氏加权距离法，既求得 S_i 与 C、B 的距离，也考虑了各指标的相对重要性，继而求得 S_i 与 B 的接近程度。S_i 与 C、B 的欧氏距离

分别为

$$D_i^- = |S_i - C| = \sqrt{\sum_{j=1}^{p} w_j (x_{ij} - c_j)^2}, \qquad i = 1, 2, \cdots, n$$

$$D_i^+ = |S_i - B| = \sqrt{\sum_{j=1}^{p} w_j (x_{ij} - b_j)^2}, \qquad i = 1, 2, \cdots, n \qquad (2\text{-}2)$$

则生产技术 S_i 与最佳绿色生产技术 B 的接近程度 R_i 为：$R_i = D_i^- / (D_i^- + D_i^+)$。$R_i$ 在 [0,1] 区间范围内。R_i 越接近 1，说明该生产技术越接近最佳绿色生产技术 B 水平，即可持续性越高；R_i 越接近 0，则可持续性越低。

▶ 3. 评价标准的划分

评价标准是指比较被评对象价值、效用或水平的参照系。评价标准既可以是具体的标准，也可以是抽象的、模糊的标准；既可以是单一的标准，也可以是多个标准；既可以是主观标准，也可以是客观标准。

有的综合评价方法只需确定各个指标的评价限值或目标值，就可以针对被评对象进行评价和排序；有的综合评价方法则需要确定各个指标的评价分级标准，才能开展评价。评价分级标准是衡量被评对象所处可持续等级区间的标尺。根据被评对象的实际情况与特点，制定评价指标体系的多级标准值，将被评对象的指标值与各级标准值进行比较，识别被评对象可持续发展程度或水平。基于分级标准对评价系统不同样本的评价，实质上是将待评价的样本与评价系统各分级标准样本进行比较，其与哪级标准样本最接近，就被评判为该级。

客观性是评价分级标准最重要的属性之一，是评价成功的关键因素，但受人为、地域和时代背景等因素的影响。评价分级标准都或多或少地存在一定的主观性。为保证评价分级标准的相对客观性，一般情况下，评价分级标准应取自于国家、地方和行业等所发布的标准和规范等，或参考已公开发表的著作、文献等。若没有评价分级标准参考来源，则需在确定各个评价指标的限值和目标值的基础上，采用合适的数学模型，确定相应评价分级标准。评价分级标准的制定包括等级划分、等级描述和阈值计算等内容。

根据被评对象的特点，设将评价等级划分为 h 个级别，$k = 1, 2, \cdots, h$。相应评价指标也分为 h 个等级，这样综合评价结果也就是 h 个等级。评价等级一般多为 3~5 级，为便于理解，应对每一等级所代表的含义进行简单描述。例如，对评价系统可持续性进行划分：分为 3 个等级时，弱可持续（Ⅰ）、基本可持续（Ⅱ）、强可持续（Ⅲ）；分为 4 个等级时，较弱可持续（Ⅰ）、基本可持续（Ⅱ）、较强可持续（Ⅲ）、强可持续（Ⅳ）；分为 5 个等级时，很弱可持续（Ⅰ）、较弱可持续（Ⅱ）、基本可持续（Ⅲ）、较强可持续（Ⅳ）、很强可持续（Ⅴ）。

用于划分等级的数值称为阈值或界值、标准值。一般有三种等级区间划分方法。

方法一：h 个等级对应 h 个阈值，每个等级的阈值分别为 $a_1, a_2, \cdots, a_h$，每个阈值对应相应的等级，如 a_2 为第 2 级的阈值。等级区间划分方法一见表 2-5。

表 2-5　等级区间划分方法一

等　　级	1	2	…	$h-1$	h
分级标准	a_1	a_2	…	a_{h-1}	a_h

方法二：h 个等级对应 $h-1$ 个阈值，每个等级的阈值分别为 $a_1, a_2, \cdots, a_{h-1}$，相邻阈值形成一个等级区间，一共 h 个等级区间。例如，$(-\infty, a_1)$ 为第 1 级的等级区间，$[a_{h-2}, a_{h-1})$ 为第 $h-1$ 级的等级区间。等级区间划分方法二见表 2-6。

表 2-6　等级区间划分方法二

等　　级	1	2	…	$h-1$	h
分级标准	$(-\infty, a_1)$	$[a_1, a_2)$	…	$[a_{h-2}, a_{h-1})$	$[a_{h-1}, +\infty)$

方法三：h 个等级对应 $h+1$ 个阈值，每个等级的阈值分别为 $a_0, a_1, a_2, \cdots, a_h$，相邻阈值形成一个等级区间，一共 h 个等级区间。例如，$[a_0, a_1)$ 为第 1 级的等级区间，$[a_{h-1}, a_h]$ 为第 h 级的等级区间。等级区间划分方法三见表 2-7。

表 2-7　等级区间划分方法三

等　　级	1	2	…	$h-1$	h
分级标准	$[a_0, a_1)$	$[a_1, a_2)$	…	$[a_{h-2}, a_{h-1})$	$[a_{h-1}, a_h]$

评价等级个数确定后，基于上述三种等级区间划分方法，选择合适的数学模型，确定各个指标相应的各等级之间的步距，进而计算各个分级标准阈值或阈值区间。不同领域当前的评价标准分级方法各异，也没有完善成熟的理论体系，从评价标准分级方法的本质上，可以将评价标准分级方法分为因素分析法、模型分析法和综合分析法。

1）因素分析法。因素分析法又称经验分析法，该方法主要是相关的评级专家根据其专业知识和经验对每个单项指标分别打分，从而确定评价等级和阈值。

2）模型分析法。该方法运用统计分析方法建立模型。被分级的指标服从某项概率分布或可表示为相关影响因素的函数，即可用数学模型来描述，进而按照数学模型的特点进行分级，主要形式有概率统计法、拟合法和差值法等。

3）综合分析法。该方法是指标和模型相结合的分析方法。一些综合评价方法本身就包含了评价等级的制定，如模糊综合评价方法、主成分分析方法、聚类分析方法、人工神经网络模型等。

4. 评价等级阈值的计算

这里主要讨论采用等差数列法、统计分析法、韦伯-费希纳定律和样本拟合法，计算评价等级阈值的方法。其他方法可查阅有关文献。

（1）基于等差数列法的阈值计算　等差数列计算方法是在已知两个不相邻等级阈值的前提下，按照这两个等级中间相隔等级的个数，根据等差的原则计算相邻等级阈值的间距，从而求出中间其他等级阈值的方法。

设需要将评价标准分为 h 个等级，每一级记为 k，$k=1,2,\cdots,h$。在实际进行等级划分时，将评价指标分成某种具有等差性质的若干等级，例如优、良、中、差等，则可以借助等差公式来确定各评价等级的阈值。等差数列公式为

$$a_h = a_1 + (k-1)d, \quad k=1,2,\cdots,h \tag{2-3}$$

在进行单指标等级标准划分时，可将第 1 级标准定为 a_1，第 h 级标准定为 a_h，首先令 $k=h$，求出 d，进而求得 $a_2,a_3,\cdots,a_{h-1}$ 的具体数值。因此，利用等差级数法求指标分级标准，首先要确定第 1 级和第 h 级的阈值，a_1 即为限值，a_h 即为目标值。a_1、a_h 可参考相关标准进行实际测试或借助专家经验来确定。

例如，将零件表面硬度指标分为高硬度、较高硬度、中硬度、较低硬度、低硬度 5 个等级，即 $h=5$，在划分等级标准时，通过文献分析并对比评价样本表面硬度数值大小，将第 1 级标准定为 $a_1=200\mathrm{HV}$、第 5 级标准定为 $a_5=600\mathrm{HV}$，代入等差数列公式得 $d=100\mathrm{HV}$，通过计算得 $a_2=300\mathrm{HV}$、$a_3=400\mathrm{HV}$、$a_5=500\mathrm{HV}$。

计算指标各个等级的阈值时，也可先计算指标的平均值，将其作为中间等级阈值，再计算其他等级阈值，具体方法为：首先根据该指标的评价技术要求，确定该指标取值范围，即最优值及最差值（目标值和限值）；其次计算该指标的平均值；最后将该指标的最优值、平均值及最差值，分别对应最高等级、中间等级和最低等级的阈值，再根据等差划分法计算其他等级阈值。

（2）基于统计分析法的阈值计算　统计分析方法是比较科学和实用的一种方法，它可以使人为因素的影响降到比较小的程度。这种方法的主要思路是：首先根据待评价对象的特点，从中选出 n 个有代表性样本（各种类别的样本都要有）；其次计算样本的平均值和标准差；最后确定各等级的阈值。该方法适合于指标呈正态分布的情况，例如产品的寿命、零件加工的时间等。

设 n 个样本的评价指标为 $(x_{ij})_{nm}$，其中：n 为评价样本的个数，$i=1,2,\cdots,$

n；m 为评价指标的个数，$j=1,2,\cdots,m$；x_{ij} 为第 i 个样本的关于第 j 个指标的指标值。

计算样本评价指标 j 的平均值 $\bar{x}_j = \frac{1}{n}\sum_{i=1}^{n} x_{ij}$ 和标准差 $s_j = \sqrt{\frac{1}{n-1}\sum_{i=1}^{n}(x_{ij}-\bar{x}_j)^2}$。

1）评价标准划分为 3 级。若用等级区间划分方法一来划分区间，则采用"平均值±标准差"法确定各等级的阈值：各指标 j 的平均值是 Ⅱ 级的阈值，平均值减 1 个标准差为 Ⅰ 级的阈值，平均值加 1 个标准差为 Ⅲ 级的阈值。即等级 Ⅰ 的阈值为 $a_1=\bar{x}_j-s_j$，等级 Ⅱ 的阈值为 $a_2=\bar{x}_j$，等级 Ⅲ 的阈值为 $a_3=\bar{x}_j+s_j$。

若用等级区间划分方法二来划分区间，则采用"平均值±1/2 标准差"法确定各等级的阈值：各指标 j 的平均值是 Ⅱ 级中间值，平均值±1/2 个标准差是划分 Ⅱ 级与 Ⅰ、Ⅲ 级的界线，即 $a_1=\bar{x}_j-s_j/2$，$a_2=\bar{x}_j+s_j/2$。

等级 Ⅰ 的划分区间为 $(-\infty,\bar{x}_j-s_j/2)$，等级 Ⅱ 的划分区间为 $[\bar{x}_j-s_j/2,\bar{x}_j+s_j/2)$，等级 Ⅲ 的划分区间为 $[\bar{x}_j+s_j/2,+\infty)$。

2）评价标准划分为 h 级。若用等级区间划分方法一来划分区间，将评价等级分为 h 个级别时，每个级别的差异范围为

$$\delta_j = \frac{1}{h-1}[(\bar{x}_j+s_j)-(\bar{x}_j-s_j)] \tag{2-4}$$

则评价指标 j 各级评价标准的阈值为

$$a_{jk} = (\bar{x}_j-s_j)+(k-1)\delta_j, \qquad k=1,2,\cdots,h \tag{2-5}$$

例如，当 $h=3$ 时，$\delta_j=s_j$，$a_1=\bar{x}_j-s_j$，$a_2=\bar{x}_j$，$a_3=\bar{x}_j+s_j$，即为上述评价标准划分为 3 级时的情况；

当 $h=4$ 时，$\delta_j=2s_j/3$，$a_1=\bar{x}_j-s_j$，$a_2=\bar{x}_j-s_j/3$，$a_3=\bar{x}_j+s_j/3$，$a_4=\bar{x}_j+s_j$。

当 $h=5$ 时，$\delta_j=s_j/2$，$a_1=\bar{x}_j-s_j$，$a_2=\bar{x}_j-s_j/2$，$a_3=\bar{x}_j$，$a_4=\bar{x}_j+s_j/2$，$a_5=\bar{x}_j+s_j$。

若用等级区间划分方法二来划分区间，将评价等级分为 h 个级别时，每个级别的差异范围为

$$\delta_j = \frac{1}{2(h-1)}[(\bar{x}_j+s_j)-(\bar{x}_j-s_j)] \tag{2-6}$$

则评价指标 j 各级评价标准的阈值为

$$a_{jk} = (\bar{x}_j-s_j)+(2k-1)\delta_j, \qquad k=1,2,\cdots,h-1 \tag{2-7}$$

例如，当 $h=3$ 时，$\delta_j=s_j/2$，$a_1=\bar{x}_j-s_j/2$，$a_2=\bar{x}_j+s_j/2$，即为上述评价标准划分为 3 级时的情况。

当 $h=4$ 时，$\delta_j=s_j/3$，$a_1=\bar{x}_j-2s_j/3$，$a_2=\bar{x}_j$，$a_3=\bar{x}_j+2s_j/3$，则等级 I 的划分区间为 $(-\infty, \bar{x}_j-2s_j/3)$，等级 II 的划分区间为 $[\bar{x}_j-2s_j/3, \bar{x}_j)$，等级 III 的划分区间 $[\bar{x}_j, \bar{x}_j+2s_j/3)$，等级 IV 的划分区间为 $[\bar{x}_j+2s_j/3, +\infty)$。

当 $h=5$ 时，$\delta_j=s_j/4$，$a_1=\bar{x}_j-3s_j/4$，$a_2=\bar{x}_j-s_j/4$，$a_3=\bar{x}_j+s_j/4$，$a_4=\bar{x}_j+3s_j/4$，则等级 I 的划分区间为 $(-\infty, \bar{x}_j-3s_j/4)$，等级 II 的划分区间为 $[\bar{x}_j-3s_j/4, \bar{x}_j-s_j/4)$，等级 III 的划分区间为 $[\bar{x}_j-s_j/4, \bar{x}_j+s_j/4)$，等级 IV 的划分区间为 $[\bar{x}_j+s_j/4, \bar{x}_j+3s_j/4)$，等级 V 的划分区间为 $[\bar{x}_j+3s_j/4, +\infty)$。

可以看出，上述 h 个级别的阈值是等距的，反映的是评价群体总体状况，这种方法适合于群体样本评价等级的划分和分类。

（3）基于韦伯-费希纳（Weber-Fischna, W-F）定律的阈值计算　环境空气质量标准可依空气污染物对人体健康和生态环境的危害程度来制定，而这种危害程度则主要由人体和生态对污染物客观刺激产生的反应来描述。其关键在于以一定标度将这种反应定量化，并以量化结果作为空气污染物各级标准浓度限值。

一般而言，某项空气污染物的天然本底浓度值（又称背景浓度值）和明显危害浓度限值是容易通过观测和实验确定的。从这两个限值出发，基于韦伯-费希纳定律并加以拓展，采用对污染物浓度"等比赋值"，对人体健康和生态环境的危害程度"等差分级"的指数标度法，即可确定空气污染物的日平均浓度的 h 级标准限值。

将韦伯-费希纳定律加以拓展，认为空气污染物对人体健康和生态环境的危害程度满足以下函数关系：

$$k = a \lg c \tag{2-8}$$

式中，a 为韦伯常数；c 为空气污染物浓度；k 为对人体和生态环境的危害程度。对该式两边求差分可得

$$\Delta k = a \frac{\Delta c}{c} \tag{2-9}$$

式（2-9）表明当空气污染物浓度 c 成等比变化时，其对人体健康和生态环境产生的危害程度成等差变化。因此，在制定某项空气污染物的分级标准浓度限值时，虽然该项污染物各相邻标准级别之间的浓度限值成等比变化，但这种浓度变化对人体健康和生态环境造成的危害程度变化应是等差分级。为此，将污染物 i 的天然本底浓度值 c_{io} 至明显危害浓度限值 c_{id} 之间的变化范围等比地分为 $k=0,1,\cdots,9$ 等 10 个级别，其中，$k=0$ 和 $k=9$ 分别相应于 c_{io} 和 c_{id} 浓度值时的级别。

定义污染物 i 相邻两级标准的危害程度比率为 $a_i = (c_{id}/c_{io})^{\frac{1}{9}}$。可知，污染

物 i 任意两级 k、l 之间的危害程度比率为

$$\frac{c_{ik}}{c_{il}} = a_i^{k-l}, \qquad k,l = 0,1,\cdots,9 \tag{2-10}$$

取 $l=0$，式（2-10）变为

$$c_{ik} = c_{io} a_i^k \tag{2-11}$$

则各分级标准阈值计算方法为：根据空气污染物 i 的 c_{io}、c_{id} 值，计算出相邻两级的危害程度比率 a_i；当分级标准为 3 级时，令 $k=3,5,7$ 分别对应于空气污染物的 Ⅰ、Ⅱ、Ⅲ级标准浓度限值时的级别，由式（2-11）即可计算出基于韦伯-费希纳定律的空气污染物的日平均浓度的 3 级标准阈值。

（4）基于样本拟合法的阈值计算　该方法适合于评价样本较多且被分级指标变化规律不明确的情况。

设 n 个样本评价指标分别为 x_i（也可以将评价指标的极限值和目标值与评价样本的指标值合并在一起进行拟合），将 n 个指标按从小到大排序，排序后的序列记为 y_i，将 y_i 作为因变量。构建序列 $i=1,2,\cdots,n$，作为自变量，对 y_i 和 i 进行拟合，根据指标特点和指标值分布变化趋势，选择拟合度最好的拟合公式，记为 $a_k=f(z_k)$。

设需要将评价指标划分为 h 个等级，每一级记为 k，$k=1,2,\cdots,h$，此时需要确定自变量 z_k 的值，并计算相应等级 a_k 的阈值。根据指标的取值范围和评价等级数量，可按照等差数列等方式确定自变量 z_k 的值；也可选择将指标的平均值作为中间等级的阈值，计算出此时的自变量值 z^*，在 z^* 值的基础上左右扩展确定其他所有的自变量 z_k 的值。将自变量 z_k 代入拟合公式 $a_k=f(z_k)$，即得不同等级 a_k 的阈值。

例如，对典型增材修复技术进行可持续性评价时，在环境维度，通过 LCA 方法得到激光熔覆、等离子弧堆焊、电刷镀和等离子喷涂四种修复技术的酸化环境影响类型的指标值分别为：$x_1 = 1.05 \times 10^{-6}$，$x_2 = 1.31 \times 10^{-6}$，$x_3 = 4.03 \times 10^{-8}$，$x_4 = 7.66 \times 10^{-7}$。由于修复技术的该类环境影响没有可参考的标准，采用拟合法进行等级划分，划分的等级为 5 级。

将四种修复技术的酸化环境影响类型的指标值，按从小到大排序后，得因变量序列为：$y_1 = 4.03 \times 10^{-8}$，$y_2 = 7.66 \times 10^{-7}$，$y_3 = 1.05 \times 10^{-6}$，$y_4 = 1.31 \times 10^{-6}$。构建自变量序列，$i=1,2,3,4$。通过曲线拟合发现，对数函数在曲线变化趋势和拟合程度方面比较符合环境影响的变化趋势，得到的拟合函数为：$a_k = 9 \times 10^{-7} \times \ln(z_k) + 7 \times 10^{-8}$，$R^2 = 0.9934$。

此时，可令 $z_k = 1,2,3,4,5$，分别代入拟合函数，得到 5 个分级标准的阈值

a_k。也可根据样本指标值的特点或评价方法的需要,选择 z_k 的不同取值对阈值的大小进行适当调整。例如,将四个酸化环境影响指标的平均值作为中间等级 a_3 的阈值,即 $a_3 = (y_1+y_2+y_3+y_4)/4$,再分别取 $z_1 = 0.95$、$z_2 = 2$、$z_4 = 3$、$z_5 = 4.5$ 代入拟合函数,得不同等级 a_k 的阈值分别为:$a_1 = 2.384 \times 10^{-8}$,$a_2 = 6.938 \times 10^{-7}$,$a_3 = 7.92 \times 10^{-7}$,$a_4 = 1.059 \times 10^{-6}$,$a_5 = 1.424 \times 10^{-6}$。

2.3.3 评价指标的预处理方法

按评价指标反映的内容划分,评价指标有主观指标与客观指标之分,有定性指标与定量指标之分。由于事物的复杂性,有时难以对被评价事物做出客观的定量描述,这时就需要用一些主观的、定性的指标来评价事物。例如,对社会维度中人们物质生活的满意度、社会生活的幸福感、社会治安环境安全感、精神文明程度等的评价,往往只能采用主观判断的定性指标方式来评价。在这种情况下,需要将定性评价指标定量化,然后才能和定量指标一起进行规范化处理。表示和量化定性指标的通常做法是:给定性指标以明确定义,采用性质、特征、次序和等级的形式来量化表示,或基于模糊数学、灰度分析等方法,根据定义和实际情况给指标评分,定性指标定量化方法可参考有关文献。

1. 评价指标类型的一致化方法

按照评价指标的作用特性和趋向不同,指标可分为效益型、成本型、适度型、区间型、偏离型和偏离区间型。其中,效益型指标(也称正向型指标或极大型指标),是指标值越大越好的指标;成本型指标(也称逆向型指标、负向型指标或极小型指标),是指标值越小越好的指标;适度型指标(也称固定指标、居中型指标或适中型指标),是指标值越接近某个固定值 x^* 越好的指标;区间型指标,是指标值越接近或属于某个固定区间 $[x^-, x^+]$ 越好的指标;偏离型指标,是指标值越偏离某个固定值 x^* 越好的指标;偏离区间型指标,是指标值越偏离某个固定区间 $[x^-, x^+]$ 越好的指标,当指标值落入该区间时有最差的评价。有的评价指标体系只含有单一型的指标类型,有的则含有若干种指标类型。

一般而言,在对被评对象进行综合评价之前,要对评价指标进行一致化处理。一致化处理也称为正向处理或同向处理,以使得指标具有相同趋势化,保证指标之间的可对比性,否则在综合评价时就无法根据综合评价指标值判断被评对象的优劣。实际评价中常用的指标类型是正向型指标、逆向型指标和适度型指标,下面也仅对这三种指标类型的一致化和规范化方法进行简单介绍。

(1)正向型指标 由于正向型指标更符合人们思维,因此在对被评对象进行评价时,以正向型指标的方向为评价取向,将其他类型的指标转化为正向型指标。

（2）逆向型指标　逆向型指标转化为正向型指标，公式如下：

$$z = \frac{1}{x}(x > 0) \quad \text{或} \quad z = M - x \tag{2-12}$$

式中，M 为指标 x 的允许上界。

（3）适度型指标　对于适度型指标存在以下两种情况：①当指标小于最优适度值时，属于越大越好的指标性质，可不进行相应的处理；②当指标值大于最优适度值时，属于越小越好的指标性质，可按照逆向型指标转换方式进行处理。

适度型指标值 x 转化为正向型指标，可采用绝对值倒数法进行转化，首先确定一个最优的适度值 x_0，然后按照如下公式进行计算：

$$z = \frac{1}{|x - x_0|}(x \neq x_0) \tag{2-13}$$

其中，最优适度值 x_0 可用主观经验确定，也可按数学方法定量计算，例如，在有样本资料时，可以用样本均值来近似代替 x_0。

或采用如下公式进行转化：

$$z = \begin{cases} 2(x - m), & m \leq x \leq \dfrac{M + m}{2} \\ 2(M - x), & \dfrac{M + m}{2} \leq x \leq M \end{cases} \tag{2-14}$$

式中，M 和 m 分别为指标 x 的允许上下界。

2. 评价指标的规范化方法和特点

规范化，也称为数据的标准化、无量纲化，是通过简单的数学变换来消除各指标量纲影响的方法。在多评价指标体系中，由于各维度的评价指标属性不同，通常具有不同单位和数量级，当各指标间的水平相差很大时，如果直接用原始指标值进行分析，就会突出数值水平较高的指标在综合分析中的作用，相对削弱数值水平较低指标的作用。为了能对被评对象进行整体性综合评价，尽可能地反映实际情况，需要消除各指标的量纲及其数量级差异所产生的影响，对这些多维度指标数据进行规范化处理，实现不同属性数据的可综合性与可比性。

一般而言，数据规范化处理是进行指标综合评价的先决条件，各项指标经过规范化处理后才能进行加权综合。规范化方法有很多，根据原始数据与规范化处理后数据的特征对应关系，可将处理方法分为直线形方法、折线形方法和曲线形方法，其中最常采用的是直线形方法。直线形方法中常用的方法包括向量规范法、线性比例法、归一化处理法、极值处理法、标准化处理法、功效系数法等。这些规范化方法的特点各不相同，因此适用的范围也不尽相同，对评价结果会产生不同的影响，规范化过程的合理性直接关系到最终结果的合理性。在方法的选择上，目前还没有通用的法则可以遵循。在选择规范化方法时，需要根据指标体系及指标属性的不同特点，选择相对合适的规范化处理方法，使得到的评价结果更加合理，选择时可考虑以下几条原则：①信息差异不变性。规范化处理只是对评价指标的量纲和数量级的差异处理，原始数据信息所含有的差异应保持不变，即规范化后的数据应保留原始数据之间对于标准量的比较关系。②单调性不变。规范化处理后的数据应保留原始数据之间的排序不变，保证信息转换过程中指标包含的信息量不变形。③简单易操作。在不影响原始数据信息量的情况下，尽量选择简洁直观、易于操作的处理方法。

为讨论方便，先给出指标体系中各指标的一般符号表示形式。指标体系形成的矩阵记为 $\boldsymbol{X} = (x_{ij})_{nm}$，可称为决策矩阵，可具体表示为

$$\boldsymbol{X} = \begin{pmatrix} x_{11} & x_{12} & \cdots & x_{1m} \\ x_{21} & x_{22} & \cdots & x_{2m} \\ \vdots & \vdots & & \vdots \\ x_{n1} & x_{n2} & \cdots & x_{nm} \end{pmatrix}$$

式中，n 是方案的个数；m 是每个方案评价指标的个数；元素 $x_{ij}(i=1,2,\cdots,n; j=1,2,\cdots,m)$ 表示第 i 个方案的关于第 j 个指标的指标值；行向量 $\boldsymbol{X}_i = (x_{i1}, x_{i2}, \cdots, x_{im})$ 表示第 i 个方案的各指标的元素集；列向量 $\boldsymbol{X}_j = (x_{1j}, x_{2j}, \cdots, x_{nj})$ 表示可供选择的产品或技术方案的同一指标 j 的元素集，即具有同一量纲的指标。

（1）向量规范法　这种方法将决策矩阵每个列向量按自己的规则来划分，每个规范化值可计算为

$$z_{ij} = \frac{x_{ij}}{\sqrt{\sum_{i=1}^{n} x_{ij}^2}} \tag{2-15}$$

式中，z_{ij} 是指标 $x_{ij}(i=1,2,\cdots,n; j=1,2,\cdots,m)$ 规范化后的值，当 $x_{ij} \geq 0$ 时，$z_{ij} \in [0,1]$；矩阵 $\boldsymbol{Z} = (z_{ij})_{nm}$ 称为向量归一（列模等于1）标准化矩阵，且其列向量模等于1，即 $\sum_{i=1}^{n} z_{ij}^2 = 1$。

该变换考虑了指标值的差异性，所有的列具有同样的单位向量长度，使得指标值间的比较成为可能。其缺点在于：不能产生同样长短的度量刻度，每个

准则在刻度上的最小值和最大值并不相同,变换后各指标的最大值和最小值并不是统一的值,即 z_{ij} 所在的区间不确定,最小值不为 0,最大值不为 1;所进行的是非线性变换,使得指标间的比较仍存在困难。另外,正逆向指标的方向没有变化,逆向指标需要采用其他方法处理。该方法在 TOPSIS 法数据规范化中比较常用。

(2) 线性比例法　一般线性比例法公式为

$$z_{ij} = \frac{x_{ij}}{x_j^*} \tag{2-16}$$

式中,$i = 1,2,\cdots,n$;$j = 1,2,\cdots,m$;x_j^* 是取定的特殊点,一般可取 $x_j^{\max}$、$x_j^{\min}$、$\bar{x}_j$、r_j 或 s_j。$x_j^{\max}$ 和 $x_j^{\min}$ 是决策矩阵第 j 列中所有指标中的最大值和最小值,即 $x_j^{\max} = \max\limits_{i \in N} x_{ij}$,$x_j^{\min} = \min\limits_{i \in N} x_{ij}$;$\bar{x}_j$ 是决策矩阵第 j 列所有指标的平均值;r_j 是评价者根据当前产品技术水平确定的目标值或标准限值;s_j 是适度值或基准值。

对于正向指标,计算公式为

$$z_{ij} = \frac{x_{ij}}{x_j^{\max}} \tag{2-17}$$

则 $z_{ij} \in [0,1]$,并且当 z_{ij} 越接近于 1 时,结果越令人满意。

对于逆向指标,计算公式为

$$z_{ij} = 1 - \frac{x_{ij}}{x_j^{\max}} \tag{2-18}$$

同样 $z_{ij} \in [0,1]$。由于式(2-17)、式(2-18)选择的基点不同,变换后最好的效益目标和最好的成本目标有不同的值,会对评价产生影响,因此,逆向指标的变换可修改为

$$z_{ij} = \frac{1/x_{ij}}{\max\limits_{i \in N}(1/x_{ij})} = \frac{\min\limits_{i \in N} x_{ij}}{x_{ij}} = \frac{x_j^{\min}}{x_{ij}} \tag{2-19}$$

这样使得基点统一,即最优值均统一到 1,便于分析比较。

矩阵 $\mathbf{Z} = (z_{ij})_{nm}$ 称为线性比例标准化矩阵。线性比例法的优点是:经过线性比例变换之后,正逆向指标均化为正向指标,而且考虑到指标值的差异性。其缺点是:要求任意 $x_{ij} \geq 0$,如果 $x_{ij} < 0$ 则不适用;对逆向指标进行规范化处理,实际上是进行了非线性变换,变换后的指标值无法客观反映原始指标间的相互关系。

采用目标值或限值 r_j 进行数据规范化处理时,计算公式为

$$z_{ij} = \begin{cases} \dfrac{x_{ij}}{r_j}, & x_{ij} \text{ 为正向指标} \\ \dfrac{r_j}{x_{ij}}, & x_{ij} \text{ 为逆向指标} \end{cases}$$

以正向指标为例,可以看出:如果目标值定义得太大,得到的标准化值对于原指标值变化的反应就会很迟钝;反之,如果目标值定义得太小,标准化值又会过于灵敏地反映指标的变化。两种情况都会导致规范化值难以准确反映原指标值,因此,目标值的确定对综合评价来说至关重要。只有目标值对大多数评价指标来说是合适的,这个目标值才可以被认为是可行的,因此目标值的确定是一个不断调整优化的探索过程。

如果指标值过大、过小均不利于可持续发展,则可以定义同一属性评价指标的适度值 s_j,对数据进行变换处理。对于正向指标,计算公式为

$$z_{ij} = \begin{cases} \dfrac{x_{ij}}{s_j}, & x_{ij} \leqslant s_j \\ 1, & x_{ij} > s_j \end{cases} \tag{2-20}$$

对于逆向指标,计算公式为

$$z_{ij} = \begin{cases} \dfrac{s_j}{x_{ij}}, & x_{ij} \geqslant s_j \\ 1, & x_{ij} < s_j \end{cases} \tag{2-21}$$

(3)归一化处理法 归一化处理法公式为

$$z_{ij} = \dfrac{x_{ij}}{\sum\limits_{i=1}^{n} x_{ij}} \tag{2-22}$$

矩阵 $\mathbf{Z} = (z_{ij})_{nm}$ 称为向量归一(列和等于1)标准化矩阵,数据归一化处理使 $\mathbf{Z}$ 的所有列向量和等于1,即 $\sum\limits_{i=1}^{n} z_{ij} = 1$。

该方法处理后的规范化值较真实地反映原指标值之间的关系,考虑了指标值之间的差异性,但未区分正逆向指标,无固定的最大值、最小值,并且要求任意 $x_{ij} \geqslant 0$,此时 $z_{ij} \in [0,1]$,如果 $x_{ij} < 0$ 则不适用。

归一化方法是对评价指标的规范化,而在一般的评价问题中,权重通常也要进行归一化处理,即若设 $w_i(i=1,2,\cdots,n)$ 分别表示 n 个维度对应的权重,则通过归一化处理,使得 $\sum\limits_{i=1}^{n} w_i = 1$。例如在层次分析法中,就采用归一化方法,

对几何平均法得到的权重进行归一化处理。

（4）极值处理法　对于正向指标，计算公式为

$$z_{ij} = \frac{x_{ij} - x_j^{\min}}{x_j^{\max} - x_j^{\min}} \tag{2-23}$$

对于逆向指标，计算公式为

$$z_{ij} = \frac{x_j^{\max} - x_{ij}}{x_j^{\max} - x_j^{\min}} \tag{2-24}$$

对于适度指标，计算公式为

$$z_{ij} = 1 - \frac{|x_{ij} - x_j^0|}{\max|x_{ij} - x_j^0|} \tag{2-25}$$

式中，x_j^0 为同一属性指标的最优适度值。

矩阵 $\mathbf{Z} = (z_{ij})_{nm}$ 称为极差变换标准化矩阵。极值处理法的优点是无论矩阵 $\mathbf{X}$ 中的指标是正数还是负数，经过极值变换后，标准化指标均满足 $z_{ij} \in [0, 1]$，并且正逆向指标均转化为正向指标，最优值为1，最劣值为0，不会带来结果上比例差异的改变。但极值处理法对指标值恒定的情况不适合（因为分母为0）。

（5）标准化处理法　标准化处理法也称为 Z-sore 处理法，计算公式为

$$z_{ij} = \frac{x_{ij} - \bar{x}_j}{s_j} \tag{2-26}$$

式中，$\bar{x}_j = \frac{1}{n}\sum_{i=1}^{n} x_{ij}$ 和 $s_j = \sqrt{\frac{1}{n-1}\sum_{i=1}^{n}(x_{ij} - \bar{x}_j)^2}$ 分别为第 j 个指标样本值的均值和均方差。

矩阵 $\mathbf{Z} = (z_{ij})_{nm}$ 称为标准化变换矩阵。经标准化变换之后，标准化矩阵的均值为0，方差为1。采用标准化处理法时，样本数应尽量多。若 x_{ij} 比均值大，经标准化处理后，$z_{ij}>0$；若 x_{ij} 比均值小，经标准化处理后，$z_{ij}<0$。标准化处理法的缺点是：正逆向指标的方向没有发生变化；z_{ij} 所在区间不确定，处理后各指标的最大值、最小值不相同；对于指标值恒定（$s_j = 0$）的情况不适用；对于要求标准化后指标值 $z_{ij}>0$ 的评价方法（如熵值法、几何加权平均法等）不适用。这种方法在原始数据呈正态分布的情况下，转化结果是较合理的。

（6）功效系数法　功效系数法根据多目标规划原理，针对每一个指标确定满意值和不允许值，以满意值为上限、不允许值为下限，计算各项评价指标的实际值与该指标允许变动范围的相对位置，对各指标进行无量纲转换，计算公式为

$$z_{ij} = \frac{x_{ij} - t_j}{r_j - t_j} \tag{2-27}$$

式中，t_j 为该指标的满意值，是指目前条件下能够达到的最优值或目标值；r_j 为该指标的不允许值，是指该指标不应该出现的最低值或限值。允许变动范围的参照系就是满意值和不允许值的差值。

功效系数法的另一个常用计算公式为

$$z_{ij} = c + \left(\frac{x_{ij} - t_j}{r_j - t_j}\right) d \tag{2-28}$$

式中，c、d 均为已知正常数；c 的作用是对变换后的值进行"平移"；d 的作用是对变换后的值进行"放大"或"缩小"。通常取为 $c=60$、$d=40$，则 $z_{ij} \in [60, 100]$。功效系数法可以看作更普遍意义下的一种极值处理法。

（7）模糊隶属度方法　在指标规范化过程中，为了反映可持续发展的目标状态与指标的临界效应，宜采用模糊隶属度的概念对指标规范化，对于正向指标，计算公式为

$$z_{ij} = \begin{cases} 0, & x_{ij} \leq r_{ij} \\ \dfrac{x_{ij} - r_{ij}}{t_{ij} - r_{ij}}, & r_{ij} < x_{ij} \leq t_{ij} \\ 1, & x_{ij} > t_{ij} \end{cases} \tag{2-29}$$

对于逆向指标，计算公式为

$$z_{ij} = \begin{cases} 1, & x_{ij} \leq t_{ij} \\ \dfrac{r_{ij} - x_{ij}}{r_{ij} - t_{ij}}, & t_{ij} < x_{ij} \leq r_{ij} \\ 0, & x_{ij} \geq r_{ij} \end{cases} \tag{2-30}$$

式中，r_{ij} 和 t_{ij} 分别为指标 x_{ij} 对应的临界值和目标值。

该方法属于折线形无量纲化方法。当 x_{ij} 不满足临界值 r_{ij} 时，该指标被临界效应处理，规范化值为 0；当 x_{ij} 不超出目标值 t_{ij} 时，规范化值为 1；当 x_{ij} 在目标值 t_{ij} 和临界值 r_{ij} 之间时，x_{ij} 的变化对综合水平影响较大，评价值也有较大的变化。

这里目标值 t_{ij} 反映了人们对该指标的期望，引导人们向这一目标努力，也可以称为理想值；临界值 r_{ij} 是指相关标准中规定的限值，若国家标准和行业性标准对同一指标的规定限值不同，取较大值；对于相关标准中未规定限值的指标，则采用同行业产品平均值。所谓标准限值，是指标准中规定的符合标准限定的最大值或最小值，超出这个范围即为不符合标准。

综上所述，一般来说，极值处理法对指标数据的个数和分布状况没有要求。极值处理法转化后的数据都在 [0,1]，便于进一步数学处理，转化后的数据相对数性质较明显，就每个 x_{ij} 的转化而言，这种无量纲化所依据的原始数据信息较少，一般是指标实际值中的几个值，如最大值、最小值等，常用于处理偏大型或偏小型指标。对比来看，标准化处理法在被评对象个数较多时才能应用，且在原始数据呈正态分布的情况下，转化结果才是可靠的，其转化结果超出了 [0,1]，存在负数，有时会影响进一步的数学处理，其转化结果相对数性质不明显，其转化值 z_{ij} 与指标实际值中的任一 x_{ij} 都有关系，利用的原始数据信息多于极值处理法，常用于处理中间型指标。

数据规范化处理方法的选择涉及规范化方法优劣的判断标准问题，一个理想的线性数据规范化处理方法应满足单调性、差异比不变性、平移无关性、缩放无关性、区间稳定性、总量恒定性6个性质。可以证明满足上述6个性质的理想规范化处理方法是不存在的，任意一种无量纲方法仅能满足其中的某几个性质。郭亚军指出，在评价模型其他部分已确定的情况下，为保证评价结果的稳定性，应选择能尽量反映被评对象之间差异属性的规范化方法，即选择使规范化的综合评价指标值标准差最大所对应的规范化方法，因为系统评价的目的就是对被评对象集做分类或排序。

2.3.4 多指标综合的数学方法

由于产品和技术的可持续性评价涉及技术、经济、环境和社会等诸多因素，所以在对其进行综合评价时，所采用的评价方法应能处理多层次、多指标的问题，并保证评价过程的客观性、科学性，尽量减少和避免评价结果受主观偏好的影响。可用于"综合"的数学方法较多，问题在于如何根据评价决策的需要及被评价系统的特点选择较为合适的综合评价方法。

归纳起来，进行多指标综合的数学方法分为两种：常规综合法和模型综合法。常规综合法分为线性综合法、几何综合法和混合综合法。模型综合法分为确定方程模型综合法、随机方程模型综合法和模糊方程模型综合法。

1. 线性综合法

线性综合法为常规综合法中最常用的方法。线性综合法就是求各指标评价值代数和而获得综合评价值的一种综合方法。考虑到各指标对被评对象综合水平的影响和作用不同，常采用加权求和的方式来计算综合评价值。由此，线性综合法的基本公式为

$$s = \sum_{i=1}^{p} w_i x_i \tag{2-31}$$

式中，s 为被评对象的综合评价值；p 为指标的个数；w_i 为第 i 个指标的权重；x_i 为第 i 个指标的评价值；$\sum_{i=1}^{p} w_i = 1$。

当各个指标的权重都为 $1/p$ 时，则式（2-31）演变为 $s = \frac{1}{p}\sum_{i=1}^{p} x_i$，$s$ 即为各指标评价值的简单算数平均。

在进行产品和技术可持续性评价时，子目标层各维度指标的综合常采用线性综合法。例如，基于技术、经济、环境和社会四个维度的可持续性评价，其综合指标计算公式为

$$SI = w_T x_T + w_C x_C + w_E x_E + w_S x_S \tag{2-32}$$

式中，w_T、w_C、w_E、w_S 分别为技术、经济、环境和社会维度的权重值；x_T、x_C、x_E、x_S 分别为技术、经济、环境和社会维度的综合评价指标；SI 为可持续性综合评价值，代表可持续性评价的最终结果。

再如，若选择技术、经济和环境三个维度进行可持续性评价，综合指标计算公式为

$$SI = w_T x_T + w_C x_C + w_E x_E \tag{2-33}$$

生命周期评价（LCA）方法就是多次采用线性综合法进行的评价，第一次综合为基于特征化因子将清单分析数据综合为各类环境影响类型指标值，第二次综合为基于权重因子将各类环境影响类型指标值综合为三类终点环境影响类型（即自然资源消耗、生态系统破坏和人体健康影响），第三次综合为基于权重因子将终点环境影响类型综合为一个综合的环境影响指标。由于 LCA 方法已经标准化，且众多国内外组织机构针对影响评价（LCIA）方法和模型开展了研究，因此，相比其他方法，在一定时间和区间范围内，LCIA 中的特征化因子、各类权重因子及其确定方法具有良好的科学性、规范性和普适性。

线性综合法的特点如下：

1）只适用于评价指标间彼此不相关的情形。如果各评价指标间有一定的相关关系，则结果将会产生信息重复，而使综合评价值难以反映客观实际。

2）各评价指标之间可以线性替代，即在综合评价指标 s 不变时，一些指标值的增大或减小可以通过另一些指标值的减小或增大来弥补。这一方面说明该方法突出了权重较大指标的作用，另一方面说明该方法对评价对象指标值之间的差异反应不太灵敏。所以当个别评价指标间的权重差异较大，但它们的评价

值之间的差异较小时，比较适合用线性综合法。线性综合法突出了系统的"功能性"（即各评价指标值的大小），是具有"一俊遮百丑"特征的评价模型，若经常使用该模型，可能会使得被评对象走"捷径"而导致不协调发展。

2. 几何综合法

几何综合法是指通过求各评价指标值几何平均数的方法进行指标数据汇总的一种综合方法。几何平均数的基本公式为

$$s = \prod_{i=1}^{p} x_i^{w_i} \tag{2-34}$$

式中，$x_i \geq 0$；w_i 为 x_i 的权重。

式（2-34）中 s 称为加权几何平均数，该公式是非线性模型。特别是当各评价指标权重 w_i 均相同且等于 $1/p$，即 $w_i = 1/p$ 时，则有

$$s = \left(\prod_{i=1}^{p} x_i \right)^{\frac{1}{p}} \tag{2-35}$$

式（2-35）中 s 称为简单几何平均数。

若评价指标不具有一致性，即没有对指标做同向处理，可采用乘除法形式

$$s = \frac{\prod_{i=1}^{p_1} x_i}{\prod_{i=1}^{p_2} x_i'} \tag{2-36}$$

式中，$x_i \geq 0$；$x_i' > 0$；x_i 为正向指标值；x_i' 为逆向指标值。对于适度指标可以分为两部分处理，超过适度值的放在分母上，低于适度值的放在分子上，$p_1 + p_2 = p$。

对式（2-34）两边取对数，有 $\ln s = \sum_{i=1}^{p} w_i \ln x_i$，令 $\ln s = u$，$\ln x_i = v_i$，则可写成 $u = \sum_{i=1}^{p} w_i v_i$，即为线性综合模型。线性综合模型是很常用的综合评价方法。

例如，著名的 IPAT 方程就是用几何综合法来测算的

$$I = PAT$$

该方程特指社会对环境的影响（I）是一个关于人口（P）、财富（A）和技术（T）的乘积函数，其中，财富可用不同的方式定义，如货币单位、特定商品或服务的消费单位，而技术水平可以用其他参数进行求解。IPAT 方程存在人口与环境影响成比例假设的局限，该局限可通过对 IPAT 方程的随机变形方程，即 STIRPAT 方程得以克服

$$I_i = a P_i^b A_i^c T_i^d e_i$$

式中，下标 i 表示不同观测样本相应的参数值；a 为比例常数；b、c、d 分别为 P、A、T 的指数；e 为随机模型中的误差项。这些系数可以通过将方程转换为对数形式，然后用线性回归模型进行估算。

再如，可持续发展协调度模型一般倾向于采用几何综合法。

$$C = x_T^{w_T} x_C^{w_C} x_E^{w_E} x_S^{w_S} \qquad (2\text{-}37)$$

特别是当 $w_E = w_C = w_S = w_T = 1/4$ 时

$$C = \sqrt[4]{x_T x_C x_E x_S} \qquad (2\text{-}38)$$

式中，变量的含义同式（2-32）。

几何综合法的特点如下："积"的计算性质使几何综合法适合于指标间有较强的相互联系的情形。当各个评价指标间的重要程度差别较小，而评价值间的差异较大时，采用几何综合法比较适合。这是因为：

1）几何综合法强调各指标间大小的一致性，即各指标在综合评价中有着同等重要的作用，不偏袒任何一个评价指标。因此，指标权重的作用不太明显，这正适合指标间的重要程度差别较小的情况。

2）几何综合法对被评对象各指标评价值间的差异反应较灵敏，这有助于区分各被评对象的相对地位。

在使用式（2-34）进行几何综合时，应当注意如下内容：

1）几何综合法对计算数据的要求较高，它要求各指标的评价值 x_i 应均为非负数，其中只要有一个指标评价值为负数，则几何平均数就可能没有意义。

2）如果 $x_i = 0$，则整个计算结果为 0，但这并不是表示没有意义，正好说明几何评价法的"一票否决"的意义。

3）几何综合法的灵敏度较高，因此，该方法对因各个数据差异而引起的整体差异效果体现得比较好。

对于非线性模型式（2-34）来说，观测值越小的指标，拖综合评价结果"后腿"的作用也越大。"木桶原理"恰如其分地给出了这种非线性加权综合法的一个直观解释，即假定一只木桶是由多个（满足一定长度的）长短不同的木板组成的，那么它的容量取决于长度最短的那块木板。因此，若要增大木桶的容量，首先必须加高长度最短的那块木板。也就是说，在评价指标当中，只要有一个指标值是非常小的，那么总体评价值将迅速地接近于零。换言之，这种评价模型对取值较小的评价指标的反应是灵敏的，而对取值大的评价指标的反应是迟钝的。因此，几何综合法突出的是系统"协调性"（即强调各评价指标值之间的均衡性），是具有"一丑遮百俊"特征的评价模型，如果经常采用非线性加权综合评价模型，就能够促使系统（即被评价对象）全面、协调发展。

3. 混合综合法

混合综合法是指在评价指标汇总综合的计算中，既有线性综合法的成分，又有几何综合法的成分来进行评价指标综合的方法。将上述两种综合方法混合在一起，就可以得到一种兼有线性和几何综合优点的混合综合法。混合的方式有两种：直接混合综合法和间接混合综合法。

（1）直接混合综合法　一般公式为

$$s = \sum_{i=1}^{p_1} x_i + \prod_{j=1}^{p_2} x_j \text{ 或 } s = \frac{\sum_{i=1}^{p_1} x_i}{\prod_{j=1}^{p_2} x_j} \text{ 或 } s = \frac{\prod_{i=1}^{p_1} x_i}{\sum_{j=1}^{p_2} x_j} \tag{2-39}$$

若考虑具有兼顾系统的"功能性"与"协调性"特征的模型，可定义公式为

$$s = \lambda_1 \sum_{i=1}^{p_1} w_{1i} x_i + \lambda_2 \prod_{j=1}^{p_2} x_j^{w_{2j}} \tag{2-40}$$

式中，λ_1，λ_2（$\lambda_1 \geq 0$，$\lambda_2 \geq 0$，$\lambda_1 + \lambda_2 = 1$）为已知的比例系数，分别表示"功能性"的评价与"协调性"的评价在综合评价结果中所占的比重；w_{1i}，w_{2j}分别表示在"功能性"评价与"协调性"评价中各评价指标的权重系数。

（2）间接混合综合法　间接混合综合法是指首先对于构成评价指标体系的指标进行分类，然后对类内各指标做乘法处理，最后将各类的积做加法处理的方法。例如

$$s = \sum_{k=1}^{l} w_k \prod_{i=1}^{n} x_i \tag{2-41}$$

式中，l为指标分类的个数；w_k为每一类指标综合值所占权重；n为类内指标的个数。

当然还可以先对类内指标做加法合成，再对各类做乘法合成。例如

$$s = \prod_{k=1}^{l} \sum_{i=1}^{n} w_i x_i \tag{2-42}$$

一般而言，类内指标相关关系较紧密，而类间指标相关关系则不太紧密，所以一般应采用先做类内相乘再做类间相加的合成方法。

混合综合法的特点：由于混合综合法兼有线性和几何综合两种方法的优点，因此，它适合于各评价指标间重要程度差异较大，而且各指标评价值间的差异也较大的场合。但这种方法在计算操作时比较麻烦。混合综合法的发展倾向于复杂时，必然走向数学模型的广泛应用，因此，复杂的混合综合法将转化为模

型综合法。

综上所述，不同的指标综合方法有不同的特点和适用场合，在综合评价实践中，需要根据被评对象的特点，考虑到方便和实用，灵活地加以选择和应用。

4. 模型综合法

模型综合法是指通过建立各个评价指标与综合指标的函数关系来进行综合的方法，也称为函数模型综合法、数学综合法。各个评价指标与某个综合指标之间存在的关系除了线性关系、几何关系和混合关系以外，还存在着各种复杂的函数关系和相关关系。为了客观准确地反映出各种复杂关系，应当根据实际情况和研究目的，有效地使用某些模型来进行指标的综合。显然，模型综合法比常规综合法的应用难度要大得多。最突出的难点是寻找具有科学性和准确性的函数模型关系。

如前所述，综合评价是将被评对象的多个指标实际值转化成对被评对象做出的整体性评价值的过程。其数学实质是把高维空间中的样本点投影到一维直线上，通过一维直线上的投影点来对被评对象做不同时（空）间的整体性比较、排序和分析。根据上述分析，模型综合法的基本思路为：假设用 p 个评价指标描述被评对象 A。p 个指标构成一个 p 维空间 M，被评对象则是 p 维空间中的若干个点 $A_i, i=1,2,\cdots,n$。设 $M_i = (x_{i1}, x_{i2}, \cdots, x_{ip})$ 为被评对象 A_i 的指标向量，Z_i 为 A_i 的综合评价结果，则存在某个函数 F，使得

$$Z_i = F(M_i) = F(x_{i1}, x_{i2}, \cdots, x_{ip}) \tag{2-43}$$

这里的函数模型 F 可以具有不同的表现形式。上述线性关系、几何关系和混合关系仅仅是模型综合法的简单形式而已。通过上述 Z_i 的排序或者比较分析即完成综合评价的过程。

变量的表现形式和关系可以分为三种，即确定性变量关系、随机性变量关系和模糊性变量关系，因此模型综合法根据模型的变量的表现形式不同可以分为确定方程模型综合法、随机方程模型综合法和模糊方程模型综合法三种类型。

（1）确定方程模型综合法　确定方程模型综合法，也称为定义方程模型综合法，是指根据被评对象的各个指标与评价结果之间存在的确定性关系模型方程进行的模型综合法。

这类模型首先需要在系统分析的基础上，提出特定的含参变量的评价模型或数学表达式，然后应用某种优化方法或优化技术，在满足目标函数及约束条件下，对模型或公式中的参数进行优化，得到优化后的评价模型或数学表达式。将待评价的对象指标值代入优化好的模型或数学表达式中，根据计算结果，结合判定准则对其综合水平做出评价。

可选的描述可持续发展状态的模型有韦伯-费希纳指数公式、Logistic 指数公式、普适卡森指数公式、对数型幂函数指数公式、幂函数指数公式、加和型幂函数综合指数公式、多项式函数公式等。典型优化方法有空间距离评价方法、数据包络分析、蚁群算法、禁忌搜索算法、模拟退火算法、遗传算法和鱼群算法等。

例如，描述可持续系统某个维度的发展程度可以采用 Logistic 函数（S 形生长曲线）表示

$$\mathrm{PI}_i = \frac{1}{1 + ae^{-bx_i}} \qquad (2\text{-}44)$$

式中，PI_i 为指标 x_i 的评价指数；x_i 为经过规范化后的指标值，$i = 1, 2, \cdots, n$，n 为评价指标个数；a、b 为待优化的参数。

也可采用加和型幂函数综合指数公式描述可持续发展程度

$$\mathrm{PI}_i = a \left(\sum_{i=1}^{n} w_i x_i \right)^b \qquad (2\text{-}45)$$

式中，w_i 为指标 x_i 的权重，满足 $\sum_{i=1}^{n} w_i = 1$。其他参数同上。

构造目标函数

$$\min f(x) = \min \sum_{k=1}^{h} \sum_{i=1}^{n} |\mathrm{PI}_{ki} - \mathrm{PI}_k| \qquad (2\text{-}46)$$

式中，n 为评价指标的数目；h 为评价分级标准数目；PI_{ki} 为根据式（2-44）或式（2-45）计算出的指标 i 的 k 级标准的指数值；PI_k 为 k 级标准的目标值。

采用遗传算法、蚁群算法等优化方法，基于上述公式对系数 a、b 寻优，得到可持续发展评价指数公式，将被评对象的指标体系和评价分级标准指标体系分别代入优化好的式（2-44）或式（2-45），即可得到被评对象的综合评价指数和与评价标准对比的评价等级。

这类模型的特点是：建立起来的评价模型和评价结果非常精确，可信度较高；但是，其应用条件相应地要求较高，特别是寻找准确的方程模型关系；优化过程一般较复杂，但一旦优化好后，应用优化后的评价模型和公式进行评价则十分简便，而且多数公式的普适性较好，适用范围广。

（2）随机方程模型综合法　随机方程模型综合法是指根据被评对象的各个指标与评价结果之间存在的随机关系模型方程进行的模型综合法。

这类模型将数学理论和方法直接用于评价模型进行建模，应用数理统计分析方法进行的对于各个因子的整体贡献分析都属于随机方程模型综合法。

典型方法有主成分分析法、因子分析法、层次分析法、模糊综合评价法、马尔可夫状态转移分析法、时间序列分析法、可拓集合评价法、集对分析评价法、投影寻踪评价法、支持向量机评价法以及人工神经网络评价法等。

这类模型的特点是：根据各个模型自身的运算规则将数据代入便可得出评价结果，虽然可以直接将某种理论和方法用于可持续发展分析计算与评价，但不同对象的分析与评价模型只能分别独立进行，不能给出普适公式。

（3）模糊方程模型综合法　模糊方程模型综合法是指根据被评对象的各个指标与评价结果之间存在的模糊关系模型方程进行的模型综合法。

模糊方程模型综合法是建立新型模糊关系方程模型或将上述确定和随机两类方程模型中的参数模糊化的一种评价方法，由于使用的基础知识是模糊数学理论和灰色系统理论，因此，研究对象的数量特征和数量表现都应当为模糊关系。模糊方程模型综合法通常在主观指标分析、满意度分析等综合评价分析中使用较多，比如模糊综合评价方法、集对分析评价方法、灰色关联度评价方法等。

综上所述，模型综合法的显著特点如下：

1）需要使用比较复杂的数学方法来进行综合评价，要求使用者对于描述对象的各个方面的数量关系非常清楚，并且能够找到适宜的数学理论和方法。否则，模型综合法是没有意义的。

2）要求使用者在研究领域的专业知识非常丰富，并且能够用准确的数学方法或表达式将研究对象的各个指标的数量关系描述出来。有时还需要使用者懂得与专业知识相匹配的其他专业知识及其数量关系。

模型综合法的发展比较迅速，各种模型综合法都有其优点，同时也有缺点，选择合适的模型综合法非常重要，在应用时一定先要进行结果和过程的比较分析后才能准确采用。模型综合法要求使用者掌握较多的数学知识，比如经典数学、数理统计学、模糊数学、灰色系统理论、计量经济学、控制论等。当然，模型综合法的使用也使得人们对于事物整体认识的科学性、准确性、系统性大大提高。

2.4　可持续系统协调发展评价方法和模型

2.4.1　协调发展和协调度模型概述

1. 协调发展度和协调度

当前可持续科学存在强可持续发展和弱可持续发展两种观点。强可持续发展认为环境可持续发展必须作为保障，经济、环境和社会三者之间是互补的关系而并非相互替代。弱可持续发展则认为经济、社会、环境三个方面在可持续发展模型中是并列的，可以相互替代，只需要保持总资本量不变。"强"和"弱"可持续看似是两种对立的观点，事实上，强弱可持续不应对立，例如在评价地区可持续发展水平时，应从多尺度角度出发，只有在较小的尺度上把弱可持续和强可持续发展结合起来，才能在较大尺度上实现强可持续发展。要求小尺度研究对象以自然资本为底线去发展经济和社会是不现实的，也不利于大尺度强可持续发展的实现，而在小尺度上评价和监控可持续发展协调程度，无疑能够促进大尺度上的强可持续发展。

协调发展与可持续发展密不可分，协调发展既是实现可持续发展的前提也是重要手段。可持续发展观包含着相当多的协调发展思想，可持续发展实际上就是在强调人类社会系统与自然生态系统的协调以及它们之间协调地持续发展。但可持续发展并不等于协调发展，可持续发展是一个复杂的非线性系统，某个时期内的局部非协调发展可能并不妨碍系统在总体上实现可持续发展。

"发展"是指系统或系统组成要素本身从小到大、从简单到复杂、从低级到高级、从无序到有序的变化过程。"协调"是两种或两种以上系统或系统要素之间一种良性的相互关联，是系统之间或系统内要素之间配合得当、和谐一致、良性循环的关系。"发展"是系统本身的一种演化过程，而"协调"则是系统之间的一种良好的关联。所以，"协调发展"是"协调"与"发展"概念的交集，是系统或系统内要素之间在和谐一致、配合得当、良性循环的基础上，由低级到高级、由简单到复杂、由无序到有序的总体演化过程。在协调发展的运动过程中，发展是系统运动的指向行为，而协调则是对这种指向行为的有益约束和规定。总之，协调发展是一种强调整体性、综合性和内在性的发展聚合，它不是单个系统或要素的增长，而是多系统或要素在协调的约束和规定之下的综合发展。

"协调度"是度量多个子系统或要素之间协调状况好坏程度的定量指标，是一个时间概念，表现为某一状态的值。协调度对于约束系统或要素的发展行为，促进两者健康、协调发展具有十分重要的意义。然而，协调度却无法反映出系统的整体功能或发展水平。为此引入"协调发展度"的概念，它是度量系统协调发展水平高低的定量指标。协调发展度不仅可以反映系统中多个子系统之间发展的同步性，还可以反映系统整体的综合实力水平。

总而言之，协调是两种或两种以上子系统间配合得当、和谐一致、良性循环的关系，以达到减少系统运行的负效应、提高系统的整体输出功能和协同效应为目的。协调度是度量协调效应的测度，是指子系统间在发展过程中和谐一致的程度。而协调发展是协调与发展的集成，具有时空特性，协调发展度则是用以描述系统发展水平与协调效应的综合状态。

协调度是可持续发展最为重要的内涵之一，可持续发展问题至少还包括发展问题、持续问题等。一般来说，可持续发展能力主要表现为"发展度""持续度""协调度"三个方面。系统的可持续发展程度是系统远离不可持续发展状态的能力与系统接近目标状态能力的综合表现，因此，这里将"发展度""持续度"的综合表现称为"可持续发展水平"或"可持续发展指数"或"可持续性综合评价指标"或"可持续性综合评价值"等，简称"可持续性"。将"可持续发展水平"和"协调度"的综合表现称为"协调发展度"或"可持续协调发展综合水平"。因此，"协调发展度"综合反映了系统可持续发展能力的"发展度""持续度""协调度"三个方面，可持续系统协调发展评价是对系统协调发展水平的综合评价。

可持续系统协调发展评价的一般步骤为：

1）计算各子系统的可持续发展指数。

2）计算各子系统之间的协调度和综合协调度。

3）根据各子系统的可持续发展指数以及协调度，计算系统的综合发展指数和协调发展度，对整个可持续系统的协调发展综合水平进行分析。

协调度评价是一种相对成体系的度量方法，并与可持续发展的非线性系统特征有着比较好的兼容性。协调度对可持续发展状态度量后的信息做再加工，它归根结底还是一种综合评价的方法。计算协调度所需要的子系统信息要借助于前期可持续发展水平的度量结果。从可持续发展度量研究的流程上看，协调度评价处在相对"下游"的位置。在研究协调度的同时，往往会给出协调度的分级标准，通过比较可以得出系统协调程度的评价等级。

▶▶ 2. 可持续系统协调度模型概述

协调度模型是系统协调发展评价的核心。系统科学是以不同学科和不同领域的众多科学理论为基础而形成和发展的一种科学研究方法，是一个正在发展完善的学科群，其为可持续协调发展的研究提供了基本的理论基础。由于研究者们的研究领域、研究角度和出发点等都有很大的不同，基于系统科学的协调度模型的研究也必然呈现出多种多样的形式，常用的三类模型为距离型协调度模型、变化型协调度模型和综合型协调度模型。

（1）距离型协调度模型　距离型协调度模型的特点是运用系统间的特定距离来表示系统间的协调程度，是一种相对静态的协调度模型。常用的距离协度模型主要有欧式距离协调度模型、离差系数最小化协调度模型、系统耦合协调度模型、隶属函数协调度模型、基尼系数协调度模型和数据包络法协调度模型等。

各距离协调度模型测量的是系统间的距离，并以系统间距离的大小来判断这些系统是否协调。也就是说，距离协调度测量的是可持续发展中各子系统的运动轨迹的相似程度。各距离协调度模型中都隐含着各自的系统理想协调状态假定，该理想协调状态规定了当系统处于理想协调时，其系统及子系统具有的属性。理想协调状态是协调评价的基准，围绕系统理想状态，各模型相应地设定评价变量及其理想值，并选用和构建协调度模型，最终目的是使评价结果即协调度反映出系统实际状态与理想协调状态的距离。

构建的距离协调度模型应能够有效地、直接地反映出系统实际状态与理想协调状态之间的距离，为保证设定的理想协调状态的科学性和准确性，应从定性和定量两个方面综合对系统理想协调状态的确定方法进行研究。

(2) 变化型协调度模型　变化型协调度模型是一种动态评价模型，通过测量系统间的相对变化程度，并以各子系统动态变化的一致程度来评价系统的协调性。其基本思想是，采用定量化微分方程的形式表示各系统发展速度，比较各系统的发展速度与系统整体发展速度的一致性，当各子系统的发展速度与系统整体发展速度相等时，系统处于最佳协调发展状态。发展速度一致性协调度模型与灰色系统理论协调度模型均属于变化型协调度模型。

发展速度一致性协调度模型实质上是一种基于协同论的序参量指数型功效函数模型，它用不同时间点上可持续系统各子系统序参量衰变速度和整体序参量的衰变速度，也即各子系统发展速度和整体的发展速度的一致性来评价系统的协调性。其依据协同论，在某一时点当子系统序参量的衰变速度与可持续系统整体的衰变速度相等时，可持续系统则处于协调有序发展状态，若子系统独立运动的速度大于或小于系统整体由于关联而引起的协同衰变速度时，可持续系统则处于一种相对无序状态。这里的序参量是协同论的核心概念，是指在系统演化过程中影响着系统由一种状态转化为另一种状态的参量或要素。序参量不仅描述了系统演化的整个进程，而且决定着系统演化的结果。

灰色系统理论协调度模型将系统看作灰色系统，基于子系统内部及系统之间复杂的非线性关系，认为它们之间存在灰色关系，运用灰色系统理论中的灰色关联分析原理，根据系统中的序参量实际值和阈值之间的相关联程度或吻合程度，用灰色理论定量描述序参量的有序度。当宏观序参量实际值和阈值之间的关联度越大，则宏观序参量的有序度越高，则宏观序参量对系统的有序度即协调度的贡献越大。

变化型协调度模型结构严谨，比距离型模型更加全面，但模型的分析计算依赖于复杂的微分方程求解，难度较大，且当系统综合发展水平存在零的情况时，会出现变化速度无穷的情况。变化型协调度模型注重从瞬时的局部的角度着眼，把微小结构及瞬时变化作为问题来研究，且一般都采用微分方程的形式表示系统的相对变化速度。此外，变化型协调度模型引入了时间参数，是一种基于时间参数的动态评价模型，适用于不同时点系统的协调度比较，模型微分方程的形式使得此模型仅适用于时间序列样本，对于不同产品某一时间的协调度比较，将无法运用此模型计算。

（3）综合型协调度模型　综合型协调度模型是系统协调度评价研究中运用较早的一种模型，其基本思想是不单独研究系统内各组成要素和系统间的协调机制，而是将复杂系统的各组成部分或子系统视为一个整体，考察复杂系统整体的发展状态，从而确定其协调度。其测度方法更侧重系统的合成，研究系统整体在三个子系统形成的三维空间中所处的状态，并在此基础上，研究合力的可持续性。

显然，综合型协调度模型无法反映子系统间的发展规律及内在关系，但其结构简单，计算简便，适用范围广，不仅适用于综合发展水平存在负数或为零的情况，也适用于时间序列数据样本及截面数据样本的协调度评价。

2.4.2 可持续系统协调发展模型

本节简单论述若干种可持续系统协调度模型和协调发展评价方法，起到抛砖引玉的作用。

1. 基于系统空间的欧式距离协调发展度量方法

如果关注当前系统是否已经达到了可持续发展的目标状态，则可以在多维空间中用当前状态点与目标点的距离进行衡量，这一距离越小越好；如果关注系统是否已经远离或正在远离不可持续发展的危险状态，则可以在多维空间中用当前状态点与系统临界点的距离进行衡量，这一距离越大越好，如图 2-13 所示。

假设可持续发展系统包含 m 个指标，共有 n 种状态，则这 n 种不同的可持续发展状态可以用矩阵 M 表示。

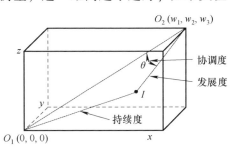

图 2-13　可持续发展加权空间及水平

$$M = \begin{pmatrix} x_{11} & x_{12} & \cdots & x_{1m} \\ x_{21} & x_{22} & \cdots & x_{2m} \\ \vdots & \vdots & & \vdots \\ x_{n1} & x_{n2} & \cdots & x_{nm} \end{pmatrix} \tag{2-47}$$

式中，x_{ij} 为系统 i 状态第 j 个指标的值。

当各指标经标准化和加权等处理后，矩阵 M 转化为 M'。

$$M' = \begin{pmatrix} y_{11} & y_{12} & \cdots & y_{1m} \\ y_{21} & y_{22} & \cdots & y_{2m} \\ \vdots & \vdots & & \vdots \\ y_{n1} & y_{n2} & \cdots & y_{nm} \end{pmatrix} \tag{2-48}$$

可持续发展系统各指标加权后，可持续发展单位多维空间转化为以各指标权重为各维单位长度的多维空间，如图 2-13 所示。此时，系统的临界点和目标点可以分别表示为 O_1 和 O_2，$O_1 = (0, 0, \cdots, 0)$，$O_2 = (w_1, w_2, \cdots, w_m)$，$w_1, w_2, \cdots, w_m$ 分别为指标 $j = 1, 2, \cdots, m$ 的权重。

系统任一状态点 i 分别与临界点 O_1 和目标点 O_2 的欧氏距离（见图 2-13）为

$$IO_1 = \sqrt{(y_{i1} - 0)^2 + (y_{i2} - 0)^2 + \cdots + (y_{im} - 0)^2} = \left(\sum_{j=1}^{m} (y_{ij})^2 \right)^{1/2}$$

$$IO_2 = \sqrt{(y_{i1} - w_1)^2 + (y_{i2} - w_2)^2 + \cdots + (y_{im} - w_m)^2} = \left(\sum_{j=1}^{m} (y_{ij} - w_j)^2 \right)^{1/2}$$

系统的可持续发展程度是系统远离不可持续发展状态的能力与系统接近目标状态能力的综合表现。于是，系统第 i 状态的可持续发展水平，即可持续性，可以表示为

$$SD_i = \frac{IO_1}{IO_1 + IO_2} \tag{2-49}$$

式中，$0 \leqslant SD_i \leqslant 1$。

从本质上说，系统远离不可持续发展状态的能力可以看作可持续发展系统的"持续度"，在可持续发展多维空间中表现为状态点 I 与临界点 O_1 的距离 IO_1；而系统接近理想状态或目标状态的能力可以看作可持续发展系统的"发展度"，在可持续发展多维空间中表现为状态点 I 与目标点 O_2 的距离 IO_2。

可持续发展能力主要表现为"发展度""持续度""协调度"三个方面。式（2-49）代表了系统可持续发展水平，即可持续性综合评价指标。但在式（2-49）中，并没有将"协调度"这一内涵体现出来。

在可持续发展多维空间中，O_1 点所在的状态是最不可持续发展状态，而 O_2 点所在的状态是最可持续发展状态。因此，O_1O_2 方向就是梯度，沿梯度方向是可持续发展上升速度最快的方向，O_1O_2 上各状态点的协调度最大，而越偏离该方向，系统协调度就越差。据此，系统协调度可以用 I 点和 O_2 的连线 IO_2 与 O_1O_2 连线的夹角的余弦 $\cos\theta$ 表示。

$$\cos\theta = \frac{O_1O_2^2 + IO_2^2 - IO_1^2}{2O_1O_2 \cdot IO_2}$$

当 I 落在 O_1O_2 上时，$\theta = 0$，$\cos\theta = 1$，系统协调度最大，随着 θ 增大，$\cos\theta$ 逐渐变小，系统协调度变差。

综合考虑系统的"发展度""持续度""协调度"，系统的可持续协调发展综合水平 SD_i 可以表示为

$$SD_i = \frac{IO_1}{IO_1 + IO_2}\cos\theta \qquad (2\text{-}50)$$

因为 $0 \leq SD_i \leq 1$，SD_i 越接近于 1，系统可持续协调发展综合水平就越高；SD_i 越接近于 0，系统可持续协调发展综合水平就越低。

图 2-13 的系统空间形象化地描述了"发展度""持续度""协调度"三大组成部分之间的关系。式（2-50）综合反映和量化了"发展度""持续度""协调度"，用来计算系统可持续协调发展的综合水平，能够较准确地度量和评价可持续系统的实际情况。

2. 离差系数最小化的协调度模型

离差系数表示随机变量对其均值的相对离散程度，用随机变量系列的标准差与其均值的比值表示。离差系数最小化协调度模型假定在一定的系统综合发展水平情况下，当各子系统的实际发展状态一致且接近系统综合发展水平时，系统处于理想协调状态。离差系数最小化协调度模型还运用离差系数最小化距离来推导协调度模型，以反映系统实际状态到理想协调状态的距离。

先以两个系统为例，设两个子系统 S_1、S_2 在时期 t 发展水平的评价函数分别为 x_1 和 x_2。S_1、S_2 的协调意味着 x_1 和 x_2 的离差系数 C_v 越小越好。于是

$$C_v = \frac{|x_1 - x_2|}{\frac{1}{2}(x_1 + x_2)}$$

变形得

$$C_v = 2\sqrt{1 - \frac{x_1 x_2}{[(x_1 + x_2)/2]^2}}$$

因为 $x_1 \geq 0$、$x_2 \geq 0$，所以 C_v 最小化的充分条件是

$$\frac{x_1 x_2}{[(x_1+x_2)/2]^2} \to \max$$

则协调度 C 定义为

$$C = \left[\frac{x_1 x_2}{[(x_1+x_2)/2]^2}\right]^k \tag{2-51}$$

式中，k 为调节系数（$k \geq 2$），且一般情况下取 $k=2$。

这里的协调度 C 就是一种距离协调度，$C \in [0,1]$，x_1 和 x_2 的值越接近，两系统的协调性越高，当 $x_1 = x_2$ 时，$C=1$，此时离差系数最小，$C_v = 0$。C 可以反映系统协调程度，但不能反映系统所处的发展水平，只要 $x_1 = x_2$，C 就为 1。

协调度的设计思路就是通过测度两个静态系统间的距离大小来计算系统间的相似性。如果连续测度不同时期 t 系统的协调度，再进行比较，就可得到系统动态协调信息。距离协调度的优点在于简洁明了，缺点是把系统的相似性看作协调发展。

设 m 为子系统数目，$i=1,2,\cdots,m$，i 为子系统下标；t 为子系统所处的不同时期；x_i 为子系统评价函数。在离差系数最小化协调度模型的推导过程中引入离差系数

$$C_v = \frac{s_t}{\frac{1}{m}\sum_{i=1}^{m} x_i}$$

式中，s_t 为 t 时期各子系统发展度 x_i 的标准差

$$s_t = \sqrt{\frac{1}{m-1}\sum_{i=1}^{m}\left(x_i - \frac{1}{m}\sum_{i=1}^{m} x_i\right)^2}$$

进一步推导有

$$C_v = \sqrt{m\left[1 - \frac{\frac{1}{C_m^2}\sum_{i \neq j}^{m} x_i x_j}{\left(\frac{\sum_{i=1}^{m} x_i}{m}\right)^2}\right]} = \sqrt{m(1 - \sqrt[k]{C})}$$

式中，k 为调节系数；C 为协调度。

$$C = \left[\frac{\frac{1}{C_m^2}\sum_{i \neq j}^{m} x_i x_j}{\left(\frac{\sum_{i=1}^{m} x_i}{m}\right)^2}\right]^k \tag{2-52}$$

式中，$C_m^2 = \dfrac{m(m-1)}{2}$。在该模型中，协调度 C 越大，则系统越协调。

由上述公式可知，该模型隐含着如下的系统理想协调状态假定：各子系统实际发展状态 x_i 是一致的，以 x_i 为评价变量，设定系统处于理想协调状态的理想值为系统综合发展水平值 $\dfrac{1}{m}\sum_{i=1}^{m} x_i$，利用离差系数公式来度量评价变量的实际值与理想值的距离 C_v，令其最小化推导协调度模型。若各子系统的实际发展状态 x_i 越接近其综合发展水平，则离差系数 C_v 越小，协调度 C 越大，系统越协调；反之，离差系数 C_v 越大，协调度 C 越小，系统越不协调。

例如，当 $m=3$ 时，协调度模型为

$$C = \left[\dfrac{(x_1x_2 + x_2x_3 + x_1x_3)/3}{[(x_1+x_2+x_3)/3]^2}\right]^k$$

$k \geq 3$，一般取 $k=6$。

当 $m=4$ 时，协调度模型为

$$C = \left[\dfrac{(x_1x_2 + x_1x_3 + x_1x_4 + x_2x_3 + x_2x_4 + x_3x_4)/6}{[(x_1+x_2+x_3+x_3)/4]^2}\right]^k$$

$k \geq 4$，一般取 $k=8$。

离差系数最小化协调度模型结构简单，算法较为容易，但仅适用于各子系统具有一致性且综合发展水平均为正数的情况。

由于协调度 C 只是从数量上反映各个子系统之间的协调关系，很难反映系统整体协调发展水平，引入协调发展度。

先计算 t 时期系统综合发展水平 T

$$T = \sum_{i=1}^{m} w_i x_i \tag{2-53}$$

式中，w_i 为 t 时期第 i 个子系统的权重，$\sum_{i=1}^{m} w_i = 1$。

则协调发展度为

$$D = \sqrt{CT} \tag{2-54}$$

依次计算被评价系统不同时期 t 的综合发展水平 T、协调度 C 和协调发展度 D，就可以得到系统可持续协调发展的轨迹并进行发展趋势分析了。

式（2-54）综合了协调度 C 和系统综合发展水平 T，具有较广的适用范围，可用于可持续协调发展状态的定量评价。上述系统综合发展水平公式（2-53）和协调发展度公式（2-54）也适用于后续其他距离型协调度模型。

上述调节系数 k 的取值范围为经验值且不宜过大，协调度 C 的值受 x_i 和 k 的影响，也可以说调节系数 k 影响 C 值的密集度和层次性。应根据式（2-52）方括号内（即不考虑 k 次幂）值的范围，考虑 k 的取值使得 C 值分布更合理，从而有层次地反映被比较或区分系统的协调度状态。针对不同评价系统，k 的取值、C 和 D 分级标准的划分以及限值的确定方法有待进一步研究。

3. 系统耦合协调度模型

耦合度用以描述多个系统之间相互影响的程度，反映系统由无序走向有序的趋势。耦合度的概念来源于物理学领域，后被广泛引入社会科学领域。通过耦合度能够对两个及两个以上系统的相互作用和影响进行评价，并在此基础上进一步形成"耦合协调"分析方法，用以评判各系统间的协调发展程度。

考虑目前学者们所使用的几类模型，以及将模型推广到多维系统的简洁性与实用性，本书认为适合使用的多个子系统的耦合协调度计算公式为

$$C = \left[\frac{\prod_{i=1}^{m} x_i}{\left(\frac{1}{m} \sum_{i=1}^{m} x_i \right)^m} \right]^{\frac{1}{m}} \tag{2-55}$$

式中，m 为子系统的数目，$m \geq 2$；x_i 为各子系统综合发展水平；协调度 $C \in [0,1]$。C 值越大，子系统间协调性越好；反之，子系统间协调性越差。当任一系统值为 0 时，协调度即为 0，但当所有系统值均为 0 时，协调度无意义。

例如，当 $m = 2$ 时

$$C = \left[\frac{x_1 x_2}{[(x_1 + x_2)/2]^2} \right]^{\frac{1}{2}} = \frac{2\sqrt{x_1 x_2}}{x_1 + x_2}$$

当 $m = 3$ 时

$$C = \left[\frac{x_1 x_2 x_3}{[(x_1 + x_2 + x_3)/3]^3} \right]^{\frac{1}{3}}$$

当 $m = 4$ 时

$$C = \left[\frac{x_1 x_2 x_3 x_4}{[(x_1 + x_2 + x_3 + x_4)/4]^4} \right]^{\frac{1}{4}}$$

耦合协调度 C 评价等级标准为：$C = 0$，系统之间关联不大且无序发展；$C \in (0, 0.3)$，两系统处于低水平耦合阶段；$C \in [0.3, 0.5)$，两系统处于拮抗期；$C \in [0.5, 0.8)$，两系统开始良性耦合；$C \in [0.8, 1)$，两系统处于高水平耦合阶段，相互促进；$C = 1$，系统达到良性耦合共振且趋向新的有序结构。

相应地，协调发展度 D 评价等级标准为：$D \in [0,0.4]$ 为低度协调发展；$D \in (0.4,0.5]$ 为中度协调发展；$D \in (0.5,0.8]$ 为高度协调发展；$D \in (0.8,1]$ 为极度协调发展。

系统耦合协调度模型的整体的幂指数 k 没有进行调节，计算的协调度结果可能存在密集度较高、层次性较差的问题，此时建议使用效益均衡理论的模型。笔者阅读文献发现这两种模型在名称和方法思路上几乎是等同的，可以说是同一方法在不同领域或不同研究阶段的计算公式。

系统耦合协调度模型还有其他形式，如

$$C = 2\left[\frac{\prod_{i=1}^{m} x_i}{\left(\prod_{i \neq j}^{m}(x_i + x_j)\right)^{\frac{2}{m-1}}}\right]^{\frac{1}{m}} \tag{2-56}$$

例如，当 $m=2$ 时

$$C = 2\left[\frac{x_1 x_2}{(x_1 + x_2)^2}\right]^{\frac{1}{2}} = \left[\frac{x_1 x_2}{[(x_1 + x_2)/2]^2}\right]^{\frac{1}{2}}$$

当 $m=3$ 时

$$C = 2\left[\frac{x_1 x_2 x_3}{(x_1 + x_2)(x_1 + x_3)(x_2 + x_3)}\right]^{\frac{1}{3}}$$

当 $m=4$ 时

$$C = 2\left[\frac{x_1 x_2 x_3 x_4}{[(x_1 + x_2)(x_1 + x_3)(x_1 + x_4)(x_2 + x_3)(x_2 + x_4)(x_3 + x_4)]^{\frac{2}{3}}}\right]^{\frac{1}{4}}$$

4. 效益均衡理论协调度模型

效益均衡理论协调度模型，也称为系统耦合协调度模型，由于公式形式不同且均有应用，因此在这里分别进行论述。该种距离协调度方法建立的理论基础是效益理论与平衡理论，笔者检索到的最早研究论文是 1992 年由张陆彪学者提出的。所谓效益理论，是指各个子系统必须同步发展，使综合效益最大。平衡理论是指各个子系统效益保持一种平衡状态，任何一种效益的增加不能以另一种效益的降低为代价。在这种平衡状态下，表现出的是一种复合效益。通常以子系统效益之和表示综合效益，以子系统效益之积表示复合效益。该方法的目标就是在综合效益最大的基础上，求得最大复合效益，具体模型为

$$C = \left[\frac{\prod_{i=1}^{m} x_i}{\left(\frac{1}{m} \sum_{i=1}^{m} x_i \right)^m} \right]^k \quad (2\text{-}57)$$

式中，C 为协调度，$0 \leq C \leq 1$；x_i 为第 i 个子系统的可持续发展水平；m 为子系统的个数；k 为调节系数，用于解决计算结果高度密集、层次性较差的问题。$C=1$ 为最佳协调状态；C 越接近于 1，说明协调度越高；C 越接近于 0，说明协调度越低。

例如，当 $m=2$ 时

$$C = \left\{ \frac{x_1 x_2}{[(x_1 + x_2)/2]^2} \right\}^k$$

当 $m=3$ 时

$$C = \left\{ \frac{x_1 x_2 x_3}{[(x_1 + x_2 + x_3)/3]^3} \right\}^k$$

当 $m=4$ 时

$$C = \left\{ \frac{x_1 x_2 x_3 x_4}{[(x_1 + x_2 + x_3 + x_4)/4]^4} \right\}^k$$

同样，上述调节系数 k 的取值范围为经验值，应合理选择 k 的取值，使得 C 值分布更合理，从而有层次地反映被评价或比较系统的协调状态。

这里简要分析 k 的取值对 C 值的影响。在图 2-14 中，横坐标表示式（2-57）

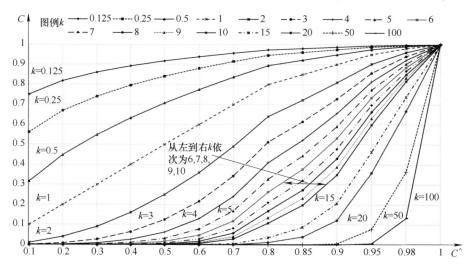

图 2-14　调节系数 k 的取值对协调度 C 值的影响分析

中协调度 C 方括号里的数值,记为 $\hat{C}$(即不考虑 k 次幂的数值),纵坐标表示协调度 C,图例表示 k 次幂的值。从图中可以大致看出:当 $\hat{C} \leqslant 0.6$ 时,选择 $k \leqslant 4$ 的值会获得较有层次的协调度值 C;当 $0.6 < \hat{C} \leqslant 0.9$ 时,选择 $k \geqslant 0.5$ 的值会获得较有层次的协调度值 C;当 $0.9 < \hat{C} \leqslant 1$ 时,选择 $k \geqslant 2$ 的值会获得较有层次的协调度值 C;随着 k 增大计算出的协调度值偏小,不太符合实际情况,因此 k 不宜取过大的值。

下面以两个维度的可持续系统为例,说明发展协调度的计算步骤。

(1)求解可持续发展指标 设 $f(x)$ 和 $g(y)$ 分别为两个子系统的环境可持续性指标函数,$f(x)$ 和 $g(y)$ 既可以是一个或一系列离散的数值,也可以是可持续性指标的数学表达式或模型。

例如,一种简单的可持续性指标公式如下:

$$f(x) = \sum_{i=1}^{n} a_i \bar{x}_i$$

$$g(y) = \sum_{i=1}^{p} b_i \bar{y}_i$$

式中,a_i、b_i 为待确定权重;n 和 p 分别为两个子系统的指标个数;$\bar{x}_i$ 为指标 x_i 的规范值;$\bar{y}_i$ 为指标 y_i 的规范值。$\bar{x}_i$ 和 $\bar{y}_i$ 可分别由下述公式计算:

$$\bar{x}_i = \begin{cases} \dfrac{x_i}{\lambda_{\max x_i}}, & x_i \text{ 为正向指标} \\ \dfrac{\lambda_{\max x_i}}{x_i}, & x_i \text{ 为逆向指标} \end{cases}$$

$$\bar{y}_i = \begin{cases} \dfrac{y_i}{\lambda_{\max y_i}}, & y_i \text{ 为正向指标} \\ \dfrac{\lambda_{\max y_i}}{y_i}, & y_i \text{ 为逆向指标} \end{cases}$$

式中,$\lambda_{\max}$、$\lambda_{\min}$ 为相应同属性指标的目标值或限值。

二维系统可持续性综合评价指数 T,可按如下公式计算:

$$T = \alpha f(x) + \beta g(y)$$

式中,α、β 为待定权重。

(2)求解协调度 协调度是度量系统发展协调好坏程度的定量指标,当子系统个数 $m = 2$ 时,观察上述距离协调度模型,可发现它们的计算公式是相同的

$$C = \left[\frac{4f(x)g(y)}{[f(x)+g(y)]^2}\right]^k \tag{2-58}$$

式中，C 为协调度；k 为调节系数，这里取 2。若 $f(x)$ 代表环境可持续性指标函数，$g(y)$ 代表经济可持续性指标函数：当 $f(x)>g(y)$ 时，为经济滞后型；当 $f(x)<g(y)$ 时，为环境滞后型；当 $f(x)=g(y)$ 时，为环境经济同步型。

（3）求解协调发展度　协调发展度是度量协调发展水平高低的定量指标，表达式为

$$D = \sqrt{CT} \tag{2-59}$$

式中，D 为协调发展度；C 为协调度；T 为可持续性综合评价指数。目前，一般将协调发展度划分为 10 个评价等级类型，见表 2-8。

表 2-8　协调发展度与协调发展类型分级标准

区间	协调发展度 D	协调发展类型
失调衰退类	[0, 0.10)	极度失调衰退型
	[0.10, 0.20)	严重失调衰退型
	[0.20, 0.30)	中度失调衰退型
过渡类	[0.30, 0.40)	轻度失调衰退型
	[0.40, 0.50)	濒临失调衰退型
	[0.50, 0.60)	勉强协调发展衰退型
协调发展类	[0.60, 0.70)	初级协调发展衰退型
	[0.70, 0.80)	中级协调发展衰退型
	[0.80, 0.90)	良好协调发展型
	[0.90, 1.00]	优质协调发展型

以第 3.1.4 节叶轮增减材制造的可持续性评价部分计算结果为例进行说明，数据和计算结果见表 2-9。

表 2-9　传统制造和增材制造协调发展度计算

项目	传统制造	增材制造
环境可持续性指标函数 $f(x)$	0.435	0.844
经济可持续性指标函数 $g(y)$	0.580	0.716
可持续性综合评价指数 T	0.508	0.780
协调度 C	0.960	0.987
协调发展度 D	0.698	0.877

表 2-9 中，由于经济和环境维度的权重 $\alpha=\beta=0.5$，计算得传统制造和增材制造可持续性综合评价指数 T 分别为 0.508 和 0.780，由式（2-58）和式（2-59）计算得传统制造协调度 C 和协调发展度 D 分别为 0.960 和 0.698；增材制造协调度 C 和协调发展度 D 分别为 0.987 和 0.877。根据表 2-8 和表 2-9 可知，传统制造经济和环境协调度较好且属于环境滞后的中级协调发展衰退型，增材制造经济和环境协调度较好且属于环境滞后的良好协调发展型。

5. 隶属函数协调度模型

隶属函数协调度模型是基于模糊数学中隶属函数计算协调度的一种模型。该模型假定当系统处于理想协调状态时，在一定的差异水平下，各子系统的实际发展状态与所要求的协调发展状态的偏差是一致的。根据此种理想协调状态的假定，引入实际状态与理想状态的偏差作为评价变量，利用模糊数学中隶属函数构建各子系统对其他子系统的相对协调度函数，进而计算系统协调度。协调度反映的仍是系统实际状态到系统理想协调状态的距离。

（1）基于拟合函数的协调值计算　对不同时期的系统 X 和系统 Y 分别进行可持续性综合评价后，采用回归分析法，对两个系统综合评价值进行回归拟合分析，并计算两系统之间的相互发展协调性。

系统 X 和系统 Y 不同时期 t 的可持续性综合评价值分别表示为 $X=\{x_t | t=1, 2, \cdots, k\}$ 和 $Y=\{y_t | t=1, 2, \cdots, k\}$，$k$ 表示考虑的不同时期 t 的个数。分别以 Y 作为因变量、X 作为自变量，以及以 X 作为因变量、Y 作为自变量，进行回归分析，得出二者之间的拟合方程。可以根据拟合程度，从多项式曲线、对数曲线、幂函数曲线、指数函数曲线等函数曲线中选择最佳拟合曲线。将系统 X 和系统 Y 各自的可持续性综合指标值代入相应的拟合方程，便可得到系统 X 和系统 Y 不同时期的拟合协调值 x' 和 y'。

（2）静态协调性的计算　隶属函数协调度模型利用隶属函数模型，构建各子系统对其他子系统的相对协调度模型，并在此基础上计算系统协调度。

1）各子系统对其他子系统的相对协调度模型。以两系统为例，系统 X 对系统 Y 协调发展的协调度 $u(i/j)$ 为

$$u(i/j) = \exp\left[-\frac{(x-x')^2}{s_x^2}\right] \tag{2-60}$$

式中，x 为系统 X 可持续性综合评价值，即实际值；x' 为系统 Y 对系统 X 拟合协调值，即为拟合函数的计算值；s_x^2 为系统 X 可持续综合评价值的方差。同理，

可以得到系统 Y 对系统 X 发展的协调度 $u(j/i)$ 为

$$u(j/i) = \exp\left[-\frac{(y-y')^2}{s_y^2}\right] \quad (2\text{-}61)$$

2) 系统协调度模型。通过对系统 X 和系统 Y 之间的静态协调度 $C_s(i,j)$ 来反映某一时期两系统的相互协调发展程度，计算公式为

$$C_s(i,j) = \frac{\min[u(i/j),u(j/i)]}{\max[u(i/j),u(j/i)]} \quad (2\text{-}62)$$

式中，$0 < C_s(i,j) \leq 1$ 为静态协调度，一般认为：$0 < U_s(i,j) < 0.5$ 为不协调，$0.5 \leq U_s(i,j) < 0.8$ 为基本不协调，$0.8 \leq U_s(i,j) < 0.9$ 为基本协调，$0.9 \leq U_s(i,j) \leq 1$ 为协调。

（3）动态协调性的计算　动态协调度 $C_d(t)$ 可反映两系统随时间的协调发展趋势，计算公式为

$$C_d = \frac{1}{T}\sum_{t=0}^{T-1} C_s(t-i) \quad (2\text{-}63)$$

式中，$0 < C_d \leq 1$ 为动态协调度；$C_s(t-i)$ 为系统在 $(t-T+1) \sim t$ 各个时刻的静态协调度。设任意两不同时刻 $t_2 > t_1$，若 $C_d(t_2) \geq C_d(t_1)$，则表明系统一直处于协调发展的轨迹上。

▶ 6. 发展速度一致性协调度模型

设可持续系统中各子系统 S_i 的可持续发展水平为 E_i，其中，$i=1,2,\cdots,n$ 为子系统的数目。在可持续系统的整体发展过程中，各个子系统相对于整体的重要程度或作用力可能随时间的推移不断变化，因此需要设定一个反映各子系统重要程度的权重系数，该权重系数也随时间不断变化，则 t 时刻可持续系统综合发展水平 E_t^* 为

$$E_t^* = \sum_{i=1}^{n} w_{it} E_{it} \quad (2\text{-}64)$$

式中，w_{it} 为 t 时刻第 i 个子系统的权重，$\sum_{i=1}^{n} w_{it} \sum = 1$。

设子系统 S_i 在 t 时刻可持续发展水平 E_i 的发展速度为

$$\frac{dE_{it}}{dt} = \frac{E_{it} - E_{i,t-1}}{E_{i,t-1}}$$

式中，E_{it} 和 $E_{i,t-1}$ 分别为子系统 S_i 在时刻 t 和时刻 $t-1$ 的可持续发展水平，则子系统 S_i 在 t 时刻的变化型协调度为

$$H_{it} = \begin{cases} \exp\left[\left(\dfrac{dE_{it}}{dt}\right) - \left(\dfrac{dE_t^*}{dt}\right)\right], & \left(\dfrac{dE_{it}}{dt}\right) < \left(\dfrac{dE_t^*}{dt}\right) \\ 1, & \left(\dfrac{dE_{it}}{dt}\right) = \left(\dfrac{dE_t^*}{dt}\right) \\ \exp\left[\left(\dfrac{dE_t^*}{dt}\right) - \left(\dfrac{dE_{it}}{dt}\right)\right], & \left(\dfrac{dE_{it}}{dt}\right) > \left(\dfrac{dE_t^*}{dt}\right) \end{cases} \quad (2\text{-}65)$$

式中，协调度 $H_{it} \in [0,1]$；$\dfrac{dE_t^*}{dt}$ 表示可持续系统整体的发展速度。

当 $\dfrac{dE_{it}}{dt} < \dfrac{dE_t^*}{dt}$ 时，说明子系统 S_i 在时刻 t 的发展速度小于系统整体的发展速度。

当 $\dfrac{dE_{it}}{dt} = \dfrac{dE_t^*}{dt}$ 时，系统处于最佳协调发展状态，协调度达到最大值，$H_{it}=1$。

当 $\dfrac{dE_{it}}{dt} > \dfrac{dE_t^*}{dt}$ 时，说明子系统 S_i 在时刻 t 的发展速度大于系统整体的发展速度。

根据系统协同论，可采用几何综合法，在时刻 t 可持续系统综合协调度定义为

$$C_t = \left[\prod_{i=1}^{n} H_{it}\right]^{\frac{1}{n}} \quad (2\text{-}66)$$

若考虑子系统权重系数且该权重系数也随时间不断变化，则可采用线性加权法将时刻 t 可持续系统综合协调度 C_t 定义为

$$C_t = \sum_{i=1}^{n} w_{it} H_{it} \quad (2\text{-}67)$$

式中，w_{it} 为 t 时刻第 i 个子系统的权重系数，$\sum_{i=1}^{n} w_{it} = 1$。

发展速度一致性协调度模型适用于各子系统发展速度与整体理想发展速度具有一致性，且综合发展水平不为零的情况。

7. 基于生长曲线的协调发展综合评价模型

S 形生长曲线模型，也称 Logistic 方程，常用于描述一般发展系统的演化过程。在有限的社会、经济、技术和资源下，在一个周期内可持续系统发展过程有个阈值，生长曲线的一般表现形式为

$$x = \frac{k}{1 + ae^{-bt}}$$

式中，b、k 为大于 0 的常数，分别表示发展指标的增长率和阈值；a 为积分常数，$a=(k-x_0)/x_0>0$；$x_0=x(0)$ 为初始值，且 $k>x_0>0$。

用 $x(t)$ 表示系统的发展过程，dx/dt 表示系统发展速度。可持续系统发展过程和发展速度可用图 2-15 来分析。通过求 dx/dt 的极值可以得到 x 的拐点，进一步求三阶导数可得到 dx/dt 的拐点，从而把 x 分为四个阶段：在起步期，系统发展速度缓慢；在成长期，系统处于迅速发展阶段，具有较高的发展速度；在成熟期，系统发展速度虽然逐渐下降，但仍然保持较高；在衰退期，系统发展速度逐渐下降，直到趋于 0，系统停止发展。

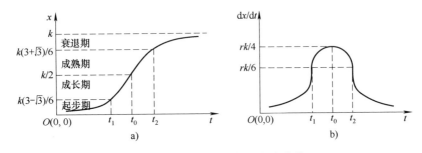

图 2-15 发展过程和发展速度曲线

a）可持续系统发展过程曲线　b）可持续系统发展速度曲线

在系统发展过程中，在成长期和成熟期可以认为系统是持续的，应尽量延长这些时期，衰退期不但不可以延长，而且应尽量避免。应通过对系统参数的分析和调控，使系统发展过程呈螺旋上升，即步入良性循环轨道，在图形上看，应使发展曲线呈现 S 形复合生长曲线形式，这一可持续发展的理想演化模式可用图 2-16 来描述，应用时可用递推分段函数来表示。要实现可持续理想发展模式，一方面要对系统进行不断的协调和控制，另一方面要研究系统和外界环境

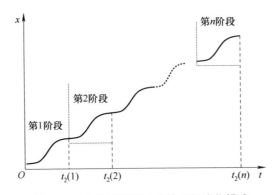

图 2-16 可持续发展系统的理想演化模式

之间的相互作用。关于如何实现对系统参数 b 和 k 的调控（软控制），可参阅相关文献。

以四个维度的可持续系统为例，说明基于生长曲线的协调发展指数的计算步骤：

（1）各维度单项指标的可持续发展指数公式　新型产品和技术的出现、经济社会的发展以及环境的破坏，一般来说都会经历缓慢、快速和趋于稳定（饱和）这样一个发展进程，其规律可以采用 S 形生长曲线指数公式来近似描述。在可持续性评价时，通常将评价综合指标阈值 k 设置为 1，因此，技术、经济、环境和社会的各维度单项指标的发展评价指数均可以采用以下公式表示：

$$PI_i = \frac{1}{1+ae^{-bx_i}} \tag{2-68}$$

式中，$0 \leq PI_i \leq 1 (i=1,2,\cdots,n)$，为某维度 j 单项指标 i 可持续发展评价指数；a 和 b 为待优化确定的参数；x_i 为指标 i 的值，一般为规范化值。

（2）各维度可持续发展评价指数计算　采用线性综合法，计算技术、经济、环境和社会各维度可持续发展评价指数

$$PI_j = \sum_{i=1}^{n} w_i \cdot PI_i \tag{2-69}$$

式中，$PI_j(j=1,2,3,4)$ 分别为技术、经济、环境和社会各维度发展评价指数；PI_i 为上述单项指标可持续发展评价指数；$i=1,2,\cdots,n$，n 为某维度 j 指标的个数；w_i 为单项指标的权重，可采用专家调查法、熵值法、层次分析法等方法确定。

（3）可持续协调发展指数公式　若研究目标为技术性能最佳、经济增长最大、环境影响最小、社会公正性最佳，即技术、经济和社会维度的发展指数值愈大，发展水平愈高；而环境维度则是发展指数值愈小愈好，此时用上述各维度发展指数值合成的可持续协调发展指数公式为

$$CPI = h_1 e^{-h_2 \frac{PI_3}{PI_1 PI_2 PI_4}} \tag{2-70}$$

式中，h_1 和 h_2 为待优化确定的参数；$PI_j(j=1,2,3,4)$ 分别为技术、经济、环境和社会的各维度的发展评价指数。

若已经对环境类指标进行了正向一致化处理，则需要将式（2-70）修正为

$$CPI = h_1 e^{-h_2 \frac{1}{PI_1 PI_2 PI_3 PI_4}} \tag{2-71}$$

2.5 产品和技术可持续性评价方法论及步骤

可持续性评价过程是一个定性与定量相结合、主观与客观相结合的复杂过程，既要求评价方法具有客观性、合理性、公平性、可操作性和科学性，又要求评价过程具有可再现性，以促进决策的进一步科学化。可持续性评价方法论是一种思想体系，其实质就是以一种系统的观点将综合评价过程流程化，将众多的评价方法以某种形式组织起来，以有效地完成整个综合评价过程并合理选择具体的评价方法。

综合评价不是一个简单的问题，包含了定性分析、定量计算以及综合集成，需要建立数学模型与求解，有时候还要用到计算机辅助评价过程。本节借鉴 ISO 的生命周期评价方法标准，给出了可持续性评价的一般思路和步骤，供读者借鉴和选择。

1. 评价目的及评价范围等的确定

综合评价需确定的主要内容包括被评对象、评价目的、功能单元、评价范围等。

（1）被评对象　被评对象通常是同类产品或技术（横向）或同一产品或技术在不同时期的表现（纵向），还应介绍评价产品或技术的特性、功能、型号等背景。

（2）评价目的　一般来说，可持续性评价的总体目标是选择经济技术最优且对人类健康和环境影响最小的产品、过程或服务，以指导新产品、新工艺或新活动的开发，实现资源需求和排放的净减少。当然还有更细化、更具体的目标，研究者可根据自己的评价目的进行论述，例如：

1) 对若干具有类似功能的产品和技术进行横向可持续性评价、比较和排序。

2) 量化和评价某种产品或技术一段时间以来的可持续状态，进行可持续性的纵向比较评价和趋势预测。

3) 建立某类产品或技术可持续性评价基准。

4) 对产品不同生产阶段的可持续性进行排序或分类，为决策者提供决策支持。

（3）功能单元　功能单元是评价系统中用来量化产品或技术性能的基准单位。功能单元是对系统功能的测量，必须是明确规定并且可测量的，单位可以是质量、体积或其他。在数据收集过程中所有指标数据都必须换算为功能单元。

例如：功能单元可以是"一台发动机（包含缸体、缸盖、曲轴等七大件，行驶里程 50 万 km）""一根曲轴""切削单位材料的体积或重量""增材过程中堆积单位材料的体积或重量"等。

（4）评价范围 根据评价目的不同及是否采用基于生命周期评价（LCA）方法，评价范围可分为以下两种：

1）对于采用基于 LCA 方法的：通常情况下，产品的生命周期追溯是无界的，对其进行 LCA 分析所需收集的单元过程数据非常多。事实证明，想要收集产品整个生命周期完整的清单数据几乎是不可能实现的。因此，可参照 LCA 系统边界定义方法，明确定义评价系统边界，将影响评价结果的所有生命周期阶段包括在系统边界内，以确保评价结果正确和有意义。

2）对于不采用 LCA 方法的：产品或技术的可持续性评价范围，根据评价目的，可能考虑产品或技术全生命周期过程或仅考虑其生命周期一个或若干个过程，从经济、环境以及社会等多维的角度构建相关评价指标后，不需要收集完整的生命周期数据，但也应给出产品或技术评价指标考虑的系统范围。

2. 评价指标体系

根据评价的目的，确定评价的维度，选择各维度的一级指标或二级指标，构建评价指标体系，涉及评价指标的初选和筛选、指标结构优化、指标的表现形式、评价指标选取的必要性等内容。

3. 数据收集及处理

数据收集及处理包括数据的来源、评价指标数据的收集和处理方法，评价指标的量化方法，定性指标的模糊化方法，数据的规范化方法等内容，另外还需进行必要的指标准确性和一致性检查。

4. 可持续性评价模型和方法

可持续性评价模型和方法包括选择评价方法，确定评价基准、参照物、评价等级标准和阈值等，建立评价函数和模型，以及确定各级指标的权重、求解模型参数、计算可持续性综合评价指标或协调发展指数并校验、对被评对象进行排序或分类等内容。

5. 评价结果与分析

根据可持续性评价结果，进行被评对象可持续性的分析、排序、比较和解释，提出改进的建议。根据评价结果的有效性，有时需要对以上有关步骤进行相应的调整、修正和多次迭代。可采用不确定性和敏感性分析对评价结果进行分析。

一般来说，可持续性评价需要包括上述步骤和内容，读者可根据评价方法和论述的方式调整上述步骤和内容所在的位置。

2.6 小结

本章是本书的总体框架和理论基础。首先，笔者论述了可持续性评价指标体系的概念和选取原则，针对产品和技术分别建立了参考的评价指标体系，特别地列举了生命周期可持续性评价的基本框架和指标体系。其次，笔者阐述了综合评价理论和数学方法，分析和探讨了综合评价方法中的数学思想、可持续性评价系统临界空间及分级标准，列举了评价指标的规范化处理方法和多指标综合常用的数学方法。再次，笔者在整理材料时发现协调度模型公式在引用方面误区和书写错误较多，因此增加了可持续系统协调发展评价模型和方法，该部分实例不多，起到抛砖引玉的作用。最后，笔者借鉴生命周期评价方法，给出了产品和技术可持续性评价的一般步骤和内容，供读者参考。

参 考 文 献

[1] 厉红梅，李适宇，罗琳，等. 可持续发展多目标综合评价方法的研究[J]. 中国环境科学，2004，24（3）：367-371.

[2] 宋玉斌，汤海燕，倪才英，等. 南昌市生态环境与经济协调发展度分析评价[J]. 环境与可持续发展，2007（1）：40-42.

[3] 李祚泳，甘刚，沈仕伦. 社会经济与环境协调发展的评价指标体系及评价模型[J]. 成都信息工程学院学报，2001，16（3）：174-178.

[4] UNDESA. Indicators of sustainable development: guidelines and methodologies [R/OL]. 3rd ed. [2022-01-05]. http://www.un.org/esa/sustdev/natlinfo/indicators/methodology_sheets.pdf.

[5] The Research Program on Sustainability and Management at the Earth Institute. China Sustainable Development Indicator System (CSDIS) [R]. [S.l.]: Columbia University & The China Center for International Economic Exchanges (CCIEE), 2017.

[6] 张杰，刘清芝，石隽隽，等. 国际典型可持续发展指标体系分析与借鉴[J]. 中国环境管理，2020，12（4）：89-95.

[7] 李祚泳，汪嘉杨，熊建秋，等. 可持续发展评价模型与应用[M]. 北京：科学出版社，2007.

[8] VALDIVIA S, UGAYA C M L, SONNEMANN G. Towards a life cycle sustainability assessment, making informed choices on products [R]. Paris: UNEP/SETAC Life Cycle

Initiative, 2011.

[9] KLÖPFFER W. Life cycle sustainability assessment of products [J]. International Journal of Life Cycle Assessment, 2008, 13 (2): 89-95.

[10] FINKBEINER M, SCHAU E, LEHMANN A, et al. Towards life cycle sustainability assessment [J]. Sustainability, 2010, 2 (10): 3309-3322.

[11] SHI J L, LI T, LIU Z C. A three-dimensional method for evaluating the remanufacturability of used engines [J]. International Journal of Sustainable Manufacturing, 2015, 3 (4): 363-388.

[12] Environmental Protection Agency. Life cycle assessment: principles and practice [R]. Cincinnati, Ohio: National Risk Management Research Laboratory, 2006.

[13] International Standards Organization. Environmental Management-Life Cycle Assessment-Principles and framework: ISO 14040: 2006 [S]. Geneva: Switzerland: ISO, 2006.

[14] 全国绿色制造技术标准化技术委员会. 绿色制造 机械产品生命周期评价 总则: GB/T 26119—2010 [S]. 北京: 中国标准出版社, 2011.

[15] 陈莎, 刘尊文. 生命周期评价与Ⅲ型环境标志认证 [M]. 北京: 中国质检出版社, 2014.

[16] JERON B G. Handbook on life cycle assessment: operational guide to the ISO standard [M]. New York: Kluwer academic publishers, 2004.

[17] DHILLON B S. life cycle costing-techniques, models, and applications [M]. New York: Gordon and Breach Science Publishers, 1989.

[18] SWARR T, HUNKELER D, KLÖPFFER W, et al. Environmental life cycle costing: a code of practice [R]. Pensacola: SETAC, 2011.

[19] NORRIS G A. Integrating economic analysis into LCA [J]. Environmental Quality Management, 2000, 10 (3): 59-64.

[20] REBITZER G, NAKAMURA S. Environmental Life Cycle Costing [M]. Boca Raton: CRC Press, 2008: 35-57.

[21] ASIEDU Y, GU P. Product life cycle cost analysis: state of the art review [J]. International Journal of Production Research, 1998, 36 (4): 883-908.

[22] GLUCHA P, BAUMANN H. The life cycle costing (LCC) approach: a conceptual discussion of its usefulness for environmental decision-making [J]. Building and Environment, 2004, 39 (39): 571-580.

[23] DREYER L, HAUSCHILD M, SCHIERBECK J. A framework for social life cycle impact assessment [J]. International Journal of Life Cycle Assessment, 2006, 11 (2): 88-97.

[24] ANDREWS E S, BARTHEL L P, BENOITC C. Guidelines for social life cycle assessment of products [M]. Paris: UNEP/SETAC Life Cycle Initiative, 2009.

[25] MUTHU S S. Social life cycle assessment: an insight [M]. Singapore: Springer

Imprint, 2015.

[26] NEMARUMANE T M, MBOHWA C. Social life cycle assessment [M]. Singapore: Springer Imprint, 2015.

[27] 郭英玲. 绿色制造技术的分析及评价方法研究 [D]. 北京: 机械科学研究总院, 2009.

[28] 周珊珊. 基于生命周期视角的再制造时间点选择模型: 以重卡发动机为例 [D]. 大连: 大连理工大学, 2014.

[29] 冷如波. 产品生命周期3E+S评价与决策分析方法研究 [D]. 上海: 上海交通大学, 2007.

[30] CIROTH A, FINKBEIER M, HILDENBRAND J, et al. Towards a live cycle sustainability assessment: making informed choices on products [R]. [S.l.]: United Nations Environment Programme, 2011.

[31] CATHERINE B N, MARZIA T, SABRINA N, et al. Guidelines for social life cycle assessment of products and organizations 2020 [R]. [S.l.]: United Nations Environment Programme, 2020.

[32] 徐玖平, 吴巍. 多属性决策的理论与方法 [M]. 北京: 清华大学出版社, 2006.

[33] 杨忠林, 马辉, 温永民. 绿色设计及制造技术综述 [J]. 通用机械, 2008 (1): 47-51.

[34] 苏庆华. 面向机电产品设计的产品绿色度评价系统的研究与实现 [D]. 杭州: 浙江大学, 2003.

[35] 苏为华. 综合评价学 [M]. 北京: 中国市场出版社, 2005.

[36] 赵冬梅. 中小制造企业信用评级研究 [D]. 天津: 天津大学, 2014.

[37] 常乐冉. 区域水资源脆弱性评价方法研究 [D]. 济南: 山东大学, 2020.

[38] 陈晓波, 王继志, 叶燕萍, 等. 蒙古栎苗木分级标准的研究 [J]. 北华大学学报 (自然科学版), 2002, 3 (3): 251-254.

[39] 李祚泳, 丁晶, 彭荔红. 环境质量评价原理与方法 [M]. 北京: 化学工业出版社, 2004.

[40] 周楠. 中国制造业与服务业协调发展研究 [D]. 济南: 中南财经政法大学, 2016.

[41] 邱东. 多指标综合评价方法的系统分析 [M]. 北京: 中国统计出版社, 1991.

[42] 宋旭光. 可持续发展测度方法的系统分析 [M]. 大连: 东北财经大学出版社, 2003.

[43] 曾振香, 顾培亮. 可持续发展的系统分析与评价 [M]. 北京: 科学出版社, 2000.

[44] 丁桑岚. 环境评价概论 [M]. 北京: 化学工业出版社, 2001.

[45] 蔡建安, 张文艺. 环境质量评价与系统分析 [M]. 合肥: 合肥工业大学出版社, 2003.

[46] 张小丽. 改进野草算法及用于环境质量综合评价模型优化 [D]. 成都: 成都信息工程大学, 2015.

[47] 丁阳. 生态-经济-社会协调发展模型研究 [D]. 武汉: 武汉理工大学, 2015.

[48] 黄海峰. 珠三角地区环境与经济协调发展研究及GIS技术应用 [D]. 北京: 中国科学院研究生院, 2006.

[49] 王淑佳, 孔伟, 任亮, 等. 国内耦合协调度模型的误区及修正 [J]. 自然资源学报,

2021, 36 (3): 793-810.

[50] 汤铃, 李建平, 余乐安, 等. 基于距离协调度模型的系统协调发展定量评价方法 [J]. 系统工程理论与实践, 2010, 30 (4): 594-602.

[51] 陈威. 基于欧氏距离协调度模型的黑龙江省区域人口与经济协调发展研究 [D]. 哈尔滨: 东北林业大学, 2014.

[52] 廖琴. 基于欧氏距离协调度模型的我国35座大中城市商业地产与城市经济发展研究 [D]. 重庆: 重庆大学, 2017.

[53] 赵小平, 薛惠锋, 宋立强. 能源和环境与区域经济协调发展研究 [J]. 科学管理研究, 2014, 40 (1): 57-60.

[54] 钱利英. 3E系统协调度评价模型比较及其应用研究 [D]. 长沙: 湖南大学, 2013.

[55] 姜磊, 柏玲, 吴玉鸣. 中国省域经济、资源与环境协调分析: 兼论三系统耦合公式及其扩展形式 [J]. 自然资源学报, 2017, 32 (5): 788-799.

[56] 丛晓男. 耦合度模型的形式、性质及在地理学中的若干误用 [J]. 经济地理, 2019, 39 (4): 18-25.

[57] 张陆彪, 刘书楷. 生态经济效益协调发展的表征判断 [J]. 生态经济, 1992 (1): 17-20.

[58] 刘春林. 耦合度计算的常见错误分析 [J]. 淮阴师范学院学报（自然科学版）, 2017, 16 (1): 18-22.

第 3 章

基本的可持续性评价方法

3.1 基于层次分析法的可持续性评价方法

3.1.1 层次分析法概述

层次分析法（Analytic Hierarchy Process，AHP），是一种强有力的系统分析和运筹学方法，对多因素、多标准、多方案的综合评价及趋势预测相当有效。层次分析法面对由"方案层+因素层+目标层"构成的递阶层次结构决策分析问题，给出了一整套处理方法与过程。层次分析法最大的优点是可以处理定性和定量相结合的问题，可以将决策者的主观判断与政策经验引入模型，并加以量化处理。层次分析法从本质上讲是一种科学的思维方式。层次分析法的优点如下：

1）系统性强。层次分析法把研究对象作为一个系统，按照分解、比较判断、综合的思维方式进行决策。系统的思想在于不割断各个因素对结果的影响，层次分析法中每一层的权重设置最后都会直接或间接影响到结果，而且在每个层次中的每个因素对结果的影响程度都是量化的，非常清晰、明确。这种方法尤其可用于对无结构特性的系统评价以及多目标、多准则、多时期等的系统评价。

2）简洁实用。层次分析法既不单纯追求高深数学，又不片面地注重行为、逻辑、推理，而是把定性方法与定量方法有机地结合起来，使复杂的系统分解，不仅能将人们的思维过程数学化、系统化，便于人们接受，而且能把多目标、多准则又难以全部量化处理的决策问题化为多层次、单目标问题，计算简便，所得结果简单明确，容易被决策者了解和掌握。

3）所需定量数据信息较少。层次分析法主要是从评价者对评价问题的本质、要素的理解出发，比一般的定量方法更讲求定性的分析和判断。层次分析法把判断各要素的相对重要性的步骤留给了人，只保留人对要素的印象，化为简单的权重进行计算。这种思想能处理许多用传统的最优化技术无法着手的实际问题。

相比而言，层次分析法的缺点如下：

1）只能在给定的策略中去选择最优的，而不能给出新的策略。

2）所用的指标体系需要有专家系统的支持，如果给出的指标不合理则得到的结果也就不准确。

3）进行多层比较的时候需要给出一致性比较，如果不满足一致性指标要求，就失去了作用。

4）需要计算矩阵的特征值，一般是用求平均值（可以算术、几何、协调平均）的方法来求特征值，对于一些病态矩阵有系统误差。

3.1.2 基于层次分析法的可持续性评价模型

层次分析法将定性的方法与定量的方法相结合，将复杂问题分解为若干层次和若干因素，在各个因素之间进行两两比较，最终得到解决问题的不同方案的权重，为最佳的方案选择提供理论依据。此方法能将非定量问题的定性分析转为定性和定量相结合，将复杂问题数学化、简单化，是使用最多的系统评价方法。层次分析法的计算步骤如下：

第一步：构建递阶层次结构模型。

根据所研究问题的评价目标，尽量覆盖评价目标所涉及的各方面，设计出不同维度的评价指标。评价指标分为一级指标、二级指标、三级指标等。然后按照指标的不同级别构建一个递阶层次的结构模型，此结构模型属于金字塔模式，从上到下依次分为目标层、准则层和指标层，如图3-1所示。

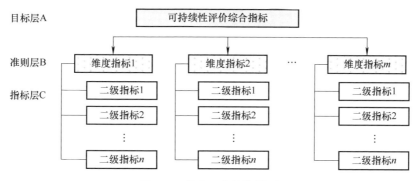

图 3-1 递阶层次结构模型

第二步：构造两两比较判断矩阵。

根据已经建立的层次结构模型，从第二层开始，针对上一层某指标，分别对下一层次的指标进行两两比较，确定其相对重要性的标度，用数值表示，形成判断矩阵。例如，常用的一种"1~9标度法"见表3-1，它列出了9个重要性等级及其标度。矩阵满足：$B_{ij}>0$；$B_{ii}=1$；$B_{ij}=1/B_{ji}(i,j=1,2,3,\cdots,n)$。假定准则$A_m$与下一层次中的指标或属性$B_1$，$B_2$，$\cdots$，$B_n$有关，那么构造的判断矩阵见表3-2，其中，$B_{ij}$的含义是对$A_m$来说的，$B_i$相对于$B_j$的重要性。分别构造出不同层次的比较判断矩阵。

表 3-1 判断矩阵标度及其含义

重要性等级	B_{ij} 标度数值
同样重要	1
略微重要	3
明显重要	5
强烈重要	7
绝对重要	9
稍不重要	1/3
明显不重要	1/5
强烈不重要	1/7
极端不重要	1/9

注：$B_{ij}=\{2,4,6,8,1/2,1/4,1/6,1/8\}$ 表示重要性等级介于 $B_{ij}=\{1,3,5,7,9,1/3,1/5,1/7,1/9\}$ 相应值之间时的数值。

表 3-2 判断矩阵模型

A_m	B_1	B_2	⋯	B_n
B_1	B_{11}	B_{12}	⋯	B_{1n}
B_2	B_{21}	B_{22}	⋯	B_{2n}
⋮	⋮	⋮	⋮	⋮
B_n	B_{n1}	B_{n2}	⋯	B_{nn}

第三步：计算判断矩阵的权重向量。

计算判断矩阵相对权重的方法有算数平均法、几何平均法和特征值法等，得出各个元素所占权重后，对其归一化处理。这里采用几何平均法进行计算，具体计算步骤为：

1) 计算判断矩阵 $\boldsymbol{B}$ 的每一行元素之积，得到新的向量 $\boldsymbol{M}_i = \prod_{j=1}^{n} b_{ij}(i=1,2,\cdots,n)$。

2) 对 $\boldsymbol{M}_i$ 的每个元素开 n 次方，得向量 $\overline{w}$，其中，$\overline{w}_i = \sqrt[n]{\boldsymbol{M}_i}(i=1,2,\cdots,n)$。

3) 利用公式 $w_i = \dfrac{\overline{w}_i}{\sum_{i=1}^{n}\overline{w}_i}(i=1,2,\cdots,n)$ 对向量 $\overline{w}$ 进行归一化处理，得到权重向量 $\boldsymbol{w}=[w_1,w_2,\cdots,w_n]^{\mathrm{T}}$，T 表示转置。

4) 利用公式 $\lambda_{\max} = \dfrac{1}{n}\sum_{i=1}^{n}\dfrac{(\boldsymbol{Bw})_i}{w_i}$，计算 $\boldsymbol{B}$ 的最大特征值。

第四步：一致性检验。

1）计算一致性指标 CI。

$$CI = \frac{\lambda_{\max} - n}{n-1}$$

CI 的值越大，矩阵的一致性越差。

2）查找相应的随机一致性指标均值 RI。不同阶数的矩阵，判断其一致性的指标 RI 标准值不同。平均随机一致性指标 RI 标准值见表 3-3。

表 3-3 平均随机一致性指标 RI 标准值

矩阵阶数	1	2	3	4	5	6	7	8	9	10	11	12	…
RI	0	0	0.52	0.89	1.12	1.25	1.35	1.42	1.46	1.49	1.52	1.54	…

3）计算一致性比率 CR。为了判断矩阵是否有令人满意的一致性，取 CI 对 RI 之比，称为一致性比率 CR＝CI/RI，作为一致性检验判别式：

当 CR＝0 时，说明判断矩阵的一致性很好。

当 CR<0.1 时，说明判断矩阵的一致性较好。

当 CR≥0.1 时，说明判断矩阵的一致性不好，需要对矩阵的各项取值进行调整，直到使其满足 CR<0.1 为止。只有对问题中的所有判断矩阵的一致性检查都合格后，得到的结论才是合格和有效的。

3.1.3 基于模糊层次分析法的评价指标权重确定方法

1. 模糊层次分析法简介

层次分析法把人们依靠主观经验来判断的定性问题定量化，使赋权过程具有较强的客观性和科学性。这种方法将与决策有关的元素分解成目标、准则和方案等层次，并在此基础之上进行决策，为量化评价指标与选择最优方案提供了依据，并得到了广泛的应用。然而，虽然层次分析法较好地考虑和集成了指标权重确定过程中的各种定性与定量信息，但是在实施过程中受专家主观上的不确定性及认识上的模糊性的影响较大，Laarhoven 在 1983 年将 Satty 的层次分析法与模糊理论（Fuzzy Theory）相结合，提出模糊层次分析方法（Fuzzy Analytic Hierarchy Process，FAHP），FAHP 改进了传统层次分析法存在的问题。本书在 Laarhoven 的 FAHP 的基础上进行改进，将 Xiao 提出的三角模糊数的计算法则应用于 FAHP 中，用来确定可持续性评价指标的权重，以减少主观性和不确定性的影响，提高决策的可靠性。

▶▶ 2. 基于模糊层次分析法的指标权重计算

FAHP 确定指标权重的步骤如下：

第一步：建立层次矩阵。一般来说，层次分析法中层次矩阵包括目标层、准则层和指标层三部分，目标层位于最顶层，准则层位于中间，指标层位于最底层，因此，首先建立可持续性评价的目标层、准则层和指标层。

第二步：建立模糊判断矩阵。建立模糊判断矩阵 $\tilde{C}$，$\tilde{C}$ 是两两比较矩阵，表达式如式（3-1）和式（3-2）所示，其模糊数、模糊语言集及从属函数的含义见表 3-4。

$$\tilde{C} = \begin{pmatrix} \tilde{1} & \tilde{c}_{12} & \cdots & \tilde{c}_{1n} \\ \tilde{c}_{21} & \tilde{1} & \cdots & \tilde{c}_{2n} \\ \vdots & \vdots & & \vdots \\ \tilde{c}_{n1} & \tilde{c}_{n2} & \cdots & \tilde{1} \end{pmatrix} = \begin{pmatrix} \tilde{1} & \tilde{c}_{12} & \cdots & \tilde{c}_{1n} \\ \tilde{c}_{12}^{-1} & \tilde{1} & \cdots & \tilde{c}_{2n} \\ \vdots & \vdots & & \vdots \\ \tilde{c}_{1n}^{-1} & \tilde{c}_{2n}^{-1} & \cdots & \tilde{1} \end{pmatrix} \quad (3\text{-}1)$$

$$\tilde{c}_{ij} = \begin{cases} \tilde{1} \quad \tilde{3} \quad \tilde{5} \quad \tilde{7} \quad \tilde{9} & , i \text{ 比 } j \text{ 重要，且重要程度依次增大} \\ \tilde{1} & , i \text{ 与 } j \text{ 同等重要} \\ \tilde{1}^{-1} \quad \tilde{3}^{-1} \quad \tilde{5}^{-1} \quad \tilde{7}^{-1} \quad \tilde{9}^{-1} & , \tilde{c}_j \text{ 与 } \tilde{c}_i \text{ 之比}, \tilde{c}_{ji} = \tilde{c}_{ij}^{-1} \end{cases} \quad (3\text{-}2)$$

表 3-4 模糊数、模糊语言集及从属函数的含义

模 糊 数	语言含义	从属三角模糊数
$\tilde{1}$	同样重要	(1,1,3)
$\tilde{3}$	稍微重要	(1,3,5)
$\tilde{5}$	比较重要	(3,5,7)
$\tilde{7}$	非常重要	(5,7,9)
$\tilde{9}$	绝对重要	(7,9,9)

第三步：计算三角模糊数权重。根据 Buckley 提出的方法，计算三角模糊数的权重，计算方法为

$$\tilde{r}_i = [\tilde{c}_{i1} \otimes \tilde{c}_{i2} \otimes \cdots \otimes \tilde{c}_{in}]^{\frac{1}{n}} \quad (i = 1, 2, \cdots, n) \quad (3\text{-}3)$$

$$\tilde{w}_i = \frac{\tilde{r}_i}{\tilde{r}_1 \oplus \tilde{r}_2 \oplus \cdots \oplus \tilde{r}_n} \quad (3\text{-}4)$$

式中，$\tilde{c}_{ij}$ 是指标 i 相对于指标 j 比较的模糊数；$\tilde{r}_i$ 是第 i 指标模糊比较的几何平均数；$\tilde{w}_i$ 是第 i 指标的模糊权重值。

三角模糊数 A 的计算法则如式（3-5）~式（3-8），式中，$u_i \geq m_i \geq l_i > 0$。

模糊数相加

$$\tilde{A}_1 \oplus \tilde{A}_2 = (l_1, m_1, u_1) \oplus (l_2, m_2, u_2) = (l_1 + l_2, m_1 + m_2, u_1 + u_2) \quad (3\text{-}5)$$

模糊数相乘

$$\tilde{A}_1 \otimes \tilde{A}_2 = (l_1, m_1, u_1) \otimes (l_2, m_2, u_2) \cong (l_1 l_2, m_1 m_2, u_1 u_2) \quad (3\text{-}6)$$

模糊数相除

$$\tilde{A}_1 \Phi \tilde{A}_2 = (l_1, m_1, u_1) \Phi (l_2, m_2, u_2) \cong \left(\frac{l_1}{u_2}, \frac{m_1}{m_2}, \frac{u_1}{l_2} \right) \quad (3\text{-}7)$$

模糊数的倒数

$$(\tilde{A})^{-1} = (l, m, u)^{-1} \cong \left(\frac{1}{u}, \frac{1}{m}, \frac{1}{l} \right) \quad (3\text{-}8)$$

第四步：计算每个指标的标准化权重的清晰数。对于每个指标来说，三角模糊数权重 $\tilde{w}_i$ 都应转化为权重的清晰数 w'_i，清晰数的计算方法为

$$w'_i = \frac{1}{2(1+N)}l + \frac{N + 2MN + M}{2(1+M)(1+N)}m + \frac{1}{2(1+M)}u \quad (3\text{-}9)$$

式中，w'_i 是 x_i 的清晰数；l、m 和 u 是其三角模糊数，且 l 是三角数中的最小值，m 是三角数的中间值，u 是三角数中的最大值；M 和 N 由 l、m 和 u 的离散程度决定，M 表示 m 是 u 的 M 倍，N 表示 m 是 l 的 N 倍。

最后，对每个权重的清晰数进行权重的标准化

$$w_i = \frac{w'_i}{\sum_{i=1}^{n} w'_i} \quad (3\text{-}10)$$

在本书第 6 章中，运用该改进的 FAHP 对废旧发动机的再制造可持续性权重的确定进行了实例计算。

3.1.4 基于层次分析法的叶轮增减材制造可持续性评价实例分析

1. 研究对象及意义

叶轮作为典型大扭矩薄体难加工部件，它的设计水平和制造质量是影响整

个装备运行性能的决定性因素。目前主流的叶轮生产仍然是传统减法制造方法（Conventional Manufacturing，CM），常见的叶轮制造方法为整体铣制、分体车削/铣削再焊接等传统减材制造方法，叶轮的传统减材制造方法往往存在加工难度大、材料去除率高、加工周期长等问题，而且在叶片的扭转角度过大、流道过窄的情况下，极易发生干涉，制造过程面临很大的难度和挑战，甚至无法加工，许多研究者对此进行了研究。

激光熔覆技术作为一种新型的增材制造技术（Additive Manufacturing，AM），可将复杂的三维空间结构简化为二维平面问题，可实现各种高性能、复杂零件的快速、无模具、高致密近净成形，能够缩短加工周期、提高材料利用率，因此，目前采用增材制造技术进行叶轮的研制和修复，有着巨大优势及良好的发展前景，是该领域研究的热点。正如美国材料与试验协会（American Society for Testing and Materials，ASTM）所定义的那样，"增材制造是基于三维模型数据接合材料的过程，通常是一层一层将对象制造出来的，而不是减法制造方法"。与减法制造方法不同，增材制造不需要传统的切削工具、夹具和多种加工工艺，并且能够高效地制造复杂形状的部件，这一特性使增材制造能够极大地突破制造限制，显著地提高设计自由度，并且在提高材料效率和减少环境影响方面具有显著的潜力。但增材制造技术存在高成本、成形材料质量及其工艺技术局限性等问题，因此，这里以叶轮为研究对象，探讨传统减材制造与增材制造可持续性问题，可为叶轮设计和工艺制定过程中增减材制造模式的选择提供指导，为提高制造业可持续性提供科学依据。

研究对象为采用钛合金材料制造的叶轮，其三维模型如图3-2所示。钛合金叶轮具有强度高、耐腐蚀等优点，在工业上有着广泛的应用，但钛合金因其化学活性高、导热系数低而被公认为难加工材料。本实例所研究的叶轮可分解为两部分：一个截圆锥体实体（基体）和八个叶片。其中前者是精密铸造，叶片

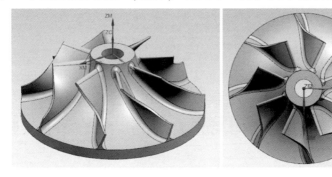

图3-2 叶轮三维模型

可通过插铣减材制造技术或激光熔覆增材技术形成一个粗加工的叶轮，然后对毛坯叶轮进行精铣、热处理等一系列后处理。

2. 功能单元和范围

本实例研究的功能单元为加工制造一个特定的钛合金叶轮。研究目的为对传统插铣技术减材制造和激光熔覆技术增材制造两种模式，进行可持续性评价和比较。

研究范围为采用传统减材制造和增材制造该叶轮的工艺过程。其中，传统减材制造的能量消耗数据主要是根据切削原理来确定的，增材制造的材料和能量消耗数据是在实验室结合激光熔覆成形来估算的；在这些制造过程中还消耗辅助材料，主要通过文献检索查阅有关辅助材料生产工艺的信息和数据；其他背景数据，如原料获取、运输、电力等，来自四川大学开发的中国生命周期数据库（CLCD）。CLCD 的数据来自工厂、统计和技术文献及中国污染源普查，代表了中国市场的平均技术水平。

后续论述分为四部分：第一部分为建立可持续性评价指标体系，并收集相关数据形成可持续性评价指标；第二部分为建立两种叶轮制造模式的可持续性评价模型，利用层次分析法确定各层级的权重；第三部分为基于线性综合法计算两种制造模式的综合评价指数；第四部分为结果分析，对两种制造模式可持续性进行评价和比较。

3. 评价指标体系和数据收集

传统减材制造与增材制造的可持续性评价可从技术、经济、环境以及社会维度方面考虑。技术指标是与产品质量、生产及技术复杂度有关的因素；经济指标是与成本、物料费等有关的因素；环境指标是与环境污染、废物排放相关的因素；社会指标是与社会福利等相关的因素。构建增减材制造可持续性评价的层次化指标体系，如图 3-3 所示。

（1）技术维度指标

1）结合强度。熔覆材料涂覆在零部件表面上，熔覆层和基体的结合产生的力为结合力，单位面积上的结合力即为结合强度，或称为黏合强度，单位为 MPa。通过资料检索可获得增材制造与减材制造的结合强度参数。

2）孔隙率。孔隙率是指材料内部孔隙体积占其总体积的百分率，孔隙率高，则表示密实程度小。增材制造由于高能热源、快速冷却及扫描速度等因素，可能导致加工出的叶轮内部孔隙率较大，而减材制造原材料一般是铸造和锻造的，内部孔隙率相对会小一些。

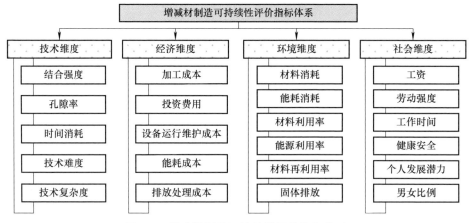

图 3-3 增减材制造可持续性评价指标体系

3）时间消耗。时间消耗是指加工一个零部件所消耗的时间，单位为 min。计算方法为已知传统减材制造毛坯体积及加工后的叶轮体积，查阅资料可得铣削加工的材料去除率，通过实验可得激光熔覆工艺参数及单位时间增材体积，进而可以求出两者的加工时间，由于增材制造是立体成形的加工方式，所以加工耗时较少。

4）技术难度。技术难度可定性表示。叶轮作为典型大扭矩薄体难加工部件，传统加工曲面铣削加工难度大，加工过程易发生干涉，数控编程难度大，材料去除率高，加工周期长。增材制造融合了计算机辅助设计、材料加工与成形等技术，以数字模型文件为基础，通过软件与数控系统协调激光器、送粉系统和机器手臂等装置，将专用的材料熔融后在基体表面逐层堆积，制造出实体零件，技术难度与传统减材制造相比稍高。

5）技术复杂度。技术复杂度可定性表示。叶轮之所以加工复杂就在于叶片的复杂曲面造型，要采用四轴以上联动的数控机床才可能准确地将叶轮曲面加工出来。而增材制造需要对熔覆基底进行清洗和去氧化层的工序，粉末需要进行烘干处理等，同时需要考虑熔覆层成形质量，进行工艺参数选择和优化。

（2）经济维度指标

1）加工成本。加工成本即加工一个叶轮所需要材料的成本，对于传统减材制造主要是毛坯的成本，对于增材制造主要是所需粉末的成本。已知成品叶轮体积为 $2726.6cm^3$，减材制造中叶轮毛坯体积为 $8677.9cm^3$，根据毛坯的密度，可求得毛坯的质量为 $39.05kg$。增材制造中增材的叶片体积为 $142.9cm^3$，可求出增材制造所需粉末的质量为 $0.92kg$。根据材料市场价格，可分别求出所需原材料的成本。

2）投资费用。这里主要是指所使用设备的投资费用。传统减材制造使用数控加工中心系统，增材制造使用激光熔覆系统。不同设备型号，价格差别较大，本实例选择了中等价位的设备进行评价。

3）设备运行维护成本。使设备处于最佳状态，保证设备功能和精度，延长设备使用寿命。设备运行维护成本主要包括设备日常维修维护过程中零件、刀具和工具等的费用，以及运行工作环境温度湿度的保持等的费用。

4）能耗成本。能耗成本即加工一个叶轮所需的电能成本。本实例考虑了加工能耗以及原材料和辅助材料制备能耗，查阅工业用电价格，相乘即可分别求出对应成本。

5）排放处理成本。传统制造加工叶轮后会产生铣削废料，增材制造加工会产生未利用粉末和后续加工废料，这些废料的排放处理产生的成本即为排放处理成本。

（3）环境维度指标

1）材料消耗。对于传统制造而言，材料消耗是指加工一个叶轮所需的毛坯的质量。对于增材制造而言，材料消耗是指增材所需的粉末质量和叶轮圆台的毛坯质量，单位为 kg。

2）能耗消耗。传统制造考虑了毛坯的切削能耗、毛坯的铸造能耗和切削液制备能耗，统一转换为电能消耗，单位为 $kW \cdot h$。增材制造考虑了激光熔覆能耗、圆台铸造能耗、粉末加工能耗和后处理能耗，单位也为 $kW \cdot h$。

3）材料利用率。材料利用率是指最终零件质量占投入材料质量的百分比，在传统制造中是指叶轮质量除以毛坯质量，在增材制造中是指最终叶片质量除以总共使用的粉末质量。

4）能源利用率。加工过程中会消耗电能，只有部分电能用于叶轮的制造，其余电能或以热能形式消耗，或用来运行冷却液及保护气体的供给。将用于叶轮制造的电能除以总消耗电能即可求出能源利用率。

5）材料再利用率。材料再利用率即加工废料的再利用率。

6）固体排放。传统制造中产生的铣削废料，增材制造中浪费的粉末即为固体排放，单位为 kg。

（4）社会维度指标

1）工资。工资是指生产车间工作人员的基本年工资，单位是元。

2）劳动强度。劳动强度可定性表示，通过专家咨询和查阅资料可得两种加工方式的劳动强度大小。

3）工作时间。工人一天的标准工作时间，单位为小时。

4）健康安全。健康安全可定性表示，即对工人的健康安全进行评价，考虑方面包括有毒有害气体危害、工作强度对人体的伤害、工作环境噪声等。

5）个人发展潜力。个人发展潜力可定性表示，即工人及设计师在工作过程中获得的能力、对未来工作的帮助或升职空间等。

6）男女比例。男女比例可定性表示，即企业中从事该项工作的男女比例大小。

通过数据收集和处理，最终形成的叶轮传统制造和增材制造可持续性评价指标体系（A），见表3-5。

表3-5 叶轮传统制造和增材制造可持续性评价指标体系

一级指标	二级指标	评价适度值	传统制造	增材制造
技术指标 B_1	结合强度 C_1/MPa	700	650	588
	孔隙率 C_2（%）	0.01	0.01	0.03
	时间消耗 C_3/min	210	4010	240
	技术难度 C_4	0.6	0.75	0.8
	技术复杂度 C_5	0.6	0.75	0.85
经济指标 B_2	加工成本 C_6/元	6000	9400	7200
	投资费用 C_7/元	1200000	1500000	2600000
	设备运行维护成本 C_8/元	800	1300	1000
	能耗成本 C_9/元	100	500	120
	排放处理成本 C_{10}/元	5	150	8
环境指标 B_3	材料消耗 C_{11}/kg	15	39	16
	能耗消耗 C_{12}/kW·h	70	370	80
	材料利用率 C_{13}（%）	0.8	0.32	0.7
	能源利用率 C_{14}（%）	0.9	0.8	0.6
	材料再利用率 C_{15}（%）	1	0.95	0.9
	固体排放 C_{16}/kg	5	26.8	8
社会指标 B_4	工资 C_{17}/元	90000	60000	78000
	劳动强度 C_{18}	0.5	0.8	0.7
	工作时间 C_{19}/h	6	8	8
	健康安全 C_{20}	0.9	0.8	0.7
	个人发展潜力 C_{21}	0.9	0.8	0.85
	男女比例 C_{22}	0.5	0.4	0.25

▶ **4. 确定各阶层权重**

(1) 准则层权重的确定　首先构造 A-B 的判断矩阵,见表 3-6。

表 3-6　A-B 的判断矩阵

A	B_1	B_2	B_3	B_4
B_1	1	2	3	5
B_2	1/2	1	2	4
B_3	1/3	1/2	1	3
B_4	1/5	1/4	1/3	1

按照层次分析法步骤三计算判断矩阵的相对权重,可得 $w_{A_1}=0.472$,$w_{A_2}=0.285$,$w_{A_3}=0.170$,$w_{A_4}=0.073$。则

$$\boldsymbol{Bw} = \begin{pmatrix} 1 & 2 & 3 & 5 \\ 1/2 & 1 & 2 & 4 \\ 1/3 & 1/2 & 1 & 3 \\ 1/5 & 1/4 & 1/3 & 1 \end{pmatrix} \begin{pmatrix} 0.472 \\ 0.285 \\ 0.170 \\ 0.073 \end{pmatrix} = \begin{pmatrix} 1.9170 \\ 1.1530 \\ 0.6888 \\ 0.2953 \end{pmatrix}$$

计算最大特征值 $\lambda_{\max}$

$$\lambda_{\max} = \sum_{i=1}^{n} \frac{(\boldsymbol{Bw})_i}{nw_i} = \frac{1.9170}{4\times0.472} + \frac{1.1530}{4\times0.285} + \frac{0.6888}{4\times0.170} + \frac{0.2953}{4\times0.073} = 4.051$$

计算一致性指标 CI

$$\mathrm{CI} = \frac{\lambda_{\max} - n}{n-1} = \frac{4.051-4}{3} = 0.0170$$

由于矩阵为 4 阶矩阵,故 RI=0.89,计算随机一致性比率 CR

$$\mathrm{CR} = \frac{\mathrm{CI}}{\mathrm{RI}} = \frac{0.0170}{0.89} = 0.0191 < 0.1$$

因此,可以认为该两两判断矩阵满足一致性要求,其相应求得的权重向量有效。所以,$w_A=(0.472,0.285,0.170,0.073)^T$ 中的元素,即分别为增减材制造可持续性评价技术、经济、环境和社会四个维度的权重。

(2) 指标层权重的确定　然后构造 B_1-C 的判断矩阵,见表 3-7,计算权重向量等数值。其中,$\lambda_{\max}=5.112$,$\mathrm{CR}=\dfrac{\mathrm{CI}}{\mathrm{RI}}=0.025<0.1$。因此,该矩阵满足一致性要求,得技术维度的权重向量为 $w_{B_1}=(0.387,0.264,0.201,0.090,0.058)^T$。

表 3-7 B_1-C 的判断矩阵

B_1	C_1	C_2	C_3	C_4	C_5
C_1	1	2	2	4	5
C_2	1/2	1	2	3	4
C_3	1/2	1/2	1	3	4
C_4	1/4	1/3	1/3	1	2
C_5	1/5	1/4	1/4	1/2	1

构造 B_2-C 的判断矩阵，见表 3-8，计算权重向量等数值。其中，λ_{max} = 5.181，$CR = \dfrac{CI}{RI} = 0.0404 < 0.1$，因此，该矩阵满足一致性要求，得经济维度的权重向量为 $w_{B_2} = (0.366, 0.267, 0.168, 0.139, 0.060)^T$。

表 3-8 B_2-C 的判断矩阵

B_2	C_6	C_7	C_8	C_9	C_{10}
C_6	1	2	3	2	4
C_7	1/2	1	2	2	5
C_8	1/3	1/2	1	2	3
C_9	1/2	1/2	1/2	1	3
C_{10}	1/4	1/5	1/3	1/3	1

构造 B_3-C 的判断矩阵，见表 3-9，计算权重向量等数值。其中，λ_{max} = 6.102，$CR = \dfrac{CI}{RI} = 0.01619 < 0.1$，因此，该矩阵满足一致性要求，得环境维度的权重向量为 $w_{B_3} = (0.250, 0.278, 0.188, 0.156, 0.064, 0.064)^T$。

表 3-9 B_3-C 的判断矩阵

B_3	C_{11}	C_{12}	C_{13}	C_{14}	C_{15}	C_{16}
C_{11}	1	1/2	1	2	5	5
C_{12}	2	1	2	2	2	3
C_{13}	1	1/2	1	1	3	3
C_{14}	1/3	1/2	1	1	3	3
C_{15}	1/5	1/3	1/3	1/3	1	1
C_{16}	1/5	1/3	1/3	1/3	1	1

构造 B_4-C 的判断矩阵，见表 3-10，计算权重向量等数值。其中，$\lambda_{\max} = 6.1864$，$CR = \dfrac{CI}{RI} = 0.0296 < 0.1$，因此，该矩阵满足一致性要求，得社会维度的权重向量为 $w_{B_4} = (0.328, 0.180, 0.106, 0.216, 0.114, 0.056)^T$。

表 3-10 B_4-C 的判断矩阵

B_4	C_{17}	C_{18}	C_{19}	C_{20}	C_{21}	C_{22}
C_{17}	1	3	3	2	2	4
C_{18}	1/3	1	2	1	2	3
C_{19}	1/3	1/2	1	1/2	1	2
C_{20}	1/2	1	2	1	3	4
C_{21}	1/2	1/2	1	1/3	1	3
C_{22}	1/4	1/3	1/2	1/4	1/3	1

（3）指标体系权重汇总 通过对指标体系中各级指标相对于总目标权重的计算，最后得出指标体系的权重，见表 3-11。

表 3-11 可持续性评价指标体系权重汇总

一级指标	一级指标权重	二级指标	二级指标权重
技术指标 B_1	0.472	结合强度 C_1	0.387
		孔隙率 C_2	0.264
		时间消耗 C_3	0.201
		技术难度 C_4	0.090
		技术复杂度 C_5	0.058
经济指标 B_2	0.285	加工成本 C_6	0.366
		投资费用 C_7	0.267
		设备运行维护成本 C_8	0.168
		能耗成本 C_9	0.139
		排放处理成本 C_{10}	0.060
环境指标 B_3	0.170	材料消耗 C_{11}	0.250
		能耗消耗 C_{12}	0.278
		材料利用率 C_{13}	0.188
		能源利用率 C_{14}	0.156
		材料再利用率 C_{15}	0.064
		固体排放 C_{16}	0.064

(续)

一级指标	一级指标权重	二级指标	二级指标权重
社会指标 B_4	0.073	工资 C_{17}	0.328
		劳动强度 C_{18}	0.180
		工作时间 C_{19}	0.106
		健康安全 C_{20}	0.216
		个人发展潜力 C_{21}	0.114
		男女比例 C_{22}	0.056

5. 计算各维度综合评价指数

（1）单项评价指数的计算 指标值过大、过小均不利于可持续发展，因此，这里定义适度值 s_i，对指标值进行规范处理。根据调研和综合比较，确定各单项指标的适度值，见表3-5。采用线性比例法对单项指标数值进行规范化处理，计算公式如下

$$I_i = \begin{cases} \dfrac{x_i}{s_i} & (x_i \leq s_i) \\ 1 & (x_i > s_i) \end{cases} \quad (x_i \text{ 为正向指标时})$$

$$I_i = \begin{cases} \dfrac{s_i}{x_i} & (x_i \geq s_i) \\ 1 & (x_i < s_i) \end{cases} \quad (x_i \text{ 为逆向指标时})$$

式中，I_i 为某单项评价指标规范化值；x_i 为某单项指标实际数值；s_i 为某单项指标的适度值。对 $B_1 \sim B_4$ 类别下的各个单项指标进行规范化处理，计算结果见表3-12。

表3-12 规范化处理后的单项指标数值

一级指标	二级指标	传统制造	增材制造
技术指标 B_1	结合强度 C_1	0.929	0.840
	孔隙率 C_2	1.000	0.333
	时间消耗 C_3	0.052	0.875
	技术难度 C_4	0.800	0.750
	技术复杂度 C_5	0.800	0.706

(续)

一级指标	二级指标	传统制造	增材制造
经济指标 B_2	加工成本 C_6	0.638	0.833
	投资费用 C_7	0.800	0.462
	设备运行维护成本 C_8	0.615	0.800
	能耗成本 C_9	0.200	0.833
	排放处理成本 C_{10}	0.033	0.625
环境指标 B_3	材料消耗 C_{11}	0.385	0.938
	能耗消耗 C_{12}	0.189	0.875
	材料利用率 C_{13}	0.400	0.875
	能源利用率 C_{14}	0.889	0.667
	材料再利用率 C_{15}	0.950	0.900
	固体排放 C_{16}	0.187	0.625
社会指标 B_4	工资 C_{17}	0.667	0.867
	劳动强度 C_{18}	0.625	0.714
	工作时间 C_{19}	0.750	0.750
	健康安全 C_{20}	0.889	0.778
	个人发展潜力 C_{21}	0.889	0.944
	男女比例 C_{22}	0.800	0.500

（2）各维度评价指数的计算 各维度评价指数是基于权重对其所属的各单项指标值进行线性综合（线性加权求和）得到的，计算公式为

$$B_j = \sum_{i=1}^{n} w_i I_i$$

式中，B_j 为各维度的评价指数，$j=1,2,3,4$；w_i 为单项指标的归一化权重；n 为维度 j 单项指标的个数。各维度评价指数的计算结果见表 3-13。

（3）综合评价指数的计算 综合评价指数是对各维度评价指数的再一次综合，计算公式为

$$A = \sum_{j=1}^{4} w_j B_j$$

式中，A 为综合评价指数；w_j 为四个维度的归一化权重。传统制造及增材制造的综合评价指数计算结果见表 3-13。

表 3-13　各维度和综合评价指数

指　　标	传 统 制 造	增 材 制 造
技术评价指数 B_1	0.752	0.697
经济评价指数 B_2	0.580	0.716
环境评价指数 B_3	0.435	0.844
社会评价指数 B_4	0.749	0.796
综合评价指数 A	**0.649**	**0.735**

6. 评价结果与分析

1）由表 3-11 各个单项指标的权重，可知在技术指标中结合强度的权重最大、在经济指标中加工成本的权重最大、在环境指标中能耗消耗的权重最大、在社会指标中工资的权重最大，这说明上述指标对可持续性的影响很大。在技术指标中技术复杂度的权重最小、在经济指标中排放处理成本的权重最小、在环境指标中材料再利用率和固体排放的权重最小、在社会指标中男女比例的权重最小，这说明上述指标对可持续性的影响很小。

2）由表 3-11 四个维度指标的权重，可知技术指标的权重最大，社会指标的权重最小，这说明技术指标在叶轮的可持续生产中最重要，而社会指标的影响最小。

3）针对本实例所选研究对象来说，传统制造的综合评价指数与增材制造相比较低，增材制造的可持续性较好，但还有待加强。通过总体分析可以得出，当技术和质量满足工程要求后，在叶轮的加工中采取增材制造的加工方法具有较好的可持续性。

3.2　基于主成分分析法的可持续性评价方法

3.2.1　主成分分析法概述

主成分分析法（Principal Components Analysis，PCA），也称主分量分析，是利用降维的思想，将多个指标转化为少数几个互不相关的综合指标的一种多元统计分析方法。在实证问题研究中，为了全面、系统地分析问题，我们必须考虑众多影响因素。这些涉及的因素一般称为指标，在多元统计分析中也称为变量。因为每个指标都在不同程度上反映了所研究问题的某些信息，并且指标之间彼此有一定的相关性，因而所得的统计数据反映的信息在一定程度上有重叠。

在用统计方法研究多变量问题时，变量太多会增加计算量和增加分析问题的复杂性，人们希望在进行定量分析的过程中，涉及的变量较少，得到的信息量较多。主成分分析正是适应这一要求而产生的，是解决这类问题的理想工具。

主成分分析法是一种在降维思想下产生的处理高维数据的方法，该方法把给定的一组相关变量通过线性变换转成另一组不相关的变量，并在各不相关前提下尽可能多地反映原来变量的信息，即各个新变量的方差尽可能大，这些新的变量按照方差依次递减的顺序排列，通过对新变量的分析达到解决问题的目的。在数学变换中保持变量的总方差不变，使第一变量具有最大的方差，称为第一主成分，第二变量的方差次大，并且和第一变量不相关，称为第二主成分，依次类推。

主成分分析法的优点有如下几点：

1）可消除评价指标之间的相关影响。因为主成分分析在对原指标变量进行变换后形成了彼此相互独立的主成分，而且实践证明指标之间相关程度越高，主成分分析效果越好。

2）可减少指标选择的工作量。其他评价方法由于难以消除评价指标间的相关影响，所以选择指标时要花费不少精力；而主成分分析由于可以消除这种相关影响，所以在指标选择上相对容易些。

3）当评级指标较多时，可以在保留绝大部分信息的情况下用少数几个综合指标代替原指标进行分析。主成分分析中各主成分是按方差大小依次排列顺序的，在分析问题时，可以舍弃一部分主成分，只取前面方差较大的几个主成分来代表原变量，从而减少了计算工作量。

4）在综合评价函数中，各主成分的权重为其贡献率。它反映了该主成分包含原始数据的信息量占全部信息量的比重，这样确定权重是客观的、合理的，克服了一些评价方法中主观确定权重的缺陷。

5）计算比较规范，便于在计算机上实现，还可以利用专门的软件。

3.2.2 基于主成分分析法的可持续性评价模型

一个研究对象，往往是多要素的复杂系统。变量太多无疑会增加分析问题的难度和复杂性，利用原变量之间的相关关系，用较少的主成分代替原来较多地变量，并使这些少数主成分尽可能多地保留原来较多的变量所反映的信息，并以各主成分的特征向量和方差贡献率为权重，进行可持续性综合指标的加权计算，建立可持续性评价模型，可使得问题简单化和客观化。

（1）建立原始数据矩阵　基于评价指标体系，建立原始数据矩阵。假定有 n

个样本，每个样本共有 m 个指标，构成数据矩阵 $\boldsymbol{X}=(x_{ij})_{nm}$

$$\boldsymbol{X} = \begin{pmatrix} x_{11} & x_{12} & \cdots & x_{1m} \\ x_{21} & x_{22} & \cdots & x_{2m} \\ \vdots & \vdots & & \vdots \\ x_{n1} & x_{n2} & \cdots & x_{nm} \end{pmatrix} \quad (3\text{-}11)$$

式中，x_{ij} 为第 i 个样本第 j 个指标，$i=1,2,\cdots,n$；$j=1,2,\cdots,m$。

（2）对原始数据进行标准化处理　每个样本 i 有 m 个指标 x_{i1}，x_{i2}，$\cdots$，$x_{im}(i=1,2,\cdots,n)$。如果原始数据中存在正向型和逆向型指标，则需要先采用第 2.3.3 节介绍的预处理方法，对逆向型指标进行正向处理，使得指标值作用特性方向一致。

在实际的问题中，不同量纲的指标其值差距很大，这时总体方差受方差较大的变量的控制，求主成分时会优先照顾方差大的变量，有时会造成不合理的结果。为了消除量纲不同所带来的影响，需要对各个变量进行标准化处理

$$y_{ij} = \frac{x_{ij} - \overline{x}_j}{s_j} \quad (3\text{-}12)$$

式中，$\overline{x}_j = \frac{1}{n}\sum_{i=1}^{n} x_{ij}$ 为样本均值；$s_j = \sqrt{\frac{1}{n-1}\sum_{i=1}^{n}(x_{ij}-\overline{x}_j)^2}$ 为样本标准差（均方差）。

计算得到矩阵 $\boldsymbol{Y}=(y_{ij})_{nm}$，$y_{ij}$ 为第 i 个样本第 j 个指标的标准化数据。在主成分分析中通常采用上述 Z-score 标准化方法，将原始数据处理成均值为 0、方差为 1 的归一化分析数据。

（3）计算相关系数矩阵或协方差矩阵　矩阵 $\boldsymbol{Y}$ 的相关系数矩阵公式为

$$r_{ij} = \frac{\sum_{k=1}^{n}(x_{ki}-\overline{x}_i)(x_{kj}-\overline{x}_j)}{\sqrt{\sum_{k=1}^{n}(x_{ki}-\overline{x}_i)^2 \sum_{k=1}^{n}(x_{kj}-\overline{x}_j)^2}} \quad (3\text{-}13)$$

$\boldsymbol{R}=(r_{ij})_{mm}(i,j=1,2,\cdots,m)$ 为相关系数矩阵，且满足 $r_{ij}=r_{ji}$。若原数据进行了标准化处理，这时矩阵 $\boldsymbol{Y}$ 的相关关系矩阵也就是协方差矩阵。

相关分析是对变量间的相关程度进行分析，用于描述两个变量间联系的密切程度，反映的是当控制了其中一个变量的取值后，另一个变量还有多大的变异。相关系数矩阵反映了主成分与原始变量的关联性的度量，相关系数 r 的取值范围为 $|r|\leqslant 1$，r 不同取值的意义为：$0.8\leqslant|r|\leqslant 1$，因素间高度相关；$0.5\leqslant|r|<0.8$，因素间中度相关；$0.3\leqslant|r|<0.5$，因素间低度相关；$|r|<0.3$，

因素间相关性极弱，认为不相关。

（4）计算协方差矩阵或相关系数矩阵特征根与特征向量　求相关系数矩阵 $\boldsymbol{R}$ 的特征根，并按从大到小排序 $\lambda_1 \geqslant \lambda_2 \geqslant \cdots \geqslant \lambda_m \geqslant 0$。求特征根 $\lambda_j(j=1,2,\cdots,m)$ 对应的特征向量 $\boldsymbol{e}_{ij} = (e_{1j}, e_{2j}, \cdots, e_{mj})^T (i,j=1,2,\cdots,m)$，T 表示转置。

（5）计算各主成分的方差贡献率和累计贡献率　相关系数矩阵 $\boldsymbol{R}$ 的特征根就是对应主成分的方差，其大小反映了对应主成分所包含原始数据全部信息的比重，也反映了各主成分贡献的大小。

定义第 j 个主成分的方差贡献率为 $\lambda_j / \sum_{j=1}^{m} \lambda_j$，累计方差贡献率为 $\sum_{j=1}^{p} \lambda_j / \sum_{j=1}^{m} \lambda_j$，当前 p 个主成分的累计方差贡献率满足 $\sum_{j=1}^{p} \lambda_j / \sum_{j=1}^{m} \lambda_j \geqslant 85\%$ 时，就可以确定该系统的主成分个数为 p，一般 $p<m$。提取 p 个特征根 $\lambda_j(j=1,2,\cdots,p)$ 对应的 p 个特征向量，$\boldsymbol{e}_{ij} = (e_{1j}, e_{2j}, \cdots, e_{mj})^T (i=1,2,\cdots,m; j=1,2,\cdots,p)$，T 表示转置。

（6）计算每个样本的主成分　以特征向量为权重，对标准化的指标进行加权，即用标准化矩阵乘以特征向量，就得到每个样本前 p 个方差对应的 p 个主成分，计算公式为

$$F_{ij} = e_{1j}y_{i1} + e_{2j}y_{i2} + \cdots + e_{mj}y_{im} \quad (i=1,2,\cdots,n; j=1,2,\cdots,p) \quad (3\text{-}14)$$

（7）计算可持续性得分　将主成分的权重归一化，每个主成分的权重为 $\lambda_j / \sum_{j=1}^{p} \lambda_j$，则样本 i 的可持续性得分为

$$P_i = \sum_{j=1}^{p} \frac{\lambda_j}{\sum_{j=1}^{p} \lambda_j} F_{ij} (i=1,2,\cdots,n; j=1,2,\cdots,p) \quad (3\text{-}15)$$

（8）对可持续性得分进行标准化　各样本可持续性得分 P_i 有正有负，可以采用数据处理方法对 P_i 进行标准化，如采用极值处理法，将其置于 [0,1] 区间。

$$H_i = \frac{P_i - P_i^{\min}}{P_i^{\max} - P_i^{\min}} \quad (i=1,2,\cdots,n) \quad (3\text{-}16)$$

此时，得到不同样本 i 的可持续性标准化得分 $H_i(i=1,2,\cdots,n)$，可以分析和比较不同样本在该评价体系下的可持续性。

（9）计算多维度可持续性综合评价指标　若所建立可持续性评价指标体系的维度为 l，则按上述步骤，计算各维度的可持续性评价标准化得分 $H_{ki}(k=1,$

$2,\cdots,l; i=1,2,\cdots,n$),$n$ 表示被评价的样本个数。

为了得到多维度可持续性综合评价指标，可采用层次分析法等赋权方法，为每个维度确定权重 $w_k(k=1,2,\cdots,l)$，则多维度可持续性综合评价指标为

$$\mathrm{SI}_i = \sum_{k=1}^{l} w_k H_{ki} \quad (i=1,2,\cdots,n) \tag{3-17}$$

此时通过 SI_i 的值，即可分析和比较不同样本的多维度下的综合可持续性。

3.2.3 基于主成分分析法的增材修复技术可持续性评价实例分析

1. 研究对象及意义

再制造以废旧产品的零部件为毛坯，对废旧产品进行修复和改造，具有巨大的资源与环境效益。增材修复技术作为再制造的关键技术，可以在磨损、刮伤等损伤的零件表面制备较薄的耐磨、耐蚀、抗疲劳表面涂层，对零部件进行修复并恢复其性能，可有效地降低产品成本，同时减少新产品所产生的资源消耗和对环境的污染。

目前再制造增材修复技术的发展已经有较长一段时间，也形成了针对不同零部件采用不同修复技术的体系，给再制造工艺带来了巨大的进步。增材修复技术种类繁多，其增材成形机理、控性和控形方法不同，其技术水平、工艺成套设备、加工方式、加工材料也不同。不存在一种通用的增材修复技术可以修复所有的零部件，需要根据不同的零部件、不同的损伤情况选择最适合的一种或者几种增材修复技术。所选择的增材修复技术，在满足修复零部件材料和性能技术要求的同时，还要考虑该项技术的经济、环境和社会维度的可持续性，这样才能最有效地保证再制造零部件的性能、减少原材料的消耗以及降低对环境的影响。

不同增材修复技术，其不同维度下的指标量纲和重要性均有较大差异，使得它们的综合可持续性水平不同，需要以客观和量化的方法对技术可持续性进行评价，以在一定程度上解决技术选择上的问题。本实例以发动机磨损曲轴的再制造修复为背景，选取较常用的激光熔覆（Laser Cladding，LC）、等离子弧堆焊（Plasma Arc Surfacing，PAS）、电刷镀（Brush Electroplating，BE）、等离子喷涂（Plasma Spraying，PS）四种增材修复技术，说明基于主成分分析法的技术可持续性评价方法。图3-4是四种增材修复技术所使用的设备。

（1）激光熔覆技术 激光熔覆技术是在基材表面添加熔覆材料，并利用高能激光束使熔覆材料与基材表面薄层一起快速熔凝而形成修复层的技术。根据所使用粉末材料，激光熔覆可以在不同程度上提高再制造产品表面的耐磨性、

耐热性以及耐腐蚀性能。激光熔覆基材热影响区小、变形小，结合强度高，熔覆层厚度较小（一般为 0.2~2 mm）、组织致密、微观缺陷少，成形精度高，便于通过自动控制系统实现自动化生产。

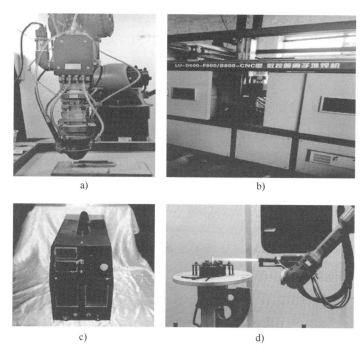

图 3-4　四种增材修复技术所使用的设备

a）激光熔覆　b）等离子弧堆焊　c）电刷镀　d）等离子喷涂

（2）等离子弧堆焊技术　等离子弧堆焊是以等离子弧作为热源，将合金粉末和基体表面一起熔化和凝固，形成高性能合金层的堆焊方法，可实现零件表面的修复和质量的改进。基体材料和堆焊材料间的界面为冶金结合，具有较高的结合强度，组织致密，易于实现自动化生产。相比于激光熔覆技术，等离子弧堆焊技术热输入较大、合金层横截面积大、加工效率高，因此等离子弧堆焊更适合大体积缺损零部件的修复，但能耗较大，同时也会伴随较高的后期处理费用。

（3）电刷镀技术　电刷镀技术是在被镀金属表面局部进行电化学沉积金属的工艺。获得的镀层具有厚度可控、残余应力及变形小等特点。电刷镀技术的镀层厚度更小，约为 $2\mu m$，从图 3-4 中可以看出，电刷镀所使用的设备的体积明显小于其他三种设备体积，所以电刷镀技术带有明显的低功耗以及设备便携等特征。电镀刷技术的工艺流程更为复杂，包括表面清洗、电净、活化、镀底层、镀工作层、清水冲洗、涂干防护等过程。电刷镀多为手工操作，自动化程度低，导致生产效率相对较低。

（4）等离子喷涂技术　等离子喷涂技术是以等离子作为热源，将喷涂粉末加热到熔融或者半熔融状态，并高速喷涂到经过预处理的基体表面，形成附着牢固的涂层的方法。涂层致密，黏结强度高。由于等离子流的温度超高，因此可用于制备陶瓷基复合涂层，提升再制造零部件的耐磨损、耐高温等性能。等离子喷涂技术的修复层可以达到 $40\mu m$，适用于不同程度的磨损，而且较大的扫描速度能够保证较高的加工效率。

2. 功能单元和范围

功能单元是用来量化产品或技术性能、确定评价指标体系中相关指标数据的基准单位，本实例选用的功能单元为 $720mm^3$ 的修复层，在数据收集阶段获取的物耗、成本和时间消耗等数据均以该功能单元为基准，进行相关数据的计算和汇编。

本实例的研究范围为四种修复技术增材单元体积材料的生产过程。

3. 增材修复技术评价指标体系

衡量修复技术的可持续特性，存在众多指标，这里从技术、经济、环境和社会四个维度，选择 14 个指标，构建增材修复技术可持续性评价指标体系，对所选四种增材修复技术的可持续性水平进行评价。

（1）技术类指标　对于四种增材修复技术，最基本的技术要求必然是再制造产品的性能和质量要达到与传统制造产品相当的程度，否则，无论再制造能够节省多少原材料和能源，其产品都将是不合格产品。因此，再制造增材修复技术能够将废旧零部件修复到其原始性能和尺寸，精度要求是最基本的技术要求。假设四种增材修复技术都能满足这一基本技术要求。

虽然四种修复技术都能够满足将废旧发动机曲轴修复回其原始尺寸和性能，但每种修复技术所能够实现的技术性能却有所差别。这里选择四个具体的技术类指标进行评价，分别是：

1）结合强度（涂层与基体或者两个相邻层的结合力，或称为黏合强度）。
2）表面硬度（在静载荷下耐刮擦和抗压痕的能力）。
3）孔隙率（材料的密实程度，孔隙率越小则修复层强度越高）。
4）时间消耗（假设修复过程没有停顿，从修复开始到结束所花费的时间）。

这四个技术类指标都是定量指标，便于确定具体数据。

（2）经济类指标　只有修复技术具有明显的经济效益的时候，企业才会选用。因此，对修复技术进行评价的时候必须考虑经济因素。再制造修复过程涉及多种多样的成本，例如设备成本、原材料成本、人力成本、能源成本等。本实例综合选择设备成本和运行成本两个指标来考虑四种修复技术的经济特性：

1）设备成本（购买修复设备所需的费用）。
2）运行成本（完成一个功能单元的修复过程所需要的运行成本）。

以上选用的两个成本类指标均以人民币（元）来计算。由于工资成本（人力成本）牵涉员工福祉，故将其放在社会类指标中进行考虑。

（3）环境类指标　采用生命周期评价对四种修复技术相关的资源消耗、能源消耗和环境排放等环境影响进行量化分析。基于选择的环境影响类别，得到的五个环境类指标为：

1）全球变暖（Global Warming Potential，GWP）。
2）酸化（Acidification Potential，AP）。
3）中国资源消耗（Chinese Resource Depletion Potential，CRDP）。
4）水体富营养化（Water Eutrophication Potential，WEP）。
5）可吸入性无机物（Respiratory Inorganic，RI）。

（4）社会类指标　不同的修复技术所要求的工艺条件有所不同，由此对工人劳动强度、工作条件以及安全健康的影响也有所差别，相比于原始制造，再制造的生产环境较差，劳动者将承受更大的健康风险。本实例选取的三个社会类指标是：

1）工人工资。
2）修复技术所能实现的自动化程度。
3）修复过程的工作环境。

综上所述，构建的增材修复技术可持续性评价指标体系，见表3-14。

表3-14　增材修复技术可持续性评价指标体系

指标类别	分类单项指标
技术类指标 B_1	结合强度 D_1、表面硬度 D_2、孔隙率 D_3、时间消耗 D_4
经济类指标 B_2	设备成本 D_5、运行成本 D_6
环境类指标 B_3	全球变暖 D_7、酸化 D_8、中国资源消耗 D_9、水体富营养化 D_{10}、可吸入性无机物 D_{11}
社会类指标 B_4	工人工资 D_{12}、自动化程度 D_{13}、工作环境 D_{14}

4. 数据收集以及规范化

根据表3-14中的指标体系对四种增材修复技术——激光熔覆、等离子弧堆焊、电刷镀、等离子喷涂进行相关数据的收集工作。

（1）技术类指标数据的收集　通过调研和文献检索等方式，收集到与四种修复技术相关的技术类指标数据，见表 3-15。

表 3-15　与四种修复技术相关的技术类指标数据

指标名称	激光熔覆	等离子弧堆焊	电刷镀	等离子喷涂
结合强度 D_1/MPa	580	588	200	45
表面硬度 D_2　HV	320	350	410	420
孔隙率 D_3（%）	1.5	1	3.5	4
时间消耗 D_4/min	1.87	1.44	6.25	0.36

从表 3-15 中可以看出，使用等离子喷涂技术所能实现的结合强度要远低于其余三种技术，等离子喷涂的修复层厚度为 $40\mu m$，虽然可实现不同磨损程度表面的修复，但也带来了层数多、孔隙率较大的缺点。从时间消耗这一指标来看，电刷镀由于较薄的镀层（$2\mu m$），需要多次循环才能完成表面修复，由此带来了较高的时间消耗以及较高的孔隙率。

（2）经济类指标数据的收集　四种修复技术所使用的设备各不相同，在经济分析中，主要考虑设备成本和运行成本两个方面。激光熔覆、等离子喷涂和等离子弧堆焊设备的主要经济投入有电力、金属粉末、保护气及辅助材料。电刷镀整个工艺流程需要更多的辅助材料，如电净液、活化液、电镀液和防锈油等。

运行成本是一种用于核算连续或重复的加工工序或服务成本的会计方法，通常用单位时间（或单元过程）的平均加工成本乘以完工时间来确定的，计算公式如下：

$$PC = \sum_m PT_m \times UC$$

$$UC = hc+dc+amc+pc$$

式中，PC 为运行成本；UC 为单位时间成本；PT_m 为第 m 个工步的运行时间；hc、dc、amc 和 pc 分别为单位时间的人力成本、折旧成本、辅助材料成本和生产成本（包括储存成本、运输成本、水电费成本等）。鉴于设备的差异性和不确定性，这里忽略了维护成本。上式中折旧成本 dc 按如下公式计算：

$$dc = \frac{v_o - v_r}{awt \times T}$$

式中，v_o 和 v_r 分别为设备的投资价格（购买成本）和残余价值（残值）；awt 为年均运行时间；T 为设备的使用寿命。根据相关规定，机械生产设备折旧的最低年限为 10 年，残值率一般规定为 5%，即 $T=10$ 年，$v_r=5\%v_o$。

电力成本、所用材料成本、人工成本和设备投资等数据通过实地调研或产品销售网站获得，修复技术部分相关的材料价格见表 3-16。

表 3-16 修复技术部分相关的材料价格

材 料	单 位	价 格
工业用电	元·$(kW·h)^{-1}$	1.336
金属粉末	元·kg^{-1}	210
保护气	元·L^{-1}	53
净化液	元·L^{-1}	25
活化液	元·L^{-1}	30
电镀液	元·L^{-1}	55

将四种修复技术的运行成本折算到一个功能单元，四种修复技术的经济类指标数据见表 3-17。

表 3-17 四种修复技术的经济类指标数据

指标名称	激光熔覆	等离子弧堆焊	电刷镀	等离子喷涂
设备型号	RS-LCD-4000-D-R	LU-F500-D800-CNC	NBD-200	PPI-500-A-P
设备成本 D_5/元	2600000	600000	9300	500000
运行成本 D_6/元	12.52	7.15	4.11	4.36

从表 3-17 中可以看出，电刷镀技术由于设备体积功耗较小，在两种经济类指标数据中，成本都是最低的。激光熔覆技术所使用的设备成本要远高于其他三种技术的设备成本。

（3）环境类指标数据的收集　基于定义的功能单元，按照生命周期评价（LCA）方法的四个步骤，对四种修复技术环境影响进行评价。四种修复技术中，激光熔覆与等离子弧堆焊所使用的原材料主要有铁基粉末与保护气——氩气。而等离子喷涂所需要的原材料除铁基粉末和氩气以外，还包含氢气以及氮气。电刷镀技术所使用的原材料主要是三种溶液，即电净液、活化液和电镀液，其中，电净液与活化液属于预处理溶液，而电镀液是形成沉积层的关键。

生命周期清单分析（LCI）包括对修复过程输入流和输出流的量化和汇编。在进行 LCI 之前，做了如下简化和假设：

1）修复工作在中国东北地区实施，因此消耗的电能来源于东北电网。

2) 所有材料均采用柴油车运输,运距60km。
3) 能耗大致由额定功率与相应工作时间的乘积决定。

表3-18列出了四种修复技术生命周期环境影响数据清单。

表3-18 四种修复技术生命周期环境影响数据清单 （单位：kg）

消耗/排放物质清单	激光熔覆	等离子弧堆焊	电刷镀	等离子喷涂
CO_2	7.60E-01	9.89E-01	2.39E-02	5.78E-01
CH_4	2.06E-03	2.78E-03	7.50E-05	1.59E-03
N_2O	1.14E-05	1.49E-05	5.89E-07	8.73E-06
CO	5.55E-04	3.69E-04	6.41E-05	2.98E-04
氨	5.52E-06	5.32E-06	8.86E-07	3.04E-06
HCl	2.03E-04	2.52E-04	5.22E-06	1.46E-04
HF	2.54E-05	3.16E-05	6.52E-07	1.83E-05
H_2S	8.80E-06	1.49E-05	1.78E-07	8.54E-06
NO_2	2.53E-05	2.24E-05	2.09E-05	1.30E-05
SO_2	2.25E-03	2.84E-03	8.01E-05	1.65E-03
NO_x	2.09E-03	2.60E-03	7.19E-05	1.52E-03
煤	5.03E-01	6.44E-01	1.31E-02	3.75E-01
天然气	3.78E-04	7.71E-04	5.56E-04	4.57E-04
原油	1.57E-03	1.48E-03	5.32E-04	1.07E-03
铁	1.66E-02	3.42E-03	6.75E-05	1.94E-03
氮	1.33E-08	4.87E-09	1.25E-05	3.44E-09
氨氮	2.05E-06	3.24E-06	5.41E-07	1.94E-06
硝酸盐	4.79E-07	2.89E-07	6.85E-05	1.75E-07
磷酸盐	1.50E-06	8.78E-07	1.16E-05	5.57E-07
细颗粒物$PM_{2.5}$	2.61E-05	1.93E-04	5.03E-06	1.10E-04
可吸入颗粒物≥PM_{10}	7.04E-04	6.99E-04	1.72E-05	4.13E-04

生命周期影响评价（LCIA）主要步骤包括分类、特征化和归一化等。根据选择的环境影响类型，基于特征化因子将表3-18的数据清单转化为环境影响潜值，结果见表3-19。

为使每个环境指标的相对重要性具有可比性，需进行归一化处理，即将环境影响潜值除以特定参考值，归一化结果作为环境类评价指标数据，见表3-20。

表 3-19 四种修复技术环境影响潜值

环境影响类型	激光熔覆	等离子弧堆焊	电刷镀	等离子喷涂
全球变暖 D_7/kg CO_2 eq	8.17E-01	1.06E+00	2.61E-02	6.21E-01
酸化 D_8/kg SO_2 eq	3.98E-03	4.98E-03	1.53E-04	2.90E-03
中国资源消耗 D_9/kg ce	6.23E-01	7.08E-01	3.46E-02	4.18E-01
水体富营养化 D_{10}/kg NO_3^- eq	3.14E-06	2.26E-06	2.42E-05	1.39E-06
可吸入性无机物 D_{11}/kg $PM_{2.5}$ eq	5.83E-04	7.92E-04	2.32E-05	4.62E-04

表 3-20 四种修复技术环境影响归一化结果（评价指标数据）

环境影响类型	激光熔覆	等离子弧堆焊	电刷镀	等离子喷涂
全球变暖 D_7	7.44E-07	9.69E-07	2.38E-08	5.66E-07
酸化 D_8	1.05E-06	1.31E-06	4.03E-08	7.66E-07
中国资源消耗 D_9	3.87E-07	4.40E-07	1.92E-08	2.59E-07
水体富营养化 D_{10}	7.93E-08	5.69E-08	6.11E-07	3.50E-08
可吸入性无机物 D_{11}	3.49E-07	4.75E-07	1.39E-08	2.77E-07

从表 3-19 和表 3-20 环境影响潜值和归一化结果可以看出，等离子弧堆焊的环境负担最大。仅从全球变暖、酸化、中国资源消耗和可吸入性无机物环境影响类别来看，电刷镀环境影响较小，但由于电刷镀液体排放量最大，因此具有较高的水体富营养化环境影响潜值。而对于束沉积修复，即对于激光熔覆、等离子弧堆焊和等离子喷涂，水体富营养化环境影响是次要的，但酸化环境影响是主要的，其原因是束沉积是高能量密集型的，消耗的电能较多。

（4）社会类指标数据的收集 本书选用的三个社会类指标（工人工资 D_{12}、自动化程度 D_{13}、工作环境 D_{14}）都是定性指标，无法收集到准确的数据，需要通过打分来确定相关数据。

对于工人工资指标 D_{12}，由于工资受到当地物价以及其他因素的影响，因此没作为定量指标。由于四种修复技术所需要的工人技术水平不同，其工资也有所区别，技术要求最高的是激光熔覆技术，其次是等离子弧堆焊、等离子喷涂和电刷镀。对于自动化程度指标 D_{13}，由于三种束沉积技术都可以通过使用控制系统来检测及调整修复过程，所以自动化程度较高。电刷镀技术由于需要工人手工操作的地方较多，因此自动化水平较低。对于工作环境指标 D_{14}，通过工人在工作过程中所受健康安全影响的因素和其多少进行判断，对于激光熔覆技术，工人要保护眼睛避免受到激光的伤害和粉尘的威胁。对于等离子弧堆焊，工人受到的影响包含噪声、辐射以及粉尘,对于等离子喷涂技术,工人受到的影响包含很高分贝的噪声和粉尘。电刷镀的工作环境安静、无粉尘干扰,但是要接触电净液、电镀液等溶液。四种修复技术的三种社会类指标最终得分见表3-21。

表3-21 四种修复技术的社会类指标数据

指标名称	激光熔覆	等离子弧堆焊	电刷镀	等离子喷涂
工人工资 D_{12}	0.8	0.7	0.6	0.6
自动化程度 D_{13}	0.8	0.7	0.4	0.5
工作环境 D_{14}	0.7	0.6	0.5	0.4

(5) 数据规范化处理 最终形成的四种增材修复技术可持续性评价指标值,以及根据调研和综合比较确定的各单项指标适度值,见表3-22。

表3-22 四种修复技术评价指标体系和指标值

指标分类	指标名称	适度值	激光熔覆	等离子弧堆焊	电刷镀	等离子喷涂
技术类指标 B_1	结合强度 D_1/MPa	300	580	588	200	45
	表面硬度 D_2 HV	380	320	350	410	420
	孔隙率 D_3(%)	2.5	1.5	1	3.5	4
	时间消耗 D_4/min	3	1.87	1.44	6.25	0.36
经济类指标 B_2	设备成本 D_5/10万元	4	26	6	0.1	5
	运行成本 D_6/元	6	12.52	7.15	4.11	4.36
环境类指标 B_3	全球变暖 D_7/kg CO_2 eq	5.76E-07	7.44E-07	9.69E-07	2.38E-08	5.66E-07
	酸化 D_8/kg SO_2 eq	7.92E-07	1.05E-06	1.31E-06	4.03E-08	7.66E-07
	中国资源消耗 D_9/kg ce	2.76E-07	3.87E-07	4.40E-07	1.92E-07	2.59E-07
	水体富营养化 D_{10}/kg NO_3^- eq	1.96E-07	7.93E-08	5.69E-08	6.11E-07	3.50E-08
	可吸入性无机物 D_{11}/kg $PM_{2.5}$ eq	2.79E-07	3.49E-07	4.75E-07	1.39E-08	2.77E-07
社会类指标 B_4	工人工资 D_{12}	0.7	0.8	0.7	0.6	0.6
	自动化程度 D_{13}	0.7	0.7	0.7	0.4	0.5
	工作环境 D_{14}	0.6	0.7	0.6	0.5	0.4

由于该指标体系中有正向型和逆向型指标,因此在采用主成分分析法之前需要进行数据一致性和规范化处理。本实例数据后续章节也会引用,这里仅对原始数据进行简单规范化处理,得到的无量纲化指标值见表3-23。

表 3-23 四种修复技术评价指标体系和规范化指标值

指标分类	指标名称	适度值	激光熔覆	等离子弧堆焊	电刷镀	等离子喷涂
技术类指标 B_1	结合强度 D_1	30	58	58.8	20	4.5
	表面硬度 D_2	38	32	35	41	42
	孔隙率 D_3	32.00	53.33	80.00	22.86	20.00
	时间消耗 D_4	10.00	16.04	20.83	4.80	83.33
经济类指标 B_2	设备成本 D_5	2.25	0.35	1.50	90.00	1.80
	运行成本 D_6	33.33	15.97	27.97	48.66	45.87
环境类指标 B_3	全球变暖 D_7	3.47	2.69	2.06	84.03	3.53
	酸化 D_8	2.53	1.90	1.53	49.63	2.61
	中国资源消耗 D_9	7.24	5.17	4.55	104.17	7.72
	水体富营养化 D_{10}	10.23	25.22	35.15	3.27	57.14
	可吸入性无机物 D_{11}	7.18	5.73	4.21	143.88	7.22
社会类指标 B_4	工人工资 D_{12}	70.00	80.00	70.00	60.00	60.00
	自动化程度 D_{13}	70.00	80.00	70.00	40.00	50.00
	工作环境 D_{14}	60.00	70.00	60.00	50.00	40.00

注：指标规范化处理方法为 D_1、D_2 均除以 10；D_3 取倒数乘以 80；D_4 取倒数乘以 30；D_5 取倒数乘以 9；D_6 取倒数乘以 200；$D_7 \sim D_{11}$ 均取倒数乘以 10^{-6}；$D_{12} \sim D_{14}$ 均乘以 100。

5. 增材修复技术可持续性评价

根据上述收集的数据，采用编程进行数据标准化和主成分分析，具体过程如下：

（1）技术维度评价 首先按照式（3-12）对数据进行标准化处理，技术维度标准化后的数据见表 3-24，相应的相关系数矩阵见表 3-25。

表 3-24 技术维度标准化数据

修复技术	D_1	D_2	D_3	D_4
激光熔覆	0.9560	-1.3242	0.3786	-0.4966
等离子弧堆焊	0.9897	-0.6019	1.4659	-0.3402
电刷镀	-0.6461	0.8427	-0.8640	-0.8637
等离子喷涂	-1.2996	1.0835	-0.9805	1.7005

表 3-25 技术维度指标的相关系数矩阵

指标	D_1	D_2	D_3	D_4
D_1	1.0000	-0.9536	0.9113	-0.6159
D_2	-0.9536	1.0000	-0.7935	0.4943
D_3	0.9113	-0.7935	1.0000	-0.4019
D_4	-0.6159	0.4943	-0.4019	1.0000

相关系数矩阵的特征根及方差贡献率见表 3-26。

表 3-26 技术维度指标相关系数矩阵的特征根及方差贡献率

主成分	特征根	方差贡献率	方差累计贡献率
1	3.1347	78.37%	78.37%
2	0.6654	16.63%	95.00%
3	0.1999	5.00%	100.00%
4	2.69E-16	0.00%	100.00%

由表 3-26 可看出，主成分 1 和主成分 2 的方差累计贡献率达到 95.00%，总样本选取两个主成分，提取前两个特征向量，见表 3-27。

表 3-27 技术维度前两个特征向量

指标	特征根 λ_1 对应的向量	特征根 λ_2 对应的向量
D_1	0.5631	-0.0904
D_2	-0.5287	0.1973
D_3	0.5086	-0.3706
D_4	-0.3806	-0.9031

以特征向量为权重，对表 3-24 标准化后的数据进行加权，得到前两个方差对应的前两个主成分，见表 3-28。例如，第一个主成分的计算方法如下：

$$F_{11}=0.5631y_{11}-0.5287y_{12}+0.5086y_{13}-0.3806y_{14}=1.6199$$
$$F_{21}=0.5631y_{21}-0.5287y_{22}+0.5086y_{23}-0.3806y_{24}=1.7504$$
$$F_{31}=0.5631y_{31}-0.5287y_{32}+0.5086y_{33}-0.3806y_{34}=-0.9200$$
$$F_{41}=0.5631y_{41}-0.5287y_{42}+0.5086y_{43}-0.3806y_{44}=-2.4504$$

对特征根进行归一化，以归一化的特征根，即方差贡献率（0.8249,0.1751）为权重，根据式（3-15），对主成分进行加权求和，得到评价指标 P_i。

此时，得到的各样本可持续性指标 P_i 有正有负，采用极值处理法公式（3-16）

对 P_i 进行标准化，将其置于 [0,1] 区间，得到可持续性标准化指标 H_i。技术维度可持续性评价指标整理结果见表 3-28，得分越高，综合技术性能越好。

表 3-28 技术维度可持续性评价指标

修复技术	每个主成分 F_i		主成分加权值 A_i		评价指标 P_i	标准化指标 H_i	排名
激光熔覆	1.6199	−0.0396	1.3363	−0.0069	1.3293	0.9896	2
等离子弧堆焊	1.7504	−0.4443	1.4439	−0.0778	1.3661	1.0000	1
电刷镀	−0.9200	1.3249	−0.7589	0.2320	−0.5269	0.4644	3
等离子喷涂	−2.4504	−0.8410	−2.0213	−0.1473	−2.1686	0.0000	4

（2）经济维度评价 经济维度标准化后的数据见表 3-29，相应的相关系数矩阵见表 3-30。

表 3-29 经济维度标准化数据

修复技术	D_5	D_6
激光熔覆	−0.5999	−1.3940
等离子弧堆焊	−0.5699	−0.4970
电刷镀	1.7319	1.0498
等离子喷涂	−0.5621	0.8412

表 3-30 经济维度指标的相关系数矩阵

指 标	D_5	D_6
D_5	1.0000	0.6162
D_6	0.6162	1.0000

相关系数矩阵的特征根及方差贡献率见表 3-31。

表 3-31 经济维度指标相关系数矩阵的特征根及方差贡献率

主 成 分	特 征 根	方差贡献率	方差累计贡献率
1	1.6162	80.81%	80.81%
2	0.3838	19.19%	100.00%

从表 3-31 可看出，主成分 1 的方差累计贡献率为 80.81%，因此，总样本需选取两个主成分，相应的两个特征向量见表 3-32。

以特征向量为权重，对表 3-29 标准化后的数据进行加权，得到对应的主成分，见表 3-33。以归一化的特征根，即方差贡献率（0.8081, 0.1919）为权重，对主成分进行加权求和，得到评价指标 P_i。

表 3-32 特征向量

指标	特征根 λ_1 对应的向量	特征根 λ_2 对应的向量
D_5	0.7071	-0.7071
D_6	0.7071	0.7071

采用极值处理法公式（3-16）对 P_i 进行标准化，将其置于 [0, 1] 区间，得到可持续性标准化指标 H_i。经济维度可持续性评价指标整理结果见表 3-33，得分越高，综合经济成本越低。

表 3-33 经济维度可持续性评价指标

修复技术	主成分 F_i		主成分加权值 A_i		评价指标 P_i	标准化指标 H_i	排名
激光熔覆	-1.4099	-0.5615	-1.1393	-0.1078	-1.2471	0.0000	4
等离子弧堆焊	-0.7544	0.0515	-0.6096	0.0099	-0.5998	0.2359	3
电刷镀	1.9670	-0.4823	1.5895	-0.0926	1.4970	1.0000	1
等离子喷涂	0.1974	0.9923	0.1595	0.1904	0.3499	0.5820	2

（3）环境维度评价　环境维度标准化后的数据见表 3-34，相应的相关系数矩阵见表 3-35。

表 3-34 环境维度标准化数据

修复技术	D_7	D_8	D_9	D_{10}	D_{11}
激光熔覆	-0.5794	-0.5826	-0.5922	-0.2569	-0.5771
等离子弧堆焊	-0.5971	-0.6009	-0.6068	0.2557	-0.6025
电刷镀	1.7319	1.7317	1.7314	-1.3902	1.7318
等离子喷涂	-0.5554	-0.5483	-0.5323	1.3914	-0.5522

表 3-35 环境维度指标的相关系数矩阵

指标	D_7	D_8	D_9	D_{10}	D_{11}
D_7	1.0000	1.0000	0.9999	-0.7960	1.0000
D_8	1.0000	1.0000	1.0000	-0.7936	1.0000
D_9	0.9999	1.0000	1.0000	-0.7876	0.9999
D_{10}	-0.7960	-0.7936	-0.7876	1.0000	-0.7954
D_{11}	1.0000	1.0000	0.9999	-0.7954	1.0000

相关系数矩阵的特征根及方差贡献率见表 3-36。

表 3-36 环境维度指标相关系数矩阵的特征根及方差贡献率

主 成 分	特 征 根	方差贡献率	方差累计贡献率
1	4.6831	93.66%	93.66%
2	0.3169	6.34%	100.00%
3	6.59E-06	0.00%	100.00%
4	-8.46E-17	0.00%	100.00%
5	-6.27E-16	0.00%	100.00%

由表 3-36 可看出，主成分 1 和主成分 2 的方差累计贡献率达到 100.00%，总样本选取两个主成分，提取前两个特征向量，见表 3-37。

表 3-37 环境维度前两个特征向量

指 标	特征根 λ_1 对应的向量	特征根 λ_2 对应的向量
D_7	0.4595	0.1894
D_8	0.4593	0.1966
D_9	0.4587	0.2137
D_{10}	-0.3956	0.9183
D_{11}	0.4594	0.1913

以特征向量为权重，对表 3-34 标准化后的数据进行加权，得到前两个方差对应的前两个主成分，见表 3-38。以归一化的特征根，即方差贡献率（0.9366，0.0634）为权重，对主成分进行加权求和，得到评价指标 P_i。

采用极值处理法公式（3-16）对 P_i 进行标准化，将其置于 [0, 1] 区间，得到可持续性标准化指标 H_i。环境维度可持续性评价指标整理结果见表 3-38，得分越高，综合环境影响越小。

表 3-38 环境维度可持续性评价指标

修复技术	主成分 F_i		主成分加权值 A_i		评价指标 P_i	标准化评价指标 H_i	排名
激光熔覆	-0.9689	-0.6972	-0.9075	-0.0442	-0.9517	0.0921	2
等离子弧堆焊	-1.2067	-0.2413	-1.1302	-0.0153	-1.1455	0.0525	3
电刷镀	3.7308	0.0932	3.4944	0.0059	3.5003	1.0000	1
等离子喷涂	-1.5552	0.8453	-1.4567	0.0536	-1.4031	0.0000	4

（4）社会维度评价 社会维度标准化后的数据见表 3-39，相应的相关系数矩阵见表 3-40。

表 3-39 社会维度标准化数据

修复技术	D_{12}	D_{13}	D_{14}
激光熔覆	1.5076	1.2649	1.3416
等离子弧堆焊	0.3015	0.6325	0.4472
电刷镀	-0.9045	-1.2649	-0.4472
等离子喷涂	-0.9045	-0.6325	-1.3416

表 3-40 社会维度指标的相关系数矩阵

指标	D_{12}	D_{13}	D_{14}
D_{12}	1.0000	0.9535	0.9439
D_{13}	0.9535	1.0000	0.8485
D_{14}	0.9439	0.8485	1.0000

相关系数矩阵的特征根及方差贡献率见表 3-41。

表 3-41 社会维度指标相关系数矩阵的特征根及方差贡献率

主成分	特征根	方差贡献率	方差累计贡献率
1	2.8314	94.38%	94.38%
2	0.1517	5.06%	99.44%
3	0.0169	0.56%	100.00%

由表 3-41 可看出，主成分 1 和主成分 2 的方差累计贡献率达到 99.44%，总样本选取两个主成分，提取前两个特征向量，见表 3-42。

表 3-42 社会维度前两个特征向量

指标	特征根 λ_1 对应的向量	特征根 λ_2 对应的向量
D_{12}	0.5910	-0.0319
D_{13}	0.5715	-0.6887
D_{14}	0.5694	0.7243

以特征向量为权重，对表 3-39 标准化后的数据进行加权，得到前两个方差对应的前两个主成分，见表 3-43。以归一化的特征根，即方差贡献率 (0.9492, 0.0508) 为权重，对主成分进行加权求和，得到评价指标 P_i。

采用极值处理法公式（3-16）对 P_i 进行标准化，将其置于 [0,1] 区间，得到可持续性标准化指标 H_i。社会维度可持续性评价指标整理结果见表 3-43，得分越高，综合社会友好性越好。

表 3-43 社会维度可持续性评价指标

修复技术	主成分 F_i		主成分加权值 A_i		评价指标 P_i	标准化评价指标 H_i	排名
激光熔覆	2.3777	0.0526	2.2568	0.0027	2.2594	1.0000	1
等离子弧堆焊	0.7942	-0.1213	0.7539	-0.0062	0.7477	0.6084	2
电刷镀	-1.5120	0.5760	-1.4352	0.0293	-1.4059	0.0506	3
等离子喷涂	-1.6599	-0.5074	-1.5755	-0.0258	-1.6013	0.0000	4

（5）多维度可持续综合评价 采用层次分析法，依据"1~9 标度法"，按照技术指标>经济指标>环境指标>社会指标的重要程度，经过分析和两两比较，建立四个维度的两两比较判断矩阵。采用几何平均法，计算出各维度的权重，见表 3-44。

表 3-44 四个维度两两判断矩阵

维度	技术	经济	环境	社会	权重
技术	1	2	2	2	0.392
经济	1/2	1	2	2	0.278
环境	1/2	1/2	1	1	0.165
社会	1/2	1/2	1	1	0.165

该判断矩阵的最大特征值 $\lambda_{max}=4.08$，一致性指标 CI=0.0271，由于矩阵为 4 阶矩阵，故 RI=0.89，随机一致性比率 CR=0.0304<0.1。因此，可以认为该两两判断矩阵满足一致性要求，其相应求得的权重有效。

根据式（3-17），可得增材修复技术可持续性综合评价结果，见表 3-45。

表 3-45 增材修复技术可持续性综合评价结果

维度	修复技术				权重
	激光熔覆	等离子弧堆焊	电刷镀	等离子喷涂	
技术维度	0.9896	1.0000	0.4644	0.0000	0.392
经济维度	0.0000	0.2359	1.0000	0.5820	0.278
环境维度	0.0921	0.0525	1.0000	0.0000	0.165
社会维度	1.0000	0.6084	0.0506	0.0000	0.165
综合评价指标	0.5681	0.5666	0.6334	0.1618	—
排名	2	3	1	4	—

为进一步分析四种修复技术可持续性等级状况，针对表 3-28、表 3-33、表 3-38 和表 3-43 中的第一和第二主成分的加权值 $A_i(i=1,2)$，以技术、经济、环境和社会的四个维度的权重（0.392，0.278，0.165，0.165），分别对每种修

复技术的四个维度主成分的加权值 A_i 进行加权求和，可得综合评价主成分的加权值 B_1 和 B_2，见表 3-46。

表 3-46 各维度及综合评价主成分加权值

主成分的加权值		激光熔覆	等离子弧堆焊	电刷镀	等离子喷涂
技术维度	A_1	1.3363	1.4439	-0.7589	-2.0213
	A_2	-0.0069	-0.0778	0.2320	-0.1473
经济维度	A_1	-1.1393	-0.6096	1.5895	0.1595
	A_2	-0.1078	0.0099	-0.0926	0.1904
环境维度	A_1	-0.9075	-1.1302	3.4944	-1.4567
	A_2	-0.0442	-0.0153	0.0059	0.0536
社会维度	A_1	2.2568	0.7539	-1.4352	-1.5755
	A_2	0.0027	-0.0062	0.0293	-0.0258
综合评价指标	B_1	0.4297	0.3345	0.4842	-1.2483
	B_2	-0.0395	-0.0313	0.0710	-0.0002

以 B_1 和 B_2 为坐标轴，将四种修复技术的综合评价主成分的加权值代入坐标图中，如图 3-5 所示。结合可持续性评价指标数值和排序，可将四种修复技术的可持续性划分为三种类型：等离子喷涂为Ⅰ型，属于较弱可持续类型；激光熔覆、等离子弧堆焊为Ⅱ型，属于基本可持续类型；电刷镀为Ⅲ型，属于较强可持续类型。

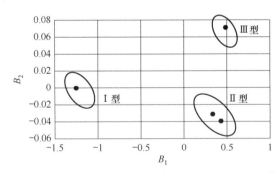

图 3-5 四种修复技术综合评价主成分加权值 B_1 和 B_2 的分布

6. 结果分析和讨论

根据主成分分析单维度评价分析结果发现：在综合技术性能方面，等离子弧堆焊技术由于效率高、结合强度和表面硬度指标适宜排在最前面；在经济成本方面，电刷镀技术和等离子喷涂技术由于设备和运行成本低排名靠前，激光熔覆技术由于设备较昂贵排在最后面；在环境可持续性方面，电刷镀技术由于综合环境影响最小排名最好；在社会可持续性方面，激光熔覆技术综合排名最好，电刷镀和等离子喷涂技术由于工人工资较低和工作环境较差排在后面。进一步采用层次分析法计算四个维度的权重，得出最终的可持续性评价综合水平：电刷镀技术可持续性最好，激光熔覆技术次之。

需要说明的是，该评价结果是没有根据适度值对指标数据进行规范化处理的结果，如果基于适度值按照式（2-20）、式（2-21）进行指标数据的规范化处理，评价结果和排序会有所不同。

3.3 基于模糊综合评价法的可持续性评价方法

3.3.1 模糊综合评价法概述

1965 年，美国加利福尼亚大学的控制论专家 Zadeh 教授，第一次提出了"模糊集合"的概念，成功运用精确的数学方法描述了模糊概念，由此开创了一门新的数学分支——模糊数学。模糊数学着重研究"认知不确定"类的问题，其研究对象具有"内涵明确，外延不明确"的特点。

模糊综合评价法（Fuzzy Comprehensive Evaluation，FCE）是以模糊数学为基础，应用模糊关系合成的原理，将一些边界不清、不易定量的因素定量化，以多个指标对被评对象隶属等级状况进行综合评价的一种方法，具有结果清晰、系统性强的特点，能较好地解决模糊的、难以量化的问题，适合各种非确定性问题的解决。

模糊综合评价法的优点是：数学模型简单，容易掌握，对事物的描述更加深入和客观，可以很好地解决判断的模糊性和不确定性问题，所得结果包含的信息量丰富，克服了传统数学方法结果单一性的缺陷。模糊综合评价法的缺点是：不能解决评价指标间相关造成的评价信息重复问题；各因素权重的确定带有一定的主观性；在某些情况下，隶属函数的确定有一定困难。尤其是多目标评价模型，要对每一目标、每个因素确定隶属度函数，过于烦琐，实用性不强。

由于可持续性评价系统的指标关系较多且错综复杂，其中既有定性指标，又有定量指标，人们对一些评价指标的认识也是既有精确的一面，也有模糊的一面，划分与描述也多用自然语言来表达，如某修复技术复杂度"较高"，其产生的粉尘对人体伤害"较大"等。自然语言最大的特点是它的模糊性。从逻辑上讲，模糊现象不能用 1（真或是）或 0（假或否）二值逻辑来划分，而是需要一种用区间 [0，1] 的多值（或连续值）逻辑来描述。模糊综合评价法中的模糊集用隶属度作为桥梁，将不确定性在形式上转化为确定性，即将模糊性加以量化，从而可以利用传统的数学方法对评价系统进行分析和评价。

3.3.2 基于模糊综合评价法的可持续性评价模型

模糊综合评价法先对被评对象的变化区间做出划分，再对事物属于各个等级的程度做出分析，综合评价结果能对所有被评对象进行排序，并从中选出优胜对象，其基本步骤如下：

1）定义被评价的对象集：$X = \{x_1, x_2, \cdots, x_p\}$。

2）确定指标集（或称因素集）：$U = \{u_1, u_2, \cdots, u_m\}$，表明对被评对象的哪些方面进行评价描述。

3）确定等级集：$V = \{v_1, v_2, \cdots, v_n\}$，一般用 {很强可持续，较强可持续，基本可持续，较弱可持续，很弱可持续} 表示。

4）确定模糊关系矩阵 $\mathbf{R} = (r_{ij})_{mn}$

$$\mathbf{R} = \begin{pmatrix} r_{11} & r_{12} & \cdots & r_{1n} \\ r_{21} & r_{22} & \cdots & r_{2n} \\ \vdots & \vdots & & \vdots \\ r_{m1} & r_{m2} & \cdots & r_{mn} \end{pmatrix}$$

式中，$r_{ij} = \eta(u_i, v_j)$（$0 \leq r_{ij} \leq 1$），表示就指标 u_i 而言被评为 v_j 的隶属度；矩阵中第 i 行 $\mathbf{R}_i = (r_{i1}, r_{i2}, \cdots, r_{in})$ 为评价指标 u_i 在 V 上各评价等级的单因素评判，一般将其进行归一化处理，使得 $\sum_{j=1}^{n} r_{ij} = 1$。

5）在评价指标集 U 中，各指标在综合评价中具有不同的比重，确定 m 个指标的权重向量：$\mathbf{A} = (a_1, a_2, \cdots, a_m)$，且 $\sum_{i=1}^{n} a_i = 1$。

6）选择合适的合成算法，进行模糊运算，得到综合评价结果。

由于可持续性评价系统是多维度的，因此在运用模糊综合评价的过程中，根据评价系统目标和指标的情况，需将它们分为若干层次，如总目标层、子目标层和指标层等，先进行低层次各指标的综合评价，其评级结果再进行高一层次的综合评价，每一层次的单指标评价都是低一层次的多指标综合评价，如此从低层向高层逐次进行，称为多级模糊综合评价。

3.3.3 基于模糊综合评价法的再制造发动机可持续性评价实例分析

1. 评价对象和目的范围

发动机作为汽车的核心部件，为汽车的运转和行驶提供动力。本实例的研究对象是型号为WD615.87的重卡再制造发动机（六缸、水冷、直喷式高强化柴油机），WD615.87型再制造发动机是目前中国较为成熟的产品，其再制造经济价值较高，且有较好的环境友好性。

本节基于第6章原始制造和再制造发动机的可持续性评价指标体系，从社会、经济和环境三个维度构建指标体系，进行再制造发动机的可持续性评价实例分析。三个维度指标体系的建立、指标的收集和处理的详细过程见第6章。研究目标和范围为：从生命周期角度，与原始制造发动机相比较，对一台再制造发动机的可持续性进行模糊综合评价。采用的方法为：基于模糊综合评价方法，确定再制造发动机三个维度的评价指标模糊关系矩阵，并进行可持续性综合评价。

▶ 2. 可持续性评价指标体系

建立的原始制造和再制造发动机可持续性评价指标体系和指标值见表3-47，其中原始制造发动机指标值在确定隶属度时起到对比作用，指标体系分为目标层（指标类别）和指标层（单项指标）两级，因此，评价系统为两级模糊综合评价。

表3-47 原始制造和再制造发动机可持续性评价指标体系

指标类别	单项指标	原始制造发动机指标值	再制造发动机指标值
社会类指标 U_1	人类权利 u_{11}	—	0.88
	健康安全 u_{12}	—	0.97
	工作环境 u_{13}	—	0.8
	社会经济 u_{14}	—	0.92
经济类指标 U_2	常规成本 u_{21}/元	53099.8	31433
	可能成本 u_{22}/元	407.4	327.65
	环境成本 u_{23}/元	1213.74	273.60
环境类指标 U_3	中国资源消耗（CADP）u_{31}	2.36	0.66
	全球变暖（GWP）u_{32}	1.03	0.21
	酸化（AP）u_{33}	0.43	0.39
	富营养化（EP）u_{34}	0.28	0.05
	臭氧层破坏（ODP）u_{35}	3.05E-05	3.67E-06
	光化学烟雾（POCP）u_{36}	0.71	0.58

3. 可持续性评价及结果分析

按照以下具体步骤对再制造发动机的可持续性进行模糊综合评价：

步骤1：定义指标集 U_m（$m=1,2,3$）。为了衡量再制造发动机的可持续性，根据建立的再制造发动机可持续性评价指标体系，从社会、经济和环境三个维度定义指标集：$U_1 = \{u_{11}, u_{12}, u_{13}, u_{14}\}$，$U_2 = \{u_{21}, u_{22}, u_{23}\}$，$U_3 = \{u_{31}, u_{32}, u_{33}, u_{34}, u_{35}, u_{36}\}$。

步骤2：确定评价等级集。将再制造发动机的可持续性划分为五个模糊评价等级，即等级集 $V = \{$很强可持续，较强可持续，基本可持续，较弱可持续，很弱可持续$\}$。

步骤3：进行单因素评价，分别确定指标集 U_m 中的各指标在相应评价等级集 V 上的隶属度，见表3-48。

表3-48 各指标在相应评价等级上的隶属度

U	很强可持续	较强可持续	基本可持续	较弱可持续	很弱可持续
u_{11}	0.2	0.7	0.8	0.3	0.1
u_{12}	0.3	0.5	0.7	0.2	0.1
u_{13}	0.1	0.3	0.5	0.6	0.2
u_{14}	0.3	0.6	0.5	0.2	0.1
u_{21}	0.4	0.8	0.6	0.4	0.2
u_{22}	0.3	0.7	0.5	0.4	0.1
u_{23}	0.5	0.9	0.6	0.2	0.1
u_{31}	0.5	0.7	0.4	0.2	0.1
u_{32}	0.6	0.8	0.5	0.3	0.1
u_{33}	0.2	0.5	0.7	0.3	0.2
u_{34}	0.5	0.7	0.4	0.3	0.1
u_{35}	0.6	0.9	0.5	0.2	0.1
u_{36}	0.1	0.4	0.7	0.4	0.2

根据表3-48，采用归一化数据处理法对隶属度进行归一化处理，得到的指标层模糊关系矩阵 $\boldsymbol{R}_m$（$m=1,2,3$）分别为

$$\boldsymbol{R}_1 = \begin{pmatrix} 0.2 & 0.7 & 0.8 & 0.3 & 0.1 \\ 0.3 & 0.5 & 0.7 & 0.2 & 0.1 \\ 0.1 & 0.3 & 0.5 & 0.6 & 0.2 \\ 0.3 & 0.6 & 0.5 & 0.2 & 0.1 \end{pmatrix} \xrightarrow{归一化} \begin{pmatrix} 0.095 & 0.333 & 0.381 & 0.143 & 0.048 \\ 0.167 & 0.278 & 0.389 & 0.111 & 0.056 \\ 0.059 & 0.176 & 0.294 & 0.353 & 0.118 \\ 0.176 & 0.353 & 0.294 & 0.118 & 0.059 \end{pmatrix}$$

$$R_2 = \begin{pmatrix} 0.4 & 0.8 & 0.6 & 0.4 & 0.2 \\ 0.3 & 0.7 & 0.5 & 0.4 & 0.1 \\ 0.5 & 0.9 & 0.6 & 0.2 & 0.1 \end{pmatrix} \xrightarrow{归一化} \begin{pmatrix} 0.167 & 0.333 & 0.250 & 0.167 & 0.083 \\ 0.150 & 0.350 & 0.250 & 0.200 & 0.050 \\ 0.217 & 0.391 & 0.261 & 0.087 & 0.043 \end{pmatrix}$$

$$R_3 = \begin{pmatrix} 0.5 & 0.7 & 0.4 & 0.2 & 0.1 \\ 0.6 & 0.8 & 0.5 & 0.3 & 0.1 \\ 0.2 & 0.5 & 0.7 & 0.3 & 0.2 \\ 0.5 & 0.7 & 0.4 & 0.3 & 0.1 \\ 0.6 & 0.9 & 0.5 & 0.2 & 0.1 \\ 0.1 & 0.4 & 0.7 & 0.4 & 0.2 \end{pmatrix} \xrightarrow{归一化} \begin{pmatrix} 0.263 & 0.368 & 0.211 & 0.105 & 0.053 \\ 0.261 & 0.348 & 0.217 & 0.130 & 0.043 \\ 0.105 & 0.263 & 0.368 & 0.158 & 0.105 \\ 0.250 & 0.350 & 0.200 & 0.150 & 0.050 \\ 0.261 & 0.391 & 0.217 & 0.087 & 0.043 \\ 0.056 & 0.222 & 0.389 & 0.222 & 0.111 \end{pmatrix}$$

步骤 4：利用层次分析法，分别求目标层（社会类、经济类和环境类指标）权重向量 w 以及指标层各指标的权重向量 $w_m(m=1,2,3)$。

1）依据托马斯·萨蒂的"1~9 标度法"，构造目标层的比较判断矩阵 A，并采用几何平均法，计算各维度的权重向量 w，见表 3-49。

表 3-49 目标层判断矩阵 A 和权重向量 w

A	U_1	U_2	U_3	权重向量 w
U_1	1	2	3	0.540
U_2	1/2	1	2	0.297
U_3	1/3	1/2	1	0.163

该判断矩阵的最大特征值 $\lambda_{max}=3.009$，计算一致性指标 CI=0.0046，由于矩阵为 3 阶矩阵，故 RI=0.52，随机一致性比率 CR=0.0088<0.1。因此，认为该两两判断矩阵满足一致性要求，求得的权重系数有效。

2）依据托马斯·萨蒂的"1~9 标度法"，分别构造指标层社会类、经济类指标的比较判断矩阵 A_1 和 A_2，并计算指标层权重向量 w_1 和 w_2，见表 3-50、表 3-51。

表 3-50 社会类指标判断矩阵 A_1 和权重向量 w_1

A_1	u_{11}	u_{12}	u_{13}	u_{14}	权重向量 w_1
u_{11}	1	1	1/2	2	0.24
u_{12}	1	1	1/2	2	0.24
u_{13}	2	2	1	1	0.34
u_{14}	1/2	1/2	1	1	0.18

表 3-50 判断矩阵的一致性检查中，$\lambda_{max}=4.25$，CI=0.083，RI=0.89，

CR=0.0933<0.1,因此,社会类指标权重系数有效。

表3-51 经济类指标判断矩阵 A_2 和权重向量 w_2

A_2	u_{21}	u_{22}	u_{23}	权重向量 w_2
u_{21}	1	3	4	0.625
u_{22}	1/3	1	2	0.238
u_{23}	1/4	1/2	1	0.137

表3-51判断矩阵的一致性检查中,$\lambda_{\max}=3.018$,CI=0.0091,RI=0.52,CR=0.0176<0.1,因此,经济类指标权重系数有效。

对于环境类指标,直接引用LCA中各个环境影响类别的权重更为科学合理,参考第6章中的权重数据,经过归一化处理,可得 w_3 =(0.0213,0.6227,0.0014,0.0865,0.2623,0.0058)。

步骤5:计算指标层模糊评价矩阵 B_m(m=1,2,3)

$$B_1 = w_1 R_1 = (0.1146, 0.2702, 0.3377, 0.2021, 0.0754)$$
$$B_2 = w_2 R_2 = (0.1696, 0.3452, 0.2515, 0.1637, 0.0699)$$
$$B_3 = w_3 R_3 = (0.2586, 0.3590, 0.2169, 0.1208, 0.0447)$$

步骤6:根据多层次模糊综合评价的运算规则,下一层的评价结果可作为上一层评价的模糊关系矩阵,即将指标层评价矩阵 B_m 拼接,可得因素层关系矩阵 R

$$R = \begin{pmatrix} 0.1146 & 0.2702 & 0.3377 & 0.2021 & 0.0754 \\ 0.1696 & 0.3452 & 0.2515 & 0.1637 & 0.0699 \\ 0.2586 & 0.3590 & 0.2169 & 0.1208 & 0.0447 \end{pmatrix}$$

由目标层权重系数 w =(0.540,0.297,0.163),即可得出模糊综合评价结果

$$B_s = wR = (0.1871, 0.3371, 0.2553, 0.1572, 0.0633)$$

上述结果表明,再制造发动机的可持续性在评价等级 V = {很强可持续,较强可持续,基本可持续,较弱可持续,很弱可持续} 上的隶属度为(0.1871,0.3371,0.2553,0.1572,0.0633),因此,再制造发动机的可持续性等级为较强可持续。

3.4 基于灰色逼近理想解法的可持续性评价方法

3.4.1 灰色逼近理想解法概述

1. 逼近理想解排序法

逼近理想解排序法(Technique for Order Preference by Similarity to an Ideal

Solution，TOPSIS）可简称为理想解法，是由 C. L. Hwang 和 K. Yoon 于 1981 年首次提出的，是一种多属性决策分析方法，适用于工业经济效益综合评价。TOPSIS 法在有限的对象集中，以各对象与理想解之间的欧氏距离为评价依据，判断各对象优劣并进行排序。其中理想解分为正理想解和负理想解，正理想解是评价对象中指标数值的最优值，负理想解则是评价指标数值中的最劣解。

其基本思路是：在基于规范化后的原始数据矩阵中，确定出理想中的最优样本和最劣样本，然后分别计算出评价对象与最优样本和最劣样本之间的距离，其中既靠近最优方案又远离最劣方案的评价对象为最优样本。

其基本模型为：$C_i = D_i^- / [D_i^+ + D_i^-]$。其中，$D_i^-$ 为评价方案到最劣方案间的距离；D_i^+ 为评价方案到最优方案间的距离；C_i 越接近于 1，评价方案越接近于最优方案。

TOPSIS 对样本量、指标多少及数据分布无严格控制，数学计算亦不复杂，其应用范围广，具有直观的几何意义；它对原始数据的利用比较充分，信息损失少。基于上述优点，它既适用于少样本资料，也适用于多样本的大系统，被评对象既可以是空间上的，也可以是时间上的，尤其适用于数值型指标的分析。但 TOPSIS 法也存在不足：按照欧式距离对方案进行排序时，可能会出现与正理想解和负理想解均接近的情况，使得评价结果不能完全反映出各方案的优劣性；评判的环境及自身条件发生改变，有可能使"最优点"与"最差点"发生变化，导致评判结果不具有唯一性；该方法不能解决评价指标间相关造成的评价信息重复的问题。

2. 基于灰色关联分析的评价方法

灰色系统理论是 20 世纪 80 年代由我国著名学者邓聚龙教授提出并创立的一门新兴学科，目前广泛应用于社会、经济、农业、地质、气象等各个领域。灰色系统理论以小样本和信息的不确定性系统作为研究对象，通过提取和开发已知的少量信息来获得系统内部的潜在信息，从而揭示系统的运行规律，形成了包括灰色预测、灰色评估、灰色决策、灰色控制与灰色关联分析等内容的理论体系。其中，灰色关联分析方法对样本量的大小没有特殊的要求，在进行关联分析时不需要服从典型的概率分布，而且区别于传统的分析方法中常用的因素两两对比的模式，将各个因素置于统一的系统之中进行比较和分析，因此，灰色关联分析方法被广泛应用到各个领域，是综合评价方法中一种被广泛使用的方法。

灰色关联分析方法是一种定性分析和定量分析相结合的综合评价方法，主要分析各指标与整体系统的关联程度，是一种相对于某一基准的多指标统计分析方法，该方法可以较好地解决评价指标难以准确量化和统计的问题，排除了人为因素带来的影响，使评价结果更加客观准确。灰色关联分析的基本思想是：若干个数列所构成的各条曲线几何形状越接近，则它们的变化趋势越接近，其关联度就越大，否则关联度就越小。该方法首先是求各个方案与理想方案的关联系数矩阵，由关联系数矩阵得到各方案与理想方案之间的关联度，再按关联度的大小进行排序、分析，得出结论。综合评价是通过描述被评对象的多个指标来进行的，被评对象的各个方面的指标经常会出现信息不完全的灰色现象，特别是主观定性指标的灰色性更大，因此，采用灰色关联分析方法进行综合评价是有效的和适宜的。

灰色综合评价的优点是：能在信息少的情况下对被评价方案的指标变化情况以及与理想方案之间的区别做出很好的解释，计算过程简单，通俗易懂，数据不用进行归一化处理；不需要大量样本，也不需要经典的分布规律，只要具有代表性少量样本即可。其缺点是：只能针对各方案相同指标之间的关联性进行度量，通过指标之间的密切程度比较各方案相对于同一参照序列的关联程度，在评判整体绝对水平上存在不足；目前常用的灰色关联度量化模型所求出的关联度总为正值，不能全面反映事物之间的正相关和负相关关系；该方法不能解决评价指标间相关造成的评价信息重复问题；需要确定"分辨系数"，而"分辨系数"的选择目前还没有合理的标准。

3. 基于灰色逼近理想解的组合评价方法

面对单一综合评价方法的局限性和不足，人们的想法自然就是对两类方法进行组合，以实现两者的优势互补，得到更为合理、科学的评价结果。于是，近年来，学术界提出了"组合评价"的研究思路。通过各种方法的组合，可以达到取长补短的效果。组合方法是指将多种方法或多种结论组合应用以提升评价结果的信服力或可接受程度的方法。每种单一方法都有自身的优缺点，它们的适用场合也并不完全相同，通过将具有同种性质的综合评价方法组合在一起，能够使各方法的缺点得到弥补，同时兼具各方法的优点。

例如：

1）层次分析法（AHP）与数据包络分析法（DEA）的集成。AHP 中判断矩阵的一致性会受到评价者的知识结构、判断水平及个人偏好等许多主观因素的影响。DEA 以各决策单元的输入输出指标的权重为变量，确定各指标在优先意义下的权重，使之受不确定的主观因素的影响比较小。将两者组合能充分发挥各自的优势，使综合评价方法更加完善。

2）AHP 与人工神经网络方法的集成。AHP 设法通过一定模式使决策思维过程规范化，使之适用于定性与定量因素相结合，特别是定性因素起主导作用的评价问题。然而对于如何在人的参与过程中，尽量减少主观上的随意性、思维上的不确定性以及认识上的模糊性等不利的主观因素影响，人工神经网络方法可有效加以弥补和解决。

TOPSIS 和灰色关联分析方法都存在着一定程度的不足。TOPSIS 是在有限信息的情况下对被评对象本身的数据进行分析，该方法可以很好地反映出备选方案与正负理想解之间的相似程度，但是不能很好地反映被评对象之间的各指标变化及其与正负理想解之间的区别，即不能很好地挖掘数据间的关系；灰色关联分析方法中的关联度能反映备选方案与理想最优方案或理想最劣方案的关联度，但是不管是最优关联还是最劣关联都可能使得关联度"偏优"或"偏劣"，从而导致使用理想最优关联和理想最劣关联得到的排序结果不一致，但该方法可以在信息较少的情况下对备选方案内部因素的变化情况以及其与正负理想解之间的区别做出很好的说明。因此，针对以上两种方法的优缺点，可以将 TOPSIS 和灰色关联分析方法组合，构建一种改进的灰色逼近理想解模型，进行较为科学合理的可持续性评价。

3.4.2 基于灰色逼近理想解法的可持续性评价模型

TOPSIS 是对最优解的排序，目的是寻求各评价指标序列（评价矩阵里的每一列）的最优解，然后将对应列最优解抽象出来，构建一个虚拟的被评对象，并利用灰色关联度法对上述最优解矩阵进行关联度分析与权重优化，最后得到指标样本的相对优劣性排序。具体评价步骤如下：

1）构造原始指标数据矩阵 $X = (x_{ij})_{mn}$

$$X = \begin{pmatrix} x_{11} & x_{12} & \cdots & x_{1n} \\ x_{21} & x_{22} & \cdots & x_{2n} \\ \vdots & \vdots & & \vdots \\ x_{m1} & x_{m2} & \cdots & x_{mn} \end{pmatrix} \tag{3-18}$$

式中，m 为被评对象个数；n 为评价指标个数；x_{ij} 为第 i 个评价对象第 j 个指标的数值，$i = 1, 2, \cdots, m$，$j = 1, 2, \cdots, n$。

2）对原始指标数据矩阵进行规范化处理，得到规范化矩阵 $P = (p_{ij})_{mn}$，其中 p_{ij} 的数值为

$$p_{ij} = \frac{x_{ij}}{\left(\sum_{i=1}^{m} x_{ij}^2\right)^{\frac{1}{2}}} \tag{3-19}$$

3）采用熵值法确定各指标权重。首先计算第 j 个指标的熵值 e_j

$$e_j = -(\ln m)^{-1} \sum_{i=1}^{m} e_{ij} \ln e_{ij} \qquad (3\text{-}20)$$

式中，$e_{ij} = p_{ij} / \sum_{i=1}^{m} p_{ij}$ 为第 i 个被评对象在第 j 个指标下的指标值比值。求规范化矩阵 $\boldsymbol{P}$ 时，由于规范化方法不同，当 $p_{ij}=0$ 时，则 $\ln e_{ij}$ 无意义。此时，为了使 $\ln e_{ij}$ 有意义，可将 e_{ij} 修正为

$$e_{ij} = \frac{1+p_{ij}}{\sum_{i=1}^{m}(1+p_{ij})}$$

进而计算第 j 个指标的熵权

$$w_j = \frac{1-e_j}{\sum_{j=1}^{n}(1-e_j)} = \frac{g_j}{\sum_{j=1}^{n} g_j} \qquad (3\text{-}21)$$

式中，$g_j = 1-e_j$ 表示第 j 个指标的差异系数。g_j 越大，对样本评价的作用越大，熵值就越小，指标的权重系数相应就越大。反之，g_j 越小，对样本评价的作用越小，指标的权重系数相应就越小。

计算加权标准化矩阵 $\boldsymbol{Y} = (y_{ij})_{mn}$，其元素值为

$$y_{ij} = w_j p_{ij} \qquad (3\text{-}22)$$

4）确定理想解。分别求解同属性指标的最值，并且以正向最大值和逆向最小值组成正理想解，以正向最小值和逆向最大值组成负理想解。

$$\begin{aligned}Y_0^+ &= \left(\max_{1 \leq i \leq m} y_{ij} | j \in j^+, \min_{1 \leq i \leq m} | j \in j^- |\right) = (y_1^+, y_2^+, \cdots, y_n^+) \\ Y_0^- &= \left(\min_{1 \leq i \leq m} y_{ij} | j \in j^+, \max_{1 \leq i \leq m} | j \in j^- |\right) = (y_1^-, y_2^-, \cdots, y_n^-)\end{aligned} \qquad (3\text{-}23)$$

式中，j^+、j^- 分别表示正逆向指标，j^+ 值越大表示指标越优，j^- 值越小表示指标越优。也可根据第 2.3.2 节所述基于国家或行业标准的方式确定正理想解和负理想解。

5）计算样本的欧式距离。设样本到正负理想解的欧氏距离为 d^+、d^-，则

$$\begin{cases} d_i^+ = \sqrt{\sum_{j=1}^{n}(y_{ij}-y_j^+)^2} \\ d_i^- = \sqrt{\sum_{j=1}^{n}(y_{ij}-y_j^-)^2} \end{cases} (i=1,2,\cdots,m; j=1,2,\cdots,n) \qquad (3\text{-}24)$$

6）计算样本与正负理想解的灰色关联度。样本 i 与正负理想解关于指标 j

的关联度系数为

$$\mu_{ij}^+ = \frac{\min\limits_{i}\min\limits_{j}\Delta y_{ij}^+ + \rho\max\limits_{i}\max\limits_{j}\Delta y_{ij}^+}{\Delta y_{ij}^+ + \rho\max\limits_{i}\max\limits_{j}\Delta y_{ij}^+}$$

$$\mu_{ij}^- = \frac{\min\limits_{i}\min\limits_{j}\Delta y_{ij}^- + \rho\max\limits_{i}\max\limits_{j}\Delta y_{ij}^-}{\Delta y_{ij}^- + \rho\max\limits_{i}\max\limits_{j}\Delta y_{ij}^-}$$

(3-25)

式中，$\min\limits_{i}\min\limits_{j}\Delta y_{ij}$、$\max\limits_{i}\max\limits_{j}\Delta y_{ij}$ 分别为两级最小差和两级最大差；ρ 为分辨系数，一般取 $\rho=0.5$；当与正理想样本对比时，$\Delta y_{ij}^+ = |y_j^+ - y_{ij}|$；与负理想样本对比时，$\Delta y_{ij}^- = |y_j^- - y_{ij}|$。第 i 个样本与正负理想解的关联度为

$$r_i^+ = \frac{1}{n}\sum_{j=1}^{n}\mu_{ij}^+, \quad r_i^- = \frac{1}{n}\sum_{j=1}^{n}\mu_{ij}^-$$

(3-26)

7）r_j^+，r_j^-，d_j^+，d_j^- 的无量纲化处理，即

$$R_i^+ = \frac{r_i^+}{\max r_i^+}, \quad R_i^- = \frac{r_i^-}{\max r_i^-}$$

(3-27)

$$D_i^+ = \frac{d_i^+}{\max d_i^+}, \quad D_i^- = \frac{d_i^-}{\max d_i^-}$$

(3-28)

式中，R_i^+，R_i^-，D_i^+，D_i^- 为无量纲处理后的值，$i=1,2,\cdots,m$。

8）R_i^+ 和 D_i^- 数值越大，样本越接近正理想解；而 R_i^- 和 D_i^+ 数值越大，样本越远离正理想解。为更加量化观测样本与正负理想解之间的偏差，引入逼近程度 S_i

$$\begin{cases} S_i^+ = \lambda_1 D_i^- + \lambda_2 R_i^+ \\ S_i^- = \lambda_1 D_i^+ + \lambda_2 R_i^- \end{cases} (i=1,2,\cdots,m)$$

(3-29)

式中，λ_1 和 λ_2 为偏好系数，且 $\lambda_1+\lambda_2=1$，一般取 $\lambda_1=\lambda_2=0.5$。

9）计算样本贴近度与优劣性排序。为客观反映样本与理想解之间的逼近程度，引入综合贴近度

$$\xi_i = \frac{S_i^+}{S_i^+ + S_i^-} (i=1,2,\cdots,m)$$

(3-30)

式中，综合贴近度 ξ_i 即为对应各样本可持续性综合评价值。按照相对 ξ_i 的大小对可持续性进行排序，ξ_i 越大表示样本越优，即更趋近正理想解；反之，ξ_i 越大表示样本越劣，更趋近负理想解。

3.4.3 基于灰色逼近理想解法的增材修复技术可持续性评价实例分析

本节所选研究实例与第 3.2.3 节再制造增材修复技术可持续性评价相同，

因此，技术背景介绍、功能单元和范围、指标体系和数据收集等内容从略，下面从数据规范化处理、可持续性评价开始进行论述。

1. 数据规范化处理和可持续性评价

（1）构建规范化矩阵　根据表3-22中的修复技术可持续性评价指标原始数据，由式（3-19）、式（3-20）、式（3-21）得到其规范化矩阵 p_{ij}、指标值比值 e_{ij}、熵值 e_j 和权重向量 w_j。

$$p_{ij} = \begin{pmatrix} 0.6816 & 0.4241 & 0.2673 & 0.2795 & 0.9577 & 0.8019 & 0.5525 & 0.5689 & 0.6038 & 0.1280 & 0.5358 & 0.5882 & 0.6447 & 0.6236 \\ 0.6910 & 0.4638 & 0.1782 & 0.2152 & 0.2210 & 0.4579 & 0.7196 & 0.7097 & 0.6865 & 0.0918 & 0.7292 & 0.5147 & 0.5641 & 0.5345 \\ 0.2350 & 0.5433 & 0.6236 & 0.9342 & 0.0037 & 0.2632 & 0.0177 & 0.0218 & 0.0300 & 0.9859 & 0.0213 & 0.4411 & 0.3223 & 0.4454 \\ 0.0529 & 0.5566 & 0.7127 & 0.0538 & 0.1842 & 0.2792 & 0.4203 & 0.4150 & 0.4041 & 0.0565 & 0.4252 & 0.4411 & 0.4029 & 0.3563 \end{pmatrix}$$

$$e_{ij} = \begin{pmatrix} 0.4105 & 0.2133 & 0.1500 & 0.1885 & 0.7008 & 0.4449 & 0.3231 & 0.3316 & 0.3502 & 0.1014 & 0.3130 & 0.2963 & 0.3333 & 0.3182 \\ 0.4161 & 0.2333 & 0.1000 & 0.1452 & 0.1617 & 0.2541 & 0.4208 & 0.4137 & 0.3981 & 0.0727 & 0.4260 & 0.2593 & 0.2917 & 0.2727 \\ 0.1415 & 0.2733 & 0.3500 & 0.6300 & 0.0027 & 0.1461 & 0.0103 & 0.0127 & 0.0174 & 0.7811 & 0.0125 & 0.2222 & 0.1667 & 0.2273 \\ 0.0318 & 0.2800 & 0.4000 & 0.0363 & 0.1348 & 0.1549 & 0.2458 & 0.2419 & 0.2343 & 0.0447 & 0.2485 & 0.2222 & 0.2083 & 0.1818 \end{pmatrix}$$

$e_j = (0.8056, 0.9955, 0.9008, 0.7257, 0.5986, 0.9221, 0.8090, 0.8151, 0.8256, 0.5444, 0.8135, 0.9946, 0.9745, 0.9849)$

$w_j = (0.0849, 0.0019, 0.0433, 0.1198, 0.1753, 0.0340, 0.0834, 0.0807, 0.0762, 0.1990, 0.0815, 0.0023, 0.0111, 0.0066)$

（2）确定理想解　根据各指标属性，确定孔隙率 D_3、时间消耗 D_4、设备成本 D_5、运行成本 D_6、全球变暖 D_7、酸化 D_8、中国资源消耗 D_9、水体富营养化 D_{10}、可吸入性无机物 D_{11} 等指标为逆向指标，其余均为正向指标。由正逆向指标 j^+、j^-，根据式（3-22）、式（3-23）可得加权标准化矩阵元素值以及正负理想解 y_{ij}、Y_0^+、Y_0^-。

$$y_{ij} = \begin{pmatrix} 0.0578 & 0.0008 & 0.0116 & 0.0335 & 0.1679 & 0.0273 & 0.0461 & 0.0459 & 0.0460 & 0.0255 & 0.0436 & 0.0014 & 0.0072 & 0.0041 \\ 0.0586 & 0.0009 & 0.0077 & 0.0258 & 0.0387 & 0.0156 & 0.0600 & 0.0573 & 0.0523 & 0.0183 & 0.0594 & 0.0012 & 0.0063 & 0.0035 \\ 0.0199 & 0.0011 & 0.0270 & 0.1119 & 0.0006 & 0.0090 & 0.0015 & 0.0018 & 0.0023 & 0.1962 & 0.0017 & 0.0010 & 0.0036 & 0.0029 \\ 0.0045 & 0.0011 & 0.0309 & 0.0064 & 0.0323 & 0.0095 & 0.0351 & 0.0335 & 0.0308 & 0.0112 & 0.0346 & 0.0010 & 0.0045 & 0.0023 \end{pmatrix}$$

$Y_0^+ = (0.0586, 0.0011, 0.0077, 0.0064, 0.0006, 0.0090, 0.0015, 0.0018, 0.0023, 0.0112, 0.0017, 0.0014, 0.0072, 0.0041)$

$Y_0^- = (0.0045, 0.0008, 0.0309, 0.1119, 0.1679, 0.0273, 0.0600, 0.0573, 0.0523, 0.1962, 0.0594, 0.0010, 0.0036, 0.0023)$

（3）计算样本的欧式距离　由式（3-24）可得样本到正负理想解的欧氏距离分别为 d_i^+ 和 d_i^-，见表3-52。

（4）计算样本与理想解的灰色关联度　由式（3-25）可得样本 i 与正负理想解关于指标 j 的灰色关联度系数 μ_{ij}^+、μ_{ij}^-

$$\mu_{ij}^+ = \begin{pmatrix} 0.9914 & 0.9972 & 0.9599 & 0.7738 & 0.3561 & 0.8347 & 0.6745 & 0.6768 & 0.6791 & 0.8667 & 0.6882 & 1.0000 & 1.0000 & 1.0000 \\ 1.0000 & 0.9980 & 1.0000 & 0.8271 & 0.7082 & 0.9332 & 0.6123 & 0.6248 & 0.6491 & 0.9293 & 0.6159 & 0.9981 & 0.9904 & 0.9937 \\ 0.7050 & 0.9997 & 0.8273 & 0.4672 & 1.0000 & 1.0000 & 1.0000 & 1.0000 & 1.0000 & 0.3333 & 1.0000 & 0.9963 & 0.9627 & 0.9875 \\ 0.6306 & 1.0000 & 1.0000 & 0.7997 & 0.7451 & 0.9941 & 0.7335 & 0.7445 & 0.7645 & 1.0000 & 0.7376 & 0.9963 & 0.9718 & 0.9813 \end{pmatrix}$$

$$\mu_{ij}^- = \begin{pmatrix} 0.6341 & 1.0000 & 0.8273 & 0.5411 & 1.0000 & 1.0000 & 0.8690 & 0.8905 & 0.9362 & 0.3513 & 0.8544 & 0.9963 & 0.9627 & 0.9813 \\ 0.6306 & 0.9992 & 0.7997 & 0.5178 & 0.4173 & 0.8877 & 1.0000 & 1.0000 & 1.0000 & 0.3420 & 1.0000 & 0.9981 & 0.9718 & 0.9875 \\ 0.8568 & 0.9975 & 0.9599 & 1.0000 & 0.3561 & 0.8347 & 0.6123 & 0.6248 & 0.6491 & 1.0000 & 0.6159 & 1.0000 & 1.0000 & 0.9937 \\ 1.0000 & 0.9972 & 1.0000 & 0.4672 & 0.4054 & 0.8388 & 0.7874 & 0.7954 & 0.8113 & 0.3333 & 0.7888 & 1.0000 & 0.9904 & 1.0000 \end{pmatrix}$$

由式（3-26）可得第 i 个样本与正负理想解的关联度 r_i^+、r_i^-，见表 3-52。

（5）对样本的欧式距离以及关联度进行无量纲化处理 由式（3-27）、式（3-28）可得无量纲化处理后的样本到正负理想解的欧氏距离和灰色关联度 D_i^+、D_i^-、R_i^+、R_i^-，见表 3-52。

表 3-52 样本到正负理想解的欧式距离和关联度

修复技术	d_i^+	d_i^-	r_i^+	r_i^-	D_i^+	D_i^-	R_i^+	R_i^-
激光熔覆	0.1920	0.1978	0.8213	0.8460	0.8837	0.7684	0.9364	1.0000
等离子弧堆焊	0.1194	0.2436	0.8486	0.8251	0.5496	0.9463	0.9675	0.9753
电刷镀	0.2173	0.2022	0.8771	0.8215	1.0000	0.7855	1.0000	0.9710
等离子喷涂	0.0923	0.2575	0.8642	0.8011	0.4246	1.0000	0.9853	0.9469

（6）计算样本综合贴近度 由式（3-29），取 λ_1、λ_2 均为 0.5，计算逼近程度值 S_i^+、S_i^-，则由式（3-30）可得样本的综合贴近度 ξ_i，即样本可持续性综合评价值，见表 3-53。

表 3-53 样本到正负理想解的逼近程度和样本的综合贴近度

修复技术	S_i^+	S_i^-	ξ_i	排 名
激光熔覆	0.8524	0.9418	0.4751	4
等离子弧堆焊	0.9569	0.7624	0.5566	2
电刷镀	0.8927	0.9855	0.4753	3
等离子喷涂	0.9927	0.6858	0.5914	1

2. 评价结果分析

由样本综合贴近度知，在上述可持续性评价中，等离子喷涂技术最具有可持续性；离子弧堆焊技术次之，电刷镀技术和激光熔覆技术分别居第三、第四位。反思上述整个评价过程可发现，实例中的欧氏距离、关联度以及贴近度三个重要的参数在数值上差异度不大，使得评价结果容易存在一定的偏差、排序稳定性较差。

该方法评价结果和其他方法的结果有较大不同，分析主要原因是：该方法虽然采用欧氏距离和关联度的组合构造逼近度和综合贴近度，按照贴近度的大小对样本优劣进行排序，但是还是没有从根本上避免两种方法的不足，即 TOPSIS 中的欧氏距离可能出现某个样本离正理想解最近，但也并非离负理想解最远的情况；而灰色关联分析方法中的关联度反映的也是"偏优"或"偏劣"的度量结果；熵值法根据样本评价指标构成的特征值矩阵来确定指标权重，确定各指标权重具有一定的合理性，但关联度计算公式对各样本采用平权处理，客观性较差；整体评价过程没有考虑不同维度的权重；另外，若采用适度值进行原始指标数据规范化处理或基于国家或行业标准的方式确定正负理想解，则更能体现被评对象不同指标的特性和重要性，使评价结果趋于合理。

3.5 小结

本章介绍了当前基本的可持续性评价方法和模型，主要包括层次分析方法、主成分分析方法、模糊综合评价方法、TOPSIS 与灰色关联分析方法组合的可持续性评价方法，并且以叶轮增减材制造、典型再制造增材修复技术和再制造发动机的可持续性评价和比较为研究目标，对基本的可持续性评价方法进行了实例分析。上述评价方法各有优缺点，需要根据所评价对象和指标数据的特点进行选择和应用。

参 考 文 献

[1] SAATY T L. The analytic hierarchy process [M]. New York: McGraw-Hill Press, 1980.
[2] 秦寿康. 综合评价原理与应用 [M]. 北京: 电子工业出版社, 2003.
[3] 张发明. 综合评价基础方法及应用 [M]. 北京: 科学出版社, 2018.
[4] LAARHOVEN P J M, PEDRYCZ W. A fuzzy extension of Saaty's priority theory [J]. Fuzzy Sets and Systems, 1983, 11 (1-3): 199-227.
[5] 肖钰, 李华. 基于三角模糊数的判断矩阵的改进及其应用 [J]. 模糊系统与数学, 2003, 17 (2): 59-64.
[6] BUCKLEY J J. Fuzzy hierarchical analysis [J]. Fuzzy Sets and Systems, 1985, 17: 233-247.
[7] PENG S T, LI T, WANG X L, et al. Toward a sustainable impeller production: environmental impact comparison of different impeller manufacturing methods [J]. Journal of Industrial Ecology, 2017, 21 (S1): S216-S229.
[8] PENG S T, LI T, LI M Y, et al. An integrated decision model of restoring technologies selection for engine remanufacturing practice [J]. Journal of Cleaner Production, 2019, 206: 598-610.
[9] 李方义, 李振, 王黎明, 等. 内燃机增材再制造修复技术综述 [J]. 中国机械工程, 2019, 30 (9): 1119-1127; 1133.
[10] 何晓群. 多元统计分析 [M]. 北京: 中国人民大学出版社, 2012.
[11] LI T, ZHANG H C, YUAN C, et al. A PCA-based method for construction of composite sus-

tainability indicators [J]. The International Journal of Life Cycle Assessment, 2012, 17 (5): 593-603.

[12] 陈正伟. 综合评价技术及应用 [M]. 成都：西南财经大学出版社, 2013.

[13] 杜栋, 庞庆华, 吴炎. 现代综合评价方法与案例精选 [M]. 4版. 北京：清华大学出版社, 2021.

[14] 詹勇, 肖刚, 陈举斌, 等. 应用一种模糊统计算法对高压电缆进行综合评价 [J]. 信息技术与信息化, 2018 (8): 79-82.

[15] 王利利, 贾梦雨, 韩松, 等. 基于TOPSIS-灰色关联度的农网投资效益与风险能力综合评价 [J]. 电力科学与技术学报, 2020, 35 (4): 76-83.

[16] 张娜, 翁伟锋, 魏坤盛, 等. 基于灰色关联度与TOPSIS融合模型对不同产地广西郁金的质量评价 [J]. 中国实验方剂学杂志, 2020, 26 (3): 137-145.

[17] 牛一丹. 基于灰色关联和TOPSIS法的项目工期风险评价 [D]. 大连：大连理工大学, 2019.

[18] 方国华, 黄显峰. 多目标决策理论、方法及其应用 [M]. 北京：科学出版社, 2019.

[19] 郭显光. 一种新的综合评价方法：组合评价法 [J]. 统计研究, 1995 (5): 56-59.

[20] 易平涛, 李伟伟, 郭亚军. 综合评价理论与方法 [M]. 2版. 北京：经济管理出版社, 2019.

第 4 章

基于智能优化算法的可持续性评价方法

现代综合评价方法的研究已经向多属性、多主体、动态化、复杂化、智能化方向发展。基于智能优化算法的综合评价是指在评价过程中使用智能理论和方法，使评价模型具有自学习、自适应、自寻优、自识别、自协调和自繁殖等智能特征的综合评价方法，是一个在智能方法引导下的动态优选与评价过程。

智能优化算法在识别可持续系统客观信息和主观信息、挖掘评价指标和评价目标之间非线性关系，以及解决评价指标和评价标准不确定、评价样本信息不完全等方面具有很好的可操作性和实用性。通过引入智能优化算法，可极大提高综合评价的数理基础水平，丰富综合评价的方法体系，为复杂系统、非线性系统、不完全信息系统、动态系统的评价提供强有力的方法论基础。

4.1 基于遗传算法的可持续性评价方法

4.1.1 遗传算法简介

遗传算法（Genetic Algorithm，GA）是一类借鉴生物界的进化规律——"适者生存，优胜劣汰"遗传机制演化而来的随机搜索算法，是一种用于处理一般非线性数学模型的优化方法。其基本思想是基于进化论和遗传学，通过选择、交叉和变异等遗传算子的共同作用使种群不断进化，最终收敛到优化解。

遗传算法对模型是否线性、连续、可微等不做限制，也不受优化变量数目和约束条件的束缚，直接在优化准则函数引导下进行全局自适应寻优，因此，遗传算法解题能力强、适用范围广，是一种被广泛应用的优化算法。

遗传算法编码技术可以根据各自的实际需求进行自定义编码，编码方式千差万别，如果被研究对象十分复杂，可能需要多层编码。学者们针对遗传算法的三个基本操作，即选择、交叉和变异，提出了众多方法，遗传算法的详细理论及实现过程可参考专业书籍，此处仅做简单介绍。

通常，遗传算法需要确定以下内容：

1）确定编码方式。根据优化问题设计相应的编码规则，以表征解空间中的某一个方案，合理设计编码机制对 GA 的效率有很大影响。

2）确定适应度计算函数。根据编码方式产生的所有可能解，需要确定一个评价函数计算其适应度，表示其优劣程度，并据此参与进化。

3）GA 参数设计。通常有种群规模、代沟大小、交叉概率、变异概率等参数。

4）遗传算子的设计。GA 的种群初始化后，通过对种群适应能力的选择、交叉、变异等一系列的操作，使种群一代一代不断进化。

5）终止遗传算法的条件。它通常包含两种，一种是目标值达到预期可接受范围，另一种是迭代次数达到预设的最大进化代数。

遗传算法的框架如图 4-1 所示。首先，根据编码规则随机产生一组初始个体，组成初始种群，并计算每一个个体相应的适应度值。其次，判断是否满足遗传算法的优化准则。如果满足，则输出最佳个体；如果不满足，则根据适应度值以自定义的方式对种群个体进行选择，按照预定的交叉算子的交叉概率执行交叉操作，而后按照预定的变异算子的变异概率进行变异操作，最后判断是否满足遗传算法的优化准则，如此反复，直到输出最佳个体。

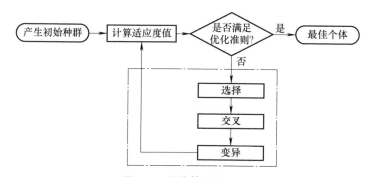

图 4-1　遗传算法的框架

将遗传算法应用于可持续性评价的一般步骤如下：

1）建立可持续性评价指标体系，对各分类（各维度）可持续性评价指标及评价标准做正向一致化和规范化处理。

2）确定用遗传算法优化的各分类单项指标的可持续性评价普适公式。

3）通过遗传算法求解可持续性评价普适公式中的参量。

4）采用层次分析法等方法，确定各个维度的权重。

5）建立可持续性评价的综合指数评价模型。

4.1.2　基于遗传算法的可持续性评价模型

1. 分类单项指标的可持续性指数普适公式

将可持续性评价指标按照技术、经济、环境和社会四个维度分为四大类指标，使用这些指标来描述技术、经济、环境和社会可持续程度时均可以使用 S 形生长曲线表示

$$\text{PI}_i = \frac{1}{1 + a_i e^{-b_i D_i}} \tag{4-1}$$

式中，PI_i 为指标 i 的评价指数；D_i 为指标 i 的值；a_i、b_i 为待优化的参数。

若不同指标的同级标准规范化之后的数值差异不大（一般以不超过一个数量级为宜），则同一类中不同指标的式（4-1）中的参数 a_i 和 b_i 可视为相同，从而可用遗传算法对参数进行优化，因而式（4-1）可用以下普适公式代替：

$$\text{PI}_i = \frac{1}{1 + a e^{-b x_i}} \tag{4-2}$$

式中，x_i 为经过规范化处理后的数值；a、b 为待优化的参数。

2. 基于广义对比加权法的分类可持续性指数公式

采用广义对比加权法将分类的单项指标可持续性指数合成为该类别的可持续性指数

$$\text{PI}(B_j) = \sum_{i=1}^{n} W_i \cdot \text{PI}_i \tag{4-3}$$

式中，PI_i 为由式（4-2）计算得到的指标 i 的可持续性指数；W_i 为指标 i 的广义对比归一化权重；n 为某类指标的个数。

在将单项指标可持续性指数合成为分类可持续性指数时，应适当增强 PI_i 较小的指标的影响，而适当削弱 PI_i 较大的指标的影响，故可采用广义对比加权法计算各单项指标的权重

$$W'_i = \begin{cases} \left(\dfrac{u_i}{2}\right)^{\frac{1}{2}}, & 0 \leqslant u_i \leqslant 0.5 \\ 1 - \left[\left(1 - \dfrac{u_i}{2}\right)\right]^{\frac{1}{2}}, & 0.5 < u_i \leqslant 1 \end{cases} \tag{4-4}$$

指数 PI_i 与 u_i 的映射关系式如下：

$$u_i = u_k + (u_{k+1} - u_k) \frac{\text{PI}_i - \text{PI}_k}{\text{PI}_{k+1} - \text{PI}_k} \tag{4-5}$$

式中，PI_k 和 u_k 分别为第 k 级标准的可持续性指数和相应的映射值。当评价标准为 5 级时，可设定：$k=1,2,3,4,5$ 时，u_k 取值分别为 $0.1, 0.3, 0.5, 0.7, 0.9$。

由式（4-4）求出 W'_i 后，还需归一化为 $W_i = \dfrac{W'_i}{\sum_{i=1}^{n} W'_i}$。

3. 基于层次分析法的可持续性综合指数公式

对构成可持续性评价指标体系的技术、经济、环境和社会四个维度，应用

层次分析法（AHP），依据判别准则，两两比较重要性程度，构成判断矩阵；求得最大特征值对应的特征向量，确定出各类指标体系的权重，从而得到四个维度可持续性综合指数为

$$\mathrm{PI} = \sum_{B=1}^{4} W_B \cdot \mathrm{PI}(B_j) \tag{4-6}$$

式中，W_B 为技术、经济、环境和社会四个类别（维度）的权重，$\sum_{B=1}^{4} W_B = 1$。

4. 可持续性评价目标函数

使用遗传算法优化参数需要构造目标函数，可持续性评价的四类目标函数均构造为

$$\min f(x) = \min \sum_{k=1}^{h} \sum_{i=1}^{n} |\mathrm{PI}_{ki} - \mathrm{PI}_k| \tag{4-7}$$

式中，h 为划分的评价等级标准个数；PI_{ki} 为根据式（4-2）计算得到的指标 i 的 k 级标准的指数值，由式（4-2）可知 PI_{ki} 满足 $0 \leq \mathrm{PI}_{ki} \leq 1$；$\mathrm{PI}_k$ 为 k 级标准的目标值，$k = 1, 2, \cdots, h$。

PI_k 的计算方法为：设 PI_k 的最小值 $I_0 = 0.01$、最大值 $I_9 = 0.99$，按照"等比赋值，等差分级"的标度指数分级原则，划分 $l = 0, 1, 2, \cdots, 9$ 共 10 个级，则任意相邻两级之间的比率为 $(I_9/I_0)^{1/9}$。当划分为 5 个等级标准时，令 l 值分别取 1, 3, 5, 7, 9，代入 $\mathrm{PI}_k = I_0 (I_9/I_0)^{l/9}$ 中，即可得到 5 个等级标准对应的目标值 PI_k，分别为 $\mathrm{PI}_1 = 0.0167$、$\mathrm{PI}_2 = 0.0463$、$\mathrm{PI}_3 = 0.1284$、$\mathrm{PI}_4 = 0.3565$ 和 $\mathrm{PI}_5 = 0.99$。

4.1.3 基于遗传算法的增材修复技术可持续性评价实例分析

所选再制造增材修复技术同第 3.2.3 节，因此研究背景、功能单元和范围、指标体系和数据收集等内容从略，下面从数据规范化处理和评价方法开始进行论述。

1. 数据规范化处理

原始数据见表 3-22，确定评价指标分级标准见表 4-1，可以发现不同维度不同指标原始数据的量纲相差巨大，例如经济类指标中的设备成本往往会比运行成本多出好几个数量级，为此需要对原始数据进行规范化处理，规范化处理方法同表 3-23，四种修复技术评价分级标准和评价指标的规范化处理结果见表 4-2。

表 4-1 四种修复技术评价指标的分级标准

指标分类	指 标	指标评价分级标准				
		Ⅰ级(很弱)	Ⅱ级(较弱)	Ⅲ级(基本)	Ⅳ级(较强)	Ⅴ级(很强)
技术类指标 B_1	结合强度 D_1/MPa	40	150	300	450	600
	表面硬度 D_2 HV	200	300	400	500	600
	孔隙率 D_3(%)	4.5	3.5	2.5	1	0.8
	时间消耗 D_4/min	7	4	2	0.5	0.3
经济类指标 B_2	设备成本 D_5/10万元	30	15	5	1	0.09
	运行成本 D_6/元	15	9	6	4	2
环境类指标 B_3	全球变暖 D_7/kg CO_2 eq	1.103E-06	8.190E-07	5.76E-07	5.352E-07	2.142E-08
	酸化 D_8/kg SO_2 eq	1.424E-06	1.059E-06	7.92E-07	6.938E-07	2.384E-08
	中国资源消耗 D_9/kg ce	5.128E-07	3.596E-07	2.76E-07	2.379E-07	1.461E-08
	水体富营养化 D_{10}/kg NO_3^- eq	7.087E-07	1.96E-07	1.600E-07	1.400E-07	2.791E-08
	可吸入性无机物 D_{11}/kg $PM_{2.5}$ eq	5.028E-07	3.496E-07	2.79E-07	2.279E-07	1.086E-08
社会类指标 B_4	工人工资 D_{12}	0.2	0.5	0.8	0.9	1
	自动化程度 D_{13}	0.2	0.4	0.6	0.8	1
	工作环境 D_{14}	0.1	0.3	0.5	0.8	0.9

表 4-2 四种修复技术评价分级标准和评价指标的规范化数据

指标分类	指标	规范后的评价分级标准					规范后的四种修复技术评价指标			
		Ⅰ级(很弱)	Ⅱ级(较弱)	Ⅲ级(基本)	Ⅳ级(较强)	Ⅴ级(很强)	激光熔覆	等离子弧堆焊	电刷镀	等离子喷涂
技术类指标 B_1	D_1	4	15	30	45	60	58	58.8	20	4.5
	D_2	20	30	40	50	60	32	35	41	42
	D_3	17.78	22.86	32.00	80.00	100.00	53.33	80.00	22.86	20.00
	D_4	4.29	7.50	15.00	60.00	100.00	16.04	20.83	4.80	83.33
经济类指标 B_2	D_5	0.30	0.60	1.80	9.00	100.00	0.35	1.50	90.00	1.80
	D_6	13.33	22.22	33.33	50.00	100.00	15.97	27.97	48.66	45.87

(续)

指标分类	指标	规范后的评价分级标准					规范后的四种修复技术评价指标			
		Ⅰ级（很弱）	Ⅱ级（较弱）	Ⅲ级（基本）	Ⅳ级（较强）	Ⅴ级（很强）	激光熔覆	等离子弧堆焊	电刷镀	等离子喷涂
环境类指标 B_3	D_7	1.81	2.44	3.47	3.74	93.35	2.69	2.06	84.03	3.53
	D_8	1.40	1.89	2.53	2.88	83.91	1.90	1.53	49.63	2.61
	D_9	3.90	5.56	7.24	8.41	136.87	5.17	4.55	104.17	7.72
	D_{10}	2.82	10.23	12.50	14.29	71.66	25.22	35.15	3.27	57.14
	D_{11}	3.98	5.72	7.18	8.77	184.12	5.73	4.21	143.88	7.22
社会类指标 B_4	D_{12}	20.00	50.00	80.00	90.00	100.00	80.00	70.00	60.00	60.00
	D_{13}	20.00	40.00	60.00	80.00	100.00	80.00	70.00	40.00	50.00
	D_{14}	10.00	30.00	50.00	80.00	90.00	70.00	60.00	50.00	40.00

注：指标规范化处理方法为 D_1、D_2 均除以 10；D_3 取倒数乘以 80；D_4 取倒数乘以 30；D_5 取倒数乘以 9；D_6 取倒数乘以 200；$D_7 \sim D_{11}$ 均取倒数乘以 10^{-6}；$D_{12} \sim D_{14}$ 均乘以 100。

2. 基于遗传算法的修复技术可持续性评价

在完成了数据的收集和规范化工作之后，就可以通过遗传算法来优化分类单项指标的可持续性指数普适公式 $\mathrm{PI}_i = \dfrac{1}{1+ae^{-bx_i}}$，再使用广义对比加权法合成为分类可持续性指数 $\mathrm{PI}(B_j) = \sum_{i=1}^{n} W_i \cdot \mathrm{PI}_i$，最终使用层次分析法构建判断矩阵求出四类指数的权重，从而得到修复技术可持续性综合评价指数 $\mathrm{PI} = \sum_{B=1}^{4} W_B \cdot \mathrm{PI}(B_j)$，对四种修复技术的可持续性进行评价和排序。

在使用遗传算法优化参数 a、b 时，设置种群规模为 40，四类指标的 a、b 初始值的设定范围均为 $a \in [0, 250]$，$b \in [0, 5]$，交叉概率为 0.60，变异概率为 0.01，遗传代数为 200。分别将表 4-2 中四类指标的规范后的指标分级标准值代入式（4-2）和目标式（4-7），用遗传算法优化得到的划分为五级标准的技术、经济、环境和社会四类单项指标的可持续性指数普适公式分别为

$$\mathrm{PI}_i(B_1) = \dfrac{1}{1 + 145.127 e^{-0.0957 x_i}} \tag{4-8}$$

$$\mathrm{PI}_i(B_2) = \dfrac{1}{1 + 91.581 e^{-0.0785 x_i}} \tag{4-9}$$

$$\text{PI}_i(B_3) = \frac{1}{1 + 36.577e^{-0.2106x_i}} \quad (4\text{-}10)$$

$$\text{PI}_i(B_4) = \frac{1}{1 + 77.448e^{-0.0470x_i}} \quad (4\text{-}11)$$

以技术维度为例,技术类可持续性指数计算过程如下:

1) 根据修复技术在分级评价标准中的位置,由式(4-5)计算 u_i,进而由式(4-4)计算 W_i',计算结果见表 4-3。

表 4-3 技术维度 u_i 值和 W_i' 值

指标	u_i				W_i'			
	激光熔覆	等离子弧堆焊	电刷镀	等离子喷涂	激光熔覆	等离子弧堆焊	电刷镀	等离子喷涂
D_1	0.8751	0.8852	0.3411	0.1054	0.7501	0.7604	0.4130	0.2296
D_2	0.3302	0.3842	0.5169	0.5347	0.4063	0.4383	0.5085	0.5177
D_3	0.5999	0.7000	0.3000	0.1767	0.5527	0.6127	0.3873	0.2972
D_4	0.5009	0.5061	0.1279	0.8756	0.5004	0.5031	0.2529	0.7506

2) 对 W_i' 进行归一化处理,即得到技术类各个指标 i 的权重 W_i。将表 4-2 规范化处理后的技术指标值 x_i 代入式(4-8),可得技术类各个指标的可持续性指数 $\text{PI}(x_i)$,见表 4-4。

表 4-4 技术维度 W_i 值和 $\text{PI}(x_i)$ 值

指标	W_i				$\text{PI}(x_i)$			
	激光熔覆	等离子弧堆焊	电刷镀	等离子喷涂	激光熔覆	等离子弧堆焊	电刷镀	等离子喷涂
D_1	0.3395	0.3285	0.2645	0.1279	0.6395	0.6569	0.0446	0.0105
D_2	0.1839	0.1894	0.3256	0.2884	0.1284	0.1641	0.2585	0.2772
D_3	0.2501	0.2647	0.2480	0.1656	0.5315	0.9357	0.0579	0.0446
D_4	0.2265	0.2174	0.1619	0.4181	0.0310	0.0481	0.0108	0.9524

3) 根据式(4-3),用表 4-4 中的权重 W_i 对 $\text{PI}(x_i)$ 进行加权求和,即得四个修复技术在技术维度的可持续性指数 $\text{PI}(B_1)$ 分别为 0.3808、0.5052、0.1121、0.4870。

4) 将表 4-2 规范化处理后的技术类可持续分级标准值代入式(4-8),分别求每个分级标准的可持续性指数 $\text{PI}(x_k)$,求同级标准可持续性指数的平均值,即得五个分级标准的可持续性指数 $PI(B_1)$ 分别为 0.0253、0.0521、0.1264、0.6022、0.8362。

按上述同样方法，根据式（4-3）~式（4-5）和式（4-9）~式（4-11），可求出四种修复技术经济、环境和社会各类的可持续性指数以及五个分级标准的可持续性指数。

为计算可持续性综合指标，需要确定技术、经济、环境和社会四个维度的权重，此处，采用与第 3.2.3 节相同的权重进行计算，即 $w_{B_1}=0.392$，$w_{B_2}=0.278$，$w_{B_3}=0.165$，$w_{B_4}=0.165$。根据式（4-6），计算四种修复技术可持续性综合指数，见表 4-5。

表 4-5 分级标准和四种修复技术分类可持续性指数和综合指数

指数类型	分级标准分类可持续性指数和综合指数					四种修复技术分类可持续性指数和综合指数			
	Ⅰ级（很弱）	Ⅱ级（较弱）	Ⅲ级（基本）	Ⅳ级（较强）	Ⅴ级（很强）	激光熔覆	等离子弧堆焊	电刷镀	等离子喷涂
$PI(B_1)$	0.0253	0.0521	0.1264	0.6022	0.8362	0.3808	0.5052	0.1121	0.4870
$PI(B_2)$	0.0206	0.0351	0.0713	0.1891	0.9657	0.0243	0.0493	0.6668	0.1587
$PI(B_3)$	0.0478	0.0876	0.1191	0.1494	1.0000	0.3125	0.4300	0.9342	0.3317
$PI(B_4)$	0.0281	0.0825	0.2179	0.3944	0.5477	0.3233	0.2300	0.1258	0.1243
PI	0.0282	0.0582	0.1250	0.3784	0.8516	0.2609(4)	0.3206(2)	0.4042(1)	0.3103(3)

3. 评价结果分析

从表 4-5 中可以看出，四种修复技术中可持续性综合指数从高到低依次是电刷镀、等离子弧堆焊、等离子弧喷涂和激光熔覆，其中电刷镀可持续等级位于较强可持续和很强可持续之间，而等离子弧堆焊、等离子弧喷涂和激光熔覆均位于基本可持续和较强可持续之间。

电刷镀技术可持续性排名第一的原因在于其经济和环境类指标表现要远远高于其余三种技术。但其在技术和社会类指标中的表现较差，原因为其结合强度偏低、孔隙率过高，其修复过程需要经过多次迭代才能完成，也使得电刷镀需要的修复时间相对较长；而且电刷镀的工人工资偏低，不易通过控制系统实现自动化，使得其社会表现较差。等离子弧堆焊可持续性排名第二的原因在于其优异的技术性能，结合强度指标和孔隙率指标数值均是最高的，而且在其他类指标中，虽然等离子弧堆焊相对其余三种修复技术没有优良表现，但也并没有太差。等离子喷涂技术在技术类指标中的结合强度和孔隙率指标都是四种技术中最低的，但其加工效率高，是四种技术中时间消耗最少的，这使得其技术类可持续性指数高于激光熔覆，由于等离子喷涂在社会类和经济类的可持续性指数偏低，因此其可持续性综合指数排在第三。激光熔覆技术在技术类和社会类指标中有较优异的表现，但由于激光熔覆技术的设备成本十分高昂，是电刷镀设备成本的300倍，是等离子弧堆焊设备成本的4倍，故激光熔覆技术的经济类表现相对较差，而社会类权重较低，影响程度不明显，因此，其可持续性综合指数排在最后。

4.2 基于蚁群算法的可持续性评价方法

4.2.1 蚁群算法简介

1. 蚁群算法的基本思想

蚁群算法（Ant Colony Algorithm，ACA）是由意大利学者 M. 多里戈（M. Dorigo）、V. 马聂佐（V. Maniezzo）等学者于20世纪90年代初从自然界蚂蚁搜索路径的行为中受到启发，提出来的一种模拟进化算法。该算法的基本思想是用蚂蚁的行走路径表示待优化问题的可行解，整个蚂蚁群体的所有路径构成待优化问题的解空间。路径较短的蚂蚁释放的信息量较多，随着时间的推进，较短路径上积累的信息浓度逐渐增高，选择该路径的蚂蚁个数越来越多。最终，整个蚂蚁会在正反馈的作用下集中到最佳路径上，此时对应的便是待优化问题的最优解。

蚁群算法是群智能理论研究领域的一种主要算法。蚁群算法能够被用于解决大多数优化问题或者能够转化为优化求解的问题，目前其应用领域已扩展到多目标优化、数据分类、数据聚类、模式识别、电信服务质量管理、生物系统建模、流程规划、信号处理、机器人控制、决策支持以及仿真和系统辨识等方面。

蚁群算法的特点为：

1）采用正反馈机制，使得搜索过程不断收敛，最终逼近最优解。

2）每个个体可通过释放信息素来改变周围的环境，且每个个体能够感知周围环境的实时变化，个体间通过环境进行间接通信。

3）搜索过程采用分布式计算方式，多个个体同时进行并行计算，大大提高了算法的计算能力和运行效率。

4）启发式的概率搜索方式不容易陷入局部最优，易于寻找到最优解。

2. 基本蚁群算法模型

基本蚁群算法是一种离散优化算法,适用于旅行推销员问题(TSP)、Job-Shop 调度、分配等各种离散优化问题。若将蚁群算法用于连续函数优化,则需要对基本蚁群算法加以改进和发展,为此国内外已有许多学者进行了研究,下面简单说明一种适用于多参数的连续函数优化的蚁群算法模型。

蚁群算法中最关键的是路径选择规则和信息素更新规则。

(1) 路径选择规则 蚂蚁 k 在 t 时刻处于 i 点时选择下一个可达栅格 j 的转移概率为

$$p_{ij}(t) = \frac{\tau_{ij}^{\alpha}(t)D_j^{\beta}}{\sum_i \tau_{ij}^{\alpha}(t)D_j^{\beta}}$$

式中,$\tau_{ij}(t)$ 为在 t 时刻从栅格 i 到栅格 j 的路径上残留的信息量,初始时刻,各条路径上信息量相等;D_j 为距离信息,可取为 Q/d_j,其中,Q 为一常数,d_j 为栅格 j 到终点 G 的距离值;α 为信息素的相对重要程度;β 为距离信息的相对重要程度。

在蚂蚁搜索路径点的过程中,有可能进入这样的栅格:它到与之相邻的栅格点的信息素值均为零,此时可加一个回馈信息,使蚂蚁回到上一次搜索的路径点,并将此栅格置为威胁栅格。

(2) 信息素更新规则 信息素的更新是决定蚁群算法性能的关键因素,通常需要考虑两方面的因素:一是要加强正反馈的效果,提高蚂蚁的搜索效率;二是采取措施,防止陷入局部优化。算法中,用最优蚂蚁算法的思想,随着搜索次数的增多,逐步加大全局最优蚂蚁路径信息的更新频率(全局最优蚂蚁是蚁群在已经完成的搜索中所得到的最优路径),这样每次搜索都由全局最优蚂蚁的路径信息更新信息素,而不是所有的蚂蚁的路径信息,加强了正反馈的效果,同时也用局部最优蚂蚁更新信息素。算法中依据如下两式对各路径上的信息素做出调整:

$$\tau_{ij}(t+1) = \rho\tau_{ij}(t) + \Delta\tau_{ij}$$

$$\Delta\tau_{ij} = (1-\rho)\left(\frac{a_k}{L_c} + \frac{b_k}{L_w}\right)\frac{1}{a_k + b_k}$$

式中,ρ($0 \leq \rho < 1$)为信息素物质的保留程度;$1-\rho$ 为信息素物质的消逝程度;L_c 为局部的最优蚂蚁的路径长度;L_w 为全局最优蚂蚁的路径长度;a_k、b_k 为整型变量,分别为用局部最优蚂蚁和全局最优蚂蚁更新信息素的权重,其和为一常数。

蚁群算法优化的基本步骤，如图 4-2 所示。

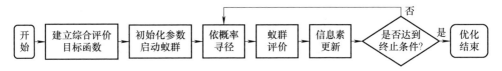

图 4-2　蚁群算法优化的基本步骤

具体情况如下：

1）初始化，设时间 t 和循环次数 N_c 为 0，设置蚂蚁数量 m 和最大循环次数 $N_{\max}$，初始化环境信息，初始化各个栅格点上的信息素，并将所有蚂蚁都置于起点 S。

2）启动蚁群，蚁群首次寻优，随机选择路径，完成第一次周游，记录信息素和路径信息。

3）蚂蚁 k 依转移的概率，不断从一个路径点转移到下一个路径点，完成一次周游。

4）重复 3），直到蚁群到达终点 G，记录全局最优蚂蚁的路径信息。

5）令 $t=t+1$，$N_c=N_{c+1}$，更新各条路径上的信息素。

6）若蚁群全部收敛到一条路径或达到最大循环次数，则循环结束，输出最优路径，否则到 3）。

4.2.2　基于蚁群算法的可持续性评价模型

1. 分类单项可持续性指数公式

技术、经济、社会的发展以及环境的危害程度，一般说来都会经历缓变、快速和趋于稳定（饱和）这样一个发展进程，其规律可采用 S 形生长曲线指数公式来近似描述。因此，无论技术类、经济类、环境类还是社会类的各分类单项指标的可持续性指数均可用以下公式表示：

$$\mathrm{PI}_j = \frac{1}{1+ae^{-bx_i}} \tag{4-12}$$

式中，a 和 b 为待优化确定的参数；x_i 为指标 i 的值。显然，PI_j 满足 $0 \leq \mathrm{PI}_j \leq 1$，$j=1,2,3,4$ 分别为技术、经济、环境和社会四类指标。

2. 可持续协调发展综合指数公式

技术、经济、环境和社会等维度指标相互耦合和关联，可持续发展和评价的核心是各个维度相互协调，可以通过建立函数来描述可持续协调发展的程度。

当技术类、经济类、社会类指标的指数值越大时，发展水平越高；而环境类指标的指数值越小，发展水平越高时。将上述四种分类可持续性指数合成为综合指数时，四者相协调的可持续协调发展综合指数公式为

$$PI = h_1 e^{-h_2 \frac{PI_3}{PI_1 \cdot PI_2 \cdot PI_4}} \tag{4-13}$$

式中，h_1 和 h_2 为待优化确定的参数；PI_1、PI_2、PI_3、PI_4 分别为技术、经济、环境和社会的分类可持续性指数。由式（4-13）知，PI 的取值范围为 $0 \leq PI \leq h_1$。

若四类指标数据经过正向一致化处理，技术类、经济类、环境类和社会类指标的指数值均越大，发展水平越高，则四者相协调的可持续协调发展综合指数公式为

$$PI = h_1 e^{-h_2 \frac{1}{PI_1 \cdot PI_2 \cdot PI_3 \cdot PI_4}} \tag{4-14}$$

经实例验证，式（4-14）计算的指标值有时会过小，根据第 2.3.4 节多指标综合的数学方法，建议采用如下公式计算四者相协调的可持续协调发展综合指数：

$$PI = h_1 e^{-h_2 \frac{1}{\sqrt[4]{PI_1 \cdot PI_2 \cdot PI_3 \cdot PI_4}}} \tag{4-15}$$

4.2.3 基于蚁群算法的增材修复技术可持续性评价实例分析

本节采用与第 4.1.3 节相同的应用案例进行实例分析，四种修复技术（激光熔覆、等离子弧堆焊、电刷镀、等离子喷涂）的技术类、经济类、环境类和社会类的 14 项指标规范化后的数值以及 14 项指标规范化后的五级标准，见表 4-2。以下从目标函数的构建和函数优化开始论述。

1. 基于蚁群算法的修复技术可持续性评价

（1）构建各类目标函数　将修复技术可持续性评价指标按照技术、经济、环境和社会四个维度分为四大类指标，各类目标函数均构造为

$$\min f(x) = \sum_{k=1}^{h} \sum_{i=1}^{n} (PI_{ki} - PI_{k0})^2 \tag{4-16}$$

式中，n 为各类的指标数目；h 为评价等级标准的数目；PI_{ki} 为当 a、b 取定一组值后，按式（4-12）计算得到的指标 i 的 k 级标准的指数值；PI_{k0} 为设定的 k 级标准目标值。同第 4.1.2 节，PI_{k0} 可按照"等差分级，等比赋值"原则计算得出。其方法是：将 $[0.01, 0.99]$ 区间分为九级，每相邻两级之间数值比为 $(0.99/0.01)^{\frac{1}{9}} = 1.6662$，而当 $l = 1, 3, 5, 7, 9$ 时，由 $PI_{k0} = 0.01 \times 1.6662^l$ 计算得

到相应的五级标准目标值，分别为 $PI_{10}=0.0167$，$PI_{20}=0.0463$，$PI_{30}=0.1284$，$PI_{40}=0.3565$ 和 $PI_{50}=0.99$。

（2）优化参数并求解分类单项指标的可持续性指数 分别将表4-2中各类指标的分级标准值代入式（4-12），并在满足式（4-16）优化目标准则的情况下，用蚁群算法优化式（4-12）中的模型参数 a 和 b。设 a 和 b 的初始化范围设为 $a\in[0,250]$，$b\in[0,5]$。优化过程中运行参数设置为：蚂蚁数量 $m=10$，信息素的相对重要程度 $\alpha=1$，距离信息的相对重要程度 $\beta=1$，信息保留程度 $\rho=0.7$，常数 $Q=1$，邻域搜索半径 $r=0.1$，当搜索次数 $N_c=200$ 时，停止运行。由此得到的技术、经济、环境和社会各类单项可持续性指数公式分别为

$$PI_i(B_1)=\frac{1}{1+127.0188e^{-0.0813x_i}} \quad (4-17)$$

$$PI_i(B_2)=\frac{1}{1+212.1582e^{-0.0863x_i}} \quad (4-18)$$

$$PI_i(B_3)=\frac{1}{1+72.5538e^{-0.2824x_i}} \quad (4-19)$$

$$PI_i(B_4)=\frac{1}{1+135.1568e^{-0.0652x_i}} \quad (4-20)$$

以上诸式中，B_1、B_2、B_3 和 B_4 分别表示技术类、经济类、环境类和社会类各分类；x_i 为各分类中第 i 个指标的值。分别将各类指标的各分级标准值 x_{ki} 和四种修复技术的指标值代入式（4-17）~式（4-20），求得各类分级标准和四种修复技术的可持续性指数，进而求得各类可持续性指数的均值 $PI(B_1)$、$PI(B_2)$、$PI(B_3)$、$PI(B_4)$，见表4-6。

（3）构建综合优化目标函数并求解可持续协调发展综合指数 构建可持续综合优化目标函数

$$\min f(x)=\frac{1}{5}\sum_{k=1}^{5}(PI_k-PI_{k0})^2 \quad (4-21)$$

式中，k 为评价等级；设定 PI 的 5 级标准目标值分别为：$PI_{10}=0.0167$，$PI_{20}=0.0463$，$PI_{30}=0.1284$，$PI_{40}=0.3565$，$PI_{50}=0.99$。

将表4-6各分类可持续性指数均值代入式（4-15），并满足综合优化目标函数（4-21）。用蚁群算法优化式（4-21）中的参数 h_1 和 h_2 时，将 h_1 和 h_2 的初始化范围设为 $h_1\in[0,1.5]$，$h_2\in[0,0.5]$，运行参数设置与上述相同。得到优化后的参数 $h_1=1.0472$，$h_2=0.1784$，故得出技术、经济、环境和社会相互协调可持续协调发展的综合指数公式

$$PI = 1.0472e^{-0.1784\frac{1}{\sqrt[4]{PI_1 \cdot PI_2 \cdot PI_3 \cdot PI_4}}} \quad (4-22)$$

分别将各类分级标准和四种修复技术的可持续性指数均值代入式（4-22），计算出分级标准和四种修复技术的分类可持续性指数及协调发展综合指数 PI，见表 4-6。

表 4-6 分级标准和四种修复技术的分类可持续性指数及协调发展综合指数

指数类型	分级标准可持续性指数和协调发展综合指数					修复技术可持续性指数和协调发展综合指数			
	Ⅰ级	Ⅱ级	Ⅲ级	Ⅳ级	Ⅴ级	LC	PAS	BE	PS
$PI(B_1)$	0.0232	0.0428	0.0935	0.4743	0.7362	0.2419	0.3711	0.0697	0.2790
$PI(B_2)$	0.0097	0.018	0.0413	0.1354	0.9635	0.0232	0.0277	0.5783	0.1017
$PI(B_3)$	0.0305	0.075	0.1147	0.1553	1.0000	0.2235	0.2264	0.8067	0.2537
$PI(B_4)$	0.0224	0.1009	0.3361	0.6257	0.7971	0.5229	0.3668	0.1743	0.1743
PI	1.28E-4	0.0278	0.2083	0.5551	0.8525	0.3435(4)	0.3688(3)	0.5466(1)	0.4058(2)

2. 评价结果分析

由表 4-6 可知电刷镀（BE）技术可持续性最好，等离子喷涂（PS）技术次之，等离子弧堆焊（PAS）技术排在第三，激光熔覆（LC）技术排在最后。该排序结果和本课题组彭世通发表的基于 TOPSIS 的模糊决策模型的论文评价结果相同。

通过上述评价分析过程可知：

1）实例分析表明基于蚁群算法的可持续性评价具有良好的普适性，其不受指标类型以及指标个数多少的制约，均能达到良好的评价效果。

2）分类单项可持续性指数公式和可持续协调发展综合指数公式，计算简便、结果直观，能够很好地进行多种实例之间的可持续性等级的比较。

3）基于蚁群算法的修复技术可持续性评价结果与传统可持续性评价方法的评价结果基本一致，故可认为其具有良好的准确性。

4.3 基于支持向量机的可持续性评价方法

4.3.1 支持向量机简介及基本原理

1. 支持向量机简介

基于数据的机器学习是现代智能技术中的重要方面。相关研究从观测数据出发寻找规律，利用这些规律对未来数据或无法观测的数据进行预测，包括模式识别、神经网络等在内。现有机器学习方法共同的重要理论基础之一是统计学。传统统计学研究的是样本数目趋于无穷大时的渐近理论，学习方法也多是基于此假设，但在实际问题中，样本数往往是有限的，因此一些理论上很优秀的学习方法在实际中的表现却可能不尽如人意。

通常人们从观测到的样本数据中学习和归纳出规律，并希望利用这些规律推断出的因果关系不但要尽可能地符合已知样本，而且要有良好的泛化（预测和推广）能力。传统的学习算法大多采用经验风险最小化准则，虽然可以使学习过程的训练误差最小化，但不一定能使学习过程的泛化误差最小化。而 Vladimir N. Vapnik 等学者提出的支持向量机（Support Vector Machine，SVM）基于结构风险最小化准则，能通过使推广误差（风险）上界最小化来达到泛化能力最大化。

支持向量机核心内容是在 1992—1995 年提出的，该方法以统计学习理论为基础，基本思想是：对线性问题，在样本空间构造出最优（佳）超平面，该最优超平面应使两类不同样本到超平面间的最小距离为最大，从而使学习机的结构风险最小，以达到最大的泛化能力；而对非线性问题，则基于 Mercer 核展开定理，可以通过非线性映射，把样本空间映射到一个高维乃至无穷维的特征空间，使在特征空间中可以应用线性学习机方法，解决样本空间中的非线性分类和回归等问题。

支持向量机作为一种新的机器学习算法，以最小结构风险代替了传统的经验风险，克服了传统方法的过拟合和陷入局部最小的问题，即由有限的训练样本得到的小的误差能够保证使独立的测试集仍保持小的误差；求解的是一个二次型寻优问题，得到的是全局最优点，解决了在神经网络方法中无法避免的局部极值问题；采用核函数（Kernel Function，KF）方法，向高维空间映射时不但不增加计算的复杂性，反而有效地克服了维数灾难问题。对于分类问题：单层前向神经网络可以解决线性分类问题，多层前向神经网络可以解决非线性分类问题，但无论单层网络还是多层网络都不能保证得到的分类器是最优的；而支持向量机方法则能根据有限的样本信息，在模型的复杂性的学习能力之间寻求最佳折中，能够从理论上实现对不同类别的最优分类，以期获得最佳的泛化能力。

支持向量机作为目前较为流行的适用于小样本训练的分类器，在解决小样本、非线性及高维问题中表现出许多特有的优势，并易于推广应用到函数拟合等其他机器学习问题中。支持向量机由于自身的突出优势，已被越来越多的研究人员作为强有力的学习工具,广泛应用于统计分类、回归分析以及综合评价之中。

▶ 2. 支持向量机基本原理

支持向量机理论最初来自对数据分类问题的处理。对于线性可分数据的二值分类,支持向量机方法的机理为:寻找一个满足分类要求的最优分类超平面,使得该超平面在保证分类精度的同时,也能够使超平面两侧的空白区域最大化。从理论上讲,支持向量机能够实现对线性可分数据的最优分类;而对于非线性分类问题,可通过引入核函数映射将线性不可分问题转化为高维空间的线性可分问题来解决。

设样本数为 l 的训练样本集 $\{(x_i, y_i), i = 1, 2, \cdots, l\}$,由两个类别组成。如果 $x_i \in \mathbf{R}^n$ 属于第 1 类,则标记为正,即 $y_i = 1$;如果属于第 2 类,则标记为负,即 $y_i = -1$。学习的目标是构造一个判别函数,将测试数据尽可能正确地分类。

支持向量机的最优分类超平面(Optimal Separating Hyperplane,OSH)基本思想可用图 4-3 说明。实心点和空心点代表两类样本,如图 4-3a 所示。有很多可能的线性分类器(如图中的 l,m 或 n)能够将训练样本分开,但只有一个最优的线性分类器,如图 4-3b 所示。H 为分类超平面,H_1、H_2 分别为过两类样本中离分类超平面 H 最近的样本且平行于 H 的超平面,它们之间的距离叫作分类间隔(Margin)。如果 H 不但能将两类样本正确分开(训练错误率为 0),也就是经验风险最小(为 0),而且使分类间隔最大,则被称为最优分类超平面。H_1 和 H_2 上的样本点称作支持向量。

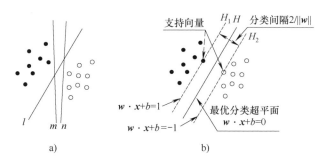

图 4-3 线性可分情况下的最优分类超平面

a) 多种可能的线性分类器 b) 最优的线性分类器

三维空间中的最优分类超平面 H 如图 4-4 所示。三维空间中存在线性可分的两个类别的训练样本集 (x_i, y_i),$i = 1, 2, \cdots, l$,$x_i \in \mathbf{R}^n$,$y_i \in \{-1, +1\}$ 是类别符

号，其中，样本点维数 $n=3$，y_i 表示样本点类别+1 或-1。图 4-4 中，最优分类超平面 H 将两类样本点完全分开，类别为+1 的样本点在其上方，类别为-1 的样本点在其下方。并且有两个平面 H_1 和 H_2 与 H 平行，使得与 H 最近的类别为+1 的样本点 $(x_3,+1)$、$(x_4,+1)$ 和 $(x_5,+1)$ 分布在 H_1 上，与 H 最近的类别为-1 的样本点 $(x_6,-1)$、$(x_7,-1)$ 和 $(x_8,-1)$ 分布在 H_2 上，且 H_1 到 H 的距离与 H_2 到 H 的距离相同，皆为 D。这些样本点因为是支持向量机计算的主要来源，所以称作支持向量。

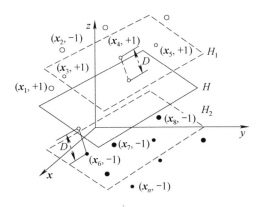

图 4-4　三维空间中的最优分类超平面示意图

4.3.2　用于分类的支持向量机

1. 线性支持向量机

（1）线性可分情形　设训练样本为输入样本对 $(x_1,y_1),\cdots,(x_l,y_l)$，$x_i \in \mathbf{R}^n$，$y_i \in \{+1,-1\}$，其中，+1 和-1 分别代表两类的类别标识。设两类数据可被超平面 $w \cdot x+b=0$ 正确划分，为使分类面对所有样本正确分类并且具备一定的分类间隔，要满足以下条件：

$$y_i(w \cdot x_i + b) \geq 1, \quad i=1,2,\cdots,l \tag{4-23}$$

可以得出两个边界超平面的分类间隔为 $2/\|w\|$，所以求解最优超平面问题就是在服从约束条件公式（4-23）下，求分类间隔最大化，而分类间隔最大化等价于求 $\|w\|^2$ 或 $\|w\|^2/2$ 的最小化，即实现

$$\begin{cases} \min\varphi(w) = \dfrac{1}{2}\|w\|^2 = \dfrac{1}{2}(w,w) = \dfrac{1}{2}w \cdot w \\ y_i(w \cdot x_i + b) - 1 \geq 0, \quad i=1,2,\cdots,l \end{cases}$$

这是典型的约束优化问题，可引入拉格朗日（Lagrange）函数求解，

$$L(\boldsymbol{w},b,\boldsymbol{\alpha}) = \frac{1}{2}(\boldsymbol{w},\boldsymbol{w}) - \sum_{i=1}^{l}\alpha_i\{(\boldsymbol{w}\cdot\boldsymbol{x}_i+b)y_i-1\} \quad (4\text{-}24)$$

式中，$\boldsymbol{\alpha}=(\alpha_1,\cdots,\alpha_i,\cdots,\alpha_l)$ 是 Lagrange 乘子矢量，$\alpha_i \geq 0$。将 Lagrange 函数 L 分别对 $\boldsymbol{w}$ 和 b 求偏导数后令其等于零。代入式（4-24），得到最小值。

$$\min L(\boldsymbol{w},b,\boldsymbol{\alpha}) = \sum_{i=1}^{l}\alpha_i - \frac{1}{2}\sum_{i=1}^{l}\sum_{j=1}^{l}\alpha_i y_i(\boldsymbol{x}_i\cdot\boldsymbol{x}_j)\alpha_j y_j$$

再根据经典的 Lagrange 函数的对偶性，把式（4-24）的求极小值问题转化成为较简单的求它关于 $\boldsymbol{\alpha}$ 的极大值的对偶问题，即

$$\max_{\alpha} Q(\boldsymbol{\alpha}) = \sum_{i=1}^{l}\alpha_i - \frac{1}{2}\sum_{i=1}^{l}\sum_{j=1}^{l}\alpha_i y_i(\boldsymbol{x}_i\cdot\boldsymbol{x}_j)\alpha_j y_j$$

这个优化问题的最优解 α_i^* 和 $\boldsymbol{w}^*$、b^* 必须满足 KKT（Karush-Kuhn-Tucker）条件，即

$$\alpha_i^*[(\boldsymbol{w}^*\cdot\boldsymbol{x}_i+b^*y_i)-1]=0,\quad i=1,2,\cdots,l$$

这是一些关于未知向量 $\boldsymbol{w}^*$、b^* 和 α_i^* 的线性方程。可求得上述优化问题的最优分类函数式是

$$f(x) = \text{Sgn}\{(\boldsymbol{w}^*\cdot\boldsymbol{x})+b^*\} = \text{Sgn}\left\{\sum_{i=1}^{l}\alpha_i^* y_i(\boldsymbol{x}_i\cdot\boldsymbol{x})+b^*\right\}$$

式中，$\text{Sgn}\{\cdot\}$ 为符号函数；α_i^* 为支持向量对应的 Lagrange 乘子；$\boldsymbol{w}^*=\sum_{i=1}^{l}\alpha_i^* y_i\boldsymbol{x}_i$；$b^*$ 是分类阈值（偏置项），$b^*=y_i-\boldsymbol{w}^*\cdot\boldsymbol{x}_i=y_i-\sum_{x_j\in\text{NSV}}\alpha_i^* y_i\boldsymbol{x}_i\cdot\boldsymbol{x}_j$，其中，**NSV** 为标准支持向量。用求出的诸参数得到最优分割面方程为

$$\sum_{i=1}^{l}\alpha_i^* y_i(\boldsymbol{x}_i\cdot\boldsymbol{x})+b^*=0$$

要注意，构造最优分类面只需在空间中进行内积运算。

（2）线性不可分情形　将线性可分情形的思想应用于线性不可分数据时，由于分类间隔内可能出现测试样本点，即某些样本不能满足式（4-23）的约束。为了尽可能地减少泛化出错的风险，就需要在必要时放宽式（4-23）的约束，这可以通过在约束条件式（4-23）中引入一个非负的松弛变量 $\xi_i \geq 0$ 来实现。此时约束条件变为

$$y_i[(\boldsymbol{w}\cdot\boldsymbol{x}_i)+b]\geq 1-\xi_i,\ \xi_i\geq 0,\ i=1,2,\cdots,l \quad (4\text{-}25)$$

当分类出现错误时，ξ_i 大于 0，因此，$\sum_{i=1}^{l}\xi_i$ 是训练集中错分样本数的上

界。这样就需要在目标函数中为分类误差分配一个额外的代价函数，即引入错误惩罚分量（增加一个松弛项）。所以现在的目标函数就变为

$$\min_{w,b,\xi}\varphi(w,b,\xi) = \frac{1}{2}(w,w) + C\left(\sum_{i=1}^{l}\xi_i\right)$$

式中，ξ_i 为松弛变量；$C>0$ 是一个指定的常数，又称为调整参数。C 控制对错分样本的惩罚程度，C 越大表示对错误的惩罚越重。因而 C 用于实现错分样本数与模型复杂度之间的折中。

采用 Lagrange 乘子法求解这个有线性约束的二次规划问题，即

$$\max_{\alpha,\beta}\min_{w,b,\xi}\{\varphi = \frac{1}{2}(w,w) + C\sum_{i=1}^{l}\xi_i - \sum_{i=1}^{l}\alpha_i[(w\cdot x_i + b)y_i - 1 + \xi_i] - \sum_{i=1}^{l}\beta_i\xi_i\}$$

s.t. $\alpha_i \geq 0, \beta_i \geq 0, \xi_i \geq 0$

式中，α_i、β_i 为 Lagrange 乘子。可计算分类阈值（偏置项）b 为

$$b = y_i - \sum_{x_j \in \text{NSV}}\alpha_j y_j(x_j,\ x_i),\quad x_i \in \text{NSV}$$

为了使计算可靠，应对所有标准支持向量分别计算 b 的值，然后求平均值，即

$$b = \frac{1}{N_{\text{NSV}}}\sum_{x_i \in \text{NSV}}[y_i - \sum_{x_j \in \text{NSV}}\alpha_j y_j(x_j,\ x_i)]$$

式中，N_{NSV} 为标准支持向量数，支持向量机就是满足式（4-23）要求的样本数据。

线性不可分情况和线性可分情况的差别就在于可分模式中的约束条件中 $\alpha_i \geq 0$ 在不可分模式中换成了更严格的条件 $0 \leq \alpha_i \leq C(i=1,2,\cdots,l)$。除了这一修正，线性不可分情况的约束最优化问题中，权值 w 和阈值 b 的最优值的计算都和线性可分情况中的过程是相同的。线性可分情况的最优化问题可以视作一种特殊的情形而包含在线性不可分情况的最优化问题之中。

2. 非线性支持向量机

实际遇到的分类问题大多是非线性的，而非线性是从线性可分情况下的最优分类面发展而来的，其基本思想是：通过事先选择的内积核函数，将输入空间中的数据非线性映射到高维特征空间，从而将输入空间中的非线性问题转化为某个高维特征空间中的线性可分问题，随后在高维特征空间构造一个不但能将两类样本正确分开，而且能使分类间隔最大的最优分类超平面，如图 4-5 所示。其中，H 为最优分类超平面，离 H 最近的样本 1，2，3，4 为支持向量，H_1 和 H_2 分别为过各类样本中离最优分类超平面 H 最近的点且平行于最优分类超平

面的平面，H_1 和 H_2 之间的距离称为分类间隔。

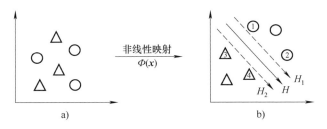

图 4-5 原线性不可分空间到高维特征空间映射的支持向量机思路原理图
a) 原线性不可分空间　b) 高维特征空间

但是在低维输入空间向高维特征空间映射过程中，空间维数急速增长，使得大多数情况下难以直接在特征空间计算最优分类超平面。为此，支持向量机通过定义核函数，巧妙地将这一问题转化到输入空间进行计算。其具体机理如下：根据泛函的有关理论，只要一种核函数 $k(\boldsymbol{x}_i, \boldsymbol{x}_j)$，满足 Mercer 条件，它就对应某一变换空间中的内积。Mercer 条件可表述为：任意对称核函数 $k(\boldsymbol{x}_i, \boldsymbol{x}_j)$ 可以展开为 $\Phi(\boldsymbol{x}_i) \cdot \Phi(\boldsymbol{x}_j)$ 的充分必要条件是对任意 $g(x) \neq 0$，且 $\int g^2(x) \mathrm{d}x < \infty$，有 $\iint k(\boldsymbol{x}_i, \boldsymbol{x}_j) g(\boldsymbol{x}_i) g(\boldsymbol{x}_j) \mathrm{d}\boldsymbol{x}_i \mathrm{d}\boldsymbol{x}_j > 0$。因此，假设有非线性映射中 $\Phi(\boldsymbol{x}): x \in \mathbf{R}^n \to H$，将输入空间的样本映射到高维特征空间 H 中，$k(\boldsymbol{x}_i, \boldsymbol{x}_j)$ 为特征空间的内积，即若能找到一个核函数 $k(\cdot)$ 使得 $k(\boldsymbol{x}_i, \boldsymbol{x}_j) = \Phi(\boldsymbol{x}_i) \cdot \Phi(\boldsymbol{x}_j)$。这就是说当把原线性不可分的样本空间通过非线性映射 $\Phi(\boldsymbol{x})$ 映射到高维甚至无穷维特征空间时，如果只用到映射的点积，则可以用相对应的核函数 $k(\cdot)$ 来代替，而不需要知道映射 $\Phi(\boldsymbol{x})$ 的显示表达式。这是从线性支持向量机到非线性支持向量机的关键一步。

从单纯求解角度说，根本不用去管映射中 $\Phi(\boldsymbol{x})$ 的具体形式，只要求出支持向量、阈值及知道核函数 $k(\boldsymbol{x}_i, \boldsymbol{x})$ 就可得到原来样本空间的非线性划分输出值。用不同的 $k(\boldsymbol{x}_i, \boldsymbol{x})$ 可以构造不同的学习机，从而可以形成各种复杂的决策（划分）曲面。

概括地说，支持向量机是先通过由内积函数定义的非线性变换将输入空间变换到一个高维空间，然后在这个高维空间中求最优分类面。支持向量机分类函数模型在形式上类似于一个径向基（RBF）神经网络，其输出是中间节点的线性组合，每个中间节点对应一个支持向量，其网络结构如图 4-6 所示。其中，A 为输入层，输入向量 $\boldsymbol{x} = (x^1, x^2, \cdots, x^n)$；B 为映射层，基于 S 个支持向量的非线性变换（内积）；C 为决策层。根据泛函理论，可以得到如下结论：如果选用适当的映射函数，大多数输入空间线性不可分的问题在高维特征空间就可以转化为线性可分问题来解决。支持向量机与 RBF 神经网络的重要区别是：它的每一个基函数中心对应一个支持向量，它们及其输出层的权值都是由支持向量机算法自动确定的；而 RBF 网络中对应的基函数的选取则过分依赖于经验值和学习过程。

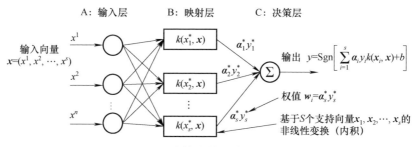

图 4-6　支持向量机的网络结构

对于分类评价问题，用支持向量机方法进行求解的学习算法过程为：

1) 给出一组输入样本 $\boldsymbol{x}_i, i=1,2,\cdots,l$，以及其对应的期望输出 $y_i \in \{+1,-1\}$。

2) 在约束条件 $\sum_{i=1}^{l} y_i \alpha_i = 0$ 和 $a_i \geq 0 (i=1,2,\cdots,l)$ 下，求解 $Q(\boldsymbol{\alpha}) = \sum_{i=1}^{l} \alpha_i - \frac{1}{2}\sum_{i,j=1}^{l} \alpha_i \alpha_j y_i y_j k(\boldsymbol{x}_i, \boldsymbol{x}_j)$ 的最大值，得到 α_i^*。

3) 计算权向量 $\boldsymbol{w}^*$ 和分类阈值 b^*：$\boldsymbol{w}^* = \sum_{i=1}^{l} \alpha_i^* y_i \boldsymbol{x}_i$，$b^* = \frac{1}{y_s} - \boldsymbol{w}^* \cdot \boldsymbol{x}_s = y_s - \sum_{i=1}^{l} \alpha_i^* y_i k(\boldsymbol{x}_i, \boldsymbol{x}_s)$，其中，$\boldsymbol{x}_s$ 为一个特定的支持向量。

4) 对于待分类向量 $\boldsymbol{x}$，选择某一特定类型的核函数 $k(\boldsymbol{x}, \boldsymbol{x}_i)$，计算 $f(x) = \mathrm{Sgn}\left\{\sum_{i=1}^{l} \alpha_i^* y_i k(\boldsymbol{x}_i, \boldsymbol{x}) + b^*\right\}$，为+1 或-1，决定 $\boldsymbol{x}$ 属于哪一类。

3. 多分类支持向量机方法

多分类支持向量机的基本思想是：将分类问题转化为二分类问题。通常多分类支持向量机有两种基本方法：一种是一对多支持向量机分类；另一种是一对一支持向量机分类。

一对多支持向量机分类是最简单的，也是最普通的实现方案。对于 $K(K \geq 2)$ 类支持向量机分类问题，把类别 1 作为一类，其余 $K-1$ 类视为一类，自然地将 K 分类问题转化为二分类问题。按照这种方法，一直到构造适当 K 类为止。因此，要解决 K 类分类问题，需要训练出 K 个支持向量机分类器。这种分类方法在训练过程中，其每个分类函数都需要所有样本参与。分类函数为

$$f(x) = \text{Sgn} \sum_{i=1}^{l} \left[\alpha_i^j y_i^j k(x, x_i^j) + b^j \right]$$

式中，上标 j 表示第 j 个支持向量机分类器的决策函数；α_i^j 和 y_i^j 分别为第 j 个支持向量的参数和类别标号；b^j 为偏移量。

对于一对一支持向量机分类，分别选取两个不同类别构成一个支持向量机子分类器，这样它对 K 分类问题需要建立 $K(K-1)/2$ 个支持向量机子分类器，每两类之间训练一个支持向量机将两类分开。在构造类别 i 和类别 j 的支持向量机子分类器时，样本数据集选取属于类别 i、类别 j 的样本数据作为训练样本数据，并将属于类别 i 的数据标记为正（+1）；将属于类别 j 的数据标记为负（-1）。测试时，将测试数据对 $K(K-1)/2$ 个支持向量机子分类器分别进行测试，并累积各类别得分，选择得分最高者所对应的类别为测试数据的类别。一对一区分法存在不可区分的区域。

还有一种多类别分类名称方法称为 M-ary 分类方法。该方法充分运用了支持向量机的二类别分类特点，将多类别分类的各类别重新组合，构成 $\log_2 K$ 个支持向量机子分类器，以 4 个类别 $\{1,2,3,4\}$ 为例，构造 $\log_2 4 = 2$ 个支持向量机子分类器。对于第 1 个支持向量机子分类器，类别 2、4 所对应的样本数据全标记为正（+1）；类别 1、3 所对应的样本数据全标记为负（-1）。对于第 2 个支持向量机子分类器，类别 2、3 所对应的样本数据标记为正（+1），类别 1、4 所对应的样本数据标记为负（-1）。由前述方法分别求得这 2 个支持向量机子分类器。测试时，根据这 2 个子分类器的结果可得到测试样本的类别：比如对某一测试数据 x，第 1、第 2 支持向量机子分类器结果分别为 +1、-1，则由第 1 个子分类器可知 x 属于类别 2 或类别 4，由第 2 个子分类器可知，x 属于类别 1 或类别 4，因此 x 属于类别 4。M-ary 分类方法巧妙地将多类别分类问题转变为数量较少的二类别支持向量机分类器，使训练计算量大大减少，是一种很好的多类别分类方法。

4.3.3 用于回归的支持向量机

支持向量机回归方法是在支持向量机分类方法的基础上，通过引进适当的损失函数推广而来的。支持向量机回归也具有逼近任意连续、有界非线性函数的能力。而函数的逼近问题就是寻找一个函数 $f(x)$，通过样本训练后，对于训

练样本集以外的样本输入 x，通过函数 $f(x)$ 能够找出对应的样本输出 y，即 $y = f(x)$。支持向量机回归有线性回归和非线性回归两类。

▶ 1. 线性支持向量机回归

对于线性支持向量机回归，考虑用线性回归函数 $f(x) = \boldsymbol{w} \cdot \boldsymbol{x} + b$。估计样本数据 $(\boldsymbol{x}_1, y_1), (\boldsymbol{x}_2, y_2), \cdots, (\boldsymbol{x}_i, y_i), \cdots, (\boldsymbol{x}_l, y_l), \boldsymbol{x}_i, y_i \in \mathbf{R}$，为最好估计。为保证线性回归函数 $f(x)$ 的平坦，必须寻找一个最小的 $\boldsymbol{w}$。为此，采取最小化欧几里得空间的泛数。假定存在函数 $f(x)$ 在 ε 精度能够估计所有的 $(\boldsymbol{x}_i, y_i)$ 数据，那么寻找最小 $\boldsymbol{w}$ 的问题可以表示成凸优化问题

$$\min \frac{1}{2} \| \boldsymbol{w} \|^2 \tag{4-26}$$

约束条件为

$$\begin{cases} y_i - \boldsymbol{w} \cdot \boldsymbol{x}_i - b \leq \varepsilon \\ \boldsymbol{w} \cdot \boldsymbol{x}_i + b - y_i \leq \varepsilon \end{cases} \Leftrightarrow |y_i - \boldsymbol{w} \cdot \boldsymbol{x}_i - b| \leq \varepsilon \tag{4-27}$$

式中，ε 是回归允许最大误差。

因此，满足约束条件式（4-27）的式（4-26）的最优化问题体现了支持向量机的思想，由此得到的回归估计函数具有较好的泛化能力。为了处理函数 $f(x)$ 在 ε 精度不能估计的数据，即约束条件式（4-26）不可实现时，引入松弛变量 ξ_i，ξ_i^*。因此，在 ε-不敏感损失函数下，式（4-26）可写为

$$\min \left\{ \frac{1}{2} \| \boldsymbol{w} \|^2 + C \sum_{i=1}^{l} (\xi_i + \xi_i^*) \right\} \tag{4-28}$$

约束条件为

$$\begin{cases} y_i - \boldsymbol{w} \cdot \boldsymbol{x}_i - b \leq \varepsilon + \xi_i \\ \boldsymbol{w} \cdot \boldsymbol{x}_i + b - y_i \leq \varepsilon + \xi_i^* \\ \xi_i, \xi_i^* \geq 0 \end{cases}$$

式（4-28）中，惩罚系数 $C > 0$ 表示函数 $f(x)$ 的复杂度和样本拟合精度之间的折中。C 越大，表示对超出 ε 的数据点的惩罚越大。引入非负拉格朗日乘子 α_i，α_i^*，则 η_i，η_i^* 根据目标函数和约束条件构造拉格朗日函数对上述优化问题进行求解。

$$\min L = \frac{1}{2} \| \boldsymbol{w} \|^2 + C \sum_{i=1}^{l} (\xi_i + \xi_i^*) - \sum_{i=1}^{l} \alpha_i (\xi_i + \varepsilon - y_i + \boldsymbol{w} \cdot \boldsymbol{x}_i + b) - \alpha \sum_{i=1}^{l} \alpha_i^* (\xi_i^* + \varepsilon + y_i - \boldsymbol{w} \cdot \boldsymbol{x}_i - b) - \sum_{i=1}^{l} (\eta_i \xi_i + \eta_i^* \xi_i^*)$$

得到对偶优化问题

$$\max Q(\alpha_i, \alpha_i^*) = -\frac{1}{2}\sum_{i,j=1}^{l}(\alpha_i - \alpha_i^*)(\alpha_j - \alpha_j^*)(\pmb{x}_i \cdot \pmb{x}_j) + \sum_{i=1}^{l}(\alpha_i - \alpha_i^*)y_i - \sum_{i=1}^{l}(\alpha_i + \alpha_i^*)\varepsilon$$

$$\text{s.t.} \quad \sum_{i=1}^{l}(\alpha_i - \alpha_i^*) = 0$$

$$0 \leqslant \alpha_i, \alpha_i^* \leqslant C$$

计算可得偏置量 b 的平均值

$$b = \frac{1}{N_{\text{NSV}}}\left(\sum_{0<\alpha_i<C}\left[y_i - \sum_{x_j \in \text{NSV}}(\alpha_j - \alpha_j^*)(\pmb{x}_j \cdot \pmb{x}_i) - \varepsilon\right]\right) + \sum_{0<\alpha_i^*<C}\left[y_i - \sum_{x_j \in \text{NSV}}(\alpha_j - \alpha_j^*)(\pmb{x}_j \cdot \pmb{x}_i) + \varepsilon\right]$$

式中，N_{NSV} 为标准支持向量数目。

计算出参数 b 后，便可求出拟合样本集的回归估计函数

$$f(x) = \sum_{x_i \in \text{NSV}}(\alpha_i - \alpha_i^*)(\pmb{x}_i \cdot \pmb{x}) + b$$

式中，$\alpha_i - \alpha_i^*$ 不等于零，与之对应的样本数据 $(\pmb{x}_i, y_i)$ 就是支持向量。

2. 非线性支持向量机回归

非线性支持向量机回归的基本思想是：通过一个非线性映射 $\Phi(\cdot)$ 将训练数据集 $\pmb{x}$ 非线性映射到一个高维特征空间（Hilbert 空间），并在此特征空间进行线性回归，从而使得在输入空间中的非线性函数估计问题转化为高维特征空间中的线性函数估计问题。这具体是通过核函数 $k(\pmb{x}_i, \pmb{x}_j) = \Phi(\pmb{x}_i) \cdot \Phi(\pmb{x}_j)$ 来实现的，从而避免了在高维空间计算复杂的点积运算。因而在非线性情况下，估计函数 $f(x)$ 为

$$f(x) = \pmb{w} \cdot \Phi(\pmb{x}) + b$$

式中，$\pmb{w}$ 的维数为特征空间维数（可能是无穷维）。最优化问题为

$$\min_{\pmb{w},b,\xi}\left[\frac{1}{2}\|\pmb{w}\|^2 + \sum_{i=1}^{l}(\xi_i + \xi_i^*)\right]$$

$$\text{s.t.} \begin{cases} y_i - \pmb{w} \cdot \Phi(\pmb{x}_i) - b \leqslant \varepsilon + \xi_i \\ \pmb{w} \cdot \Phi(\pmb{x}_i) - y_i + b \leqslant \varepsilon + \xi_i^* \\ \xi_i, \xi_i^* \geqslant 0, i = 1, 2, \cdots, l \end{cases}$$

类似线性情形，得到对偶最优化问题

$$\max_{\alpha,\alpha^*}\left\{Q(\alpha,\alpha^*) = -\frac{1}{2}\sum_{i=1}^{l}\sum_{j=1}^{l}(\alpha_i-\alpha_i^*)(\alpha_j-\alpha_j^*)k(\boldsymbol{x}_i,\boldsymbol{x}_j) + \sum_{i=1}^{l}(\alpha_i-\alpha_i^*)y_i - \sum_{i=1}^{l}(\alpha_i+\alpha_i^*)\varepsilon\right\} \quad (4\text{-}29)$$

$$\text{s.t.} \quad \begin{cases} \sum_{i=1}^{l}(\alpha_i-\alpha_i^*) = 0 \\ \alpha_i, \alpha_i^* \in [0, C] \end{cases}$$

而权值 $\boldsymbol{w}$ 为

$$\boldsymbol{w} = \sum_{i=1}^{l}(\alpha_i-\alpha_i^*)\boldsymbol{\Phi}(\boldsymbol{x}_i)$$

核函数 $k(\boldsymbol{x}_i,\boldsymbol{x}_j) = \boldsymbol{\Phi}(\boldsymbol{x}_i)\cdot\boldsymbol{\Phi}(\boldsymbol{x}_j)$。回归估计函数为

$$\begin{aligned}f(x) &= \sum_{x_i\in\text{NSV}}(\alpha_i-\alpha_i^*)(\boldsymbol{\Phi}(\boldsymbol{x}_i)\cdot\boldsymbol{\Phi}(\boldsymbol{x})) + b \\ &= \sum_{x_i\in\text{NSV}}(\alpha_i-\alpha_i^*)k(\boldsymbol{x}_i,\boldsymbol{x}) + b\end{aligned} \quad (4\text{-}30)$$

式中,偏置项 b 计算公式如下:

$$b = \frac{1}{N_{\text{NSV}}}\left\{\sum_{0<\alpha_i<C}\left[y_i - \sum_{x_j\in\text{NSV}}(\alpha_i-\alpha_i^*)k(\boldsymbol{x}_j,\boldsymbol{x}_i) - \varepsilon\right] + \sum_{0<\alpha_i^*<C}\left[y_i - \sum_{x_j\in\text{NSV}}(\alpha_j-\alpha_j^*)k(\boldsymbol{x}_j,\boldsymbol{x}_i) + \varepsilon\right]\right\} \quad (4\text{-}31)$$

由式 (4-30) 和式 (4-31) 可知,尽管通过非线性函数将样本数据映射到具有高维甚至无穷维特征空间,但在计算回归估计函数时,并不需要显式计算该非线性函数,而只需计算核函数,从而避免高维特征空间引起的维数灾难问题。核函数的选择只需满足 Mercer 条件即可。

权值 $\boldsymbol{w}$ 反映了函数的复杂度,是非线性映射中 $\boldsymbol{\Phi}(\boldsymbol{x})$ 的线性组合。从这个意义上讲,利用支持向量机进行函数估计的计算复杂度和输入空间的维数是不相关的,仅依赖于支持向量的数目。偏置 b 可通过 KKT 条件计算得到。核函数的引入,使得函数逼近求解(或估计值)绕过特征空间,直接在输入空间上求取,从而避免了计算非线性映射中 $\boldsymbol{\Phi}(\boldsymbol{x})$ 的困难。

4.3.4 基于支持向量机的可持续性评价的基本步骤

以上介绍了用于分类的支持向量机(SVC)和用于回归的支持向量机(SVR)两种模型的基本原理,下面给出基于支持向量机的可持续性评价的基本

步骤:
1) 确定待评价对象评价指标体系以及评价等级标准。
2) 根据评价等级标准生成相应随机模型样本,对模型样本指标进行归一化,并以模型样本指标为输入值,相应评价等级值为目标值(输出值),对支持向量机的两种模型(SVC、SVR)进行训练。
3) 确定待评价对象的各项指标值,对各项指标进行归一化处理,并把归一化后的各项指标作为训练好的两种支持向量机模型(SVC、SVR)的输入,得到相应的输出,并根据输出确定待评价对象的可持续性评价等级。

4.3.5 基于支持向量机的增材修复技术可持续性评价实例分析

本节依旧选择四种增材修复技术的可持续性评价为实例进行分析,其评价指标体系及评价分级标准见表4-2。依据上述基于支持向量机的可持续性评价模型的步骤,从模型样本的生成开始,逐步进行增材修复技术的可持续性评价。

1. 模型样本的生成

根据表4-2增材修复技术可持续性评价的5个等级标准,等级划分为Ⅰ级(很弱可持续)、Ⅱ级(较弱可持续)、Ⅲ级(基本可持续)、Ⅳ级(较强可持续)、Ⅴ级(很强可持续)。在14个指标的每级分级标准范围内,各随机生成10个样本,5级共生成50个随机样本。随机生成的50个各级标准样本指标数值见表4-7。

表4-7 随机生成的50个各级标准样本指标数值

样本序号	评价指标													
	D_1	D_2	D_3	D_4	D_5	D_6	D_7	D_8	D_9	D_{10}	D_{11}	D_{12}	D_{13}	D_{14}
1	3.52	1.88	11.64	1.82	0.28	2.99	0.23	1.02	2.99	1.91	2.63	10.81	12.95	4.48
2	3.27	11.97	7.25	0.39	0.19	8.90	0.84	0.67	0.74	1.79	3.07	17.40	10.88	3.66
3	1.04	9.42	14.58	1.14	0.29	11.26	0.77	0.22	1.12	2.67	1.39	5.30	14.42	7.64
4	2.38	13.92	12.77	0.66	0.07	4.59	0.83	0.48	0.36	0.59	2.63	6.36	10.45	6.28
5	0.09	14.00	17.22	1.21	0.20	10.40	1.39	0.86	2.25	2.00	1.66	2.38	19.87	7.72
6	1.70	12.77	9.45	1.89	0.09	9.00	0.58	0.27	2.67	0.67	3.35	18.80	4.37	9.33
7	1.25	0.67	5.78	2.26	0.20	0.09	1.42	1.04	2.13	0.34	3.32	12.91	2.12	9.73
8	0.65	1.38	1.88	1.96	0.21	8.03	0.85	0.34	1.66	1.71	1.02	9.59	2.19	1.92
9	0.72	6.39	10.86	3.76	0.02	5.16	0.06	1.29	2.51	1.27	2.44	12.79	1.27	1.39
10	1.69	10.62	13.85	2.22	0.08	12.21	0.32	0.38	2.53	1.29	2.32	10.89	8.09	6.96

(续)

样本序号	D_1	D_2	D_3	D_4	D_5	D_6	D_7	D_8	D_9	D_{10}	D_{11}	D_{12}	D_{13}	D_{14}
11	5.03	21.50	19.79	5.67	0.58	18.31	2.43	1.69	4.87	7.49	4.31	34.71	21.64	11.27
12	9.78	25.86	21.25	7.14	0.40	21.59	2.14	1.52	5.44	3.06	4.05	45.59	22.11	27.21
13	9.83	22.62	21.36	5.55	0.50	19.52	2.11	1.73	4.86	7.38	5.09	46.22	22.84	28.69
14	13.47	20.44	20.03	6.76	0.43	18.51	2.31	1.44	3.93	5.51	4.47	28.11	23.33	29.69
15	9.33	27.55	17.88	5.56	0.55	20.58	1.95	1.71	4.10	3.19	4.92	26.25	32.42	27.18
16	8.33	22.43	19.46	6.89	0.53	21.14	2.12	1.72	5.33	6.45	5.19	36.95	31.47	25.71
17	11.39	24.42	19.94	6.71	0.35	22.12	2.38	1.76	4.70	4.25	4.85	39.21	21.04	20.27
18	12.15	26.88	19.15	5.50	0.56	13.33	2.17	1.84	5.30	3.73	4.91	32.51	38.62	13.55
19	9.72	23.59	18.78	4.98	0.60	21.02	2.34	1.88	4.25	4.34	4.75	26.18	34.57	17.97
20	7.82	27.36	21.95	6.83	0.45	18.78	2.28	1.78	4.82	3.91	4.20	48.44	34.76	12.68
21	15.46	38.54	27.80	10.20	0.72	23.01	2.54	1.95	5.58	11.49	6.43	53.96	44.70	37.35
22	29.09	33.48	29.32	7.93	1.49	24.91	3.47	1.94	5.64	11.13	7.02	71.68	54.70	34.12
23	19.52	34.46	32.00	11.41	1.48	22.82	2.78	2.39	6.68	10.37	6.89	53.31	59.41	31.73
24	19.43	30.54	25.49	10.02	1.27	27.13	2.75	2.47	6.57	12.00	6.79	53.52	57.34	45.44
25	19.99	31.77	26.65	8.82	0.82	22.37	2.50	2.23	6.44	11.00	5.79	69.22	41.72	34.11
26	22.01	36.63	27.11	9.07	1.32	32.19	2.75	1.96	6.79	11.61	5.83	59.86	47.33	37.77
27	24.72	33.31	29.84	14.29	0.96	24.40	2.49	2.42	6.75	11.91	5.85	69.61	47.38	41.04
28	15.38	38.98	30.34	12.57	0.76	23.26	2.96	2.11	6.87	10.47	6.89	72.47	53.70	34.58
29	27.63	31.18	23.78	11.01	0.86	25.63	3.22	2.08	6.04	10.52	7.10	67.50	51.96	42.84
30	23.39	39.88	24.49	14.34	1.67	27.29	3.09	2.37	6.72	11.48	6.72	72.20	55.79	39.69
31	41.77	49.34	52.62	15.35	2.82	36.40	3.52	2.66	7.63	12.54	8.36	86.66	74.97	77.71
32	34.37	41.87	53.68	34.04	3.01	36.86	3.54	2.59	7.59	13.02	8.36	88.94	62.40	69.61
33	39.05	42.66	61.27	44.50	3.21	34.62	3.58	2.80	7.77	13.07	7.35	85.17	70.50	77.98
34	44.47	47.98	34.85	47.53	4.09	48.56	3.49	2.83	7.73	13.67	8.26	87.03	66.52	54.91
35	36.49	44.88	47.16	38.90	4.08	45.11	3.65	2.65	7.66	14.21	7.92	81.54	70.93	77.63
36	40.42	47.69	69.09	19.90	3.37	42.63	3.58	2.77	7.89	14.18	7.52	89.53	67.98	73.84
37	41.37	43.96	65.43	43.43	3.61	38.55	3.74	2.63	8.11	13.32	7.34	85.41	68.30	67.32
38	36.49	42.73	38.02	20.69	8.23	36.10	3.58	2.72	7.74	12.93	8.49	86.80	63.61	63.20
39	39.83	40.37	38.25	21.04	6.86	43.71	3.64	2.82	7.74	13.87	7.46	80.37	65.11	57.73

(续)

样本序号	评价指标													
	D_1	D_2	D_3	D_4	D_5	D_6	D_7	D_8	D_9	D_{10}	D_{11}	D_{12}	D_{13}	D_{14}
40	31.65	46.73	36.43	19.44	5.80	49.80	3.51	2.74	7.39	13.86	7.44	88.09	60.41	72.56
41	48.43	58.15	87.10	89.03	42.99	51.08	26.02	8.30	36.39	53.11	114.44	99.71	93.88	82.69
42	45.96	57.89	99.94	74.81	16.96	95.53	44.21	79.00	31.81	70.99	140.37	93.46	80.20	86.73
43	56.51	58.52	84.48	93.66	67.25	90.03	24.15	4.35	13.78	58.28	111.09	98.87	96.86	84.77
44	55.07	55.06	93.05	89.37	25.44	87.29	75.83	58.29	22.15	33.61	105.53	94.55	98.45	86.24
45	55.73	56.36	92.10	82.84	13.10	90.66	92.10	66.39	87.60	52.29	111.10	94.13	95.42	82.36
46	54.63	59.51	87.74	67.07	74.81	69.17	6.43	46.16	129.12	28.30	98.52	92.18	80.85	81.77
47	51.29	54.44	82.84	98.30	40.62	80.86	51.74	74.62	53.94	31.24	23.25	91.26	87.56	88.30
48	50.86	50.60	80.50	70.61	69.12	78.77	11.54	75.73	61.16	53.31	134.95	93.09	94.09	87.67
49	57.24	58.67	88.42	96.98	43.93	76.50	75.62	53.60	134.86	44.57	183.45	97.26	94.59	89.34
50	49.76	56.31	83.68	68.95	66.09	63.75	92.38	14.05	129.88	37.90	70.94	97.83	84.49	81.08

如果随机样本数值和待评价对象指标数值未经归一化处理，为了消除不同指标的量纲及数值大小带来的影响，还需进行归一化处理，采用的极差归一化公式如下：

$$x_{ij} = \frac{D_{ij} - \min_i D_{ij}}{\max_i D_{ij} - \min_i D_{ij}}$$

50 个各级标准样本指标归一化数值见表 4-8。

表 4-8 50 个各级标准样本指标归一化数值

样本序号	评价指标													
	D'_1	D'_2	D'_3	D'_4	D'_5	D'_6	D'_7	D'_8	D'_9	D'_{10}	D'_{11}	D'_{12}	D'_{13}	D'_{14}
1	0.2586	0.1297	0.8970	0.1250	0.0039	0.2170	0.0000	0.0621	0.2170	0.1321	0.1887	0.8318	1.0000	0.3341
2	0.1790	0.6845	0.4102	0.0116	0.0000	0.5061	0.0378	0.0279	0.0320	0.0930	0.1673	1.0000	0.6212	0.2016
3	0.0571	0.6407	1.0000	0.0641	0.0049	0.7688	0.0383	0.0000	0.0627	0.1706	0.0815	0.3538	0.9889	0.5167
4	0.1668	1.0000	0.9170	0.0426	0.0000	0.3264	0.0549	0.0296	0.0209	0.0375	0.1848	0.4542	0.7495	0.4484
5	0.0000	0.7032	0.8660	0.0566	0.0056	0.5212	0.0657	0.0389	0.1092	0.0966	0.0794	0.1158	1.0000	0.3857
6	0.0861	0.6777	0.5003	0.0962	0.0000	0.4762	0.0262	0.0096	0.1379	0.0310	0.1742	1.0000	0.2288	0.4939
7	0.0905	0.0452	0.4438	0.1693	0.0086	0.0000	0.1037	0.0741	0.1591	0.0195	0.2520	1.0000	0.1583	0.7520
8	0.0469	0.1247	0.1780	0.1866	0.0000	0.8337	0.0682	0.0139	0.1546	0.1599	0.0864	1.0000	0.2111	0.1823

(续)

样本序号	评价指标													
	D'_1	D'_2	D'_3	D'_4	D'_5	D'_6	D'_7	D'_8	D'_9	D'_{10}	D'_{11}	D'_{12}	D'_{13}	D'_{14}
9	0.0548	0.4988	0.8489	0.2929	0.0000	0.4025	0.0031	0.0995	0.1950	0.0979	0.1895	1.0000	0.0979	0.1073
10	0.1169	0.7654	1.0000	0.1554	0.0000	0.8809	0.0174	0.0218	0.1779	0.0879	0.1627	0.7850	0.5817	0.4996
11	0.1304	0.6130	0.5628	0.1491	0.0000	0.5195	0.0542	0.0325	0.1257	0.2025	0.1093	1.0000	0.6171	0.3132
12	0.2076	0.5634	0.4614	0.1491	0.0000	0.4689	0.0385	0.0248	0.1115	0.0589	0.0808	1.0000	0.4804	0.5933
13	0.2041	0.4838	0.4563	0.1105	0.0000	0.4160	0.0352	0.0269	0.0954	0.1505	0.1004	1.0000	0.4886	0.6166
14	0.4457	0.6839	0.6699	0.2163	0.0000	0.6179	0.0643	0.0345	0.1196	0.1736	0.1381	0.9460	0.7826	1.0000
15	0.2755	0.8472	0.5438	0.1572	0.0000	0.6285	0.0439	0.0364	0.1114	0.0828	0.1371	0.8064	1.0000	0.8356
16	0.2142	0.6013	0.5198	0.1746	0.0000	0.5659	0.0437	0.0327	0.1318	0.1625	0.1280	1.0000	0.8495	0.6914
17	0.2841	0.6194	0.5041	0.1637	0.0000	0.5602	0.0522	0.0363	0.1119	0.1004	0.1158	1.0000	0.5324	0.5126
18	0.3045	0.6915	0.4884	0.1298	0.0000	0.3355	0.0423	0.0336	0.1245	0.0833	0.1143	0.8395	1.0000	0.3413
19	0.2685	0.6768	0.5352	0.1289	0.0000	0.6011	0.0512	0.0377	0.1074	0.1101	0.1222	0.7530	1.0000	0.5113
20	0.1536	0.5607	0.4480	0.1329	0.0000	0.3820	0.0381	0.0277	0.0911	0.0721	0.0781	1.0000	0.7149	0.2548
21	0.2769	0.7104	0.5086	0.1781	0.0000	0.4187	0.0342	0.0231	0.0913	0.2023	0.1073	1.0000	0.8261	0.6880
22	0.3932	0.4558	0.3965	0.0918	0.0000	0.3337	0.0282	0.0064	0.0591	0.1373	0.0788	1.0000	0.7581	0.4649
23	0.3114	0.5693	0.5268	0.1714	0.0000	0.3684	0.0224	0.0157	0.0898	0.1535	0.0934	0.8947	1.0000	0.5222
24	0.3239	0.5220	0.4320	0.1561	0.0000	0.4612	0.0264	0.0214	0.0945	0.1914	0.0984	0.9319	1.0000	0.7878
25	0.2803	0.4525	0.3776	0.1170	0.0000	0.3151	0.0246	0.0206	0.0822	0.1488	0.0727	1.0000	0.5980	0.4867
26	0.3534	0.6032	0.4406	0.1324	0.0000	0.5273	0.0244	0.0109	0.0934	0.1758	0.0770	1.0000	0.7860	0.6227
27	0.3461	0.4712	0.4207	0.1942	0.0000	0.3414	0.0223	0.0213	0.0843	0.1595	0.0712	1.0000	0.6762	0.5838
28	0.2039	0.5330	0.4125	0.1647	0.0000	0.3138	0.0307	0.0188	0.0852	0.1354	0.0855	1.0000	0.7383	0.4716
29	0.4017	0.4550	0.3439	0.1523	0.0000	0.3717	0.0354	0.0183	0.0777	0.1450	0.0936	1.0000	0.7668	0.6300
30	0.3080	0.5418	0.3236	0.1796	0.0000	0.3632	0.0201	0.0099	0.0716	0.1391	0.0716	1.0000	0.7673	0.5391
31	0.4656	0.5557	0.5948	0.1511	0.0019	0.4017	0.0102	0.0000	0.0592	0.1176	0.0679	1.0000	0.8608	0.8935
32	0.3680	0.4549	0.5917	0.3642	0.0049	0.3969	0.0110	0.0000	0.0579	0.1208	0.0668	1.0000	0.6926	0.7761
33	0.4401	0.4839	0.7098	0.5063	0.0050	0.3863	0.0095	0.0000	0.0603	0.1247	0.0552	1.0000	0.8219	0.9127
34	0.4945	0.5362	0.3803	0.5309	0.0150	0.5431	0.0078	0.0000	0.0582	0.1287	0.0645	1.0000	0.7564	0.6185
35	0.4290	0.5353	0.5642	0.4595	0.0181	0.5382	0.0127	0.0000	0.0635	0.1465	0.0668	1.0000	0.8655	0.9504
36	0.4340	0.5178	0.7644	0.1974	0.0069	0.4594	0.0093	0.0000	0.0590	0.1315	0.0547	1.0000	0.7516	0.8192
37	0.4680	0.4993	0.7586	0.4929	0.0118	0.4339	0.0134	0.0000	0.0662	0.1291	0.0569	1.0000	0.7933	0.7815

(续)

样本序号	评价指标													
	D'_1	D'_2	D'_3	D'_4	D'_5	D'_6	D'_7	D'_8	D'_9	D'_{10}	D'_{11}	D'_{12}	D'_{13}	D'_{14}
38	0.4016	0.4759	0.4198	0.2137	0.0655	0.3970	0.0102	0.0000	0.0597	0.1214	0.0686	1.0000	0.7242	0.7193
39	0.4772	0.4842	0.4569	0.2349	0.0521	0.5273	0.0106	0.0000	0.0634	0.1425	0.0598	1.0000	0.8032	0.7081
40	0.4366	0.3387	0.5154	0.3947	0.1957	0.0359	0.5514	0.0090	0.0000	0.0545	0.1303	0.0551	1.0000	0.6757
41	0.3781	0.4697	0.7424	0.7606	0.3268	0.4031	0.1669	0.0000	0.2647	0.4222	1.0000	0.8612	0.8063	0.7009
42	0.2350	0.3317	0.6724	0.4688	0.0000	0.6367	0.2208	0.5027	0.1203	0.4378	1.0000	0.6199	0.5124	0.5654
43	0.4887	0.5075	0.7507	0.8367	0.5893	0.8027	0.1855	0.0000	0.0883	0.5052	1.0000	0.8855	0.8667	0.7534
44	0.3948	0.3947	0.8503	0.8062	0.0395	0.7812	0.6438	0.4334	0.0000	0.1374	1.0000	0.8683	0.9151	0.7686
45	0.4350	0.4414	0.8061	0.7116	0.0000	0.7914	0.0000	0.5438	0.7602	0.3999	1.0000	0.8268	0.8400	0.7067
46	0.3929	0.4326	0.6627	0.4943	0.5573	0.5114	0.0000	0.3238	1.0000	0.1783	0.7506	0.6989	0.6066	0.6141
47	0.3736	0.4156	0.7940	1.0000	0.2314	0.7676	0.3796	0.6845	0.4089	0.1065	0.0000	0.9062	0.8569	0.8668
48	0.3186	0.3165	0.5588	0.4786	0.4666	0.5448	0.0000	0.5201	0.4021	0.3385	1.0000	0.6608	0.6689	0.6169
49	0.0954	0.1056	0.3189	0.3802	0.0000	0.2334	0.2271	0.0693	0.6517	0.0046	1.0000	0.3822	0.3631	0.3255
50	0.3083	0.3648	0.6011	0.4740	0.4493	0.4291	0.6762	0.0000	1.0000	0.2059	0.4912	0.7233	0.6081	0.5787

四种增材修复技术评价指标归一化数值见表4-9。

表4-9 四种增材修复技术评价指标的归一化数值

修复技术	评价指标													
	D'_1	D'_2	D'_3	D'_4	D'_5	D'_6	D'_7	D'_8	D'_9	D'_{10}	D'_{11}	D'_{12}	D'_{13}	D'_{14}
LC	0.7238	0.3974	0.6652	0.1970	0.0000	0.1961	0.0294	0.0195	0.0605	0.3122	0.0675	1.0000	1.0000	0.8745
PAS	0.7299	0.4268	1.0000	0.2462	0.000	0.3372	0.0071	0.0004	0.0389	0.4287	0.0345	0.8726	0.8726	0.7452
BE	0.1190	0.2683	0.1393	0.0109	0.6168	0.3228	0.5744	0.3297	0.7176	0.0000	1.0000	0.4035	0.2612	0.3323
PS	0.0331	0.4931	0.2232	1.0000	0.0000	0.5405	0.0212	0.0099	0.0726	0.6788	0.0665	0.7138	0.5912	0.4685

2. 基于分类支持向量机（SVC）模型的实现

应用 SVC 模型评价本实例时，5 个评价等级的目标值分别设置为 1，2，3，4，5，以表 4-8 归一化后 5 个评价等级的样本指标数值和所属的评价等级目标值共同组成 50 个训练样本，核函数采用径向基函数，核函数参数 $\sigma=1.0$，正规化参数 $C=1$。训练好的 SVC 模型对 50 个训练样本的拟合结果见表 4-10。

将表 4-9 所示的四种修复技术指标的归一化数值作为 4 个待评价的样本集，利用上述训练好的模型进行输出计算，评价结果见表 4-11。

表 4-10 SVC 和 SVR 用于四种修复技术的可持续性评价的拟合结果

样本序号	1	2	3	4	5	6	7	8	9	10
评价目标值	1	1	1	1	1	1	1	1	1	1
SVC	1	2	1	1	1	1	1	1	1	1
SVR	1.0008	1.0008	1.0009	1.001	1.0006	0.9987	1.0012	1.0009	1.0007	1.0009
相对误差（%）	0.08	0.08	0.09	0.10	0.06	0.13	0.12	0.09	0.07	0.09
样本序号	11	12	13	14	15	16	17	18	19	20
评价目标值	2	2	2	2	2	2	2	2	2	2
SVC	2	2	2	4	2	2	2	2	2	2
SVR	1.9987	1.9986	2.0011	2.0012	1.9988	2.001	2.0012	2.0006	1.9991	2.0011
相对误差（%）	0.065	0.07	0.055	0.06	0.06	0.05	0.06	0.03	0.045	0.055
样本序号	21	22	23	24	25	26	27	28	29	30
评价目标值	3	3	3	3	3	3	3	3	3	3
SVC	3	3	3	3	3	3	3	3	3	3
SVR	2.999	3.0013	2.999	2.9989	2.9989	2.9988	3.1285	2.9985	2.9989	3.0011
相对误差（%）	0.0033	0.0433	0.0333	0.0367	0.0367	0.0400	4.2833	0.0500	0.0367	0.0367
样本序号	31	32	33	34	35	36	37	38	39	40
评价目标值	4	4	4	4	4	4	4	4	4	4
SVC	4	4	4	4	4	4	4	4	4	4
SVR	4.0013	3.9994	4.0015	3.9991	3.9991	3.9991	4.0014	3.999	4.0015	3.9989
相对误差（%）	0.0325	0.015	0.0375	0.0225	0.0225	0.0225	0.035	0.025	0.0375	0.0275

(续)

样本序号	41	42	43	44	45	46	47	48	49	50
评价目标值	5	5	5	5	5	5	5	5	5	5
SVC	5	5	5	5	5	5	5	5	5	5
SVR	4.9990	4.9989	4.9990	4.9995	4.9991	4.9988	4.9991	4.9988	4.9990	4.9990
相对误差(%)	0.020	0.022	0.020	0.010	0.018	0.024	0.018	0.024	0.020	0.020

表 4-11　SVC 和 SVR 用于四种增材修复技术的可持续性评价结果

样本序号	激光熔覆	等离子弧堆焊	电刷镀	等离子喷涂
SVC	4	4	5	2
SVR	3.9265	3.8441	3.9265	3.0078
SVC 评价结果	Ⅳ级（较强）	Ⅳ级（较强）	Ⅴ级（很强）	Ⅱ级（较弱）
SVR 评价结果	Ⅳ级（较强）	Ⅳ级（较强）	Ⅳ级（较强）	Ⅲ级（基本）

3. 基于回归支持向量机（SVR）模型的实现

根据第4.3.4节所述支持向量机的计算步骤，将表4-8中所述的14个指标作为输入向量，将5个等级的标准值1，2，3，4，5作为目标向量，建立增材修复技术可持续性评价的回归支持向量机模型。用表4-8中的50个随机生成的样本指标的归一化值及相应评价等级目标值组成SVR的训练样本。选用径向基函数作为核函数，经过多次参数寻优运算，确认不灵敏参数 $\varepsilon = 0.001$，核函数参数 $\sigma = 0.55$，正规化参数 $C = 50$。其训练好后的SVR模型的拟合结果亦见表4-10。从表4-10可见，拟合效果较好，拟合相对误差平均值为0.24%，最大相对误差为4.28%。

用训练好的SVR模型对四种修复技术进行可持续性评价，评价结果亦见表4-11。

4. 评价结果分析

从表4-10和表4-11中可以看出，两种支持向量机评价模型对训练样本的拟合结果都是比较理想的，但两种支持向量机评价模型对四种修复技术的评价结果存在一定偏差。对比两种支持向量机与误差逆传播算法（BP）神经网络的评价结果，SVC 的评价结果与 BP 神经网络的一致，SVR 的评价结果与 BP 神经网络的有一定出入。SVC 的评价结果只能确定评价等级，不同等级能排序，但相同等级不能排序。综合两种支持向量机的评价结果可以认为四种增材修复技术的排序依次为：电刷镀、激光熔覆、等离子弧堆焊和等离子喷涂。研究结果表明基于支持向量机的可持续性评价方法在模型拟合效果和推广应用方面具有良好的性质，可用于实际产品和技术可持续性的综合评价和预测。

4.4 基于人工神经网络的可持续性评价方法

4.4.1 人工神经网络简介

人工神经网络是 20 世纪末发展起来的前沿科学，属于多学科、综合性的研究领域。神经网络由于其具有大规模并行处理，容错性、自组织和自适应能力和联想功能强等特点，为解决非线性、不确定性和不确知系统问题提供了新途径，已成为解决很多问题的有力工具。

神经网络通常是指由大量简单神经元互连而构成的一种计算结构，它在某种程度上可以模拟生物神经系统的工作过程，从而具备解决实际问题的能力。神经网络优化算法就是利用神经网络中神经元的协同并行计算能力来构造的优化算法，它将实际问题的优化解与神经网络的稳定状态相对应，把对实际问题的优化过程映射为神经网络系统的演化过程。

人工神经网络输入和输出之间的变换关系一般是非线性的。首先根据输入的信息建立神经元，通过学习规则或自组织等过程建立相应的非线性数学模型，并不断修正，使输出结果与实际值之间的差距不断缩小。人工神经网络通过样本的"学习和培训"，可记忆客观事物在空间、时间方面比较复杂的关系，能够把问题的特征反映在神经元之间的相互联系的权值中，所以，把实际问题特征参数输入后，人工神经网络输出端就能给出解决问题的结果。

鉴于人工神经网络的上述特征，可建立基于人工神经网络的多指标综合评价方法。与其他综合评价方法相比，基于人工神经网络的综合评价方法已越来越显示出它的优越性。基于人工神经网络的多指标综合评价方法通过神经网络的自学习、自适应能力和强容错性，能建立更加接近人类思维模式的定性和定量相结合的综合评价模型。人工神经网络解决评价问题的方式与层次分析法和模糊理论分析法完全不同，它是模拟人脑的思维，把大量的神经元连成一个复杂的网络，利用已知样本对网络进行训练（即类似于人脑的学习），让网络存储变量间的非线性关系（即类似于人脑的记忆功能），然后利用存储的网络信息对未知样本进行评价（即类似于人脑的联想功能）。训练好的人工神经网络把专家的评价思想以连接权的方式赋予网络，这样该网络不仅可以模拟专家进行定量评价，而且可以避免评价过程中的人为失误。由于模型的权值是通过实例学习得到的，因此避免了人为计取权值和相关系数的主观影响和不确定性。

当今，比较成熟的网络模型及相应算法有上百种，其中，误差逆传播算法（Back Progapation Algorithm，BP）神经网络是由 Rumelhart 等学者于 1986 年提出的一种很有影响的神经元模型，是一种多层次反馈型网络，所使用的是有"导师"的学习算法。BP 神经网络具有较强的非线性映射能力，能够逼近任意非线性连续函数，同时还具有较强的泛化与容错能力、结构简单、运算量小等优点。基于 BP 人工神经网络的综合评价方法具有运算速度快、问题求解效率高、自学习能力强、适应面宽等优点，较好地模拟了评价专家进行综合评价的过程，因而具有广阔的应用前景。本书选择 BP 神经网络作为可持续性评价模型，这里仅对其做简要介绍。

1. 基于 BP 的多层前馈网络模型

BP 神经网络的训练过程由前向传播与反向传播组成：前向传播由输入层向输出层正向计算各个节点输出值，最终得到网络输出；反向传播基于误差函数的梯度从输出层向输入层反向更新网络参数。在训练过程中，前向传播与反向传播交替进行，直到误差收敛，完成网络训练。在多层前馈网的应用中，以图 4-7 所示的单隐层 BP 神经网络的应用最为普遍。一般习惯将单隐层前馈网称为三层前馈网络，三层包括输入层、隐层和输出层。

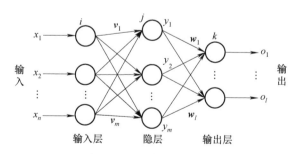

图 4-7　BP 神经网络结构

三层前馈网络中，输入向量为 $X=(x_1,x_2,\cdots,x_i,\cdots,x_n)^{\mathrm{T}}$，如加入 $x_0=-1$，可为隐层神经元引入阈值；隐层输出向量为 $Y=(y_1,y_2,\cdots,y_i,\cdots,y_m)^{\mathrm{T}}$，如加入 $y_0=-1$，可为输出层神经元引入阈值；输出层输出向量为 $O=(o_1,o_2,\cdots,o_k,\cdots,o_l)^{\mathrm{T}}$；

期望输出向量为 $\boldsymbol{D}=(d_1,d_2,\cdots,d_k,\cdots,d_l)^{\mathrm{T}}$。以上诸式中的 T 表示转置。输入层到隐层之间的权值矩阵用 $\boldsymbol{V}$ 表示，$\boldsymbol{V}=(\boldsymbol{v}_1,\boldsymbol{v}_2,\cdots,\boldsymbol{v}_j,\cdots,\boldsymbol{v}_m)$，其中列向量 $\boldsymbol{v}_j$ 为隐层第 j 个神经元对应的权向量；隐层到输出层之间的权值矩阵用 $\boldsymbol{W}$ 表示，$\boldsymbol{W}=(\boldsymbol{w}_1,\boldsymbol{w}_2,\cdots,\boldsymbol{w}_k,\cdots,\boldsymbol{w}_l)$，其中列向量 $\boldsymbol{w}_k$ 为输出层第 k 个神经元对应的权向量。下面分析各层信号之间的数学关系。

对于输出层，有

$$o_k = f(\mathrm{net}_k), \quad k=1,2,\cdots,l \tag{4-32}$$

$$\mathrm{net}_k = \sum_{j=0}^{m} w_{jk} y_j, \quad k=1,2,\cdots,l \tag{4-33}$$

对于隐层，有

$$y_j = f(\mathrm{net}_j), \quad j=1,2,\cdots,m \tag{4-34}$$

$$\mathrm{net}_j = \sum_{i=0}^{n} v_{ij} x_i, \quad j=1,2,\cdots,m \tag{4-35}$$

式（4-32）和式（4-34）中，激励函数均为单极性 Sigmoid 函数。

$$f(x) = \frac{1}{1+\mathrm{e}^{-x}} \tag{4-36}$$

$f(x)$ 具有连续、可导的特点，且有

$$f'(x) = f(x)[1-f(x)] \tag{4-37}$$

若应用需要，也可以采取双极性 Sigmoid 函数。

$$f(x) = \frac{1-\mathrm{e}^{-x}}{1+\mathrm{e}^{-x}} \tag{4-38}$$

2. BP 学习算法

以三层前馈网络为例，介绍 BP 学习算法过程。

（1）网络误差与权值调整　当学习样本的网络实际输出与期望输出不等时，定义如下的输出误差：

$$E = \frac{1}{2}\sum_{k=1}^{l}(d_k-o_k)^2 \tag{4-39}$$

将误差定义式展开至隐层

$$E = \frac{1}{2}\sum_{k=1}^{l}[d_k-f(\mathrm{net}_k)]^2 = \frac{1}{2}\sum_{k=1}^{l}\left[d_k-f\left(\sum_{j=0}^{m}w_{jk}y_j\right)\right]^2 \tag{4-40}$$

进一步展开至输入层

$$E = \frac{1}{2}\sum_{k=1}^{l}\left\{d_k-f\left[\sum_{j=0}^{m}w_{jk}f\left(\sum_{i=0}^{n}v_{ij}x_i\right)\right]\right\}^2 \tag{4-41}$$

由式（4-41）可知，网络输出误差 E 是各层权值 v_{ij}、w_{jk} 的函数，调整权值矩阵 V、W 可以改变 E 的大小，权值调整的原则是使误差 E 不断地减小，以实现较好的分类或拟合效果。因此，应使权值的调整量与误差的负梯度成正比，即

$$\begin{cases} \Delta w_{jk} = -\eta \dfrac{\partial E}{\partial w_{jk}}, & j=0,1,2,\cdots,m; k=1,2,\cdots,l \\ \Delta v_{ij} = -\eta \dfrac{\partial E}{\partial v_{ij}}, & i=0,1,2,\cdots,n; j=1,2,\cdots,m \end{cases} \quad (4\text{-}42)$$

这里运用到了数学中的梯度理论，式中负号表示梯度下降，常数 $\eta \in (0,1)$ 表示比例系数，在训练中反映学习速率。

（2）BP 算法权值调整计算式 式（4-42）仅是对权值调整思路的数学表达，而不是具体的权值调整计算式。以下从式（4-42）出发，推导三层 BP 算法权值调整的计算式。在 BP 算法的权值调整过程中：对输出层有 $j=0,1,2,\cdots,m$；$k=1,2,\cdots,l$；对隐层均有 $i=0,1,\cdots,n$；$j=1,2,\cdots,m$。

对于输出层和隐层，式（4-42）可写为，

$$\begin{cases} \Delta w_{jk} = -\eta \dfrac{\partial E}{\partial w_{jk}} = -\eta \dfrac{\partial E}{\partial \mathrm{net}_k} \dfrac{\partial \mathrm{net}_k}{\partial w_{jk}} \\ \Delta v_{ij} = -\eta \dfrac{\partial E}{\partial v_{ij}} = -\eta \dfrac{\partial E}{\partial \mathrm{net}_j} \dfrac{\partial \mathrm{net}_j}{\partial v_{ij}} \end{cases} \quad (4\text{-}43)$$

对于输出层和隐层各定义一个误差信号，令

$$\begin{cases} \delta_k^o = -\dfrac{\partial E}{\partial \mathrm{net}_k} \\ \delta_j^y = -\dfrac{\partial E}{\partial \mathrm{net}_j} \end{cases} \quad (4\text{-}44)$$

综合上式，可将式（4-42）的权值调整式改写为

$$\begin{cases} \Delta w_{jk} = \eta \delta_k^o y_j \\ \Delta v_{ij} = \eta \delta_j^y x_i \end{cases} \quad (4\text{-}45)$$

从式（4-45）可以看出，只需要计算输出层和隐层的误差信号 δ_k^o 和 δ_j^y，就可计算出权值调整量。误差信号 δ_k^o 和 δ_j^y 的推导过程从略，三层前馈网络的 BP 学习算法权值调整计算公式为

$$\begin{cases} \Delta w_{jk} = \eta \delta_k^o y_j = \eta (d_k - o_k) o_k (1 - o_k) y_j \\ \Delta v_{ij} = \eta \delta_j^y x_i = \eta \left(\displaystyle\sum_{k=1}^{l} \delta_k^o w_{jk} \right) y_j (1 - y_j) x_i \end{cases} \quad (4\text{-}46)$$

故调整后各层的权值为

$$\begin{cases} w_{jk}(p+1) = w_{jk}(p) + \Delta w_{jk} \\ v_{ij}(p+1) = v_{ij}(p) + \Delta v_{ij} \end{cases} \quad (4\text{-}47)$$

式中，p 为样本模式计数器。

三层前馈网络的 BP 学习算法也可以写成向量形式：

对于输出层，设 $Y=(y_0,y_1,\cdots,y_j,\cdots,y_m)^T$，$\boldsymbol{\delta}^o = (\delta_1^o,\delta_2^o,\cdots,\delta_k^o,\cdots,\delta_l^o)^T$，则

$$\Delta \boldsymbol{W} = \eta(\boldsymbol{\delta}^o \boldsymbol{Y}^T)^T \quad (4\text{-}48)$$

对于隐层，设 $X=(x_0,x_1,\cdots,x_i,\cdots,x_n)^T$，$\boldsymbol{\delta}^o = (\delta_1^y,\delta_2^y,\cdots,\delta_j^y,\cdots,\delta_m^y)^T$，则

$$\Delta \boldsymbol{V} = \eta(\boldsymbol{\delta}^y \boldsymbol{X}^T)^T \quad (4\text{-}49)$$

容易看出，在 BP 学习算法中，各层权值调整公式在形式上都是一样的，均由学习速率 η、本层输出的误差信号 δ 以及本层输入信号 Y（或 X）三个因素决定。

权值修正是在误差逆传播过程中逐层完成的。由输出层误差修正各输出层单元的连接权值，再计算相连隐层单元的误差量，并修正隐层单元连接权值。如此继续，整个网络权值更新一次后，BP 网络即经过了一个学习周期。要使实际输出模式达到输出期望模式的要求，往往需要经过多个学习周期的迭代。对于给定的一组训练模式，不断用一个个训练模式训练网络，重复此过程，当各个训练模式都满足要求时，则认为 BP 网络已学习好了。通常，用 BP 网络的均方根误差 E_{RME} 来定量地反映学习的性能，当网络的均方根误差值低于某个值时（例如 0.001 时），则表明对给定训练集的学习已满足要求了。

在网络的学习过程中，权值是随着迭代的进行而更新的，并且一般是收敛的。但权值的初始值太大可能导致网络很快就达到饱和，并且权值的初始值对网络的收敛速度也有一定影响。

学习步长是网络学习的另一个重要参数，在一定程度上也决定了网络的收敛速度。学习步长过小会导致权值更新量过小，因而使收敛非常缓慢；学习步长过大又会导致在极值点附近振荡的可能性加大，乃至反复振荡而难以收敛。

已经定理证明，三层 BP 网络具有可用性。只要给定的样本集是正确科学的，具有权威性，则利用 BP 神经网络实现多指标综合评价的结果就是令人信服的，它克服了人为确定权值的困难及模糊性和随机性的影响，是一种智能综合评价方法。

3. BP 神经网络训练步骤

一般地说，BP 神经网络训练步骤为：

1）初始化。权值矩阵 W、V 置为随机数，误差 E 置为 0，样本模式计数器 p、训练次数器 q 分别置为 1，学习率 η 设为 0~1 间小数，网络训练后达到的精度 $E_{\min}$ 设为一个正的小数。

2）输入训练样本对，计算各层输出，用当前样本 X^p、D^p 对向量数组 X、D 赋值，根据式（4-34）和式（4-32）计算 Y 和 O 中的各分量。

3）计算网络输出误差。设共有 P 对训练样本，网络对应不同的样本具有不同的误差 E^p，可用其中最大误差 $E_{\max}$ 代表网络的总误差，也可以用其均方根误差 $E_{\mathrm{RME}} = \sqrt{\dfrac{1}{P}\sum\limits_{p=1}^{P}(E^p)^2}$ 作为网络的总误差。

4）计算各层误差信号。应用式（4-44）计算 δ_k^o 和 δ_j^y。

5）调整各层权值。应用权值调整式（4-46）和式（4-47）计算 W、V 中各分量。

6）检查是否对所有样本完成一次轮训。若 $p<P$，计数器 p、次数器 q 增 1，返回步骤 2），否则转至步骤 7）。

7）检查网络误差精度。例如，当用 E_{RME} 代表网络总误差时，$E = E_{\mathrm{RME}}$。若 $E < E_{\min}$，训练结束；否则 E 置为 0，p 置为 1，返回步骤 2）。

4.4.2 基于人工神经网络的可持续性评价的基本步骤

对于基于遗传算法的可持续性评价模型，首先是建立普适公式，然后结合目标函数，对普适公式中的参数进行优化，进而得到每一种技术或者产品的可持续性评价等级。而由上述人工神经网络的简介可知，神经网络是依赖学习样本的，它构建 BP 网络并进行反复训练，通过训练所得 BP 网络模型达到对测试样本进行可持续性评价的目的。因此，基于人工神经网络的可持续性评价只需要构建学习样本和 BP 网络就可以达到对测试样本进行可持续性评价的目的。

具体地说，将用于多指标综合评价的指标值进行规范化处理后作为 BP 网络模型的输入，将评价结果作为 BP 网络模型的输出，用足够多的样本训练这个网络，使其获取评价专家的经验、知识、主观判断及对指标重要性的倾向。或者说，利用样本对 BP 网络的连接权系数进行学习和调整，以使该网络实现给定的输入输出关系。这样，BP 网络模型所具有的那组权系数值便是网络经过自适应学习所得到的正确知识内部表示。训练好的 BP 网络模型根据被评对象各指标的属性值，就可得到被评对象的评价结果，再现评价专家的经验、知识、主观判断及对指标重要性的倾向，实现定性与定量的有效结合，保证评价的客观和一致性。

在对 BP 网络进行训练的过程中，只有学习样本足够多，训练次数达到一定量，才能相应地使误差落在合理的范围内。训练次数可以通过相应编程来达到，而学习样本的收集相对是一个比较烦琐的过程。有时，可能拥有的学习样本个数远远少于需要的学习样本量，这时需要随机生成学习样本。可以根据被评对象指标值或评价分级标准等进行学习样本的生成，并保证随机生成样本的合理性和科学性。

概括总结，基于人工神经网络的综合评价方法的步骤如下：

1) 确定被评对象评价指标集和评价分级标准。
2) 确定 BP 网络的层数，一般采用三层网络模型结构。
3) 设计 BP 网络结构。输入层节点的个数为评价指标的个数。明确评价结果，如果评价结果是一个综合评价值，则输出层节点的个数为 1。如果采用评价分级标准进行评价，则应用 BP 网络的分类操作，输出层节点的个数为分级标准等级的个数。隐层节点（即神经元个数）可参考相关经验公式选取。
4) 准备训练集。根据评价分级标准为每级评价标准随机生成若干个标准学习样本。对全部标准学习样本进行规范化处理，设定各级标准学习样本的目标输出（期望输出）。将各级标准学习样本集和相应目标输出组成输入量与输出量。
5) 初始化网络参数，用随机数（一般为区间 [0, 1] 内的数）初始化网络节点的权值和阈值。
6) 将训练集的输入量送入神经网络，通过正向传播计算各层节点的输出。
7) 基于目标输出量，计算各层节点的误差。
8) 通过反向传播，修正权值，更新网络参数。
9) 检查网络误差精度。当误差精度小于给定的拟合误差 ε 时，网络训练结束；否则转到 6)，继续训练。
10) 训练所得 BP 网络模型就可以用于正式的评价。对评价指标集进行规范化处理，将规范后的指标值输入训练好的 BP 网络中，即可得到各个被评对象的可持续性评价结果。

4.4.3 基于人工神经网络的增材修复技术可持续性评价实例分析

本节同样以激光熔覆（LC）、等离子弧堆焊（PAS）、电刷镀（BE）、等离子喷涂（PS）四种增材修复技术为例，说明基于人工神经网络的可持续性评价方法。四种修复技术可持续性评价指标的选取、分级标准以及评价指标，仍使用表 4-2 中的规范化处理后的数据。以下从网络结构的设计及训练初始参数选择开始论述。

1. BP 神经网络结构设计及训练初始参数选择

在 BP 神经网络结构设计时，需要确定输入层、隐层、输出层的节点数。首先由于评价指标数为 14，评价分级标准是 5 级，所以可以确定 14 个输入节点和 5 个输出节点。然后需确定隐层的节点数。国内外有关文献给出了若干确定隐层节点即神经元个数的经验公式，本书参考以下经验公式来进行选取：

$$m = \alpha + \sqrt{n + p} \tag{4-50}$$

式中，m 为隐层节点个数；n 为输入节点个数；p 为输出节点个数；α 取 1~10 之间任意常数。

若隐层节点数设置过多，则会导致运算时间过长；若设置过少，则会影响运算精度，导致评估结果出现偏差。根据上述经验公式，在 BP 网络运行调试的过程中，发现当 $m=14$，即隐层节点数设为 14 时，网络的运行状态好，输出的结果稳定。最终确定了以 14 个输入节点、14 个隐层节点和 5 个输出节点的 14-14-5 结构的 BP 网络模型。设定训练次数最多为 10^4 次，样本均方误差 $E_{\text{RME}} \leqslant 10^{-5}$。

根据表 4-2 给出的分级标准，对于每级标准随机生成 10 个学习样本，共生成 50 个学习样本，这 50 个学习样本的指标值见表 4-12。将每一个样本的指标值用线性比例法进行归一化处理，归一化处理后的指标值见表 4-13。用 BP 网络进行训练，设定用于训练的各级标准样本的目标输出分别为 $T_1=(1,0,0,0,0)^{\text{T}}$，$T_2=(0,1,0,0,0)^{\text{T}}$，$T_3=(0,0,1,0,0)^{\text{T}}$，$T_4=(0,0,0,1,0)^{\text{T}}$，$T_5=(0,0,0,0,1)^{\text{T}}$。

表 4-12 随机生成的 50 个各级标准样本指标数据

样本序号	评价指标													
	D_1	D_2	D_3	D_4	D_5	D_6	D_7	D_8	D_9	D_{10}	D_{11}	D_{12}	D_{13}	D_{14}
1	3.52	1.88	11.64	1.82	0.28	2.99	0.23	1.02	2.99	1.91	2.63	10.81	12.95	4.48
2	3.27	11.97	7.25	0.39	0.19	8.90	0.84	0.67	0.74	1.79	3.07	17.40	10.88	3.66
3	1.04	9.42	14.58	1.14	0.29	11.26	0.77	0.22	1.12	2.67	1.39	5.30	14.42	7.64
4	2.38	13.92	12.77	0.66	0.07	4.59	0.83	0.48	0.36	0.59	2.63	6.36	10.45	6.28
5	0.09	14.00	17.22	1.21	0.20	10.40	1.39	0.86	2.25	2.00	1.66	2.38	19.87	7.72
6	1.70	12.77	9.45	1.89	0.20	9.00	0.58	0.27	2.67	0.67	3.35	18.80	4.37	9.33
7	1.25	0.67	5.78	2.26	0.20	0.09	1.42	1.04	2.13	0.34	3.32	12.91	2.12	9.73
8	0.65	1.38	1.88	1.96	0.21	8.03	0.85	0.34	1.66	1.71	1.02	9.59	2.19	1.92

(续)

样本序号	D_1	D_2	D_3	D_4	D_5	D_6	D_7	D_8	D_9	D_{10}	D_{11}	D_{12}	D_{13}	D_{14}
9	0.72	6.39	10.86	3.76	0.02	5.16	0.06	1.29	2.51	1.27	2.44	12.79	1.27	1.39
10	1.69	10.62	13.85	2.22	0.08	12.21	0.32	0.38	2.53	1.29	2.32	10.89	8.09	6.96
11	5.03	21.50	19.79	5.67	0.58	18.31	2.43	1.69	4.87	7.49	4.31	34.71	21.64	11.27
12	9.78	25.86	21.25	7.14	0.40	21.59	2.14	1.52	5.44	3.06	4.05	45.59	22.11	27.21
13	9.83	22.62	21.36	5.55	0.50	19.52	2.11	1.73	4.86	7.38	5.09	46.22	22.84	28.69
14	13.47	20.44	20.03	6.76	0.43	18.51	2.31	1.44	3.93	5.51	4.47	28.11	23.33	29.69
15	9.33	27.55	17.88	5.56	0.55	20.58	1.95	1.71	4.10	3.19	4.92	26.25	32.42	27.18
16	8.33	22.43	19.46	6.89	0.53	21.14	2.12	1.72	5.33	6.45	5.19	36.95	31.47	25.71
17	11.39	24.42	19.94	6.71	0.35	22.12	2.38	1.76	4.70	4.25	4.85	39.21	21.04	20.27
18	12.15	26.88	19.15	5.50	0.56	13.33	2.17	1.84	5.30	3.73	4.91	32.51	38.62	13.55
19	9.72	23.59	18.78	4.98	0.60	21.02	2.34	1.88	4.25	4.34	4.75	26.18	34.57	17.97
20	7.82	27.36	21.95	6.83	0.45	18.78	2.28	1.78	4.82	3.91	4.20	48.44	34.76	12.68
21	15.46	38.54	27.80	10.20	0.72	23.01	2.54	1.95	5.58	11.49	6.43	53.96	44.70	37.35
22	29.09	33.48	29.32	7.93	1.49	24.91	3.47	1.94	5.64	11.13	7.02	71.68	54.70	34.12
23	19.52	34.46	32.00	11.41	1.48	22.82	2.78	2.39	6.68	10.37	6.89	53.31	59.41	31.73
24	19.43	30.54	25.49	10.02	1.27	27.13	2.75	2.47	6.57	12.00	6.79	53.52	57.34	45.44
25	19.99	31.77	26.65	8.82	0.82	22.37	2.50	2.23	6.44	11.00	5.79	69.22	41.72	34.11
26	22.01	36.63	27.11	9.07	1.32	32.19	2.75	1.96	6.79	11.61	5.83	59.86	47.33	37.77
27	24.72	33.31	29.84	14.29	0.96	24.40	2.49	2.42	6.75	11.91	5.85	69.61	47.38	41.04
28	15.38	38.98	30.34	12.57	0.76	23.26	2.96	2.11	6.87	10.47	6.89	72.47	53.70	34.58
29	27.63	31.18	23.78	11.01	0.86	25.63	3.22	2.08	6.04	10.52	7.10	67.50	51.96	42.84
30	23.39	39.88	24.49	14.34	1.67	27.29	3.09	2.37	6.72	11.48	6.72	72.20	55.79	39.69
31	41.77	49.34	52.62	15.35	2.82	36.40	3.52	2.66	7.63	12.54	8.36	86.66	74.97	77.71
32	34.37	41.87	53.68	34.04	3.01	36.86	3.54	2.59	7.59	13.02	8.36	88.94	62.40	69.61
33	39.05	42.66	61.27	44.50	3.21	34.62	3.58	2.80	7.77	13.07	7.35	85.17	70.50	77.98
34	44.47	47.98	34.85	47.53	4.09	48.56	3.49	2.83	7.73	13.67	8.26	87.03	66.52	54.91
35	36.49	44.88	47.16	38.90	4.08	45.11	3.65	2.65	7.66	14.21	7.92	81.54	70.93	77.63
36	40.42	47.69	69.09	19.90	3.37	42.63	3.58	2.77	7.89	14.18	7.52	89.53	67.98	73.84
37	41.37	43.96	65.43	43.43	3.61	38.55	3.74	2.63	8.11	13.32	7.34	85.41	68.30	67.32

(续)

样本序号	评价指标													
	D_1	D_2	D_3	D_4	D_5	D_6	D_7	D_8	D_9	D_{10}	D_{11}	D_{12}	D_{13}	D_{14}
38	36.49	42.73	38.02	20.69	8.23	36.10	3.58	2.72	7.74	12.93	8.49	86.80	63.61	63.20
39	39.83	40.37	38.25	21.04	6.86	43.71	3.64	2.82	7.74	13.87	7.46	80.37	65.11	57.73
40	31.65	46.73	36.43	19.44	5.80	49.80	3.51	2.74	7.39	13.86	7.44	88.09	60.41	72.56
41	48.43	58.15	87.10	89.03	42.99	51.08	26.02	8.30	36.39	53.11	114.44	99.71	93.88	82.69
42	45.96	57.89	99.94	74.81	16.96	95.53	44.21	79.00	31.81	70.99	140.37	93.46	80.20	86.73
43	56.51	58.52	84.48	93.66	67.25	90.03	24.15	4.35	13.78	58.28	111.09	98.87	96.86	84.77
44	55.07	55.06	93.05	89.37	25.44	87.29	75.83	58.29	22.15	33.61	105.53	94.55	98.45	86.24
45	55.73	56.36	92.10	82.84	13.10	90.66	92.10	66.39	87.60	52.29	111.10	94.13	95.42	82.36
46	54.63	59.51	87.74	67.07	74.81	69.17	6.43	46.16	129.12	28.30	98.52	92.18	80.85	81.77
47	51.29	54.44	82.84	98.30	40.62	80.86	51.74	74.62	53.94	31.24	23.25	91.26	87.56	88.30
48	50.86	50.60	80.50	70.61	69.12	78.77	11.54	75.73	61.16	53.31	134.95	93.09	94.09	87.67
49	57.24	58.67	88.42	96.98	43.93	76.50	75.62	53.60	134.86	44.57	183.45	97.26	94.59	89.34
50	49.76	56.31	83.68	68.95	66.09	63.75	92.38	14.05	129.88	37.90	70.94	97.83	84.49	81.08

表 4-13　50 个各级标准样本归一化的指标值

样本序号	评价指标													
	D'_1	D'_2	D'_3	D'_4	D'_5	D'_6	D'_7	D'_8	D'_9	D'_{10}	D'_{11}	D'_{12}	D'_{13}	D'_{14}
1	0.0615	0.0316	0.1165	0.0185	0.0037	0.0313	0.0025	0.0129	0.0222	0.0269	0.0143	0.1084	0.1315	0.0501
2	0.0571	0.2011	0.0725	0.0040	0.0025	0.0932	0.0091	0.0085	0.0055	0.0252	0.0167	0.1745	0.1105	0.0410
3	0.0182	0.1583	0.1459	0.0116	0.0039	0.1179	0.0083	0.0028	0.0083	0.0376	0.0076	0.0532	0.1465	0.0855
4	0.0416	0.2339	0.1278	0.0067	0.0009	0.0480	0.0090	0.0061	0.0027	0.0083	0.0143	0.0638	0.1061	0.0703
5	0.0016	0.2353	0.1723	0.0123	0.0027	0.1089	0.0150	0.0109	0.0167	0.0282	0.0090	0.0239	0.2018	0.0864
6	0.0297	0.2146	0.0946	0.0192	0.0012	0.0942	0.0063	0.0034	0.0198	0.0094	0.0183	0.1885	0.0444	0.1044
7	0.0218	0.0113	0.0578	0.0230	0.0027	0.0009	0.0154	0.0132	0.0158	0.0048	0.0181	0.1295	0.0215	0.1089
8	0.0114	0.0232	0.0188	0.0199	0.0028	0.0841	0.0092	0.0043	0.0123	0.0241	0.0056	0.0962	0.0222	0.0215
9	0.0126	0.1074	0.1087	0.0383	0.0003	0.0540	0.0006	0.0163	0.0186	0.0179	0.0133	0.1283	0.0129	0.0156
10	0.0295	0.1785	0.1386	0.0226	0.0011	0.1278	0.0035	0.0048	0.0188	0.0182	0.0126	0.1092	0.0822	0.0779
11	0.0879	0.3613	0.1980	0.0577	0.0078	0.1917	0.0263	0.0214	0.0361	0.1055	0.0235	0.3481	0.2198	0.1261
12	0.1709	0.4345	0.2126	0.0726	0.0053	0.2260	0.0232	0.0192	0.0403	0.0431	0.0221	0.4572	0.2246	0.3046
13	0.1717	0.3801	0.2137	0.0565	0.0067	0.2043	0.0228	0.0219	0.0360	0.1040	0.0277	0.4635	0.2320	0.3211

(续)

样本序号	评价指标													
	D'_1	D'_2	D'_3	D'_4	D'_5	D'_6	D'_7	D'_8	D'_9	D'_{10}	D'_{11}	D'_{12}	D'_{13}	D'_{14}
14	0.2353	0.3435	0.2004	0.0688	0.0057	0.1938	0.0250	0.0182	0.0291	0.0776	0.0244	0.2819	0.2370	0.3323
15	0.1630	0.4629	0.1789	0.0566	0.0074	0.2154	0.0211	0.0216	0.0304	0.0449	0.0268	0.2633	0.3293	0.3042
16	0.1455	0.3769	0.1947	0.0701	0.0071	0.2213	0.0229	0.0218	0.0395	0.0909	0.0283	0.3706	0.3197	0.2878
17	0.1990	0.4104	0.1995	0.0683	0.0047	0.2316	0.0258	0.0223	0.0349	0.0599	0.0264	0.3932	0.2137	0.2269
18	0.2123	0.4517	0.1916	0.0560	0.0075	0.1395	0.0235	0.0233	0.0393	0.0525	0.0268	0.3260	0.3923	0.1517
19	0.1698	0.3964	0.1879	0.0507	0.0080	0.2200	0.0253	0.0238	0.0315	0.0611	0.0259	0.2626	0.3511	0.2011
20	0.1366	0.4598	0.2196	0.0695	0.0060	0.1966	0.0247	0.0225	0.0357	0.0551	0.0229	0.4858	0.3531	0.1419
21	0.2701	0.6476	0.2782	0.1038	0.0096	0.2409	0.0275	0.0247	0.0414	0.1619	0.0351	0.5412	0.4540	0.4181
22	0.5082	0.5626	0.2934	0.0807	0.0199	0.2608	0.0376	0.0246	0.0418	0.1568	0.0383	0.7189	0.5556	0.3819
23	0.3410	0.5791	0.3202	0.1161	0.0198	0.2389	0.0301	0.0303	0.0495	0.1461	0.0376	0.5347	0.6035	0.3552
24	0.3394	0.5132	0.2551	0.1019	0.0170	0.2840	0.0298	0.0313	0.0487	0.1690	0.0370	0.5368	0.5824	0.5086
25	0.3492	0.5339	0.2667	0.0897	0.0110	0.2342	0.0271	0.0282	0.0478	0.1550	0.0316	0.6942	0.4238	0.3818
26	0.3845	0.6155	0.2713	0.0923	0.0176	0.3370	0.0298	0.0248	0.0503	0.1635	0.0318	0.6003	0.4808	0.4228
27	0.4319	0.5597	0.2986	0.1454	0.0128	0.2554	0.0270	0.0306	0.0501	0.1678	0.0319	0.6981	0.4813	0.4594
28	0.2687	0.6550	0.3036	0.1279	0.0102	0.2435	0.0320	0.0267	0.0509	0.1475	0.0376	0.7268	0.5455	0.3871
29	0.4827	0.5239	0.2379	0.1120	0.0115	0.2683	0.0349	0.0263	0.0448	0.1482	0.0387	0.6770	0.5278	0.4795
30	0.4086	0.6701	0.2450	0.1459	0.0223	0.2857	0.0334	0.0300	0.0498	0.1617	0.0366	0.7241	0.5667	0.4443
31	0.7297	0.8291	0.5265	0.1562	0.0377	0.3810	0.0381	0.0337	0.0566	0.1766	0.0456	0.8691	0.7615	0.8698
32	0.6005	0.7036	0.5371	0.3463	0.0402	0.3858	0.0383	0.0328	0.0563	0.1834	0.0456	0.8920	0.6338	0.7792
33	0.6822	0.7169	0.6131	0.4527	0.0429	0.3624	0.0388	0.0354	0.0576	0.1841	0.0401	0.8542	0.7161	0.8728
34	0.7769	0.8063	0.3487	0.4835	0.0547	0.5083	0.0378	0.0358	0.0573	0.1926	0.0450	0.8728	0.6757	0.6146
35	0.6375	0.7542	0.4719	0.3957	0.0545	0.4722	0.0395	0.0335	0.0568	0.2002	0.0432	0.8178	0.7205	0.8689
36	0.7061	0.8014	0.6913	0.2024	0.0450	0.4462	0.0388	0.0351	0.0585	0.1997	0.0410	0.8979	0.6905	0.8265
37	0.7227	0.7387	0.6547	0.4418	0.0483	0.4035	0.0405	0.0333	0.0601	0.1876	0.0400	0.8566	0.6938	0.7535
38	0.6375	0.7180	0.3804	0.2105	0.1100	0.3779	0.0388	0.0344	0.0574	0.1821	0.0463	0.8705	0.6461	0.7074
39	0.6958	0.6784	0.3827	0.2140	0.0917	0.4576	0.0394	0.0357	0.0574	0.1954	0.0407	0.8060	0.6614	0.6462
40	0.5529	0.7852	0.3645	0.1978	0.0775	0.5213	0.0380	0.0347	0.0548	0.1952	0.0406	0.8835	0.6136	0.8122
41	0.8461	0.9771	0.8715	0.9057	0.5747	0.5347	0.2817	0.1051	0.2698	0.7481	0.6238	1.0000	0.9536	0.9256
42	0.8029	0.9728	1.0000	0.7610	0.2267	1.0000	0.4786	1.0000	0.2359	1.0000	0.7652	0.9373	0.8146	0.9708
43	0.9872	0.9834	0.8453	0.9528	0.8989	0.9424	0.2614	0.0551	0.1022	0.8210	0.6056	0.9916	0.9838	0.9488

(续)

样本序号	评价指标													
	D'_1	D'_2	D'_3	D'_4	D'_5	D'_6	D'_7	D'_8	D'_9	D'_{10}	D'_{11}	D'_{12}	D'_{13}	D'_{14}
44	0.9621	0.9252	0.9311	0.9092	0.3401	0.9137	0.8208	0.7378	0.1642	0.4734	0.5753	0.9482	1.0000	0.9653
45	0.9736	0.9471	0.9216	0.8427	0.1751	0.9490	0.9970	0.8404	0.6496	0.7366	0.6056	0.9440	0.9692	0.9219
46	0.9544	1.0000	0.8779	0.6823	1.0000	0.7241	0.0696	0.5843	0.9574	0.3986	0.5370	0.9245	0.8212	0.9153
47	0.8961	0.9148	0.8289	1.0000	0.5430	0.8464	0.5601	0.9446	0.4000	0.4401	0.1267	0.9153	0.8894	0.9884
48	0.8885	0.8503	0.8055	0.7183	0.9239	0.8246	0.1249	0.9586	0.4535	0.7510	0.7356	0.9336	0.9557	0.9813
49	1.0000	0.9859	0.8847	0.9866	0.5872	0.8008	0.8186	0.6785	1.0000	0.6278	1.0000	0.9754	0.9608	1.0000
50	0.8693	0.9462	0.8373	0.7014	0.8834	0.6673	1.0000	0.1778	0.9631	0.5339	0.3867	0.9811	0.8582	0.9075

2. 网络运行结果及分析

将表 4-13 中的 50 个各级标准样本归一化的指标值与上述相应的目标输出 $T_1=(1,0,0,0,0)^T$，$T_2=(0,1,0,0,0)^T$，$T_3=(0,0,1,0,0)^T$，$T_4=(0,0,0,1,0)^T$，$T_5=(0,0,0,0,1)^T$ 组成学习样本对，输入上述构建好的 14-14-5 结构的 BP 神经网络进行训练。满足均方误差值要求后，停止训练，可得 50 个训练样本的网络实际输出。

将表 4-7 中的四种修复技术的 14 个规范化后的指标值进行归一化处理，归一化后的指标值见表 4-14。将归一化后的各项指标值输入上述训练好的 BP 神经网络进行检验，检验样本的网络输出值见表 4-15。

表 4-14 四种修复技术的归一化指标值

修复技术	评价指标													
	D'_1	D'_2	D'_3	D'_4	D'_5	D'_6	D'_7	D'_8	D'_9	D'_{10}	D'_{11}	D'_{12}	D'_{13}	D'_{14}
激光熔覆	0.9864	0.7619	0.6666	0.1925	0.0039	0.3282	0.0320	0.0383	0.0496	0.4414	0.0398	1.0000	1.0000	1.0000
等离子弧堆焊	1.0000	0.8333	1.0000	0.2500	0.0167	0.5748	0.0245	0.0308	0.0437	0.6152	0.0293	0.8750	0.8750	0.8571
电刷镀	0.3401	0.9762	0.2858	0.0576	1.0000	1.0000	1.0000	1.0000	1.0000	0.0572	1.0001	0.7500	0.5000	0.7143
等离子喷涂	0.0765	1.0000	0.2500	1.0000	0.0200	0.9427	0.0420	0.0526	0.0741	1.0000	0.0502	0.7500	0.6250	0.5714

表 4-15　四种修复技术的可持续性评价结果

修复技术	Ⅰ级（很弱）	Ⅱ级（较弱）	Ⅲ级（基本）	Ⅳ级（较强）	Ⅴ级（很强）	评价结果
激光熔覆	0.0002	-0.0005	0.0003	0.9999	0.0001	Ⅳ级（2）
等离子弧堆焊	0.0004	-0.0010	0.0007	0.9998	0.0001	Ⅳ级（3）
电刷镀	0.5353	0.5351	-0.1651	-0.8348	0.9521	Ⅴ级（1）
等离子喷涂	-0.0043	0.9878	0.0228	-0.0093	0.0035	Ⅱ级（4）

由表 4-15 可见，电刷镀技术具有很强的可持续性，激光熔覆和等离子弧堆焊这两种修复技术具有较强的可持续性，等离子喷涂在这四种修复技术中具有较弱的可持续性。评价结果与基于主成分分析法和支持向量机的可持续性评价结果一致，虽与其他方法存在一些偏差，但结果基本一致。

由于选取样本数量较少，所以神经网络每次计算结果都会有一定的波动，故需要对参数进行多次选取以及对结果进行多次甄别以得到最优结果。因此，在使用神经网络对被评对象进行评价时，需具备充足的样本，这样才能得出较为准确的结果。当然，如果对结果有明显的预知性，样本数量需求可以适当减少，这时神经网络参数对结果的影响相对较大。

3. 四种增材修复技术可持续性评价结果综合分析

综合本书中以四种增材修复技术为实例的多种可持续性评价方法的结果，结果比较见表 4-16。从排序角度看，基于主成分分析法、两种支持向量机、BP 神经网络的可持续性评价方法结果是一致的，基于遗传算法和蚁群算法的可持续性评价结果基本一致，基于灰色逼近理想解法的可持续性评价结果偏差最大。从评价等级角度看，两种支持向量机和 BP 神经网络的可持续性评价方法结果是一致的，基于遗传算法和蚁群算法的可持续性评价结果基本一致，主成分分析法和灰色逼近理想解法的可持续性评价没有按照评价等级标准进行评价，只能排序不能区分可持续性等级（虽然主成分分析法根据主成分加权值进行了可持续类型的划分，但评价标准不同，不能进行比较）。

表 4-16　多种评价方法的四种修复技术可持续评价结果比较

评价方法	评级等级和结果排序			
	激光熔覆	等离子弧堆焊	电刷镀	等离子喷涂
主成分分析法	2	3	1	4
灰色逼近理想解法	4	2	3	1
遗传算法	Ⅲ级，4	Ⅲ级，2	Ⅳ级，1	Ⅲ级，3

(续)

评价方法	评级等级和结果排序			
	激光熔覆	等离子弧堆焊	电刷镀	等离子喷涂
蚁群算法	Ⅲ级，4	Ⅲ级，3	Ⅲ级，1	Ⅲ级，2
两种支持向量机	Ⅳ级，2	Ⅳ级，3	Ⅴ级，1	Ⅱ级，4
BP 神经网络	Ⅳ级，2	Ⅳ级，3	Ⅴ级，1	Ⅱ级，4

每种评价方法都有它的产生背景和应用范围，难免存在着局限性和不足之处，方法的优劣没有绝对的甄别标准，单纯从方法的机理上判别方法的优劣并不可行。多种逻辑上可行的评价方法（这里是指评价过程中任一种独立的方法或环节上的处理方法，如无量纲化方法、赋权方法和综合评价方法等）针对同一个被评对象可能会得到不同的评价结果，称为"多评价结论的非一致性"现象，是综合评价理论中不可回避的难题。关于"多评价结论的非一致性"现象已有专家学者从组合评价、评价结果的稳定性、概率模拟型评价等多个角度进行了研究，对该现象的探究能够提升综合评价结果的准确性，是综合评价理论目前以及未来研究的一个重要方向。

4.5 小结

本章介绍了基于智能优化算法的可持续性评价的方法和模型，主要包括基于遗传算法、蚁群算法、支持向量机和人工神经网络的可持续性评价方法，并均以四种典型再制造增材修复技术为研究对象，对基于智能优化算法的可持续性评价方法进行了实例分析，可以看到采用不同的智能优化算法时，四种增材修复技术的可持续性评价排序是不同的，这说明了不同评价方法分析同类问题的差异性。其他的智能优化算法，如模拟退火算法、鱼群算法、粒子群算法、禁忌搜索算法等也可用于开展可持续性评价的研究与分析，这些方法也各有优缺点，如何选择更合适的方法进行准确和科学的评价是未来需要深入探讨的方向。

参 考 文 献

[1] 杨勇. 智能化综合评价理论与方法研究 [D]. 杭州：浙江工业大学，2014.
[2] 金菊良，魏一鸣. 复杂系统广义智能评价方法与应用 [M]. 北京：科学出版社，2007.
[3] 王小平，曹立明. 遗传算法：理论、应用与软件实现 [M]. 西安：西安交通大学出版

社，2002.
[4] 王凌. 车间调度及其遗传算法 [M]. 北京：清华大学出版社，2003.
[5] 李祚泳，汪嘉杨，熊建秋，等. 可持续发展评价模型与应用 [M]. 北京：科学出版社，2007.
[6] PENG S T, LI T, LI M Y, et al. An integrated decision model of restoring technologies selection for engine remanufacturing practice [J]. Journal of Cleaner Production, 2019, 206: 598-610.
[7] 王凌. 智能优化算法及其应用 [M]. 北京：清华大学出版社，2001.
[8] 郁磊，史峰，王辉，等. 智能算法30个案例分析 [M]. 2版. 北京：北京航空航天大学出版社，2015.
[9] 杜栋，庞庆华，吴炎. 现代综合评价方法与案例精选 [M]. 4版. 北京：清华大学出版社，2021.

第 5 章

不确定条件下的可持续性评价方法

5.1 基于不确定性理论的可持续性评价方法概述

可持续发展系统是一个复杂系统，往往伴随着定性的、不精确的、不完全的和不确定的信息，例如，被评对象的指标值和权重等参数不确定或部分未知和完全未知的情况。因此，可持续性评价模型在描述系统可持续发展状况的同时还需要适当考虑模型参数的不确定性，这些参数之间的关系非常复杂，具有复合化和传递性等特点，如何从数学上定量描述这些不确定现象，是个值得深入探讨的课题。

不确定性理论的研究对象是现实世界中的不确定性。不确定性主要可以分为四大类，分别为随机性、模糊性、不完整性以及不完备性。目前，比较成熟的不确定性数学理论主要有概率理论、模糊理论、灰色理论和未确知数学，分别用来表达和处理上述不确定性信息。不确定性贯穿在整个可持续性评价过程中，从数据的收集、指标参数的表征、评价方法的确定、发展过程的描述到权重的赋值等环节均有体现。针对上述环节，考虑现实中存在的多变性、复杂性和不确定性，以及决策者认识上的局限性和模糊性等，融合不确定性理论与传统评价方法形成了多种不确定条件下的可持续性评价方法，如模糊综合评价方法、基于集对分析的评价方法、基于灰色关联分析的评价方法、基于粗糙集的评价方法、基于证据推理的评价方法、基于蒙特卡罗模拟的评价方法、基于图示评审技术的评价方法、基于模糊神经网络的评价方法、基于贝叶斯网络的评价方法等。这里仅对基于集对分析的评价方法和基于图示评审技术的评价方法进行研究和分析。

5.2 基于集对分析的可持续性评价方法

5.2.1 集对分析方法简介

集对分析（Set Pair Analysis，SPA）是我国学者赵克勤于1989年提出的一种针对确定性和不确定性问题进行同异反定量分析的系统分析方法。其核心思想是把确定性与不确定性作为一个互相联系、互相制约、互相渗透，又可在一定条件下互相转化的确定性不确定性系统来处理。

集对分析的核心概念是集对和联系度。集对是指具有一定联系的两个集合所组成的对子。由于数学中集合的元素可以是人、事、物、数字、概念等，因而，如评价标准与被评对象、设计要求和实物、目标与现状、状态与趋势、已知与未知、确定性与不确定性等，都可以在一定条件下看作集对的例子。联系度表达式中的差异度系数是对系统微观层次上不确定性的一种描述，它的取值体现了确定性与不确定性之间的联系和转化。由于集对分析全面而深刻地反映了客观世界中大量存在的确定性与不确定性系统的对立统一关系，把确定性和不确定性作为一个系统来处理，因此，在评价、规划、决策和预测等诸多领域获得广泛应用。

集对分析基本思想是在一定的问题背景下，对所论及的有一定联系的两个集合组成的集对所具有的特性进行同异反分析，并建立这两个集合在所论及问题背景下的同异反联系度表达式

$$\mu = a + bi + cj = \frac{N_1}{N} + \frac{N_2}{N}i + \frac{N_3}{N}j \tag{5-1}$$

式中，a、b、c 分别称为这两个集合在同一问题背景下的同一度、差异度和对立度，它们从不同侧面刻画了两个集合的联系情况，a、b、c 满足归一化条件 $a+b+c=1$；N 是集对所具有的特性总数；N_1 为集对中的两个集合共同具有的特性数；N_3 为两个集合相互对立的特性数；$N_2 = N - N_1 - N_3$，N_2 为两个集合既不共同具有也不相互对立的特性数；i 为差异不确定度系数，在 [−1,1] 区间，是不同情况的取值，有时仅起差异标记作用；j 为对立度系数，运算时恒取值为 1，有时仅起对立标记作用；联系度 μ 一般情况下表示等号右边的那个式子，特殊情况下才是一个数值，此时称为联系数。

在系统综合评价中，有时需要将评价等级划分为 4 个、5 个或更多的等级。这时可采用多元联系数，其一般形式为

$$\mu = a + b_1 i_1 + b_2 i_2 + \cdots + b_n i_n + cj$$

式中，$a, b_1, \cdots, b_n, c \in [0,1]$，且需要满足 $a + b_1 + \cdots + b_n + c = 1$；$i_1, i_2, \cdots, i_n$ 为差异度系数，在 [−1,1] 根据不同情况取值，取值原则分别有"比例取值""邻近取值""均分取值"以及仅作为分层标记使用等；$j \equiv -1$。一般当 $n = k (k \geq 2)$ 时，称 $k+2$ 元联系数为多元联系数。

5.2.2 基于集对分析的同异反态势排序的可持续协调发展评价模型

1. 基于集对分析的可持续协调发展评价步骤

衡量一个产品的可持续协调发展程度，需要从多维度进行相应的考察，建立一个能反映其可持续协调发展状态的评价指标体系和评价模型。判断可持续系统内部的指标之间是否协调发展既具有确定性又具有不确定性的特征，因此

宜采用集对分析法进行处理。基于集对分析的同异反态势排序可持续协调发展评价的具体步骤为：

1) 建立被评对象可持续评价指标体系和评价标准，针对维度 i 建立指标集合 U_i 和评价标准集合 V_i, $i=1,2,\cdots,m$，m 表示维度的个数。将 U_i 和 V_i 两个集合构成一个集对，维度 i 的指标个数设为 N。

2) 分析维度 i 各指标所具有的异同反属性特征，将评价标准中，符合一级、二级和三级评价标准的指标数分别设为 N_1、N_2 和 N_3，$N_1+N_2+N_3=N$。

3) 确定集对分析联系度的同异反态势排序表，分别给出社会、经济发展联系度中 a、b、c 的计算式，以及生态环境功能损害联系度表达式中 a、b、c 的计算式。

4) 提出描述可持续系统协调发展的数学模型，如生长曲线指数公式、幂函数指数公式等。

5) 计算联系度表达式中 a、b、c 的值，根据同异反态势排序表，得出社会、经济发展态势度（d_s、d_e）和环境功能损害态势度 k 的数值，代入数学模型，即可得到被评对象可持续协调发展指数。

注意：本节以社会、经济和环境三个维度为例，选择生长曲线指数公式描述可持续系统协调发展状况，说明集对分析的可持续评价方法，并给出三个维度集对分析联系度中 a、b、c 的计算式，当评价标准设定不同、数学模型选择不同时，集对分析联系度中 a、b、c 的计算式需要调整。

▶ 2. 指标体系和评价标准的建立

指标的选择参照国内外指标体系框架中推荐的指标，应满足真实性、可比性、可操作性、易获得性和简洁实用性等原则，尽可能地采用单位均值、百分率和增长率等形式表示。被评对象指标的选取和指标体系的建立方法不再赘述。

为使被评对象具有可比性，需要确定指标评价的等级标准，例如，划分为三级评价标准时：Ⅰ级（弱可持续）、Ⅱ级（基本可持续）、Ⅲ级（强可持续）。对于有国家标准或行业标准的指标，应选取国家标准或行业标准；对于无相关标准的指标，可根据第 2.3.2 节的方法，制定相应的评价等级标准。

▶ 3. 集对 H 的同势、反势和均势以及同异反态势排序

在联系度表达式 $\mu=a+bi+cj$ 中：

若 $a/c>1$，即 $a>c$，则称集对 H 的两个集合在指定问题背景下具有同势。

若 $a/c=1$，即 $a=c$，则称集对 H 的两个集合在指定问题背景下具有均势。

若 $a/c<1$，即 $a<c$，则称集对 H 的两个集合在指定问题背景下具有反势。

集对的同势是指：所论两个集合在同异反联系中存在"同一"的趋势，是

否为主要的趋势还应结合差异度系数 b 的大小来讨论。

集对的反势是指所论两个集合在同异反联系中存在"对立"的趋势，是否为主要的趋势还应结合差异度系数 b 的大小来讨论。

集对的均势是指所论两个集合在同一趋势和对立趋势呈现出"势均力敌"的状态；这时，可根据差异度系数 b 的大小进一步分出强均势、准均势、弱均势、微均势等。

对于集对的同势和反势，类似于均势的划分还可根据差异度系数 b 的大小进一步分出强同势、弱同势、微同势、准同势、强反势、弱反势、微反势、准反势。根据联系度表达式 μ 中 a、b、c 大小关系而进行的一种状态排序，称为同异反态势排序。若对每一种排序用 $[0.1,1]$ 之间的一个相应实数值作为表示形式，则每一个数值称为态势度。基于联系度的同异反态势排序的态势度，其集对势的等级和次序关系见表 5-1。

表 5-1 集对势的等级和次序关系

序号	集对势	等级划分	集对势名称	a、b、c 的大小关系		态势度
1	同势	一级	准同势	$a>c$	$b=0$	1.0
2		二级	强同势	$a>c$	$c>b>0$	0.9
3		三级	弱同势	$a>c$	$a>b \geq c$	0.8
4		四级	微同势	$a>c$	$b \geq a$	0.7
5	均势	一级	准均势	$a=c$	$b=0$	0.6
6		二级	强均势	$a=c$	$a>b>0$	0.5
7		三级	弱均势	$a=c$	$b=a$	0.4
8		四级	微均势	$a=c$	$b>a$	0.4
9	反势	一级	微反势	$a<c$	$b \geq c$	0.3
10		二级	弱反势	$a<c$	$c \geq b \geq a$	0.3
11		三级	强反势	$a<c$	$a>b>0$	0.2
12		四级	准反势	$a<c$	$b=0$	0.1
13		不确定，同一势		$c=0$	$a>b$	0
14		不确定，不确定势		$c=0$	$a \leq b$	

4. 社会经济发展态势度和生态环境功能损害态势度

分别将待评价产品的社会、经济和环境等维度指标体系与它们相应的评价标准，作为两个集合构成一个集对。若在某类体系中，选定 N 个评价指标作为集对所具有的特性总数，则有：

1）对于社会、经济指标体系，由于在协调发展数学模型中，社会和经济指标越大越好，在制定了评价标准的基础上，若认定Ⅰ级（弱可持续）、Ⅱ级（基本可持续）、Ⅲ级（强可持续）作为评价标准，在 N 个指标中：符合Ⅲ级标准的指标数目 N_3 为集对中的两个集合共同具有的特征数；符合Ⅰ级标准的指标数目 N_1 为集对中两个集合相互对立的特性数目；符合Ⅱ级标准的指标数目 N_2 即为集对中两个集合既不对立也不共同具有的特性数目。因此，若 N 个指标中，符合Ⅰ级、Ⅱ级、Ⅲ级标准的指标数目分别为 N_1、N_2、N_3（$N_1+N_2+N_3=N$），则社会、经济发展联系度表达式中的同一度 a、差异度 b 和对立度 c 计算式分别为

$$a = \frac{N_3}{N}, \ b = \frac{N_2}{N}, \ c = \frac{N_1}{N} \tag{5-2}$$

2）对环境类指标体系，在制定了三级标准后的 N 个指标中，同样符合Ⅲ级标准的指标数目 N_3 为集对中两个集合共同具有的特性数；符合Ⅰ级标准的指标数目 N_1 为集对中的两个集合相互对立的特性数；符合Ⅱ级标准的指标数目 N_2 为集对中的两个集合既不共同具有也不相互对立的特性数。但由于在协调发展数学模型中，环境指标越小越好，则生态环境功能的联系度表达式中的 a、b、c 计算式分别为

$$a = \frac{N_1}{N}, \ b = \frac{N_2}{N}, \ c = \frac{N_3}{N} \tag{5-3}$$

根据被评价产品的社会、经济和环境指标的联系度表达式中 a、b、c 的大小关系，由表 5-1 中同异反态势排序表得到态势度，分别称为社会、经济发展态势度 d_s、d_e 和环境功能损害态势度 k。

5. 社会、经济与环境协调发展指数

社会和经济的发展及环境的变化都有类似的产生、发展和成熟等阶段过程，它们之间的相互关系可用生长曲线描述。因此，定义社会、经济与环境协调发展指数公式为

$$I = \frac{1}{1 + k e^{-d_s d_e}} \tag{5-4}$$

式中，d_s、d_e 和 k 分别为认定的评价标准下的社会、经济发展态势度和生态环境功能损害态势度。d_s、d_e 和 k 的最小取值为 0.1，最大取值为 1。

由式（5-4）可知，当社会、经济发展态势度小（$d_s = d_e = 0.1$），而生态环境功能损害态势度大，即污染严重（$k = 1$）时，三者协调发展指数 $I_{\min} = 0.50$；而当社会、经济发展态势度大（$d_s = d_e = 1$），生态环境功能损害态势度小，即污

染轻（$k=0.1$）时，三者协调发展指数 $I_{max}=0.97$；而当 $d_s=d_e=k=0.5$ 时，$I=0.72$。经对 k、d_s、d_e 取某些值时的 I 值分析，可得 I 的取值范围与协调发展评价结果之间对应关系（见表 5-2）。一般来说，表 5-2 可作为可持续协调发展等级判别的依据。

表 5-2 协调发展指标 I 的取值范围与协调发展评价结果之间的对应关系

I	[1, 0.90]	(0.90, 0.75]	(0.75, 0.60]	(0.60, 0.50]
评价结果	高协调发展	基本协调发展	弱协调发展	不协调

5.2.3 基于集对分析的再制造发动机可持续性评价实例分析

1. 评价目标及指标体系

本实例所选研究对象同第 3.3.3 节，为再制造发动机。研究目标和范围为从生命周期角度，采用集对分析法，从社会、经济和环境三个维度评价一台再制造发动机的可持续性。建立的社会、经济和环境三个维度的评价指标体系、评价标准及指标值见表 5-3。等级划分标准为：Ⅰ级（弱可持续）、Ⅱ级（基本可持续）、Ⅲ级（强可持续）。在划分评价标准时，应注意区分正向指标和逆向指标。本实例中社会类均为正向指标，经济类和环境类均为逆向指标。

表 5-3 再制造发动机的评价指标体系、评价标准及指标值

指标类别	单项指标	评价标准			指标值	异同反属性
		Ⅰ（弱）	Ⅱ（基本）	Ⅲ（强）		
社会类指标 U_1	人类权利 u_{11}	0.6	0.8	1	0.88	异
	健康安全 u_{12}	0.6	0.8	1	0.97	同
	工作环境 u_{13}	0.6	0.8	1	0.8	异
	社会经济 u_{14}	0.6	0.8	1	0.92	同
经济类指标 U_2	常规成本 u_{21}/元	65 000	45 000	25 000	31 433	同
	可能成本 u_{22}/元	600	350	100	327.65	异
	环境成本 u_{23}/元	1500	800	100	273.60	同
环境类指标 U_3	中国资源消耗（CADP）u_{31}	4	2.05	0.1	0.66	同
	全球变暖（GWP）u_{32}	1.5	0.8	0.1	0.21	同
	酸化（AP）u_{33}	1	0.55	0.1	0.39	异
	富营养化（EP）u_{34}	0.5	0.255	0.01	0.05	同
	臭氧层破坏（ODP）u_{35}	5.00E-05	2.55E-05	1.00E-06	3.67E-06	同
	光化学烟雾（POCP）u_{36}	1	0.55	0.1	0.58	异

2. 评价结果与分析

根据再制造发动机评价指标值所在评价标准区间确定指标的异同反属性,确定指标等级为Ⅲ级的属"同",指标等级为Ⅱ级的属"异",指标等级为Ⅰ级的属"反",见表 5-3。分别统计社会、经济和环境三个维度不同属性指标的数目 N_1、N_2 和 N_3,代入同异反联系度公式(5-2)和公式(5-3),得到 a、b、c 的数值,见表 5-4。

表 5-4 再制造发动机评价指标的同异反联系度

指标类别	N	N_1	N_2	N_3	a	b	c
社会	4	0	2	2	0.500	0.500	0.000
经济	3	0	1	2	0.667	0.333	0.000
环境	6	0	2	4	0.000	0.333	0.667

由表 5-1 集对势的等级和次序关系表,分别得到社会、经济和环境三个维度态势度,即社会 d_s 发展态势度、经济发展态势度 d_e 和生态环境功能损害态势度 k。将 d_s、d_e 和 k 代入式(5-4)即可计算出再制造发动机的社会、经济和环境协调发展的指数 I。对比表 5-3,可知再制造发动机的制造处于基本协调阶段,见表 5-5。

表 5-5 再制造发动机的 d_s、d_e、k、I 以及协调评价结果

d_s	d_e	k	I	协调评价结果
0.8	0.8	0.3	0.86	基本协调

将上述评价结果和再制造发动机模糊综合评价结果对比,在模糊综合评价中,对应可持续性评价等级 $V=\{$很强可持续,较强可持续,基本可持续,较弱可持续,很弱可持续$\}$,再制造发动机处于较强可持续,与模糊综合评价中的结果基本一致。

针对集对分析方法在可持续性评价中的应用,可得到以下结论:用态势度描述社会、经济发展程度和生态环境功能损害程度,具有明确的物理意义。用 d_s、d_e 和 k 构造描述社会、经济与环境协调发展的生长曲线指数表达式,揭示了三者之间相互影响和相互制约的协调发展关系,评价结果与实况相符合。社会、经济与环境协调发展评价模型,不受指标体系中指标个数多少的限制,评价方法直观实用,计算简便,可比性强。

5.3 基于图示评审技术的可持续性评价方法

5.3.1 再制造工艺中的不确定性

再制造作为装备制造业产业链的延伸，是循环经济中重要的一环，已成为当今世界最具前景的技术领域之一。再制造是指以机电产品全生命周期理论为指导，以废旧机电产品实现性能提升为目标，以优质、高效、节能、节材、环保为准则，以先进技术和产业化生产为手段，对废旧机电产品进行修复和改造的一系列技术措施或工程活动的总称。徐滨士院士曾指出，再制造具有显著的节约资源和保护环境的效果，对于汽车发动机再制造而言，再制造产品比新品节约成本50%，节能60%，节材70%。再制造已经成为我国解决经济、资源和环境等多方面问题的一种有效方法，我国也颁布了一些法规和政策以允许更多的产品进行再制造，这意味着将有大量的废旧机械零部件进行再制造。

废旧机械产品的再制造是在规定的条件下，通过一定的技术生产恢复产品的使用性能的过程，包含回收、拆解、清洗、检测、修复和装配等多个环节，在此过程中需要综合考虑再制造经济、资源、技术和环境等综合因素，即对于一批废旧机械产品进行再制造，采用什么再制造技术和再制造工艺路线会更节约成本、更少排放和更少污染，使得再制造过程更加可持续。《中国制造2025》提出大力发展再制造产业，促进再制造产业持续健康发展。因此，如何有效评价再制造过程的可持续性，对指导再制造产业可持续发展具有重大研究意义。

再制造以废旧产品为毛坯，这与传统的制造系统有着本质区别，再制造的这一固有特性使得再制造系统存在着如下不确定性问题：废旧产品回收时间和数量的不确定性、废旧产品损伤状态不确定性、废旧产品修复路线的不确定性、可再制造率的不确定性以及随之而来的环境影响的不确定性等。这些不确定性问题对再制造系统有着不同的影响，而且这些多元不确定性因素相互耦合，导致再制造系统中能耗、物耗和环境排放存在过程动态性、状态复杂性及随机性。

废旧零部件经历过一轮服役过程，表现出的磨损、断裂和变形等失效模式不确定，这将导致再制造过程中工艺参数和工艺路线的不确定，从而导致技术可靠性、环境影响和经济成本等多方面的不确定。对再制造过程进行可持续性评价时，根据零部件的损伤状况：从技术角度，需要判定其剩余寿命和分析再制造技术的可行性；从经济成本角度，则会考量哪类再制造技术、哪条工艺路线更节约成本；而从环境角度，会考虑哪种再制造技术和哪条工艺路线物耗、能耗和排放更少,环境污染更小。因此,只有通过对再制造过程的不确定环节进行深入的不确定性分析和定量化描述,才能根据度量结果做出恰当的判断和再制造决策。

对再制造产品进行可持续性评价一般有两个目的:其一是在再制造前对废旧产品进行再制造可持续性评价,即本节主要探讨的内容;其二是在新产品设计时对新产品进行再制造可持续性评价,利用评价结果改进设计,提高新产品的再制造可持续性。再制造过程可持续性是指废旧产品在整个再制造过程的环境影响尽可能小、经济成本尽可能低、技术上能够在尽量短时间内达到新品合格标准(产品的表面尺寸、力学性能等)的能力。

本节通过描述再制造工艺单元层面的不确定性,结合生命周期评价、图示评审技术和层次分析法等工具,利用企业的调研数据,建立不确定条件下机械产品的再制造过程可持续性评价模型,并以发动机曲轴的再制造过程为例进行实例分析和验证,为机械产品的再制造过程优化及评估提供理论和方法支持。

5.3.2 图示评审技术简介

随机网络是系统工程学中用来分析和研究一定概率分支的流程事件的方法,图示评审技术(Graphical Evaluation and Review Technique,GERT)是1966年美国Pritsken在研究阿波罗系统的最终发射时间时,提出的一种能解决多种随机变量之间相互关系的网络技术,又称为决策网络技术。它集网络技术、信号流图、概率论和模拟技术于一身,是分析和研究复杂的包含多种随机因素的系统或问题的方法。

GERT图基本元素包括逻辑节点、相关参数及带有箭头的指示线。引入了概率分支的概念,一项活动的完成可能有多种可能,各个过程之间的逻辑传递关系不一定是确切发生的,而是存在一定的概率,对网络逻辑关系做概率处理(即某些活动可不执行,某些仅部分执行,某些可反复执行),允许出现循环、分支及多个结果。GERT图中的逻辑节点根据活动实现的方式不同而具有不同的逻辑特性,每个逻辑节点可以根据活动是否能够实现或者根据不确定因素的数量多少而产生多个具有一定实现概率的分支。传递过程中的随机变量可以是该过程发生的时间、能耗、物耗和费用等,可以服从任意种类的概率分布。因此,基于GERT图的特点构建GERT随机网络模型,能够更加符合研究系统的实际状况,为包含多种不确定因素的研究系统的评估与优化提供强有力的理论支持。

GERT图与零部件再制造过程存在诸多相似之处,GERT是计算流程事件的一种工具,零部件的各个再制造工艺经过一定简化处理可以看作流程事件,并可以通过矩母函数和传递函数将各个工艺的环境、经济和技术等影响因素作为变量进行考虑计算；GERT 的计算过程考虑概率，而废旧零部件的损伤也是不确定的，再制造工艺路线呈现多样性，通过概率表达工艺路线的不确定性具有一定实用性，基于此，可以采用 GERT，从环境、经济和技术多个维度对不同工艺路线情况下废旧产品再制造过程的可持续性进行评价。

1. GERT 图的基本结构

GERT 网络由枝线（也称支路）、节点和流三部分组成，图 5-1 所示为 GERT 图的基本构成单元。枝线是一个节点到另一个节点的有向线段，通常表示活动，在本书中表示一个再制造工艺单元。节点是枝线连接点，

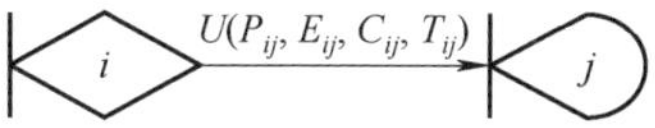

图 5-1 GERT 图的基本构成单元

例如图 5-1 中的节点 i 和 j，表示所处的一个状态。流代表网络中节点间各种定量的参数和某种制约关系，如从节点 i 到节点 j 的再制造工艺单元的实现概率、费用成本、资源环境影响和技术难度等。GERT 网络的逻辑节点包含输入端和输出端，输入端有异或型、或型、与型三种逻辑关系，输出端有确定型和概率型两种逻辑关系，共构成六种逻辑节点，见表 5-6。

表 5-6 GERT 图节点类型

输 出 端	输 入 端		
	异或型	或型	与型
确定型			
概率型			

在图 5-1 中，U 为节点 i 到节点 j 的流；P_{ij} 为节点 i 到节点 j 的实现概率；E_{ij} 为节点 i 到节点 j 的资源环境影响值，它可能是一个随机变量；C_{ij} 为节点 i 到节点 j 的费用成本，它是一个服从一定概率分布的随机变量；T_{ij} 为节点 i 到节点 j 的技术难度，它也是一个随机变量。

2. GERT 图的基本类型

在 GERT 图中有三种基本结构：串联、并联和自环。通过这三种基本结构，可构成错综复杂的 GERT 图。

1）串联结构。如图 5-2 所示，节点 i 途经节点 j 再到节点 k 构成一串联支路。

2）并联结构。如图 5-3 所示，节点 i 到节点 j 的活动实现方式有两种，这两种活动实现方式共同构成了节点 i 到节点 j 的并联支路，且在并联支路中节点 i

到节点 j 活动执行一次时只能选择其中一条路径。

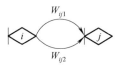

图 5-2　GERT 图的串联结构　　　图 5-3　GERT 图的并联结构

3）自环结构。如图 5-4 所示，自环结构由节点 i 的自环和到节点 j 的活动构成，节点 i 的自环可能被执行 n 次（$n=0,1,2,\cdots$），节点 i 到节点 j 的活动只能执行一次。

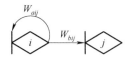

图 5-4　GERT 图的自环结构

▶ **3. GERT 图的求解方法——矩母函数和传递函数**

在再制造系统中，每个再制造工艺即 GERT 图中的枝线，若对于一个给定时刻，只能有一个活动能完成，则其属于异或型输入。但是有些活动会导致不同的输出结果，因此再制造系统的输出会有确定型和概率型输出，每一个概率输出的引出的概率之和为 1，确定型输出即为肯定性的转移关系，转移概率为 1。

当节点仅为异或型输入时，适当规定 GERT 图中活动参数的概率特征，GERT 网络就将成为一种典型的线性系统，因此可以利用信号流图理论来计算 GERT 图中各个节点之间的流的传递关系，求解出传递函数，并利用矩母函数计算出各个节点的概率分布特征，再分别得到 GERT 网络在平稳状态下的解析解。

在 GERT 图中，令 P_{ij} 为节点 i 到节点 j 的实现概率，假设该枝线实现的某一参数，如环境影响值的概率密度为 $f(E_{ij})$ 或 $p(E_{ij})$，则该参数的矩母函数为

$$M_{ij}(s) = E(e^{sE_{ij}}) = \begin{cases} \int_{-\infty}^{+\infty} e^{sE_{ij}} f(E_{ij}) dE_{ij}, & E_{ij} \text{ 为连续随机变量} \\ \sum e^{sE_{ij}} p(E_{ij}), & E_{ij} \text{ 为离散随机变量} \end{cases} \quad (5-5)$$

式中，s 为复数变量。

传递函数是描述线性特征系统的输入输出关系的复数表达式，是一个以复数变量 s 为自变量的标量函数。节点 i 到节点 j 的传递函数 W_{ij} 为工艺实现概率 P_{ij} 与其矩母函数 $M_{ij}(s)$ 的乘积，即

$$W_{ij}(s) = P_{ij} M_{ij}(s) \quad (5-6)$$

当 GERT 图中各活动参数为独立的随机变量时，有如下几个性质：

1）在图 5-2 中，串联支路上节点 i 到节点 k 的传递函数 W_{ik} 为串联枝线上各传递函数之积

$$W_{ik} = W_{ij} W_{jk}$$

2）在图 5-3 中，并联结构中节点 i 到节点 j 的传递函数 W_{ij} 为

$$W_{ij} = W_{ij1} + W_{ij2}$$

3）在图 5-4 中，自环结构中节点 i 到节点 j 的传递函数 W_{ij} 为

$$W_{ij} = \frac{W_{bij}}{1 - W_{aij}}$$

4）非负随机变量的矩母函数的 n 阶导数在 $s=0$ 处的值，就是随机变量的 n 阶原点矩

$$\left[\frac{\partial^n}{\partial s^n} M_{ij}(s)\right]\bigg|_{s=0} = E[E_{ij}^n]$$

5）在 GERT 中，由于 $M_{ij}(0) = E(e^0) = 1$，节点 i 到节点 j 的等效传递概率等于传递函数在 $s=0$ 时的值，即

$$P_{ij}^E = W_{ij}(0)$$

在由三种基础结构构成的复杂 GERT 图中，任意两点 i 和 j 之间的传递函数可用梅森公式表示为

$$W_{ij}^E = \frac{1}{\Delta} \sum_{k=1}^m P_k \Delta_k \tag{5-7}$$

式中，W_{ij}^E 为节点 i 到节点 j 的等效传递函数；P_k 为由节点 i 到节点 j 的第 k 条前向通路的传递函数；Δ 为 GERT 图中由 i 到 j 的特征式，即

$$\Delta = 1 - \sum_a L_a + \sum_{b,c} L_b L_c - \cdots \tag{5-8}$$

式中，$\sum_a L_a$ 为 i 到 j 中所有不同回路 a 传递函数之和；$\sum_{b,c} L_b L_c$ 为所有两两不接触的回路 b、c 传递函数乘积之和（$a,b,c = 0,1,2,\cdots$）。Δ_k 为 Δ 的余子式，即与第 k 条通路相接触的回路的传递函数代以零值并代入 Δ 计算，得到 Δ_k。

5.3.3 废旧曲轴不确定再制造工艺过程分析

再制造是以废旧产品为毛坯，利用一定的技术工艺进行修复以达到特定的标准的过程。本质上来说，再制造过程就是针对零部件的损伤情况，运用一系列技术修复该损伤，以期将废旧零部件的质量恢复到新品甚至是超过新品的标准。不确定性是再制造过程中的根本存在，是研究再制造系统的基础。

本书所研究是的型号为 WD615.87 的重卡发动机（六缸、水冷、直喷式高强化柴油机）的曲轴，如图 5-5 所示。

图 5-5　重卡发动机六缸曲轴

发动机曲轴的失效是一个复杂多因素相互影响的问题，涉及材料、加工、结构、受力、服役环境等多个方面。一般来说，废旧曲轴的损伤主要有磨损、断裂（裂纹）和弯曲变形，其损伤类型、损伤程度及修复工艺路线见表 5-7。

表 5-7　曲轴的损伤类型、损伤程度和修复工艺路线

损伤类型	损伤程度	修复工艺路线
磨损（主轴颈和连杆轴颈）	很小	抛光-丝孔修复-清洗
	一般	精磨-清洗-抛光
	较大	抛光-丝孔修复-喷涂-精磨
断裂（裂纹）	—	报废回收
弯曲变形	微小	校正处理

目前由于回收的发动机较再制造的发动机数量多，即供给大于需求，所以废旧曲轴在再制造时兼顾经济效益，会遵循以下条件：

1）先修复损伤小的曲轴，在不满足实际市场需求时才再制造损伤较大的曲轴。损伤的比较一般遵循：同类损伤比较损伤程度，不同类的损伤按照现有的修复工艺进行排序，一般来说，再制造的优先顺序为磨损>弯曲变形>断裂（裂纹）。曲轴作为发动机上至关重要的部分，一处小小的裂纹会扩展导致整个曲轴的迅速失效，所以废旧曲轴存在裂纹时基本上不考虑再制造。而曲轴上存在的弯曲变形则采用校正处理的方法处理，但校正曲轴存在一定的难度，且消耗时间较长。

2）先修复容易修复的，再修复难修复的。对于各种损伤的曲轴：一般先修复一个轴颈的损伤，而很少考虑多轴颈损伤的曲轴；先修复只有一种损伤类型的曲轴，再修复多种损伤类型（如磨损、弯曲变形）的曲轴。

3）先修复工艺简单的曲轴，再修复工艺复杂的曲轴。对于磨损量一般和磨损量较大的曲轴，会考虑采用磨削一定量轴颈加抛光的降级修复的办法修复磨损量一般的曲轴，而不考虑修复磨损量较大的曲轴。

曲轴在服役过程中，其失效大部分是磨损所造成的，且磨损是再制造过程

主要修复的一类损伤。因此本书在考虑曲轴损伤不确定的时候，主要考虑的是磨损不确定性对于再制造过程的影响。相互接触的零部件在运动过程中，由于载荷的作用，接触表面的相对运动和相互摩擦会使得接触表面产生材料损耗或者发生变形。发动机曲轴在发动机内部，一端连接着飞轮以稳定曲轴的转速，另一端连接着带轮向外输出动力，同时，连杆轴颈部分与轴承接触并和连杆连接，主轴颈部分与轴承接触并固定在曲轴箱内。因此，在工作过程中，曲轴的主轴颈、连杆轴颈与轴承相互摩擦而产生磨损。随着曲轴工作时间的增加，这些接触面之间产生的磨损不断加剧。特别是当润滑不当（润滑油减少）或者载荷加大的时候，磨损会更为剧烈。

如图 5-6 所示，一般机械零件的磨损过程可分为磨合阶段、稳定磨损阶段和剧烈磨损阶段。在再制造过程中，废旧曲轴一般处于稳定磨损阶段，磨损不太严重，只需采用简单的工艺路线进行再制造；较少一部分处于剧烈磨损阶段，需要采用恢复尺寸的方法修复表面。

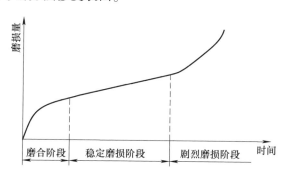

图 5-6　一般机械零件的磨损过程

曲轴的磨损会导致多种不确定，从工艺链的角度看，针对不同磨损程度的废旧曲轴，企业采取多种修复工艺路线，如图 5-7 所示。

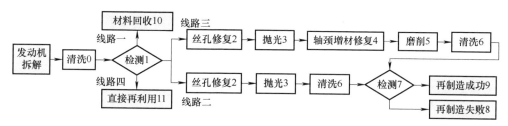

图 5-7　磨损曲轴的多种修复工艺路线

从工艺单元的角度看，废旧曲轴的不同污损状况会导致再制造工艺单元参数的改变，如再制造过程的清洗工艺单元一般需根据废旧曲轴表面的油污程度分批次对曲轴进行清洗，后续对油污程度相近的曲轴用相同的清洗时间。图 5-8 所示为某零部件质量状况对各个再制造工艺单元参数的影响。

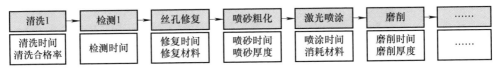

图 5-8　某零部件质量状况对各个再制造工艺单元参数的影响

鉴于再制造过程的复杂性，本书根据企业的数据，主要研究废旧曲轴油污和磨损不确定情况对再制造过程的影响，并主要考虑它们对再制造工艺时间和工艺路线不确定的影响。图 5-8 所示的再制造工艺中，对于在一定损伤范围内的曲轴，其再制造工艺时间与磨损存在正比关系，即磨损越严重，需要的再制造工艺时间越长。

5.3.4　工艺单元层面的环境经济和技术评价

再制造过程是由诸多再制造工艺单元组成的，零部件损伤不确定性对再制造工艺单元的工艺参数有重要影响。本节从经济、技术和环境三个维度，以曲轴再制造清洗工艺单元为例，从工艺单元层面研究再制造工艺的不确定性，对再制造工艺单元进行可持续性评价，为之后的供应链层面的可持续性评价打下基础（见图 5-9）。其中，环境维度采用了生命周期评价（LCA）方法；经济维度采用了生命周期成本（LCC）分析方法；而技术维度则通过选取技术相关因子，采用专家经验确定权重的方式进行评价。

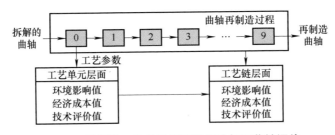

图 5-9　再制造工艺单元层面的评价与工艺链评价

1. 工艺单元层面的环境影响评价

在工艺单元层进行曲轴再制造过程的生命周期评价，旨在先实现工艺单元层面不确定性的分析，进而到对整个工艺链的不确定性分析。这里以发动机曲轴再制造的清洗工艺为例进行分析，发动机曲轴清洗过程的消耗及排放如图 5-10 所示。

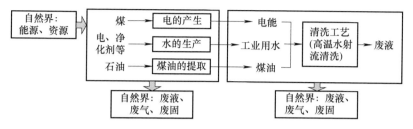

图 5-10　曲轴清洗过程的消耗及排放

基于生命周期评价方法对清洗工艺进行分析，主要考虑曲轴油污情况对清洗过程的影响。被调研再制造车间的清洗过程采用了高温水射流清洗，清洗设备的部分参数见表 5-8，每次清洗四根曲轴，由于拆解的曲轴油污程度不一，清洗所花费的时间为 5~10min 不等。功能单元是用来量化研究对象环境表现的参考单元，这里功能单元的选择为清洗一根曲轴。

表 5-8　高温水射流清洗设备参数

参 数 名 称	MQX-1600
额定功率/kW	42.76
喷射流量/(m³·h⁻¹)	50
清洗液温度/℃	20~70
工作压力/MPa	0.5
清洗台尺寸/mm	Φ1600×600
煤油配比/(kg·m⁻³)	0.12

假设清洗花费时间为 t_c，则清洗消耗的电能、消耗的水和洗涤剂的使用情况的计算公式为

$$E_c = \frac{7P_c t_c}{2400} \tag{5-9}$$

$$V_c = \frac{Q_c t_c}{240} \tag{5-10}$$

式中，E_c 为清洗设备清洗一次消耗的电能；P_c 为清洗过程的实际功率；V_c 为清洗一次所消耗的水和洗涤剂（煤油）；Q_c 为清洗过程水射流的流量。

在对清洗工艺进行生命周期清单分析之前，需要做一些简单假设：
1）修复工作在中国东北地区实施，从而消耗了东北电网的电力。
2）清洗设备以额定功率运行，运行稳定，喷射为匀速进行，电能消耗大致

由额定功率和相应的工作时间的乘积决定。

3）清洗时间随着曲轴表面的清洁程度决定，t_c 为在 [5，10] min 区间内服从正态分布的函数。

在生命周期影响评价阶段，需要将 LCI 中的结果进行分类、特征化和归一化。在此，考虑了中国资源消耗（CADP）、全球变暖（GWP）、可吸入性无机物（RI）、酸化（AP）和水体富营养化（WEP）五种环境影响类型。

根据中国生命周期数据库（CLCD）中的数据，调取消耗单位电能、水和煤油等物质的资源消耗及环境排放的数据清单，并将这些数据清单按照影响类别进行分类，见表5-9。由式（5-11）可得曲轴清洗过程的数据清单

$$Q_n = x_n P_j \tag{5-11}$$

式中，Q_n 为清洗过程中 n 物质的资源消耗及环境排放数据；x_n 为 n 物质的消耗量；P_j 为单位 n 物质的资源消耗及环境排放数据。

表5-9 单位物质资源消耗及环境排放数据清单和转化因子

影响类型	物质	东北电网/(kW·h)	水/t	铁基粉末(FeCrBSi)/t	氮气/m³	煤油/kg	转化因子
GWP	CO_2	1.23	$1.75×10^{-1}$	$1.05×10^4$	$1.62×10^{-1}$	$4.62×10^{-1}$	1
	CH_4	$3.54×10^{-3}$	$4.95×10^{-4}$	$2.95×10$	$4.58×10^{-4}$	$1.65×10^{-2}$	25
	N_2O	$1.87×10^{-5}$	$2.64×10^{-6}$	$1.48×10^{-1}$	$2.45×10^{-6}$	$8.37×10^{-6}$	298
	CO	$2.32×10^{-4}$	$3.43×10^{-5}$	8.09	$2.94×10^{-4}$	—	2
AP	氨	$3.63×10^{-7}$	$8.56×10^{-6}$	$1.82×10^{-2}$	$6.97×10^{-8}$	$1.05×10^{-5}$	1.88
	HCL	$3.38×10^{-4}$	$5.71×10^{-5}$	1.96	$4.53×10^{-5}$	$3.73×10^{-4}$	0.88
	HF	$4.22×10^{-5}$	$5.79×10^{-6}$	$2.46×10^{-1}$	$5.66×10^{-6}$	$4.81×10^{-6}$	1.6
	H_2S	$1.03×10^{-5}$	$1.24×10^{-6}$	$4.11×10^{-1}$	$1.19×10^{-6}$	$5.14×10^{-6}$	1.88
	NO_2	$1.13×10^{-5}$	$2.64×10^{-6}$	$7.15×10^{-1}$	$1.64×10^{-6}$	$1.07×10^{-3}$	0.7
	SO_2	$3.62×10^{-3}$	$5.78×10^{-4}$	$2.65×10$	$5.51×10^{-4}$	$3.42×10^{-3}$	1
	NO_x	$3.42×10^{-3}$	$4.81×10^{-4}$	$2.17×10$	$4.52×10^{-4}$	$6.87×10^{-4}$	0.7
CADP	煤	$8.09×10^{-1}$	$1.09×10^{-1}$	$6.56×10^3$	$1.02×10^{-1}$	$1.02×10^{-1}$	1
	天然气	$4.58×10^{-4}$	$3.80×10^{-4}$	$2.20×10$	$2.34×10^{-4}$	$1.79×10^{-4}$	12.8
	原油	$1.32×10^{-3}$	$4.27×10^{-4}$	$2.33×10$	$2.20×10^{-4}$	1.12	26.4
	铁	$9.24×10^{-4}$	$7.81×10^{-5}$	$1.37×10^2$	$7.41×10^{-5}$	—	4.45
	镍	$7.80×10^{-8}$	$1.43×10^{-6}$	$6.24×10^{-2}$	$1.20×10^{-6}$	—	8370

(续)

影响类型	物质	东北电网 /(kW·h)	水/t	铁基粉末 (FeCrBSi)/t	氮气/m³	煤油/kg	转化因子
WEP	氨	3.63×10^{-7}	8.56×10^{-6}	1.82×10^{-2}	6.97×10^{-8}	5.36×10^{-9}	0.35
	氮	8.98×10^{-10}	4.20×10^{-9}	1.61×10^{-4}	1.31×10^{-9}	1.94×10^{-6}	0.42
	氨氮	2.45×10^{-6}	2.25×10^{-6}	7.97×10^{-2}	3.01×10^{-7}	4.68×10^{-4}	0.33
	硝酸盐	1.89×10^{-8}	1.18×10^{-7}	1.25×10^{-2}	5.38×10^{-8}	3.03×10^{-5}	0.1
	磷酸盐	4.74×10^{-8}	3.32×10^{-7}	3.62×10^{-2}	9.88×10^{-7}	1.05×10^{-4}	1
RI	细颗粒物 $PM_{2.5}$	4.83×10^{-8}	1.96×10^{-4}	9.26	1.67×10^{-4}	1.41×10^{-4}	1
	可吸入颗粒物≥PM_{10}	1.09×10^{-3}	6.62×10^{-7}	4.98×10^{-2}	4.19×10^{-7}	4.33×10^{-6}	0.536
	氨	3.63×10^{-7}	8.56×10^{-6}	1.82×10^{-2}	6.97×10^{-8}	1.05×10^{-5}	0.121
	NO_2	1.13×10^{-5}	2.64×10^{-6}	7.15×10^{-1}	1.64×10^{-6}	1.07×10^{-3}	0.127

将 LCI 中的基本物质划分到相应的环境类别中，然后在特征化步骤中使用基于科学的转化因子计算潜在的环境影响，如式（5-12）所示，这里转换因子参考了标准 IPCC2007、CML2002 和 ISCP2010 中的数据。

$$EP_j = \sum_i (F_{ij}Q_i) \tag{5-12}$$

式中，EP_j 为第 j 个环境影响类别潜力；Q_i 为第 i 个排放量或资源消耗量；F_{ij} 为第 i 个排放或消耗为类别 j 环境影响的转换因子。

标准化是将特征化的结果与所选当量年的标准进行对比和量化，也就是为特征化结果提供参照比较的标准，标准化因子参考标准 CML2002，计算方法为

$$EP'_j = \frac{EP_j}{ES_j} \tag{5-13}$$

式中，EP'_j 为第 j 个环境影响类别潜力标准化后的值；ES_j 为第 j 个环境影响类别的参考标准值。

综合环境影响值是根据一定的规则通过对各类环境影响加权求和得到的影响指标，它使决策者能够更清晰评价结果，清洗工艺的综合环境影响值的计算方法为

$$EI_c = \sum_j W_j EP'_j \tag{5-14}$$

式中，W_j 为第 j 个环境影响类别的权重因子；EI_c 为清洗工艺的综合环境影响值。

至此，根据以上公式量化清洗工艺过程各类环境影响指标（见表 5-10），最

后可得清洗一根曲轴的综合环境影值为 $EI_c = 3.18 \times 10^{-5} t_c$。

表 5-10 清洗过程各类环境影响指标

环境影响类型	特征化结果	标准化基准	标准化结果	权重因子
全球变暖（GWP）/kg CO_2 eq	$2.963 \times 10^{-1} t_c$	$7.857 \times 10^{+3}$	$3.771 \times 10^{-5} t_c$	0.174
酸化（AP）/kg SO_2 eq	$1.466 \times 10^{-3} t_c$	$2.715 \times 10^{+1}$	$5.401 \times 10^{-5} t_c$	0.103
中国资源消耗（CADP）/kg ce	$9.202 \times 10^{-1} t_c$	$1.153 \times 10^{+4}$	$7.979 \times 10^{-5} t_c$	0.203
水体富营养化（WEP）/kg NO_3^- eq	$6.841 \times 10^{-6} t_c$	2.840×10^{-1}	$2.409 \times 10^{-5} t_c$	0.112
可吸入性无机物（RI）/kg $PM_{2.5}$ eq	$1.148 \times 10^{-4} t_c$	$1.194 \times 10^{+1}$	$9.619 \times 10^{-6} t_c$	0.078

2. 工艺单元层面的经济评价

（1）工艺单元层面单位产品的再制造费用　成本是零部件再制造的一种重要的可持续性指标，在此次成本分析中，主要考虑了再制造设备的加工成本和投资成本，以及工人的人力成本、资源成本（包括生产资源和辅助生产资源）和设备使用成本，单位产品的加工成本如式（5-15）所示。定义每小时的人工成本为工人日薪与工作时间的比值，如式（5-16）所示。定义资源成本为资源的消耗量与购买单价的乘积，如式（5-17）所示。

$$UC = hc + Res + dc \quad (5\text{-}15)$$

$$hc = \frac{S}{T_h} \times t \quad (5\text{-}16)$$

$$Res = \sum_m Pr_m \times Qu_m \quad (5\text{-}17)$$

式中，UC 为单位产品的加工成本；hc、Res、dc 分别为人力成本、资源成本和设备使用成本；S 为工人的日薪；T_h 为工人的工作时间；t 为单位产品在该工艺单元所需的加工时间（min）；Pr_m 和 Qu_m 分别为资源 m 的购买单价和消耗量。

鉴于设备使用年限、使用情况、维护情况等的不确定性，本研究忽略了维护成本，则在时间 t 内设备的使用成本计算公式为

$$dc = \frac{ov - rv}{T \times awt} \times t \quad (5\text{-}18)$$

式中，ov 和 rv 分别为设备的购买成本（也指投资成本）和设备的折旧价值；T 为设备的预期使用寿命，awt 为年度工作时间。根据所得税率法中的折旧年限规定，生产设备的折旧年限一般为 10 年，在此假设折旧价值为购买价值的 5%。

（2）曲轴再制造清洗工艺的成本分析　根据上述分析，可得出再制造清洗工艺所消耗的资源量，见表 5-11，t_c 为清洗工艺所需时间（min）。

表 5-11 再制造清洗工艺所消耗的资源量

消耗资源	电能/(kW·h)	工业用水/m³	煤油/kg
函数表达式	$0.125t_c$	$0.208t_c$	$0.025t_c$

再制造设备的价格等是通过查询产品销售网得到的数据,人力成本的数据主要来自被调研的再制造企业,相关的数据和价格成本见表 5-12。这里,工人每个月工作 26 天,每天 8h 工作时长,清洗设备设计使用时长为 10 年,每年 300 天工期,每天 8h 时长。

表 5-12 再制造清洗工艺价格相关数据

项 目	价 格	项 目	价 格
工业用电价格	1.33 元/(kW·h)	清洗设备价格	55000 元/台
工业用水价格	4.1 元/t	工人工资	4000 元/月
清洗煤油价格	12 元/kg	—	—

根据上述数据和式(5-15)~式(5-18)可得到清洗工艺的各类成本,见表 5-13,而清洗工艺的总成本为 $1.676t_c$ 元。

表 5-13 清洗工艺的各类成本

项 目	函数表达式
资源成本/元	$1.319t_c$
人力成本/元	$0.321t_c$
设备成本/元	$0.0363t_c$

3. 工艺单元层面的技术评价

(1)工艺单元层面技术评价指标 技术评价是指对再制造过程及设备达到特定标准的情况进行评价。现有的再制造设备一般都能够达到再制造的标准,满足生产需求。但是,对于污损情况不同的曲轴,再制造设备所花费的时间和合格率却不尽相同,因此,这里从时间因子和合格率因子两个角度来评价再制造技术。

1)时间因子。某个再制造工艺加工一批废旧曲轴的完成时间范围为 (t_{i1}, t_{i2}),则其实际完成时间 t_i 到最大完成时间的距离与完成时间区间大小的比值为时间因子 μ_{i1}

$$\mu_{i1} = \frac{t_{i2} - t_i}{t_{i2} - t_{i1}} \tag{5-19}$$

2) 合格率因子。一批废旧曲轴在经过某个再制造工艺时，不能达到再制造特定标准即为不合格。达到合格标准的曲轴数量 m'_i 与进入某个再制造工艺的曲轴数量 m_i 的比值为合格率因子 μ_{i2}

$$\mu_{i2} = \frac{m'_i}{m_i} \tag{5-20}$$

（2）工艺单元层面的技术综合指标　为了方便地表达出工艺单元层面的技术指标，将时间因子和合格率因子合成为一个综合指标

$$\mu_i = w_{i1}\mu_{i1} + w_{i2}\mu_{i2} \tag{5-21}$$

式中，w_{i1} 和 w_{i2} 分别为工艺单元 i 的时间因子和合格率因子的权重值，一般依据再制造技术专家的经验和判断给定评价指标的权重值。

（3）曲轴再制造清洗工艺的技术评价　曲轴清洗过程采用的是高温水射流清洗，在一个批量（数量为40）的废旧曲轴再制造过程中，采取10个批次进行清洗，每次清洗4根曲轴。按照曲轴的油污程度划分，将油污程度相似的曲轴归为一个批次进行清洗，每次清洗根据油污程度设置清洗时间 t_C，而曲轴的清洗理想时间为5min。对于清洗过程，在保证清洗洁净度且其合格率100%的情况下尽量缩短清洗时间。根据专家给定的清洗工艺中的权重值 $w_{C1}=0.2$ 和 $w_{C2}=0.8$，可以得出清洗工艺的技术评价值

$$\mu_C = w_{C1}\mu_{C1} + w_{C2}\mu_{C2} = 0.2 \times \frac{10-t_C}{5} + 0.8 \times 1 = \frac{10-t_C}{25} + 0.8$$

由上述的清洗工艺技术评价值的表达式可看出，技术评价值是一个随实际清洗时间 t_C 变化的值。

4. 各个工艺单元的可持续性评价函数

经过统计和计算，最终得出曲轴再制造过程各个工艺单元的环境、经济和技术三个维度的可持续性评价函数，见表5-14。

表5-14　曲轴再制造各个工艺单元的三个维度可持续性评价函数

工艺单元名称	三个维度评价函数	函数表达式	备注
清洗（C）	环境影响函数（EI_C）	$3.18\times10^{-5}t_C$	EI_C 随 t_C 呈正态分布
	经济成本函数（EC_C）	$1.376t_C$	EC_C 随 t_C 呈正态分布
	技术评价函数（TA_C）	$(10-t_C)/25+0.8$	TA_C 随 t_C 变化
检测（D）	环境影响函数（EI_D）	3.13×10^{-5}	磁粉探伤环境影响
	经济成本函数（EC_D）	$2.807+0.00534t_d$	磁粉探伤+人工检测
	技术评价函数（TA_D）	$(90-t_D)/150+0.7$	随人工检测时间变化

（续）

工艺单元名称	三个维度评价函数	函数表达式	备注
丝孔修复（H）	环境影响函数（EI_H）	$8.42×10^{-6}$	修复一个丝孔
	经济成本函数（EC_H）	1.156	修复一个丝孔
	技术评价函数（TA_H）	1	修复一个丝孔
电弧喷涂（S）	环境影响函数（EI_S）	$4.33×10^{-4}$	喷涂厚度固定，喷涂消耗确定
	经济成本函数（EC_S）	61.412	喷涂厚度固定，喷涂成本确定
	技术评价函数（TA_S）	1	喷涂工艺稳定
磨削（G）	环境影响函数（EI_G）	$1.24×10^{-3}m$	随着磨削去除质量变化
	经济成本函数（EC_G）	5.096	去除质量变化对成本影响很小
	技术评价函数（TA_G）	1	磨削时间为9min，合格率为100%
抛光（P）	环境影响函数（EI_P）	$4.95×10^{-6}t_P$	EI_P 随 t_P 呈正态分布
	经济成本函数（EC_P）	$0.416t_P$	EC_P 随 t_P 呈正态分布
	技术评价函数（TA_P）	$(17-t_P)/65+0.8$	TA_P 随 t_P 变化

注：t_D 为再制造检测机检（磁粉探伤裂纹）与人工检测共同花费时间；t_d 为再制造人工检测（曲轴尺寸圆度跳动等）花费时间，为不确定值；喷涂时根据分类后曲轴的尺寸，为减少加工复杂性，喷涂固定厚度；磨削为喷涂的后续工艺，将喷涂后曲轴尺寸磨削到标准尺寸内，此工艺的环境影响可看作随磨削质量 m 变化；抛光工艺的标准是达到一定表面粗糙度，在此根据现场加工情况设定抛光工艺时间 t_P 为一变量。

5.3.5 工艺链层面的环境、经济和技术评价

再制造过程中诸多不确定因素导致再制造过程可持续性评价困难，本节从工艺链的层面考虑再制造过程多工艺路线的不确定性影响，对再制造过程的环境、经济和技术三个维度的可持续性进行评价，如图 5-11 所示。针对工艺单元层面以及工艺链层面存在的不确定性，基于 GERT 随机网络模型建立曲轴再制造过程的可持续性评价模型。

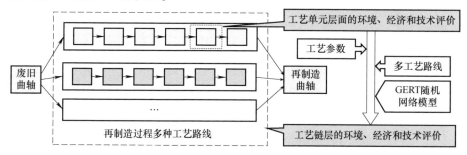

图 5-11 曲轴再制造工艺链层面的评价

基于 GERT 方法的曲轴再制造过程评价建模步骤，如图 5-12 所示。建模过程为先根据再制造多工艺路线画出相关参数的 GERT 图，基于构建的 GERT 图，统计再制造工艺相关参数的函数表达式并写出工艺的矩母函数和传递函数，在此基础上，利用梅森公式求解相关节点的等效传递函数和等效概率，之后再利用矩母函数的性质反解求出相应参数的表达式。

图 5-12　基于 GERT 方法的曲轴再制造过程评价建模步骤

▶ 1. 不确定再制造工艺链的环境评价

曲轴再制造过程中，整个工艺链的环境影响可由各个工艺组成的不同概率工艺链的环境影响共同构成，因此，需要先求出各个工艺单元的环境影响的函数，求得相应的矩母函数和传递函数，再基于 GERT 的方法进行求解。

（1）各个工艺单元的环境影响　根据图 5-7 所示的曲轴多种修复工艺路线，构建的曲轴再制造过程环境影响 GERT 图如图 5-13 所示。

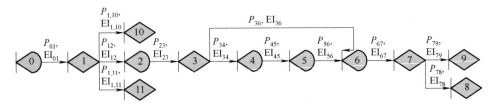

图 5-13　曲轴再制造过程环境影响 GERT 图

为了简化建模并适用于所研究的对象，做出以下假设：

假设 1：各个节点之间的发生概率不随时间变化而改变，即各工艺再制造是一个较为稳定的过程，且各个工艺之间相互独立、互不影响，这保证了再制造系统的稳定性。

假设 2：在零部件污损相同的情况下，同一工艺进行再制造消耗的时间是相同的，且不考虑机器故障、紧急订单等调度因素对再制造过程能耗的影响，这保证了只考虑零部件的污损情况对再制造能耗的影响。

假设 3：各个工艺的时间消耗是不确定的值，再制造过程需要通过测定各个设备的实际功率与时间的曲线，再统计得出各个工艺的能耗规律。

根据上述假设，可以在统计各工艺消耗排放的基础上求解出各工艺单元的环境影响表达式，并据此求解出各个工艺单元环境影响的矩母函数和传递函数，见表 5-15。

表 5-15 曲轴再制造过程各个工艺单元环境影响的矩母函数和传递函数

工艺代码	实现概率	环境影响值分布函数	矩 母 函 数	传 递 函 数
0→1	p_{01}	均值 EI_{01}，方差 σ_{01}^2 正态分布	$e^{EI_{01}s+0.5\sigma_{01}^2s^2}$	$p_{01}e^{EI_{01}s+0.5\sigma_{01}^2s^2}$
1→2	p_{12}	常数值，为 EI_{12}	$e^{EI_{12}s}$	$p_{12}e^{EI_{12}s}$
1→10	$p_{1,10}$	常数值，为 $EI_{1,10}$	$e^{EI_{1,10}s}$	$p_{1,10}e^{EI_{1,10}s}$
1→11	$p_{1,11}$	常数值，为 $EI_{1,11}$	$e^{EI_{1,11}s}$	$p_{1,11}e^{EI_{1,11}s}$
2→3	p_{23}	均值 EI_{23}，方差 σ_{23}^2 正态分布	$e^{EI_{23}s+0.5\sigma_{23}^2s^2}$	$p_{23}e^{EI_{23}s+0.5\sigma_{23}^2s^2}$
3→4	p_{34}	常数值，为 EI_{34}	$e^{EI_{34}s}$	$p_{45}e^{EI_{45}s}$
3→6	p_{36}	常数值，为 EI_{36}	$e^{EI_{45}s}$	$p_{45}e^{EI_{45}s}$
4→5	p_{45}	常数值，为 EI_{45}	$e^{EI_{45}s}$	$p_{45}e^{EI_{45}s}$
5→6	p_{56}	均值 EI_{56}，方差 σ_{56}^2 正态分布	$e^{EI_{56}s+0.5\sigma_{56}^2s^2}$	$p_{56}e^{EI_{56}s+0.5\sigma_{56}^2s^2}$
6→7	p_{67}	均值 EI_{67}，方差 σ_{67}^2 正态分布	$e^{EI_{67}s+0.5\sigma_{67}^2s^2}$	$p_{67}e^{EI_{67}s+0.5\sigma_{67}^2s^2}$
7→8	p_{78}	常数值，为 EI_{78}	$e^{EI_{78}s}$	$p_{78}e^{EI_{78}s}$
7→9	p_{79}	常数值，为 EI_{79}	$e^{EI_{79}s}$	$p_{79}e^{EI_{79}s}$

（2）再制造工艺链的环境影响模型 废旧曲轴的处理方式有再制造成功（节点 0 到节点 9）、材料回收（节点 0 到节点 10）、直接再利用（节点 0 到节点 11）和再制造失败（节点 0 到节点 8）四种。对于可再制造件，废旧零部件经工艺路线二 0-1-2-3-6-7-9 或工艺路线三 0-1-2-3-4-5-6-7-9，得到再制造成功件。

1）再制造成功的概率与期望环境影响。节点 0 到节点 9 的再制造过程中，特征式 $\Delta=1$，工艺路线二和工艺路线三都没有回路，Δ 的余子式分别为 $\Delta_1=1$，$\Delta_2=1$。根据梅森公式，整个再制造成功过程（节点 0 到节点 9）的等效传递函数为

$$W_{09}^E = \frac{\sum_{k=1}^{2} P_k \Delta_k}{\Delta} = W_{01}W_{12}W_{67}W_{79}(W_{36} + W_{34}W_{45}W_{56})$$

$$= p_{01}p_{12}p_{23}p_{67}p_{79}e^{(EI_{01}+EI_{12}+EI_{23}+EI_{67}+EI_{79})s+0.5(\sigma_{01}^2+\sigma_{23}^2+\sigma_{67}^2)s^2}(p_{36}e^{EI_{36}s} +$$

$$p_{34}p_{45}p_{56}e^{(EI_{34}+EI_{45}+EI_{56})s+0.5\sigma_{56}^2s^2}) \tag{5-22}$$

由矩母函数性质，等效传递概率 p_{09}^E 为

$$p_{09}^E = \frac{W_{09}(s)\mid_{s=0}}{M_{09}(s)\mid_{s=0}} = p_{01}p_{12}p_{23}p_{67}p_{79}(p_{36} + p_{34}p_{45}p_{56})$$

曲轴再制造过程的期望环境影响 $E(\mathrm{EI}_{09})$ 为

$$E(\mathrm{EI}_{09}) = \frac{\partial}{\partial s}[M_{09}(s)]\bigg|_{s=0} = \frac{\partial}{\partial s}\left[\frac{W_{09}(s)}{W_{09}(0)}\right]\bigg|_{s=0}$$

$$= \frac{p_{01}p_{12}p_{23}p_{67}p_{79}}{p_{09}^E}[p_{36} \times (\mathrm{EI}_{01} + \mathrm{EI}_{12} + \mathrm{EI}_{23} + \mathrm{EI}_{36} + \mathrm{EI}_{67} + \mathrm{EI}_{79}) +$$

$$p_{34}p_{45}p_{56}(\mathrm{EI}_{01} + \mathrm{EI}_{12} + \mathrm{EI}_{23} + \mathrm{EI}_{34} + \mathrm{EI}_{45} + \mathrm{EI}_{56} + \mathrm{EI}_{67} + \mathrm{EI}_{79})]$$

(5-23)

2) 材料回收的概率与环境影响。节点 0 到节点 10 的等效传递函数为

$$W_{0,10}^E = W_{01}W_{1,10} = p_{01}p_{1,10}e^{(\mathrm{EI}_{01}+\mathrm{EI}_{1,10})s + 0.5\sigma_{01}^2 s^2} \tag{5-24}$$

则材料回收的概率为

$$p_{1,10}^E = W_{0,10}(s)\mid_{s=0} = p_{01}p_{1,10} \tag{5-25}$$

材料回收的期望环境影响为

$$E(\mathrm{EI}_{0,10}) = \frac{\partial}{\partial s}\left[\frac{W_{0,10}(s)}{W_{0,10}(0)}\right]\bigg|_{s=0} = \mathrm{EI}_{01} + \mathrm{EI}_{1,10} \tag{5-26}$$

3) 直接再利用的概率与环境影响。节点 0 到节点 11 的等效传递函数为

$$W_{0,11}^E = W_{01}W_{1,11} = p_{01}p_{1,11}e^{(\mathrm{EI}_{01}+\mathrm{EI}_{1,11})s + 0.5\sigma_{01}^2 s^2} \tag{5-27}$$

直接再利用的概率为

$$p_{1,11}^E = W_{0,11}(s)\mid_{s=0} = p_{01}p_{1,11} \tag{5-28}$$

直接再利用的期望环境影响为

$$E(\mathrm{EI}_{0,11}) = \frac{\partial}{\partial s}\left[\frac{W_{0,11}(s)}{W_{0,11}(0)}\right]\bigg|_{s=0} = \mathrm{EI}_{01} + \mathrm{EI}_{1,11} \tag{5-29}$$

4) 再制造失败的概率与环境影响。节点 0 到节点 8 的等效传递函数为

$$W_{08}^E = \frac{\sum_{k=1}^{2}P_k\Delta_k}{\Delta} = W_{01}W_{12}W_{67}W_{78}(W_{36} + W_{34}W_{45}W_{56})$$

$$= p_{01}p_{12}p_{23}p_{67}p_{78}e^{(\mathrm{EI}_{01}+\mathrm{EI}_{12}+\mathrm{EI}_{23}+\mathrm{EI}_{67}+\mathrm{EI}_{78})s + 0.5(\sigma_{01}^2+\sigma_{23}^2+\sigma_{67}^2)s^2}(p_{36}e^{\mathrm{EI}_{36}s} +$$

$$p_{34}p_{45}p_{56}e^{(\mathrm{EI}_{34}+\mathrm{EI}_{45}+\mathrm{EI}_{56})s + 0.5\sigma_{56}^2 s^2})$$

(5-30)

再制造失败的概率为

$$p_{08}^E = \frac{W_{08}(s)\mid_{s=0}}{M_{08}(s)\mid_{s=0}} = p_{01}p_{12}p_{23}p_{67}p_{78}(p_{36} + p_{34}p_{45}p_{56}) \tag{5-31}$$

再制造失败的期望环境影响为

$$E(\mathrm{EI}_{08}) = \frac{\partial}{\partial s}[M_{08}(s)]\bigg|_{s=0} = \frac{\partial}{\partial s}\left[\frac{W_{08}(s)}{W_{08}(0)}\right]\bigg|_{s=0}$$

$$= \frac{p_{01}p_{12}p_{23}p_{67}p_{78}}{p_{08}^{E}}[p_{36}(\mathrm{EI}_{01}+\mathrm{EI}_{12}+\mathrm{EI}_{23}+\mathrm{EI}_{36}+\mathrm{EI}_{67}+\mathrm{EI}_{78})+$$

$$p_{34}p_{45}p_{56}(\mathrm{EI}_{01}+\mathrm{EI}_{12}+\mathrm{EI}_{23}+\mathrm{EI}_{34}+\mathrm{EI}_{45}+\mathrm{EI}_{56}+\mathrm{EI}_{67}+\mathrm{EI}_{78})]$$

(5-32)

至此，建立了曲轴再制造工艺链的环境影响评价模型，并可以代入相关数据求解曲轴再制造的期望环境影响值。曲轴再制造过程各个工艺环境影响及相关参数见表5-16。

表5-16 曲轴再制造过程各个工艺环境影响及相关参数

工艺代码	实现概率	工艺环境影响及相关参数	工艺代码	实现概率	工艺环境影响及相关参数
0→1	$p_{01}=1$	$\mathrm{EI}_{01}=2.54\times10^{-4}$, $\sigma_{01}^{2}=0.14^{2}$	3→6	$p_{36}=0.7$	$\mathrm{EI}_{36}=8.42\times10^{-6}$
1→2	$p_{12}=0.7$	$\mathrm{EI}_{12}=3.13\times10^{-5}$	4→5	$p_{45}=1$	$\mathrm{EI}_{45}=4.33\times10^{-4}$
1→10	$p_{1,10}=0.2$	$\mathrm{EI}_{1,10}=3.13\times10^{-5}$	5→6	$p_{56}=1$	$\mathrm{EI}_{56}=7.87\times10^{-5}$, $\sigma_{56}^{2}=0.10^{2}$
1→11	$p_{1,11}=0.1$	$\mathrm{EI}_{1,11}=3.13\times10^{-5}$	6→7	$p_{67}=1$	$\mathrm{EI}_{67}=2.54\times10^{-4}$, $\sigma_{67}^{2}=0.14^{2}$
2→3	$p_{23}=1$	$\mathrm{EI}_{23}=7.43\times10^{-5}$, $\sigma_{23}^{2}=0.20^{2}$	7→8	$p_{78}=0.05$	$\mathrm{EI}_{78}=3.13\times10^{-5}$
3→4	$p_{34}=0.3$	$\mathrm{EI}_{34}=8.42\times10^{-6}$	7→9	$p_{79}=0.95$	$\mathrm{EI}_{79}=3.13\times10^{-5}$

根据式（5-22）~式（5-32），可得再制造成功概率 $p_{09}^{E}=0.665$，其期望环境影响值为 $E(\mathrm{EI}_{09})=8.04\times10^{-4}$，环境影响值的范围为 $[6.06\times10^{-4}, 9.46\times10^{-4}]$；材料回收概率 $p_{0,10}^{E}=0.2$，期望环境影响值为 $E(\mathrm{EI}_{0,10})=2.85\times10^{-4}$，其范围为 $[1.90\times10^{-4}, 3.49\times10^{-4}]$；直接再利用的概率 $p_{0,11}^{E}=0.1$，期望环境影响值为 $E(\mathrm{EI}_{0,11})=2.85\times10^{-4}$，其范围为 $[1.90\times10^{-4}, 3.49\times10^{-4}]$；再制造失败的概率 $p_{08}^{E}=0.035$，期望环境影响值为 $E(\mathrm{EI}_{08})=8.04\times10^{-4}$，其范围为 $[6.06\times10^{-4}, 9.46\times10^{-4}]$。

2. 不确定再制造工艺链的经济评价

根据图5-7所示的曲轴多种修复工艺路线构建的曲轴再制造过程的经济影响

GERT 图，如图 5-14 所示。

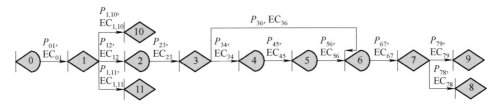

图 5-14　曲轴再制造过程经济影响 GERT 图

（1）各个工艺单元的经济参数　由第 5.3.4 节中得到的曲轴再制造各个工艺的经济成本函数，求解出各个工艺经济成本的矩母函数和传递函数，见表 5-17。

表 5-17　曲轴再制造过程各个工艺经济成本的矩母函数和传递函数

工艺代码	实现概率	经济成本值分布函数	矩母函数	传递函数
0→1	p_{01}	均值 EC_{01}，方差 σ_{01}^2 正态分布	$e^{EC_{01}s+0.5\sigma_{01}^2 s^2}$	$p_{01}e^{EC_{01}s+0.5\sigma_{01}^2 s^2}$
1→2	p_{12}	均值为 EC_{12} 的负指数分布	$\dfrac{1}{1-EC_{12}s}$	$\dfrac{p_{12}}{1-EC_{12}s}$
1→10	$p_{1,10}$	均值为 $EC_{1,10}$ 的负指数分布	$\dfrac{1}{1-EC_{1,10}s}$	$\dfrac{p_{1,10}}{1-EC_{1,10}s}$
1→11	$p_{1,11}$	均值为 $EC_{1,11}$ 的负指数分布	$\dfrac{1}{1-EC_{1,11}s}$	$\dfrac{p_{1,11}}{1-EC_{1,11}s}$
2→3	p_{23}	均值 EC_{23}，方差 σ_{23}^2 正态分布	$e^{EC_{23}s+0.5\sigma_{23}^2 s^2}$	$p_{23}e^{EC_{23}s+0.5\sigma_{23}^2 s^2}$
3→4	p_{34}	常数值，为 EC_{34}	$e^{EC_{34}s}$	$p_{34}e^{EI_{34}s}$
3→6	p_{36}	常数值，为 EC_{36}	$e^{EI_{36}s}$	$p_{36}e^{EI_{36}s}$
4→5	p_{45}	常数值，为 EC_{45}	$e^{EI_{45}s}$	$p_{45}e^{EI_{45}s}$
5→6	p_{56}	常数值，为 EC_{56}	$e^{EI_{56}s}$	$p_{56}e^{EI_{56}s}$
6→7	p_{67}	均值 EC_{67}，方差 σ_{67}^2 正态分布	$e^{EC_{67}s+0.5\sigma_{67}^2 s^2}$	$p_{67}e^{EC_{67}s+0.5\sigma_{67}^2 s^2}$
7→8	p_{78}	均值为 EC_{78} 的负指数分布	$\dfrac{1}{1-EC_{78}s}$	$\dfrac{p_{78}}{1-EC_{78}s}$
7→9	p_{79}	均值为 EC_{79} 的负指数分布	$\dfrac{1}{1-EC_{79}s}$	$\dfrac{p_{79}}{1-EC_{79}s}$

（2）再制造工艺链的经济评价模型　与再制造过程的环境影响值的计算相

似，再制造过程的经济成本的计算包括四种不同的处理方式的期望经济成本，其中概率值保持不变。

1）再制造成功的期望经济成本。节点 0 到节点 9 的再制造过程中的传递函数为经济成本值与概率的复合函数。根据梅森公式，整个再制造过程（节点 0 到节点 9）的等效传递函数为

$$W_{09}^E = \frac{\sum_{k=1}^{2} P_k \Delta_k}{\Delta} = W_{01} W_{12} W_{23} W_{67} W_{79} (W_{36} + W_{34} W_{45} W_{56})$$

$$= \frac{p_{01} p_{12} p_{23} p_{67} p_{79}}{(1 - \text{EC}_{12}s)(1 - \text{EC}_{79}s)} e^{(\text{EC}_{01} + \text{EC}_{23} + \text{EC}_{67})s + 0.5(\sigma_{01}^2 + \sigma_{23}^2 + \sigma_{67}^2)s^2} (p_{36} e^{\text{EC}_{36}s} +$$

$$p_{34} p_{45} p_{56} e^{(\text{EC}_{34} + \text{EC}_{45} + \text{EC}_{56})s}) \tag{5-33}$$

曲轴再制造过程的期望经济成本 $E(\text{EC}_{09})$ 为

$$E(\text{EC}_{09}) = \frac{\partial}{\partial s} [M_{09}(s)] \Big|_{s=0} = \frac{\partial}{\partial s} \left[\frac{W_{09}(s)}{W_{09}(0)} \right] \Big|_{s=0}$$

$$= \frac{p_{01} p_{12} p_{23} p_{67} p_{79}}{p_{09}^E} [p_{36} (\text{EC}_{01} + \text{EC}_{12} + \text{EC}_{23} + \text{EC}_{36} + \text{EC}_{67} + \text{EC}_{79}) +$$

$$p_{34} p_{45} p_{56} (\text{EC}_{01} + \text{EC}_{12} + \text{EC}_{23} + \text{EC}_{34} + \text{EC}_{45} + \text{EC}_{56} + \text{EC}_{67} + \text{EC}_{79})] \tag{5-34}$$

2）材料回收的期望经济成本。节点 0 到节点 10 的等效传递函数为

$$W_{0,10}^E = W_{01} W_{1,10} = p_{01} p_{1,10} \frac{e^{\text{EC}_{01}s + 0.5\sigma_{01}^2 s^2}}{1 - \text{EC}_{1,10}s} \tag{5-35}$$

材料回收的期望经济成本为

$$E(\text{EC}_{0,10}) = \frac{\partial}{\partial s} \left[\frac{W_{0,10}(s)}{W_{0,10}(0)} \right] \Big|_{s=0} = \text{EC}_{01} + \text{EC}_{1,10} \tag{5-36}$$

3）直接再利用期望经济成本。节点 0 到节点 11 的等效传递函数为

$$W_{0,11}^E = W_{01} W_{1,11} = p_{01} p_{1,11} \frac{e^{\text{EC}_{01}s + 0.5\sigma_{01}^2 s^2}}{1 - \text{EC}_{1,11}s} \tag{5-37}$$

直接再利用的期望经济成本值为

$$E(\text{EC}_{0,11}) = \frac{\partial}{\partial s} \left[\frac{W_{0,11}(s)}{W_{0,11}(0)} \right] \Big|_{s=0} = \text{EC}_{01} + \text{EC}_{1,11} \tag{5-38}$$

4）再制造失败期望经济成本。节点 0 到节点 8 的等效传递函数为

$$W_{08}^{E} = \frac{\sum_{k=1}^{2} P_k \Delta_k}{\Delta} = W_{01} W_{12} W_{23} W_{67} W_{78} (W_{36} + W_{34} W_{45} W_{56})$$

$$= \frac{p_{01} p_{12} p_{23} p_{67} p_{78}}{(1-\mathrm{EC}_{12}s)(1-\mathrm{EC}_{78}s)} \mathrm{e}^{(\mathrm{EC}_{01}+\mathrm{EC}_{23}+\mathrm{EC}_{67})s + 0.5(\sigma_{01}^2+\sigma_{23}^2+\sigma_{67}^2)s^2} (p_{36} \mathrm{e}^{\mathrm{EC}_{36}s} +$$

$$p_{34} p_{45} p_{56} \mathrm{e}^{(\mathrm{EC}_{34}+\mathrm{EC}_{45}+\mathrm{EC}_{56})s}) \tag{5-39}$$

再制造失败的期望经济成本为,

$$E(\mathrm{EC}_{08}) = \frac{\partial}{\partial s}[M_{08}(s)]\mid_{s=0} = \frac{\partial}{\partial s}\left[\frac{W_{08}(s)}{W_{08}(0)}\right]\mid_{s=0}$$

$$= \frac{p_{01} p_{12} p_{23} p_{67} p_{78}}{p_{08}^{E}}[p_{36}(\mathrm{EC}_{01} + \mathrm{EC}_{12} + \mathrm{EC}_{23} + \mathrm{EC}_{36} + \mathrm{EC}_{67} + \mathrm{EC}_{78}) +$$

$$p_{34} p_{45} p_{56}(\mathrm{EC}_{01} + \mathrm{EC}_{12} + \mathrm{EC}_{23} + \mathrm{EC}_{34} + \mathrm{EC}_{45} + \mathrm{EC}_{56} + \mathrm{EC}_{67} + \mathrm{EC}_{78})] \tag{5-40}$$

根据以上建立的再制造过程各处理方式的经济成本评价模型,结合实际生产中的数据及所做假设,可得曲轴再制造各个工艺经济成本值参数,见表 5-18。

表 5-18 曲轴再制造过程各个工艺经济成本值参数

工艺代码	实现概率	各工艺经济成本及相关参数	工艺代码	实现概率	各工艺经济成本及相关参数
0→1	$p_{01} = 1$	$\mathrm{EC}_{01} = 11.008$, $\sigma_{01}^2 = 0.40^2$	3→6	$p_{36} = 0.7$	$\mathrm{EC}_{36} = 1.156$
1→2	$p_{12} = 0.7$	$\mathrm{EC}_{12} = 3.131$	4→5	$p_{45} = 1$	$\mathrm{EC}_{45} = 61.412$
1→10	$p_{1,10} = 0.2$	$\mathrm{EC}_{1,10} = 3.131$	5→6	$p_{56} = 1$	$\mathrm{EC}_{56} = 5.060$
1→11	$p_{1,11} = 0.1$	$\mathrm{EC}_{1,11} = 3.131$	6→7	$p_{67} = 1$	$\mathrm{EC}_{67} = 11.008$, $\sigma_{67}^2 = 0.40^2$
2→3	$p_{23} = 1$	$\mathrm{EC}_{23} = 6.240$, $\sigma_{23}^2 = 0.30^2$	7→8	$p_{78} = 0.05$	$\mathrm{EC}_{78} = 3.131$
3→4	$p_{34} = 0.3$	$\mathrm{EC}_{34} = 1.156$	7→9	$p_{79} = 0.95$	$\mathrm{EC}_{79} = 3.131$

根据式(5-33)~式(5-40),可得再制造成功期望经济成本值为 $E(\mathrm{EC}_{09}) = 55.616$,再制造成功的经济成本值的范围为 [46.37, 62.28];材料回收的期望经济成本值为 $E(\mathrm{EC}_{0,10}) = 14.139$,其经济成本值的范围为 [12.97, 20.34];直接再利用的期望经济成本值为 $E(\mathrm{EC}_{0,11}) = 14.139$,其经济成本值的范围为 [12.97, 20.34];再制造失败的期望经济成本值为 $E(\mathrm{EC}_{08}) = 55.616$,其经济成本值的范围为 [46.37, 62.28]。

3. 不确定再制造工艺链的技术评价

不同于再制造工艺链的环境影响和经济成本评价，技术评价是对整个过程的平均评价。因此，对于各个工艺构成的再制造工艺链，以各个工艺对曲轴再制造过程的重要程度为权重，将再制造工艺链的技术评价量化为一个 0~1 的值。曲轴再制造过程技术评价 GERT 图如图 5-15 所示。

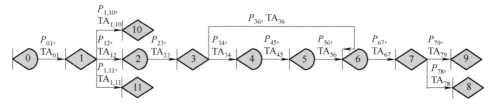

图 5-15　曲轴再制造过程技术评价 GERT 图

（1）各个工艺单元的技术评价值　由得出的曲轴再制造各个工艺的技术评价函数，求解出各个工艺单元技术评价的矩母函数和传递函数，见表 5-19。

表 5-19　曲轴再制造过程各个工艺单元的技术评价的矩母函数和传递函数

工艺代码	实现概率	技术评估值分布函数	矩 母 函 数	传 递 函 数
0→1	p_{01}	均值 TA_{01}，方差 σ_{01}^2 正态分布	$e^{TA_{01}s+0.5\sigma_{01}^2s^2}$	$p_{01}e^{TA_{01}s+0.5\sigma_{01}^2s^2}$
1→2	p_{12}	均值为 TA_{12} 的负指数分布	$\dfrac{1}{1-TA_{12}s}$	$\dfrac{p_{12}}{1-TA_{12}s}$
1→10	$p_{1,10}$	均值为 $TA_{1,10}$ 的负指数分布	$\dfrac{1}{1-TA_{1,10}s}$	$\dfrac{p_{1,10}}{1-TA_{1,10}s}$
1→11	$p_{1,11}$	均值为 $TA_{1,11}$ 的负指数分布	$\dfrac{1}{1-TA_{1,11}s}$	$\dfrac{p_{1,11}}{1-TA_{1,11}s}$
2→3	p_{23}	均值 TA_{23}，方差 σ_{23}^2 正态分布	$e^{TA_{23}s+0.5\sigma_{23}^2s^2}$	$p_{23}e^{TA_{23}s+0.5\sigma_{23}^2s^2}$
3→4	p_{34}	常数值，为 TA_{34}	$e^{TA_{34}s}$	$p_{34}e^{TA_{34}s}$
3→6	p_{36}	常数值，为 TA_{36}	$e^{TA_{36}s}$	$p_{36}e^{TA_{36}s}$
4→5	p_{45}	常数值，为 TA_{45}	$e^{TA_{45}s}$	$p_{45}e^{TA_{45}s}$
5→6	p_{56}	常数值，为 TA_{56}	$e^{TA_{56}s}$	$p_{56}e^{TA_{56}s}$
6→7	p_{67}	均值 TA_{67}，方差 σ_{67}^2 正态分布	$e^{TA_{67}s+0.5\sigma_{67}^2s^2}$	$p_{67}e^{TA_{67}s+0.5\sigma_{67}^2s^2}$
7→8	p_{78}	均值为 TA_{78} 的负指数分布	$\dfrac{1}{1-TA_{78}s}$	$\dfrac{p_{78}}{1-TA_{78}s}$

（续）

工艺代码	实现概率	技术评估值分布函数	矩母函数	传递函数
7→9	p_{79}	均值为 TA_{79} 的负指数分布	$\dfrac{1}{1-\mathrm{TA}_{79}s}$	$\dfrac{p_{79}}{1-\mathrm{TA}_{79}s}$

（2）再制造工艺链的技术评价模型　再制造过程的技术评价的计算也包括四种不同的处理方式的期望技术评价值，其中概率值保持不变。

1）再制造成功的期望技术评价值。节点 0 到节点 9 的再制造过程中的传递函数为技术评价值与概率的复合函数。此处，为了便于整个再制造工艺链的技术评价，将各工艺的技术评价值对整个工艺的影响均化，即

$$W'_{ij} = \frac{W_{ij}}{L_k} \tag{5-41}$$

式中，W'_{ij} 为在第 k 个工艺路线中节点 i 到 j 的均化传递函数；L_k 为在工艺路线 k 中的工艺数。

从技术评价维度，工艺路线二 0-1-2-3-6-7-9 的等效传递函数为

$$W_{09}^{1E} = W'_{01}W'_{12}W'_{23}W'_{36}W'_{67}W'_{79}$$

$$= \frac{p_{01}p_{12}p_{23}p_{36}p_{67}p_{79}}{\left(1 - \dfrac{1}{L_1}\mathrm{TA}_{12}s\right)\left(1 - \dfrac{1}{L_1}\mathrm{TA}_{79}s\right)} e^{\frac{1}{L_1}[(\mathrm{TA}_{01}+\mathrm{TA}_{23}+\mathrm{TA}_{36}+\mathrm{TA}_{67})s + 0.5(\sigma_{01}^2+\sigma_{23}^2+\sigma_{67}^2)s^2]} \tag{5-42}$$

工艺路线三 0-1-2-3-4-5-6-7-9 的等效传递函数为

$$W_{09}^{2E} = W'_{01}W'_{12}W'_{23}W'_{34}W'_{45}W'_{56}W'_{67}W'_{79}$$

$$= \frac{p_{01}p_{12}p_{23}p_{34}p_{45}p_{56}p_{67}p_{79}}{\left(1 - \dfrac{1}{L_2}\mathrm{TA}_{12}s\right)\left(1 - \dfrac{1}{L_2}\mathrm{TA}_{79}s\right)} e^{\frac{1}{L_2}[(\mathrm{TA}_{01}+\mathrm{TA}_{23}+\mathrm{TA}_{34}+\mathrm{TA}_{45}+\mathrm{TA}_{56}+\mathrm{TA}_{67})s + 0.5(\sigma_{01}^2+\sigma_{23}^2+\sigma_{67}^2)s^2]}$$

$$\tag{5-43}$$

曲轴再制造过程（节点 0 到节点 9）技术评价值的等效传递函数为

$$W_{09}^E = \frac{\sum_{k=1}^{2} P_k \Delta_k}{\Delta} = W_{09}^{1E} + W_{09}^{2E} \tag{5-44}$$

再制造工艺路线的期望技术评价值为

$$E(\mathrm{TA}_{09}) = \frac{\partial}{\partial s}[M_{09}(s)]\bigg|_{s=0} = \frac{\partial}{\partial s}\left[\frac{W_{09}^E(s)}{W_{09}^E(0)}\right]\bigg|_{s=0}$$

$$= \frac{p_{34}}{L_1}(\mathrm{TA}_{01} + \mathrm{TA}_{12} + \mathrm{TA}_{23} + \mathrm{TA}_{36} + \mathrm{TA}_{67} + \mathrm{TA}_{79}) +$$

$$\frac{p_{36}}{L_2}(\mathrm{TA}_{01} + \mathrm{TA}_{12} + \mathrm{TA}_{23} + \mathrm{TA}_{34} + \mathrm{TA}_{45} + \mathrm{TA}_{56} + \mathrm{TA}_{67} + \mathrm{TA}_{79}) \quad (5\text{-}45)$$

2）材料回收的期望技术评价值。节点 0 到节点 10 的等效传递函数为

$$W_{0,10}^{E} = W_{01}W_{1,10} = p_{01}p_{1,10}\frac{\mathrm{e}^{\frac{1}{L_{0,10}}(\mathrm{TA}_{01} + 0.5\sigma_{01}^2 s^2)}}{1 - \frac{1}{L_{0,10}}\mathrm{TA}_{1,10}s} \quad (5\text{-}46)$$

期望技术评价值 $E(\mathrm{TA}_{0,10})$ 为

$$E(\mathrm{TA}_{0,10}) = \frac{\partial}{\partial s}\left[\frac{W_{0,10}(s)}{W_{0,10}(0)}\right]\bigg|_{s=0} = \frac{1}{L_{0,10}}(\mathrm{TA}_{01} + \mathrm{TA}_{1,10}) \quad (5\text{-}47)$$

3）直接再利用期望技术评价值。节点 0 到节点 11 的等效传递函数为

$$W_{0,11}^{E} = W_{01}W_{1,11} = p_{01}p_{1,11}\frac{\mathrm{e}^{\frac{1}{L_{0,11}}(\mathrm{TA}_{01} + 0.5\sigma_{01}^2 s^2)}}{1 - \frac{1}{L_{0,11}}\mathrm{TA}_{1,11}s} \quad (5\text{-}48)$$

直接再利用的期望技术评价值 $E(\mathrm{TA}_{0,11})$ 为

$$E(\mathrm{TA}_{0,11}) = \frac{\partial}{\partial s}\left[\frac{W_{0,11}(s)}{W_{0,11}(0)}\right]\bigg|_{s=0} = \frac{1}{L_{0,11}}(\mathrm{TA}_{01} + \mathrm{TA}_{1,11}) \quad (5\text{-}49)$$

4）再制造失败期望技术评价值。节点 0 到节点 8 的等效传递函数为

$$W_{08}^{E} = \frac{\sum_{k=1}^{2}P_k\Delta_k}{\Delta} = W_{08}^{1E} + W_{08}^{2E} \quad (5\text{-}50)$$

再制造失败的期望技术评价值 $E(\mathrm{TA}_{08})$ 为

$$E(\mathrm{TA}_{08}) = \frac{\partial}{\partial s}[M_{08}(s)]\bigg|_{s=0} = \frac{\partial}{\partial s}\left[\frac{W_{08}^{E}(s)}{W_{08}^{E}(0)}\right]\bigg|_{s=0}$$

$$= \frac{p_{34}}{L_1}(\mathrm{TA}_{01} + \mathrm{TA}_{12} + \mathrm{TA}_{23} + \mathrm{TA}_{36} + \mathrm{TA}_{67} + \mathrm{TA}_{78}) +$$

$$\frac{p_{36}}{L_2}(\mathrm{TA}_{01} + \mathrm{TA}_{12} + \mathrm{TA}_{23} + \mathrm{TA}_{34} + \mathrm{TA}_{45} + \mathrm{TA}_{56} + \mathrm{TA}_{67} + \mathrm{TA}_{78})$$

$$(5\text{-}51)$$

以上建立了技术维度的评价模型，根据已有的数据，可以对曲轴再制造过程的各个处理方式进行技术评价。曲轴再制造过程各个工艺技术评价值参数见表 5-20。

表 5-20 曲轴再制造过程各个工艺技术评价值参数

工艺代码	实现概率	各工艺技术评价值及相关参数	工艺代码	实现概率	各工艺技术评价值及相关参数
0→1	$p_{01}=1$	$TA_{01}=0.88$,$\sigma_{01}^2=0.01^2$	3→6	$p_{36}=0.7$	$TA_{36}=1$
1→2	$p_{12}=0.7$	$TA_{12}=0.9$	4→5	$p_{45}=1$	$TA_{45}=1$
1→10	$p_{1,10}=0.2$	$TA_{1,10}=0.9$	5→6	$p_{56}=1$	$TA_{56}=1$
1→11	$p_{1,11}=0.1$	$TA_{1,11}=0.9$	6→7	$p_{67}=1$	$TA_{67}=0.88$,$\sigma_{67}^2=0.01^2$
2→3	$p_{23}=1$	$TA_{23}=0.85$,$\sigma_{23}^2=0.008^2$	7→8	$p_{78}=0.05$	$TA_{78}=0.9$
3→4	$p_{34}=0.3$	$TA_{34}=1$	7→9	$p_{79}=0.95$	$TA_{79}=0.9$

根据式（5-41）~式（5-51）建立的工艺链技术评价模型，可得再制造成功期望技术评价值为 $E(TA_{09})=0.909$，其技术评价值范围为 $[0.825,1]$；材料回收的期望技术评价值为 $E(TA_{0,10})=0.89$，其技术评价值的范围为 $[0.75,1]$；直接再利用的期望技术评价值为 $E(TA_{0,11})=0.89$，其技术评价值的范围为 $[0.75,1]$；再制造失败的期望技术评价值为 $E(TA_{08})=0.909$，其技术评价值的范围为 $[0.825,1]$。

5.3.6　废旧曲轴再制造过程可持续性综合评价

1. 基于 AHP 的废旧曲轴再制造过程可持续性评价

将废旧曲轴再制造过程的环境影响值、经济成本值和技术评价值三个指标进行综合，即得到其环境、经济和技术三个维度的可持续性综合评价模型。

（1）废旧曲轴再制造过程可持续性综合评价模型　废旧曲轴再制造过程环境、经济和技术三个维度的可持续性评价结果分别为环境影响值 EI、经济成本值 EC 和技术评价值 EC，三个维度量纲不同，故对三个维度的值进行规范化处理。

$$E = \frac{EI_{max} - EI}{EI_{max} - EI_{min}} \tag{5-52}$$

$$C = \frac{EC_{max} - EC}{EC_{max} - EC_{min}} \tag{5-53}$$

$$T = TA \tag{5-54}$$

式中，EI_{max}、EI_{min} 和 EC_{max}、EC_{min} 分别为废旧曲轴再制造过程的环境影响值和经济成本值的上下限值，即用于评价废旧曲轴再制造过程可持续性的最优值和最劣值标准，可根据企业经验、统计数据或参照研究文献中的数据确定；由于技术指标评价结果就在 [0,1] 范围内，因此不用规范化处理；E、C、T 分别为相应规范化处理后环境、经济和技术可持续性指标。

废旧曲轴再制造过程的可持续性综合评价模型为

$$\text{SI} = w_E E + w_C C + w_T T \tag{5-55}$$

式中，SI 为废旧曲轴再制造过程的可持续性综合指标；w_E、w_C、w_T 分别为环境影响、经济成本和技术评价的权重值。

（2）废旧曲轴再制造过程可持续性评价权重的确定　环境、经济和技术是废旧曲轴再制造过程可持续性评价的三个不同维度，这里采用层次分析法确定各个维度权重值，一般有以下几个步骤：

步骤 1：建立再制造可持续性评价指标层次结构模型，将再制造可持续性评价指标体系分为目标层和准则层（环境、经济和技术维度）。

步骤 2：根据重要性标度表，由专家或者专业人员判断各个维度的重要程度，建立判断矩阵，判断矩阵的三个维度分别表示环境影响、经济成本和技术评价。

$$A = \begin{pmatrix} 1 & 2^{-1} & 3^{-1} \\ 2 & 1 & 2^{-1} \\ 3 & 2 & 1 \end{pmatrix} \tag{5-56}$$

步骤 3：由几何平均法 $w'_i = \sqrt[3]{\prod_3 a_{ij}}$ 分别计算出 w'_1、w'_2 和 w'_3。由 $w_i = w'_i / \sum_3 w'_i$ 对 w'_i 进行归一化处理，得到三个维度的权重分别为 $w_1 = w_E = 0.163$，$w_2 = w_C = 0.297$，$w_3 = w_T = 0.540$。

步骤 4：一致性检验。根据第 3 章表 3-3，平均随机一致性指标 RI = 0.52，则判断矩阵的一致性指标 CI = 0.0046，一致性比率 CR = 0.0088<0.1，得出判断矩阵具有满意的一致性。

根据废旧曲轴再制造过程可持续性综合评价模型，计算出废旧曲轴再制造成功的可持续性综合指标的范围为 [0.83, 0.97]。建立的再制造可持续性 SI 判定式如式 (5-57) 所示，由该判定式得出废旧曲轴再制造过程位于可持续性较好和可持续性好等级范围内，因此，具有良好的可持续性。

$$\text{SI} = \begin{cases} [0.9, 1.0) & \text{可持续性好} \\ [0.8, 0.9) & \text{可持续性较好} \\ [0.7, 0.8) & \text{可持续性一般} \\ [0.6, 0.7) & \text{可持续性较差} \\ [0.0, 0.6) & \text{不具可持续性} \end{cases} \tag{5-57}$$

▶ 2. 不同污损程度曲轴再制造过程可持续性评价实例分析

通过上述分析可知，对于废旧零部件的不同损伤，各再制造工艺和工艺路线的选用往往不同。一般来说，再制造过程中将污损程度相似的曲轴放在一起进行再制造，能够提高再制造效率。因此，企业实际生产过程中往往采用对不同污损类型和程度的废旧零部件进行分类的策略，不同分类或批次按照不同工艺路线进行再制造，本书以此为例分析不同污损程度曲轴再制造过程的可持续性指标。

（1）不同污损程度再制造曲轴的可持续性评价指标确定　假设现在有三批废旧曲轴，每批曲轴都有 50 根，其中的曲轴情况如下：

第一批废旧曲轴油污、磨损普遍较小，均可采用再制造工艺路线二进行再制造。

第二批废旧曲轴经过发动机的拆解和回收，油污、磨损情况有大有小，可采用两条工艺路线再制造。

第三批废旧曲轴使用时间较长或其他原因，油污、磨损情况较大，均可采用再制造工艺路线三进行再制造。

对这三类废旧曲轴进行再制造可持续性评价，基于企业再制造过程的统计数据和上述模型，可得三批废旧曲轴的再制造过程的环境影响值、经济成本值和技术评价值，见表 5-21。

表 5-21　各批次废旧曲轴再制造的环境、经济、技术和可持续性综合指标

指标名称	第 一 批	第 二 批	第 三 批
平均环境影响值	5.86×10^{-4}	8.04×10^{-4}	1.16×10^{-3}
环境影响值范围	$[4.53 \times 10^{-4}, 7.91 \times 10^{-4}]$	$[6.06 \times 10^{-4}, 9.46 \times 10^{-4}]$	$[9.63 \times 10^{-4}, 1.31 \times 10^{-3}]$
平均经济成本值	32.98	55.616	102.29
经济成本值范围	$[26.42, 42.32]$	$[46.37, 62.28]$	$[92.93, 108.83]$
平均技术评价值	0.8983	0.9090	0.9054
技术评价值范围	$[0.8, 1]$	$[0.83, 1]$	$[0.85, 1]$
平均可持续性综合指标	0.9071	0.8675	0.7789
可持续性综合指标范围	$[0.83, 0.98]$	$[0.81, 0.94]$	$[0.73, 0.86]$

（2）不同污损程度再制造曲轴的综合可持续性分析　根据上述废旧曲轴再制造可持续性综合评价模型，可得出三个批次废旧曲轴的平均可持续性综合指标，分别为 $SI_1 = 0.9071$，$SI_2 = 0.8675$，$SI_3 = 0.7789$。根据对各个批次曲轴再制造过程的可持续值范围的比较分析，可得出以下结论：

1) 在这三批曲轴的再制造过程中，第一批曲轴再制造过程的环境影响最小，第二批次之，第三批最多。这是因为第一批废旧曲轴的污损程度最小，再制造工艺的物耗最少，第三批废旧曲轴整体上污损较大，修复起来较为复杂，且消耗材料多和时间长。因此，再制造企业可以在满足市场需求的情况下，优先选择再制造污损程度小的曲轴，或者提前回收发动机，避免报废回收的情况，进行一种更先进的再制造方式——主动再制造，将废旧曲轴的整体损伤尽量控制在合理的范围内进行再制造。

2) 经济维度是曲轴再制造可持续性评价的一个重要维度，影响到企业的利润和效益。通过比较三批曲轴再制造的经济成本值发现，污损较小的曲轴再制造工艺少且更为简单，消耗较少，整体的成本较少，因此，零部件再制造过程中应避免工艺复杂的再制造工艺路线，选择简单、经济合理的工艺路线进行再制造。

3) 技术维度是曲轴再制造过程中的至关重要的维度，是企业考虑再制造过程的首要维度。通过三批曲轴再制造的技术评价值可以看出，各批次曲轴再制造的技术评价值存在差异，这是因为不同再制造工艺路线考虑的再制造工艺不同。但三批废旧曲轴的再制造工艺路线都是合理的，技术可持续性评价值也较高。

从三批废旧曲轴的可持续性综合指标可以看出，第一批废旧曲轴的再制造过程整体可持续性较好，第二批废旧曲轴次之，第三批废旧曲轴最次。因此，再制造企业可以实施灵活的再制造策略，对废旧曲轴的损伤进行分类并采取合理的工艺路线进行再制造。

5.4 小结

本章在分析了可持续性评价中的不确定性问题后，介绍了集对分析和图示评审技术两种不确定条件下的可持续性评价模型。首先介绍了集对分析方法，总结了基于集对分析的可持续协调发展评价步骤，以描述可持续系统协调发展的生长曲线数学模型为例，给出了社会、经济发展态势度和生态环境功能损害态势度计算公式，以再制造发动机作为研究对象，对基于集对分析的可持续性评价方法进行了实例分析。其次阐述了图示评审技术的概念、基本构成及求解方法。以废旧发动机曲轴的再制造为实例，考虑不确定油污和磨损情况对再制造工艺路线和工艺时间的影响，分析了这种不确定性影响对再制造工艺单元及工艺链层面的环境、经济和技术三个维度可持续性的影响：再制造工艺单元层面，以工艺时间不确定为基础，采用生命周期评价方法、生命周期成本分析方法，从环境、经济和技术三个维度展开了再制造工艺单元的评价，得到了各个工艺单元三个维度的可持续性评价结果；再制造工艺链层面，采用图示评审技术研究了再制造过程不确定性因素（主要是工艺时间和不确定工艺路线）在整个再制造过程的传递和表达，构建了基于图示评审技术的再制造工艺链可持续性评价模型，得到了工艺链层面三个维度的可持续性评价指标。最后利用层次分析法，将三个维度的可持续性指标综合，得到了废旧曲轴再制造过程可持续性综合评价模型，最终得到被评对象可持续性综合评价指标变化范围。本章介绍的研究方法可为不确定条件下可持续性评价提供理论支持。

参 考 文 献

[1] 李祚泳，汪嘉杨，熊建秋，等. 可持续发展评价模型与应用 [M]. 北京：科学出版社，2007.

[2] 李祚泳，甘刚，沈仕伦. 社会经济与环境协调发展的评价指标体系及评价模型 [J]. 成都信息工程学院学报，2000，13（3）：174.

[3] 余国祥. 综合评价的多元联系数模型及应用 [J]. 绍兴文理学院学报，2004，24（9）：99-102.

[4] 杜栋，庞庆华，吴炎. 现代综合评价方法与案例精选 [M]. 4版. 北京：清华大学出版社，2021.

[5] 徐滨士. 再制造工程基础及其应用 [M]. 哈尔滨：哈尔滨工业大学出版社，2005.

[6] 刘赟，徐滨士，史佩京，等. 废旧产品再制造性评估指标 [J]. 中国表面工程，2011，24（5）：94-99.

[7] 李聪波，李玲玲，曹华军，等. 废旧零部件不确定性再制造工艺时间的模糊学习系统 [J]. 机械工程学报，2013，49（15）：137-146.

[8] 刘渤海，徐滨士，史佩京. 再制造综合评价指标体系的设计研究 [J]. 检验检疫学刊，2010，20（2）：53-56.

[9] 刘纯，曹华军，刘飞，等. 机电产品绿色再制造综合评价模型及应用 [J]. 现代制造工程，2007（11）：1-3.

[10] 蒋小利. 基于多寿命特征的废旧机电产品可再制造性评价方法研究 [D]. 武汉：武汉科技大学，2014.

[11] DU Y B, CAO H J, LIU F, et al. An integrated method for evaluating the remanufacturability of used machine tool [J]. Journal of Cleaner Production, 2012, 20（1）：82-91.

[12] SHI J L, LI T, LIU Z C. A three-dimensional method for evaluating the remanufacturability of used engines [J]. International Journal of Sustainable Manufacturing, 2015, 3（4）：

363-388.

[13] 刘清涛, 蔡宗琰, 刘晓婷, 等. 面向工艺路线的废旧零部件可再制造性评价[J]. 长安大学学报(自然科学版), 2012, 32(3): 105-110.

[14] 温海骏, 刘长义, 刘从虎. 基于RS-TOPSIS的再制造曲轴毛坯质量评价方法[J]. 中国表面工程, 2015, 28(1): 101-108.

[15] 曾寿金, 刘志峰, 江吉彬. 基于模糊AHP的机电产品绿色再制造综合评价方法及应用[J]. 现代制造工程, 2012(7): 1-6.

[16] 赵静. 数学建模与数学实验[M]. 北京: 高等教育出版社, 2000.

[17] 郭燕春. 磨损曲轴不确定再制造过程可持续性评价[D]. 大连: 大连理工大学, 2019.

[18] 高旺. 重卡发动机主动再制造最佳时机点选择方法[D]. 大连: 大连理工大学, 2017.

[19] 冯继军, 郭文芳. 汽车发动机曲轴常见的失效形式及原因分析[J]. 失效分析与预防, 2006(2): 7-12.

[20] 濮良贵, 陈国定, 吴立言. 机械设计[M]. 9版. 北京: 高等教育出版社, 2013.

[21] 张娜. 基于可信性理论的F-GERT网络模型及其应用研究[D]. 南京: 南京航空航天大学, 2010.

[22] 李成川, 李聪波, 曹华军, 等. 基于GERT图的废旧零部件不确定性再制造工艺路线模型[J]. 机械工程学报, 2012, 18(2): 298-305.

[23] PRITSKER A A B. GERT: graphical evaluation and review technique[M]. California: The Rand Corporation, 1966.

[24] ILGIN M A, GUPTA S M. Remanufacturing modeling and analysis[M]. Florida: CRC Press, 2012.

第 6 章

生命周期可持续性评价方法

6.1 研究对象及意义

再制造是以延长产品全生命周期为指导，以先进的检测技术及表面修复等技术为手段，以实现废旧产品的再利用为目标，以环保、优质、高效、节能和节材为标准，实现废旧产品修复和改造的一系列工程活动和技术措施的总称。对废旧机械产品进行再制造是一种节约资源、降低能耗、保护环境的优秀生产模式，被称为当今世界最具前景的技术领域之一，为循环经济提供了关键的技术支持，具有显著的经济、社会和环境效益。再制造产品最重要的特征是性能和质量不低于新制造产品，甚至超过新品，而成本却是新制造产品的50%左右，相对于新品，实现能源节约60%左右，原材料节约70%以上，环境保护贡献显著。通过对机床、工程机械或汽车零部件的再制造，实现废旧产品的重用，对我国经济社会的可持续发展具有重要意义。

废旧机械产品的再制造可持续性是在规定的条件下，通过再制造生产所能恢复或提高原产品性能的能力，在此过程中需综合考虑再制造经济、资源、技术和环境等综合因素。再制造可持续性是废旧产品的一种属性，准确判断退役产品的再制造可持续性是实施再制造生产首要解决的基础性问题。在机械产品再制造可持续性研究中，如何定量分析与评价再制造工艺过程中的污染排放、生态影响以及环境成本等因素，是发展绿色再制造工程需要深入研究的问题。随着再制造产业的发展与推进，尽管机械产品再制造在基础理论和关键技术研究等方面已取得了重大突破，但是在再制造可持续性定量分析方法方面仍相对欠缺，目前国内外对于再制造可持续性的研究尚无统一标准和准则，难以找到合适的、定量化的评价方法，综合评价体系也尚未建立，影响了企业对废旧产品再制造可行性的判断。以产品为对象进行可持续性评价时，应以产品的生命周期过程为主线，研究产品整个生命周期或某一重点阶段的资源消耗或环境影响情况，对产品系统进行定量的可持续性评价。因此，充分考虑再制造过程技术条件、投入成本、资源消耗、环境排放及社会效益，正确分析和评价废旧机械产品生命周期内环境、经济和社会表现等属性，研究退役机械产品多维度再制造可持续性分析方法及评价模型，是再制造工程进行的前提。

再制造的最终目的是实现产品价值的回收重用，而废旧机械产品的回收价值是随服役时间、使用环境以及技术进步等因素而变化的一个随机变量。不同类型的退役产品的再制造的可持续性也不相同，即使是同一种产品，也会由于其退役前的服役工况、使用环境及操作者习惯等不同而在损伤程度和损伤形式方面千差万别。因此，不同废旧机械产品的再制造可持续性有很大区别。对于特定损伤情况的废旧零部件而言，不同废旧零部件的修复水平、技术实现效率有所不同，再制造过程中资源消耗、污染排放及工人的工作条件等方面也存在较大差异，从而使得废旧零部件再制造的可持续性的评价结果也不相同。因此，对机械产品再制造可持续性的分析，应综合考虑再制造技术可行性，以及环境、经济和社会等多维度的可持续性。

本章以废旧机械产品再制造为应用背景，介绍生命周期可持续性评价（Life Cycle Sustainability Assessment，LCSA）理论和建模方法，研究废旧机械产品在再制造的生命周期内，技术、环境、经济和社会等方面的量化表现，提出基于LCSA的机械产品再制造可持续性分析方法，构建多维度再制造可持续性评价体系。研究内容涉及基于过程的技术可行性分析方法、环境生命周期评价（ELCA）、生命周期成本（LCC）分析和社会生命周期评价（SLCA）等方法。本章介绍的研究克服ELCA、LCC、SLCA三种理论方法在功能单位、系统边界、清单方法及影响评价指标方面的差异，定义功能单位，构建基于LCSA理论的多维度再制造可持续性评价模型，并提出基于FAHP的再制造可持续性指标权重的确定方法，研究成果可为考量废旧机械产品是否值得进行再制造、以何种技术方案进行再制造的综合决策提供理论依据。

6.2 废旧机械产品可持续性评价内容与评定标准

6.2.1 可持续性评价的内容及分析流程

1. 可持续性评价的内容

采取实证研究与数理统计分析相结合的研究方法，考虑废旧机械产品再制造与原始制造工艺技术的差异性、再制造工作环境的特殊性、再制造产品在经济环境等方面的优越性以及再制造生产在促进社会就业和社会经济发展方面的先进性等因素，基于LCSA理论从技术、环境、经济和社会四个维度的可持续性分析入手，开展机械产品再制造可持续性分析方法和评价模型的研究。具体研究内容如下：

（1）机械产品再制造技术可行性分析　完整的产品再制造工艺过程包括回收、拆解、清洗、检测、再制造修复、装配与测试等环节，再制造过程综合了电子技术、过程工艺与表面技术等手段。随着再制造技术的发展，不同的再制造工艺方法会对废旧产品的再制造可持续性产生较大影响；分析再制造工艺的技术性和效率性，优化再制造工艺路线，对提高再制造产品质量及可靠性具有重要意义。因此，根据再制造技术工艺方案，研究各工艺过程中的技术、时间及效率指标，以建立产品再制造技术可行性评价模型，分析再制造工艺的技术可行性。

(2) 机械产品环境维度再制造可持续性分析　　再制造充分利用了废旧产品的零部件，减少了资源的浪费，同时避免了零部件在原材料开采和制造过程中产生的污染物排放。尽管如此，产品再制造也会带来一定的环境污染和排放，例如：在废旧增压器、发动机、机床等机械装备清洗过程中，清洗废液的处理是造成水污染物产生的主要问题；拆解过程中会产生噪声、烟尘的污染；修复过程中激光熔覆、等离子喷涂等表面修复技术的使用也会产生废气、废液、粉尘及油污等污染。本章介绍的研究采用 ELCA 理论、比较分析法与基于切削比能的能耗计算方法，收集整理机械产品原始制造和再制造过程中环境清单数据，合理选择环境影响的类别，研究两种制造模式下的资源、能源消耗及环境排放，计算环境影响指标，设计环境维度再制造可持续性评价指标，建立环境维度再制造可持续性评价模型，分析再制造相对于原始制造的环境优势。

(3) 机械产品经济维度再制造可持续性分析　　再制造成本是衡量废旧机械产品经济性的关键因素，对回收的废旧产品进行再制造时，会产生相应的再制造成本。而对于再制造企业而言，由于再制造的特殊性，因此必须考虑再制造的成本相对于原始制造的优势。基于产品 LCC 理论，采用比较分析法、环境成本社会支付意愿及成本时间价值理论，对废旧机械产品进行经济维度再制造可持续性的评估，对机械产品原始制造与再制造的常规成本（材料、能源、人力、设备等）、可能成本（法律顾问、财产损失、个人伤害等）和环境成本（基于社会对环境影响的支付意愿成本）进行分析整理，建立废旧机械产品经济维度再制造可持续性评价模型，定量分析废旧产品再制造相对于原始制造的成本优势，明确再制造经济价值。

(4) 机械产品社会维度再制造可持续性分析　　任何生产活动都具有一定的社会性，如社会经济、就业、工资收入、工作环境与待遇公平等社会问题。无视再制造生产活动的社会性，将会降低再制造产品的社会认可度。与传统制造相比，再制造生产现场工作环境较恶劣，工作强度更大，可能给劳动者身心健康带来更多危害，在生产和生活中进行社会 LCA（即 SLCA）的研究尤为重要。在对再制造产品社会影响的研究中，主要评价企业在产品再制造生命周期中的社会经济、工作环境、健康安全及人类权利等方面的表现，尤其注重再制造活动中企业的社会责任，如现场操作人员在劳动强度、工资待遇、工伤比例及强迫劳动等方面的情况，以及为社会提供的就业岗位等。从工人、社会与本地社区等利益相关者入手，研究再制造企业的社会行为，建立机械产品社会维度再制造可持续性评价模型。

2. 原始制造与再制造生产流程与系统边界

机械产品原始制造需经过原材料采掘、冶炼、运输、零部件加工、产品装配、包装运输、销售、使用、产品报废等环节，产品报废后可进行回收再利用、回收再制造以及回炉再循环三种处理方式。所有原材料均需通过原矿石的开采和冶炼等加工环节，零部件制造企业在购买到原材料后都要进行毛坯粗加工才可进入机械精加工阶段，因此，原始制造是传统的"开采资源-加工制造"的模式。

机械产品再制造不同于原始制造，废旧产品是其零部件的主要来源，且需要采用一系列先进的清洗、检测及修复技术恢复废旧产品的功能。废旧机械产品回收后经初步检查和拆解，对不可再制造零部件进行再循环或其他处理，对可再制造零部件进行清洗和分类；然后进行无损检测，基于检测结果对可直接利用零部件用于整机装配，可修复零部件进行修复或升级处理，不可修复零部件进行再循环处理；修复后的零部件再次接受合格与否的检查，对可用的零部件进行整机装配，不可用的零部件进行材料再循环处理；在整机装配的过程中，需使用少量新替换件，装配完成后进行整机检查、测试和包装。因此，再制造过程是"废旧产品-再生资源-修复制造"的新型模式。

在环境和经济维度的再制造可持续性分析过程中，需要运用比较分析方法对原始制造和再制造指标进行比较，因此，必须要考虑两种制造的生产流程和系统边界，机械产品原始制造与再制造生产流程及系统边界如图6-1和图6-2所示。

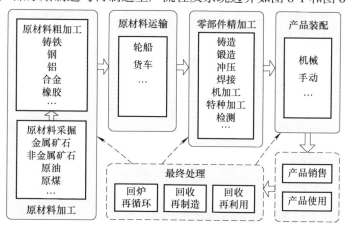

图 6-1　机械产品原始制造生产流程及系统边界

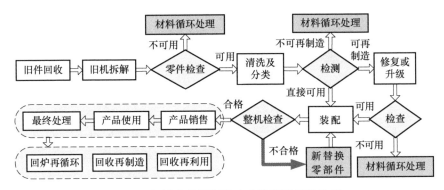

图 6-2 机械产品再制造生产流程及系统边界

对系统边界需要说明的是：由于要求再制造产品的质量水平达到或超过新品，假设再制造与原始制造机械产品的使用条件、运行环境和最终处理方式均相同，则两者在使用过程中的能源消耗、经济成本及社会影响也相同，因此，产品使用、最终处理环节不在系统边界范围内。

3. 可持续性评价数据分析模型

根据 UNEP/SETAC（2011）所提出的生命周期可持续性评价 LCSA 理论框架，以 ISO 14040/ISO 14044 的分类和特征化为指导，克服 ELCA、LCC 与 SLCA 三种理论方法在功能单位、系统边界、清单方法及影响评价指标方面的差异，同时考虑技术实用性和社会效用性，定义功能单位，建立三个生命周期技术相关的单元过程的系统边界。基于 LCSA 的机械产品再制造可持续性数据分析模型，如图 6-3 所示。

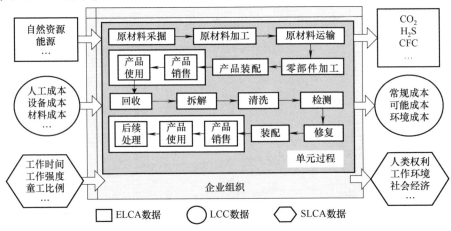

图 6-3 基于 LCSA 的机械产品再制造可持续性数据分析模型

以单位产品作为功能单位，在机械产品再制造工艺的单元过程层面上收集清单数据，并对资源消耗、能源消耗、环境排放及成本费用等进行分析，实现再制造的技术、环境和经济维度的可持续性分析与评价。从组织层面上，将整个再制造企业作为组织单位，考虑其再制造过程中的社会表现，对机械产品再制造进行社会影响分析与评价。机械产品的原始制造包括原材料采掘、原材料运输、零部件生产、产品装配等过程，而机械产品的再制造包括从废旧产品回收开始，经过拆解、清洗、检查、检测、修复、替换到装配等过程，两种制造模式的相关数据均予以考虑。本章介绍的研究遵循三个生命周期技术的数据产生规律，尊重利益相关者的意见，从多维度（环境、经济和社会）来考虑相关的影响类别。

4. 可持续性评价分析流程

根据机械产品服役时间、零部件材料特征、损伤程度及损伤形式选择再制造工艺技术方案，对再制造技术可行性与环境、经济和社会维度再制造可持续性的问题开展研究，建立基于 LCSA 的再制造可持续性评价模型，其分析流程如图 6-4 所示。

可持续评价分析流程的步骤如下：

第一步：对产品再制造工艺过程进行技术可行性分析是实施再制造可持续性分析首要的也是重要的一步。基于典型再制造工艺对退役机械零部件再制造的技术可行性进行分析，以保证废旧零部件可以通过现代化清洗检测、表面修复及自动化机械加工等技术，实现产品整体性能的恢复和提升。如果再制造技术达不到产品质量恢复的要求，则只能对废旧零部件进行材料回收及再循环处理。

第二步：基于 ELCA 理论，整理分析原始制造与再制造工艺过程的能源、资源消耗与污染排放清单数据，选择环境影响评价模型，对清单数据进行环境影响的分类、特征化与标准化计算；建立环境维度再制造可持续性评价模型，计算环境影响指标，定量分析机械产品再制造相对于原始制造的优势，从节约资源、节省能源及减少环境排放的角度分析与评价机械产品环境维度再制造可持续性。

第三步：基于 LCC 理论，采用成本时间价值、社会支付意愿等理论方法，对退役机械产品的原始制造与再制造的生命周期成本（常规成本、可能成本、环境成本）进行识别、分类与整理分析；建立经济维度再制造可持续性评价模型，定量分析机械产品再制造的成本优势，实现机械产品经济维度再制造可持续性分析与评价。

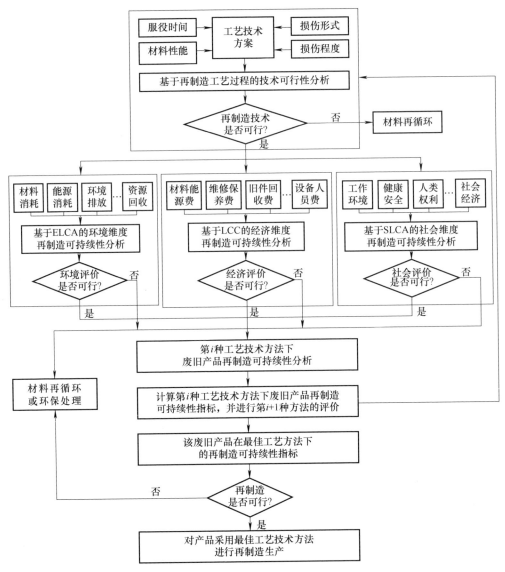

图 6-4 基于 LCSA 的机械产品再制造可持续性分析流程

第四步：运用 SLCA 理论，对机械产品零部件再制造行为所涉及的利益相关者类别（工人、社会、本地社区等）、社会影响类别（健康安全、公平薪酬、劳动强度等）及影响类型评价指标（人类权利、工作环境、健康和安全等）进行识别、分类整理，建立社会维度再制造可持续性评价模型，引发人们对再制造行为的社会关注。

第五步：根据评价结果，选择技术、环境、经济及社会再制造可持续性较高的工艺方案，并对废旧机械产品进行再制造，实现其性能的恢复及提升，对再制造可持续性较差的废旧产品及零部件通过材料再循环等方式进行处理。

6.2.2 再制造可持续性综合评价指标与判定标准

产品可持续性的评价属于多属性决策问题，需充分考虑技术、环境、经济及社会影响等指标因素，指标定量分析流程如图 6-5 所示。图中，T、E、C 和 S 分别是技术可行性指标、经济可持续性指标、环境可持续性指标与社会可持续性指标；R_a 为可持续性综合指标，其值由 T、E、C 和 S 共同决定；T_L、E_L、C_L、S_L 与 R_L 分别为上述指标值的下限，其值由研究者或再制造企业技术人员共同决定。

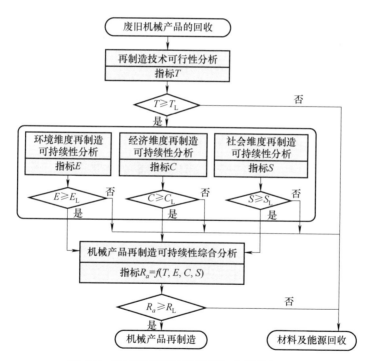

图 6-5 机械产品可持续性指标定量分析流程

设 w_T、w_E、w_C 和 w_S 分别为 T、E、C 与 S 指标的权重，根据各属性特点列出可持续性目标函数和条件约束的计算模型为

$$\max R_a = \sum_{i=1}^{n} w_i r_i = w_T T + w_E E + w_C C + w_S S$$

$$\text{s.t.} \begin{cases} T_L \leqslant T \leqslant 1 \\ E_L \leqslant E \leqslant 1 \\ C_L \leqslant C \leqslant 1 \\ S_L \leqslant S \leqslant 1 \\ 0 \leqslant w_i \leqslant 1 \\ \sum_{i=1}^{n} w_i = 1 \end{cases} \quad (6\text{-}1)$$

参照废旧机床和发动机可持续性定量评价指标的研究文献，在本章介绍的研究中机械产品可持续性综合指标"R_a"的定量判定标准如下：

$$R_a = \begin{cases} [0.9, 1.0] & \text{再制造可持续性很高} \\ [0.8, 0.9) & \text{再制造可持续性较高} \\ [0.7, 0.8) & \text{再制造可持续性一般} \\ [0.6, 0.7) & \text{再制造可持续性较低} \\ [0.0, 0.6) & \text{不具再制造可持续性} \end{cases} \quad (6\text{-}2)$$

6.3 基于生命周期的废旧产品可持续性评价模型

6.3.1 废旧产品技术可持续性评价指标及模型

与新品制造过程相比，废旧产品再制造在技术、工艺、设备等方面更为复杂，回收后的废旧零部件处于各不相同的污损状态，部分零部件由于质量较差，在再制造过程中会出现各种问题，使得再制造技术不能满足再制造的需要。因此，应首先分析废旧产品再制造的技术可行性，以保证再制造产品能满足顾客的需求。

典型的机械产品再制造工艺过程包括拆解、清洗、检查、检测、修复、替换和装配七个主要环节，技术可行性需对再制造工艺过程进行分析与评价。在本章介绍的研究中，技术可行性包括拆解性、清洗性、检查性、检测性、修复性、替换性和装配性七个指标。此外，在机械产品再制造过程中，由于零部件材料、损伤形式及损伤程度的不同，可能会制定多种不同的再制造工艺技术方案（如"清洗"工艺可选用压力清洗技术、电解清洗技术、化学清洗技术等）。选择不同的再制造工艺技术方案时，废旧零部件再制造的技术实现水平、所需时间以及实现效率也会有所不同，因此，需要从时间、技术和比率三个角度对再制造各工艺环节进行技术可行性分析,从而选择最合适的工艺技术路线。

对于技术可行性指标的权重,可基于实际生产条件,采用层次分析法、熵值法等赋权方法获得,技术可行性评价流程如图6-6所示。设:T是机械产品再制造技术可行性综合分析指标;μ_x(μ_d、μ_c、μ_i、μ_t、μ_r、μ_p、μ_a)分别为再制造过程的拆解性、清洗性、检查性、检测性、修复性、替换性和装配性七个技术可行性指标;ω_x(ω_d、ω_c、ω_i、ω_t、ω_r、ω_p、ω_a)分别为七个技术可行性指标的权重;μ_{x1}(μ_{d1}、μ_{c1}、μ_{i1}、μ_{t1}、μ_{r1}、μ_{p1}、μ_{a1})、μ_{x2}(μ_{d2}、μ_{c2}、μ_{i2}、μ_{t2}、μ_{r2}、μ_{p2}、μ_{a2})、μ_{x3}(μ_{d3}、μ_{c3}、μ_{i3}、μ_{t3}、μ_{r3}、μ_{p3}、μ_{a3})分别为七个技术可行性指标的时间因子、技术因子和比率因子。

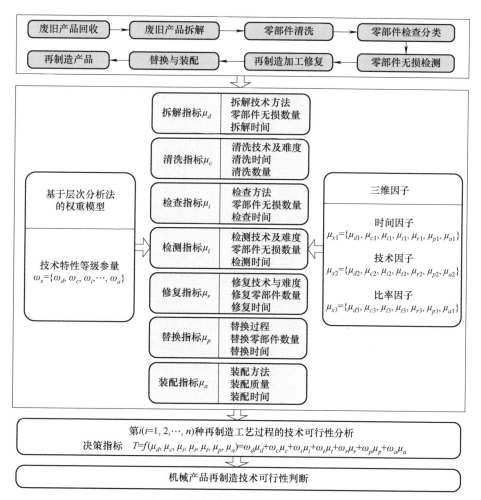

图6-6 再制造技术可行性评价流程

1. 基于再制造工艺过程的技术可行性指标的计算方法

（1）拆解性指标　拆解是借助一定的工具和手段将机械产品分解为单个零部件的过程，一般来说主要是分解连接件及其装配关系。对回收产品的拆解是再制造过程的第一个步骤，并且是再制造的必要步骤。拆解过程中要尽量保持产品和零部件的完整性，降低零部件的拆解深度，这就需要在新品设计时考虑再制造的要求，避免使用永固型的接头，而目前大部分机械产品在设计时并未考虑拆解与再制造的问题，通过焊接、铆接等连接方式形成的连接件很难实现完整性拆解，对这种连接方式的零部件进行拆解必然要破坏原来的连接件。废旧机械产品的拆解性指标分别从时间因子、技术因子和比率因子来分析。

1）时间因子 μ_{d1}。对于拆解性的时间指标，为对其进行简化和量化，以拆解需要的时间来评价。

$$\xi = \frac{\sum_{i=1}^{N} c_i t_i}{T_d} \quad (i = 1, 2, \cdots, N) \tag{6-3}$$

$$\mu_{d1} = \begin{cases} 1.00 & \text{若 } \xi \leqslant 1.0 \\ 0.80 & \text{若 } 1.0 < \xi \leqslant 1.2 \\ 0.60 & \text{若 } 1.2 < \xi \leqslant 1.4 \\ 0 & \text{若 } \xi > 1.4 \end{cases} \tag{6-4}$$

式中，ξ 为评价 μ_{d1} 的中间变量；t_i 为第 i 种紧固部件的拆解时间；c_i 为第 i 种紧固部件的数量；N 为紧固部件的种类数；T_d 为标准拆解时间。式（6-4）中的界限值可根据企业数据的统计分析、专家经验并参照产品的拆解特点进行设定。

2）技术因子 μ_{d2}。对于已知类型的机械产品，其拆卸方法、过程及设备已经确定，而且机床的拆解主要是手工过程。因此，设技术因子 $\mu_{d2} = 1$。

3）比率因子 μ_{d3}。废旧机械产品经过了长时间的服役，会因锈蚀等不能进行无损的拆解，或者不能完全分解。拆解比率因子是指可再制造件在拆解过程中未破坏数量占总拆解件数量的比例。

$$\mu_{d3} = \frac{Q_n}{Q_r} \tag{6-5}$$

式中，Q_n 为无损的可再制造件数量；Q_r 为拆解件总数。

综上所述，拆解性指标计算公式为

$$\mu_d = \mu_{d1} w_{d1} + \mu_{d2} w_{d2} + \mu_{d3} w_{d3} \tag{6-6}$$

式中，w_{d1}、w_{d2} 和 w_{d3} 分别为时间因子、技术因子和比率因子在拆解性指标中所占权重，建议做归一化处理，使得三者权重之和为1，以下同。

（2）清洗性指标　废旧机械产品拆解后，要根据材料、形状、类别、用途以及污损程度等对零部件进行分类，并确定采用何种清洗技术来清除表面污垢。再制造清洗是利用机械、物理、化学或电化学方法，使用清洗设备和清洗液将废旧零部件表面附着的锈蚀、油脂、积炭、水垢及泥垢等污物去除，使废旧零部件表面达到一定清洁度的一系列过程。再制造零部件的表面清洁度是一项重要的质量指标，清洁度如果达不到要求容易影响零部件的进一步再制造加工，造成再制造品综合性能的下降。一个清洗体系包括4个要素，即清洗对象、零件污垢、清洗介质及清洗力。

1）清洗对象。清洗对象是指待清洗的物体，如组成机器及各种设备的零件、电子元件等。而制造这些零件和电子元件等的材料主要有金属材料、陶瓷（含硅化合物）、塑料等，针对不同清洗对象要采取不同的清洗方法。

2）零件污垢。零件污垢是指零件受到外界物理、化学或生物作用，在表面形成的污染层或覆盖层。所谓清洗，是指从零件表面清除污垢的过程，通常是指把污垢从固体表面去除。

3）清洗介质。清洗过程中，提供清洗环境的物质称为清洗介质，又称为清洗媒体。清洗介质在清洗过程中起着重要的作用，一是对清洗力起传输作用，二是防止解离下来的污垢再吸附。

4）清洗力。清洗对象、零件污垢及清洗介质三者间必须产生一种作用力，才能使得污垢从清洗对象的表面清除，并将它们稳定地分散在清洗介质中，完成清洗过程，这个作用力即清洗力。在不同的清洗过程中，起作用的清洗力亦有不同，大致可分为溶解力、分散力、表面活性力、化学反应力、吸附力、物理力和酶力等。

清洗是再制造过程中至关重要的环节，采用合适的清洗技术，可减少零部件表面在清洗过程中的损伤，并且能够提高清洗效果，清洗性指标也采用三因子定量表达。

1）时间因子 μ_{c1}。清洗的时间因子由清洗所用的时间进行评价

$$\mu_{c1} = \frac{t_{ic}}{t_{ac}} \tag{6-7}$$

式中，t_{ic} 为零部件理想清洗时间；t_{ac} 为实际清洗时间。

2）技术因子 μ_{c2}。零部件表面不利于再制造的污垢可分为疏松的堆积、干黏附物、含油堆积物和油类。清洗设备的投资一般较大，常用的方法有吹、擦、烘焙和洗。这四种方法清洗方式不同，适用于清洗不同的污垢。根据清洗方法

的难度得出优先矩阵（见表 6-1）。

表 6-1 清洗分数的确定

清洗方法（列）	清洗方法（行）				分数	相对重要度（%）	近似清洗分	清洗分
	吹	擦	烘焙	洗				
吹	1.0	0.3	0.2	0.2	1.7	7	1.00	1
擦	3.0	1.0	0.3	0.3	4.6	18	2.71	3
烘焙	5.0	3.0	1.0	1.0	10.0	38	5.88	6
洗	5.0	3.0	1.0	1.0	10.0	38	5.88	6
合计					26.3	100	15.47	—

清洗赋分规则如下：一种清洗方法（行）比另一种清洗方法（列）难度大得多可以赋 5 分；一种清洗方法（行）比另一种清洗方法（列）难度大，赋 3 分；一种清洗方法（行）与另一种清洗方法（列）难度相同，赋 1 分；一种清洗方法（行）比另一种清洗方法（列）难度小，赋 1/3 分；一种清洗方法（行）比另一种清洗方法（列）难度小得多，赋 1/5 分；最后，最小难度方法（吹）赋 1 分。通过分数的计算，可以获得各清洗方法的相对重要性，并得到清洗分数的近似值，然后圆整得到清洗分数。

综上，可得清洗性的技术因子

$$\mu_{c2} = \frac{\sum_{j=1}^{4} L_{cij}\theta_j}{\sum_{j=1}^{4} L_{caj}\theta_j} \tag{6-8}$$

式中，L_{cij} 为理想中以第 j 种清洗方法处理的零部件的个数；L_{caj} 为实际以第 j 种清洗方法处理的零部件的个数；θ_j 为第 j 种清洗方法的清洗分数。

3）比率因子 μ_{c3}。经过清洗后的零部件全部进入下一步骤，即检查步骤，这里认为全部能够清洗干净，因此取 $\mu_{c3} = 1$。

综上所述，清洗性指标计算公式为

$$\mu_c = \mu_{c1}w_{c1} + \mu_{c2}w_{c2} + \mu_{c3}w_{c3} = \mu_{c1}w_{c1} + \mu_{c2}w_{c2} + w_{c3} \tag{6-9}$$

式中，w_{c1}、w_{c2} 和 w_{c3} 分别为时间因子、技术因子和比率因子在清洗性指标中所占权重。

（3）检查性指标　检查是指将拆解或清洗后的零部件进行手工整理和分类，将可再制造的零部件按型号类型和损伤情况进行归类，并淘汰如油封、活塞总成、橡胶管、汽缸垫及主轴瓦等易损零部件。同时，手工检查可以发现清洗后损伤严重的零部件，排除不可再制造的零部件，并且能够对再制造件进行整理，此过程有利于安排加工步骤，缩短总的再制造时间，使再制造过程更加规范和高效。

1) 时间因子 μ_{i1}。时间因子通过检查所用时间进行评定。

$$\mu_{i1} = \frac{t_{ii}}{t_{ai}} \qquad (6\text{-}10)$$

式中，t_{ii} 为零部件理想检查时间；t_{ai} 为实际检查时间。

2) 技术因子 μ_{i2}。检查过程主要通过手工方式进行，因此技术因子对检查性影响极小，取 $\mu_{32} = 1$。

3) 比率因子 μ_{i3}。检查比率因子指的是检查合格的零部件所占的比例。

$$\mu_{i3} = \frac{n_{ii}}{n_{ai}} \qquad (6\text{-}11)$$

式中，n_{ii} 为检查合格的零部件数；n_{ai} 为实际检查的零部件数。

综上所述，检查性指标计算公式为

$$\mu_i = \mu_{i1} w_{i1} + \mu_{i2} w_{i2} + \mu_{i3} w_{i3} = \mu_{i1} w_{i1} + w_{i2} + \mu_{i3} w_{i3} \qquad (6\text{-}12)$$

式中，w_{i1}、w_{i2} 和 w_{i3} 分别为时间因子、技术因子和比率因子在检查性指标中所占权重。

(4) 检测性指标 废旧零部件内部裂纹、表面损伤和变形等方面的损伤，都要经过全面、仔细地检测，通过检测结果判断该零部件在技术上是否可能进行再制造。检测是指在产品再制造过程中，借助特定的检测技术和检测方法，对废旧零部件内部的性能状态与表面损伤进行检查的一系列过程。每个废旧零部件在拆解、清洗和检查分类之后都必须进行检测，以确定其内部损伤与表面损伤情况。检测内容主要包括磨损、变形、疲劳、裂纹、表面变质和强应力集中点等。再制造检测不但能决定废旧零部件的去留，还能帮助决策可再制造件（再制造毛坯）的修复方式和工艺，是再制造过程中一项至关重要的工作，直接影响着再制造成本和再制造产品的质量稳定性。根据废旧零部件再制造检测技术特点，检测性指标三因子计算如下：

1) 时间因子 μ_{t1}。时间因子由检测过程需要的时间确定。

$$\mu_{t1} = \frac{t_{it}}{t_{at}} \qquad (6\text{-}13)$$

式中，t_{it} 为零部件理想检测时间；t_{at} 为实际检测时间。

2) 技术因子 μ_{t2}。再制造毛坯内部质量检测主要是借助无损检测技术，目前常用的无损检测技术主要有超声波检测技术、磁粉检测技术和涡流检测技术。

超声波检测（Ultrasonic Testing，UT）技术是指利用超声波对金属工件内部缺陷进行检查的一种无损检测技术；磁粉检测（Magnetic Particle Testing，MPT）技术是利用磁化后的材料试件在缺陷处会吸附磁粉的特点，以此来显示缺陷存在的一种检测技术；涡流检测（Eddy Current Testing，ECT）技术是建立在电磁感应原理基础上，对存在缺陷的金属工件，通过改变涡流场的分布与强度，使线圈阻抗发生变化，由此来判断工件内部有无缺陷的技术。检测过程由实际再制造工厂中采用的检测方法以及仪器决定，不同的零部件采用的方法和材料也各不相同，需要具体情况具体分析。根据检测技术应用广泛程度与实现难易程度，假设 UT 难度系数为 0.40，MPT 难度系数为 0.60，ECT 难度系数为 0.90，检测性的技术因子计算公式为

$$\mu_{t2} = 1 - \frac{\sum_{j=1}^{n} L_{tij} \alpha_j}{\sum_{j=1}^{n} L_{taj}} \tag{6-14}$$

式中，L_{tij} 和 L_{taj} 为使用第 j 种检测方法时理想的和实际的零部件数量；α_j 为检测技术的难度系数。

3）比率因子 μ_{t3}。在检测之后发现有一部分零部件不属于合格部件，无法进行再制造，另一部分零部件可以进行再制造。检测比率因子指的是检测后合格的零部件所占的比例。

$$\mu_{t3} = \frac{n_{at}}{n_{it}} \tag{6-15}$$

式中，n_{it} 为被检测件数；n_{at} 为实际检测合格件数。

综上所述，检测性指标计算公式为

$$\mu_t = \mu_{t1} w_{t1} + \mu_{t2} w_{t2} + \mu_{t3} w_{t3} \tag{6-16}$$

式中，w_{t1}、w_{t2} 和 w_{t3} 分别为时间因子、技术因子和比率因子在检测性指标中所占权重。

（5）修复性指标　修复是指利用先进表面工程和传统机械加工等技术对再制造废旧零部件进行加工与处理，以恢复产品性能的过程，包括零部件的修复、再加工和功能部件组装等过程，例如，将相关零部件修复到相应的修理尺寸，利用增材制造进行表面尺寸的恢复，使表面性能优于原来的零部件，修复零部件的缺陷或增加部分新功能提高产品的综合性能等。修复是再制造过程中的重要步骤，修复效果直接影响再制造零部件的机械性能，有较高的技术含量。

1）时间因子 μ_{r1}。时间因子通过修复所用时间进行评定。

$$\mu_{r1} = \frac{t_{ir}}{t_{ar}} \tag{6-17}$$

式中，t_{ir} 为理想修复时间；t_{ar} 为实际修复时间。

2）技术因子 μ_{r2}。再制造常用的修复技术有电弧喷涂技术、等离子喷涂技术、等离子熔覆技术、激光熔覆技术和纳米复合电刷镀技术等。以上五种修复方法各有特点，可适用于不同场合，其基本原理和技术指标整理见表6-2。

表 6-2 再制造修复技术的基本原理和技术指标

修复技术	基本原理	结合强度/MPa	孔隙率（%）	涂层硬度 HV
电弧喷涂（A）	利用两根金属丝端部短路产生的电弧使丝材熔化高速沉积到基体表面形成涂层	28~50	3.0~6.0	32~60
等离子喷涂（B）	采用刚性非转移型等离子弧作为热源，以喷涂粉末材料为主的热喷涂方法	35~70	0.5~3.0	230~650
等离子熔覆（C）	高能量密度等离子束照射使基体表面薄层与合金同时熔化形成熔化层	—	0.2~2.5	220~850
激光熔覆（D）	高能密度激光束辐照加热使熔覆材料和基材表面薄层发生熔化形成涂层	—	0.2~2.0	800~1200
纳米复合电刷镀（E）	把具有特定性能的纳米颗粒加入电刷镀液中，获得纳米颗粒弥漫分布的复合电刷镀层	300	0.5~4.0	660~1000

修复方法的相对难度系数根据零部件修复需求、材料工艺要求和修复成本等因素采用两两比较矩阵来获得。假设电弧喷涂、等离子喷涂、等离子熔覆、激光熔覆和纳米复合电刷镀五种修复技术的代号分别为 A、B、C、D 和 E，其两两比较矩阵见表6-3。表6-3中的赋分规则为：修复方法（行）比修复方法（列）难度大得多（5分）；修复方法（行）比修复方法（列）难度大得较多（4分）；修复方法（行）比修复方法（列）难度大一些（3分）；修复方法（行）与修复方法（列）难度相同（1分）；修复方法（行）比修复方法（列）难度小一些（1/3分）；修复方法（行）比修复方法（列）难度小得较多（1/4分）；修复方法（行）比修复方法（列）难度小得多（1/5分）。通过计算可得各个修复方法的相对重要度，将最小难度方法（电弧喷涂）的分数取1，其他方法的修复分数可按同样的比例进行标度确定，得到修复近似分数，再圆整得到最终修复分数。

表 6-3 修复分数的确定

修复方法（列）	修复方法（行）					分数	相对重要度（%）	近似修复分数	圆整修复分数
	A	B	C	D	E				
A	1.0	0.3	0.25	0.2	0.17	1.75	4	1.00	1
B	3.0	1.0	0.3	0.25	0.20	4.55	10	2.50	3
C	4.0	3.0	1.0	0.3	0.25	8.3	18	4.50	5
D	5.0	4.0	3.0	1.0	0.5	13.0	29	7.25	7
E	6.0	5.0	4.0	2.0	1.0	18.0	39	9.75	10
合计						45.6	100	25	—

修复性的技术因子为

$$\mu_{r2} = \frac{\sum_{j=1}^{5} L_{rij}\delta_j}{\sum_{j=1}^{5} L_{raj}\delta_j} \tag{6-18}$$

式中，L_{rij} 为以第 j 种修复方法处理的理想零部件的个数；L_{raj} 为以第 j 种修复方法处理的实际零部件的个数；δ_j 为第 j 种修复方法的修复分数。

3) 比率因子 μ_{r3}。修复过程中，有一部分零部件会无法修复或者达不到要求的性能，修复比率因子指的是成功修复的零部件占进入修复过程的零部件数的比例。

$$\mu_{r3} = \frac{n_{ir}}{n_{ar}} \tag{6-19}$$

式中，n_{ir} 为成功修复的零部件数；n_{ar} 为实际进入修复过程的零部件数。

综上所述，修复性指标计算公式为

$$\mu_r = \mu_{r1}w_{r1} + \mu_{r2}w_{r2} + \mu_{r3}w_{r3} \tag{6-20}$$

式中，w_{r1}、w_{r2} 和 w_{r3} 分别为时间因子、技术因子和比率因子在修复性指标中所占权重。

(6) 替换性指标 在所有回收的废旧机械产品中，质量有很大的差别，这是由于产品退役之前工作条件、工作环境及工作时间不同，其所造成零件损伤情况有所不同，部分零部件可能无法修复，需要新的零部件替换。由于回收整机废旧零部件状况不同，其替换率也会不同，因此替换性也是技术可行性中必须考虑的一项指标。

1) 时间因子 μ_{p1}。由于全部检验合格的零部件与新替换的零部件均按照技术标准再装配成再制造机械产品，替换过程直接包含在装配过程中，不需要额外的时间来进行零部件的替换，因此，这里时间因子取 $\mu_{p1}=1$。

2）技术因子 μ_{p2}。由于新零部件对旧零部件的替换是在装配过程中完成的，因此在替换过程中，不需要额外提供替换的设备以及技术，技术因子取 $\mu_{p2}=1$。

3）比率因子 μ_{p3}。回收的废旧机械产品的损伤情况不同，使得每一台产品需要替换的零部件可能与其他的相同，替换比率因子 μ_{p3} 为

$$\mu_{p3} = \frac{n_{ip}}{n_{ap}} \tag{6-21}$$

式中，n_{ip} 为理想替换零部件的个数；n_{ap} 为实际替换零部件的个数。

综上所述，替换性指标计算公式为

$$\mu_p = \mu_{p1}w_{p1} + \mu_{p2}w_{p2} + \mu_{p3}w_{p3} = w_{p1} + w_{p2} + \mu_{p3}w_{p3} \tag{6-22}$$

式中，w_{p1}、w_{p2} 和 w_{p3} 分别为时间因子、技术因子和比率因子在修复性指标中所占权重。

（7）装配性指标 装配是根据再制造机械产品的技术要求，将原有可使用零部件、新替换零部件和修复后的零部件，以及新模块和新系统等进行重新组装，形成再制造产品的过程。装配后的再制造产品需要采用新产品出厂检验标准进行调试和检测，以保证再制造产品的质量和性能。

装配是再制造的最后一步，装配性指标与紧固结构的数量、再装配零部件组合关系的数量、标准件的数量、再装配精度及再装配的技术路径等有关，再制造产品的性能受修复零部件和新替换零部件性能影响较大，装配性指标的三因子计算如下：

1）时间因子 μ_{a1}。时间因子计算公式为

$$\mu_{a1} = \frac{t_{ia}}{t_{aa}} \tag{6-23}$$

式中，t_{ia} 为理想装配时间；t_{aa} 为实际装配时间。

2）技术因子 μ_{a2}。由于各机械零部件都有其固定的装配方式和方法，如焊接、铆接和螺纹连接等，包括装配、调整、检验和试验等过程，其工序、设备及技术手段基本固定，则其装配性受技术因素影响极小，因此取 $\mu_{a2}=1$。

3）比率因子 μ_{a3}。由于装配过程之前各步骤排除了不能进行再制造及不能满足装配要求的零部件，已经确保了装配过程的完成，即每台新机都能满足装配要求，因此取装配比率因子 $\mu_{a3}=1$。

综上所述，装配性指标计算公式为

$$\mu_a = \mu_{a1}w_{a1} + \mu_{a2}w_{a2} + \mu_{a3}w_{a3} = \mu_{a1}w_{a1} + w_{a2} + w_{a3} \tag{6-24}$$

式中，w_{a1}、w_{a2} 和 w_{a3} 分别为时间因子、技术因子和比率因子在修复性指标中所占权重。

2. 再制造技术可行性指标三因子权重的确定

对于第 i 工艺过程的三因子（时间因子、技术因子和比率因子）的权重 w_{ij}（$j=1,2,3$）采用基于组合赋权法的 TOPSIS 模型进行确定，计算步骤如下：

第一步：通过企业工艺与管理人员对指标重要程序的排序，确定经验权重 w_{ij1}。

第二步：应用 Delphi 法，由再制造技术专家根据对评价指标的了解，给定权重 w_{ij2}。

第三步：采用 TOPSIS 法，根据各指标与理想解的接近程度确定 w_{ij3}。

1）确定正理想解与负理想解，再制造技术可行性指标因子 $\mu_{dx}, \mu_{cx}, \cdots, \mu_{ax}$ 的正理想解均为 1，因此，正理想系统矩阵为

$$\mu_{ij}^* = (1,\cdots,1)^{\mathrm{T}} \quad (i=d,c,\cdots,a; j=1,2,3) \tag{6-25}$$

再制造技术可行性指标因子 $\mu_{dx}, \mu_{cx}, \cdots, \mu_{ax}$ 的负理想解均为 0，因此，负理想系统矩阵为

$$\mu_{ij}^0 = (0,\cdots,0)^{\mathrm{T}} \quad (i=d,c,\cdots,a; j=1,2,3) \tag{6-26}$$

2）计算各指标到正理想解与负理想解的距离，分别为

$$d_{ij}^* = \sqrt{\sum_{j=1}^{3}(\mu_{ij} - \mu_{ij}^*)^2} \tag{6-27}$$

$$d_{ij}^0 = \sqrt{\sum_{j=1}^{3}(\mu_{ij} - \mu_{ij}^0)^2} \tag{6-28}$$

3）计算各指标与理想解的接近程度，也就是

$$w_{ij3} = C_{ij}^* = \frac{d_j^0}{d_j^0 + d_j^*} \tag{6-29}$$

第四步：计算组合权重

$$w_{ij}' = \frac{w_{ij3} \times (w_{ij1} + w_{ij2})}{2} \quad (j=1,2,3) \tag{6-30}$$

第五步：对 w_{ij}' 进行标准化处理，可得第 i 个技术可行性指标的三因子标准权重值，标准化处理公式为

$$w_{ij} = \frac{w_{ij}'}{\sum\limits_{j=1}^{3} w_{ij}'} \quad (j=1,2,3) \tag{6-31}$$

3. 再制造技术可行性综合指标与判断标准

综上所述，技术可行性的综合指标 T，可表示为等式

$$T = f(\mu_d, \mu_c, \cdots, \mu_a) = w_d\mu_d + w_c\mu_c + w_i\mu_i + w_t\mu_t + w_r\mu_r + w_h\mu_h + w_a\mu_a$$

$$= \sum_{i=1}^{7} w_i \mu_i \tag{6-32}$$

式中，w_d，w_c，w_i，w_t，w_r，w_h，w_a 分别为七个技术可行性指标 μ_d，μ_c，μ_i，μ_t，μ_r，μ_h，μ_a 的权重，$\sum_{i=1}^{7} w_i = 1$，可采用层析分析法、基于熵的质量功能展开（QFD）法等进行确定，建议将权重进行归一化处理。

七个技术可行性指标的计算方法，由于每个指标需考虑技术因子、时间因子和比率因子，其映射模型为

$$T(\mu_d, \mu_c, \cdots, \mu_a) = \sum_{x=1}^{3} w_{ix} \mu_{ix} \quad (i = d, c, \cdots, a)$$

即

$$\begin{cases} \mu_d = \mu_{d1} w_{d1} + \mu_{d2} w_{d2} + \mu_{d3} w_{d3} \\ \mu_c = \mu_{c1} w_{c1} + \mu_{c2} w_{c2} + \mu_{c3} w_{c3} \\ \quad\quad\quad\quad\quad \vdots \\ \mu_a = \mu_{a1} w_{a1} + \mu_{a2} w_{a2} + \mu_{a3} w_{a3} \end{cases}$$

式中，$w_{dx}, w_{cx}, \cdots, w_{ax}(x=1,2,3)$ 分别为 $\mu_d, \mu_c, \cdots, \mu_a$ 的时间因子、技术因子和比率因子的权重。七个指标映射模型矩阵表达式为

$$\begin{pmatrix} \mu_d \\ \mu_c \\ \vdots \\ \mu_a \end{pmatrix} = \begin{pmatrix} \mu_{d1} & \mu_{d2} & \mu_{d3} \\ \mu_{c1} & \mu_{c2} & \mu_{c3} \\ \vdots & \vdots & \vdots \\ \mu_{a1} & \mu_{a1} & \mu_{a1} \end{pmatrix} \begin{pmatrix} w_{d1} & w_{d2} & w_{d3} \\ w_{c1} & w_{c2} & w_{c3} \\ \vdots & \vdots & \vdots \\ w_{a1} & w_{a1} & w_{a1} \end{pmatrix} \begin{pmatrix} 1 \\ 1 \\ 1 \end{pmatrix}$$

由于七项再制造技术可行性指标及其权重的取值范围为 [0,1]，则 T 的取值范围也在 [0,1]，且数值越大表示其技术可行性越高。通过对再制造企业生产现场的调研、与专家的访谈及对再制造技术文献的研究，确定 T 的一种临界阈值及判断标准为

$$T = \begin{cases} [0.9, 1.0) & \text{技术可行性很高} \\ [0.8, 0.9) & \text{技术可行性较高} \\ [0.6, 0.8) & \text{技术可行性一般} \\ [0.4, 0.6) & \text{技术可行性较低} \\ [0.2, 0.4) & \text{技术可行性极低} \\ [0.0, 0.2) & \text{不具技术可行性} \end{cases} \tag{6-33}$$

6.3.2 废旧产品环境可持续性评价指标及模型

1. 目标与范围确定

（1）研究目标　研究目标为比较机械产品原始制造、再制造过程中所涉及的资源、能源消耗以及环境污染排放，识别机械产品原始制造与再制造生命周期过程中主要环境影响类型，计算环境影响指标，分析再制造相对于原始制造的环境优势，评价废旧机械产品环境维度的再制造可持续性。

（2）功能单位　功能单位是在一定时间内、在特定环境下完成某项工作的产品系统性能的基准单位，也称为功能单元。性能（或功能特征）必须是明确规定并可以量化的。在本研究实例中，功能单位为单台原始制造发动机和再制造发动机。

（3）系统边界　系统边界是产品系统与外界环境之间的界限，在机械产品环境维度再制造可持续性分析中，需将机械产品原始制造与再制造的环境影响进行比较，分析再制造产品的环境优势，因此，对机械产品原始制造与再制造 ELCA 系统边界规定如下：

1）机械产品原始制造各阶段包括原材料采掘、加工、运输，零部件制造和产品装配；再制造各阶段包括废旧产品回收、整机拆解、零部件清洗、检查分类、无损检测、再制造修复、替换与装配。

2）由于再制造产品的质量要求是达到甚至超过原始制造产品，假定原始制造和再制造产品的使用条件相同，两种制造方式在产品包装、销售和使用阶段所消耗的资源、能源量相同，产生的环境影响也相同，无须进行比较，因此，原始制造与再制造产品的包装、销售和使用阶段不在生命周期系统边界范围之内。

3）假定机械产品原始制造和再制造的最终处理基本相同，能源消耗也相同，同时也会产生相同的环境影响，无须进行比较，因此，原始制造与再制造的最终处理阶段也不在生命周期系统边界范围之内。

4）再制造中新替换件和原始制造零部件在能源、资源消耗和环境排放方面均相同，因此，新替换的零部件不在本研究范围内。

根据研究目标和以上假设条件，在环境影响分析中，原始制造产品与再制造产品的生命周期系统边界如图 6-7 所示。

2. 生命周期清单分析

（1）清单数据分析模型　生命周期清单分析 LCI 模型如图 6-8 所示，机械产

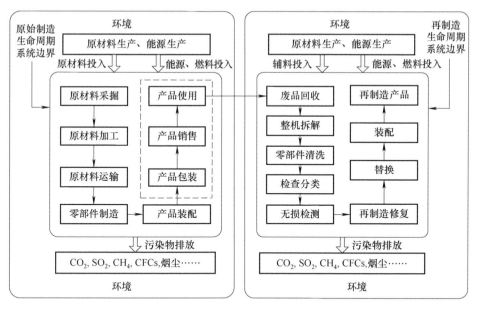

图 6-7　基于 ELCA 的机械产品原始制造与再制造生命周期评价系统边界

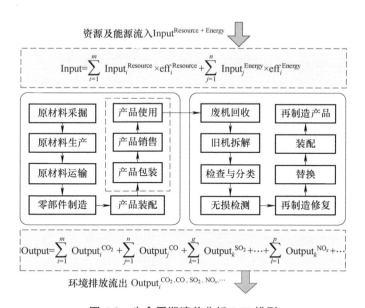

图 6-8　生命周期清单分析 LCI 模型

品原始制造与再制造生命周期内输入的原材料与能源以工业材料及基础能源的形式,并且转换为基本物质流的形式,因此环境输入(Input)包括基础原材料(如钢铁、合金、橡胶等)、燃料与能源(电力、汽油、柴油、煤炭、石油、天然气等），输出的环境排放（Output）是以 CO_2、SO_2、CFCs 及烟尘等形态排向环境的废气、废液及废物等。其输入输出的表达式为

$$\text{Input} = \sum_{i=1}^{m} \text{Input}_i^{\text{Resource}} \times \text{eff}_i^{\text{Resource}} + \sum_{j=1}^{n} \text{Input}_j^{\text{Energy}} \times \text{eff}_j^{\text{Energy}} \quad (6\text{-}34)$$

$$\text{Output} = \sum_{i=1}^{m} \text{Output}^{CO_2} + \sum_{j=1}^{n} \text{Output}^{CO} + \sum_{k=1}^{g} \text{Output}^{SO_2} + \cdots +$$

$$\sum_{l=1}^{p} \text{Output}^{NO_x} \quad (6\text{-}35)$$

式中，Input 为能源与资源输入总量；$\text{Input}_i^{\text{Resource}}$ 为第 i 种资源输入量；$\text{Input}_j^{\text{Energy}}$ 为第 j 种能源输入量；$\text{eff}_i^{\text{Resource}}$ 和 $\text{eff}_j^{\text{Energy}}$ 为资源和能源生产过程的基本流输入系数；Output 为环境排放输出总量；$\text{Output}_{i,j,k,\cdots}^{CO_2, CO, SO_2, NO_x}$ 分别为 CO_2、CO 及 SO_2 等环境污染物在生命周期各阶段的排放量。

（2）数据来源　资源消耗及环境排放数据均来自中国生命周期数据库（Chinese Life Cycle Database，CLCD），CLCD 是由四川大学与亿科环境科技有限公司联合开发的中国本地化的生命周期基础数据库。CLCD 包含了 600 多个汇总过程数据集，目前已被研究机构、生产企业、高等学校及个人用户等广泛使用。以下是对机械产品原始制造与再制造数据获取的说明：

1）原材料采掘、加工数据。零部件原材料的消耗数据通过企业调研的物料清单和文献查阅确定，单位原材料的加工、采掘所消耗的资源、能源及环境排放数据通过查阅 CLCD 数据库获得。

2）原材料运输数据。主要通过实际调研获得实际运输的距离（单位：km）、运输工具的参数（货车或轮船、柴油或汽油、载重量等），并将此作为运输阶段清单数据。

3）零部件制造及产品装配数据。此阶段数据包括原始制造和再制造零部件制造及产品装配的数据，可根据零部件工艺卡片的信息（如零部件各加工工序的主要设备、工作时间等信息）确定能量流和物料流，采集或计算与生产有关的数据（如资源、能源、燃料、水的消耗）等。其中，零部件制造过程中详细能耗难以通过专业计量设备进行测算，本书假设设备按照额定功率运行，利用各设备功率与工作时间之积作为设备能耗，该方法能较好地反映实际能源消耗。而对于紧定螺钉、调整垫等小型外购零件，能耗数据难以从工厂或是文献中得到，常用比能耗（Specific Energy Consumption）的方法进行估算

$$\text{Ener} = \sum_{i=1}^{n} e_i (m_2 - m_1) \quad (6\text{-}36)$$

式中，Ener 为零部件加工总能耗；n 为零部件加工工序数；e_i 为第 i 工序的比能耗；m_1 为第 i 工序零部件加工后质量；m_2 为第 i 工序零部件加工前质量。

4) 环境排放数据。根据生命周期各个阶段的输入信息（物料及能源消耗），对于污染物排放信息（如 CO_2、CFCs、SO_2、CH_4、NO_x 等）参照 CLCD 数据库的数据，进行分类、特征化和标准化等后续的计算。

原材料的采掘生产、零部件加工制造过程中都会消耗一定数量石油、煤与天然气等能源，也会产生废气的污染排放如 SO_2、CO_2 和 CH_4 等，废水排放如氨氮、化学需氧量（COD）及生物需氧量（BOD）等，以及固体废弃物排放等。1kg 单位质量原材料的生产、采掘数据清单参照 CLCD 数据库，本书使用的部分原材料及资源的加工生产所消耗的能源及环境排放数据见表 6-4。

表 6-4 生产单位（1kg）原材料、能源的数据清单

影响类型	清单物质	钢	铸铁	铝	合金	电能	橡胶	运输/10t	柴油	煤油	金属加工
能耗/kg	煤	9.83E-01	1.11E+00	1.25E+01	1.09E+00	5.84E-01	4.85E-01	3.25E-03	8.58E-02	1.27E+01	6.39E-01
	原油	5.17E-02	4.78E-02	5.11E-01	6.50E-02	3.48E-03	1.31E+00	4.42E-02	1.21E+00	1.38E+00	1.41E-01
	天然气	1.26E-02	1.11E-03	1.68E-01	7.75E-02	5.27E-03	2.74E-01	1.02E-03	6.04E-01	1.04E-01	1.46E-01
空气污染排放/kg	CO_2	2.26E+00	2.21E+00	2.25E+01	1.94E+00	9.09E-01	2.46E+00	1.14E-03	4.02E-04	1.91E+00	1.89E+00
	CO	5.31E-04	4.84E-04	5.76E-03	3.25E-02	2.05E-04	5.18E-03	1.61E-01	3.75E-02	2.45E+01	5.73E-03
	SO_2	5.58E-03	4.68E-03	7.74E-02	4.86E-03	3.17E-03	6.82E-03	1.99E-03	2.62E-03	8.65E-02	7.06E-03
	NO_x	2.92E-03	2.33E-03	5.56E-03	5.77E-03	2.62E-03	4.86E-03	4.89E-03	6.04E-04	1.03E-01	3.46E-03
	CH_4	4.78E-03	5.15E-03	6.37E-02	5.77E-03	2.69E-03	7.50E-03	7.56E-03	2.05E-04	7.16E-02	1.79E-04
	H_2S	9.99E-06	1.11E-05	4.69E-04	2.99E-05	4.36E-06	3.79E-06	1.73E-07	4.71E-06	4.68E-02	9.12E-06
	HCl	1.17E-04	5.22E-05	4.84E-03	1.48E-04	2.57E-04	7.96E-05	1.16E-06	3.04E-05	4.89E-03	1.16E-04
	CFCs	1.41E-02	1.33E-02	4.41E-02	1.15E-02	1.23E-02	1.41E-08	2.42E-05	6.60E-10	1.84E-08	2.97E-08
水污染排放/kg	BOD	5.65E-03	5.67E-03	8.45E-03	2.25E-03	4.93E-05	4.78E-03	6.93E-05	7.38E-03	5.18E-02	5.41E-07
	COD	6.48E-03	5.98E-03	1.48E-02	5.77E-03	1.70E-06	5.59E-03	3.17E-04	8.65E-03	5.33E-02	6.71E-03
	NH_4	2.44E-05	3.02E-05	1.62E-04	9.36E-06	8.27E-06	5.84E-05	7.63E-06	2.01E-04	2.27E-04	1.46E-04
可吸入颗粒物/kg	烟尘	3.27E-04	2.39E-04	1.66E-04	1.62E-04	8.94E-04	8.24E-04	4.54E-06	7.45E-06	6.67E-06	9.06E-04

3. 环境影响评价模型

环境影响评价（LCIA）是把产品系统的数据清单分析结果转化成定量的

LCIA 指标,并由此来判断所产生的环境影响程度。以 ISO 14042 和 SETAC 关于 LCIA 的基本思路为指导,建立机械产品原始制造与再制造 LCIA 模型,如图 6-9 所示。LCIA 包括数据清单分类、特征化、标准化及加权等几个主要步骤。

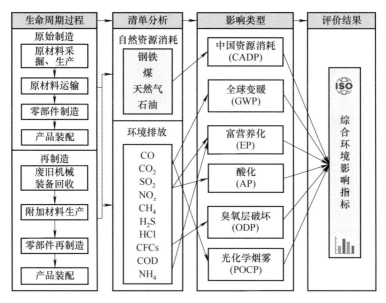

图 6-9 机械产品原始制造与再制造 LCIA 模型

(1) 分类 分类是将清单数据划归不同的环境影响类型。本研究采用荷兰莱顿大学环境研究中心 (CML) 生命周期评价方法——CML 中点 (Mid-point) 类型评价方法。考虑机械产品原始制造与再制造过程中资源消耗与环境排放清单数据具体情况,从 CML 提出的材料和能源 (非生物和生物资源消耗)、污染 (全球变暖、臭氧层破坏、酸化、人体毒性等) 和损害等类别中,选择全球变暖 (GWP)、富营养化 (EP)、酸化 (AP)、臭氧层破坏 (ODP) 及光化学烟雾 (POCP) 五种环境污染影响类型,此外考虑中国资源消耗 (CADP) 影响类型分析机械产品资源与能源消耗对环境的影响程度。因此,本研究中对六种环境影响类型进行分析。

其中,煤、天然气、石油、钢铁等不可再生资源和能源消耗决定了 CADP 数值的大小;温室气体 CH_4、CO_2、CO 及 NO_x 等的排放决定了 GWP 数值的大小;NO_x、NH_4 及 COD 等大气和水污染排放决定了 EP 的数值大小;SO_2、NO_x、H_2S 及 HCl 等气体排放决定了 AP 的数值大小;ODP 主要由 CFCs 排放来决定其数值大小;POCP 主要由 CO 排放来决定其数值大小。

(2) 特征化 清单数据特征化也称环境影响潜值计算,是计算各种污染排放物质对不同的环境影响类型的潜在贡献值。在特征化过程中，采用特征化因子（也称为当量因子），对各环境影响类型所包含的子项进行汇总，定量计算各环境影响类型潜值的大小。环境影响潜值用 S_k 表示，计算公式为

$$f(S) = S_k = \sum_{i=1}^{n} EP_i \times Q_i \tag{6-37}$$

式中，S_k 为第 k 种环境影响潜值的特征化结果；EP_i 为物质 i 的环境影响特征化因子；Q_i 为每单位投入或排放 i 物质的清单数量，可由式（6-34）和式（6-35）计算。

（3）标准化　数据标准化是根据所选当量年的基准将特征化结果进行量化，也就是为各种影响类型的数值大小提供参照比较的标准，标准化因子计算方法为

$$f(N) = N_k = \frac{S_k}{R_k} \tag{6-38}$$

式中，N_k 为第 k 种环境影响类型的标准化结果；R_k 为第 k 种环境影响指标的标准化当量基准值，即标准化因子。

（4）加权　环境影响指标权重是指不同环境影响类型的重要程度。对不同的环境影响类型赋予一定的权重，可得到综合的环境影响指标，能够使决策者整体了解生产过程的环境影响情况，综合环境影响指标计算方法为

$$f(EI) = EI = \sum_{k=1}^{m} W_k N_k \tag{6-39}$$

式中，W_k 为第 k 种环境影响类型的权重因子；EI 为环境影响综合指标。

根据以上分析，各环境影响类型的特征化因子、标准化因子及权重因子见表 6-5。

表 6-5　各环境影响类型的特征化因子、标准化因子及权重因子

影响类型	物质清单	特征化因子	基准单位	标准化因子[①]	权重因子[②]
CADP	钢铁	4.45	kg ce	3595	0.74
	煤	1			
	石油	26.4			
	天然气	12.8			
GWP	CO_2	1	CO_2 eq	8700	21.6
	CH_4	25			
	NO_x	320			
	CO	2			

（续）

影响类型	物质清单	特征化因子	基准单位	标准化因子①	权重因子②
AP	SO_2	1	SO_2 eq	36	0.05
	NO_x	0.7			
	H_2S	1.88			
	HCl	0.88			
EP	NH_4	3.44	NO_3 eq	62	3.0
	NO_x	1.35			
	COD	0.23			
ODP	CFCs	1	CFC_{-11} eq	0.20	9.1
POCP	CO	0.03	C_2H_4 eq	0.65	0.2

① 为1990年全国标准化人当量基准值。
② 权重因子是根据2000年中国减排目标来确定的。

4. 环境维度再制造可持续性评价模型与判定标准

（1）环境维度再制造可持续性评价模型 机械产品环境再制造可持续性评价模型如图6-10所示。它基于ELCA理论，采用比较分析法、基于过程的清单分析及切削比能的能耗计算方法，收集机械产品原始制造和再制造生命周期清单数据，经过分类和特征化得到一系列的环境影响指标，如CADP、GWP、AP、EP、ODP等，对这些指标进行标准化并加权，得到环境影响综合指标。汇总式（6-37）~式（6-39）后，环境影响综合指标EI的计算模型为

$$EI = \sum_{j=1}^{n} W_k \left(\frac{\sum_{i=1}^{m} EP_i \times Q_i}{R_k} \right) \quad (6\text{-}40)$$

式中，EI为环境影响综合指标；Q_i为数据清单中单位排放物质i的量；EP_i为物质i环境影响特征化因子；R_k为第k种环境影响类型的标准化因子；W_k为第k种环境影响类型的权重因子。可以看出，环境影响评价模型是两次采用线性综合法进行的综合评价。

计算原始制造的环境影响综合指标EI_O和再制造环境影响综合指标EI_R，进一步对原始制造与再制造的环境影响综合指标进行比较，引入中间变量η

$$\eta = f(EI_R, EI_O) = \frac{EI_R}{EI_O} \quad (6\text{-}41)$$

设机械产品环境再制造可持续性指标为E，E是与中间变量η相关的量，其取值及判定标准见下文。

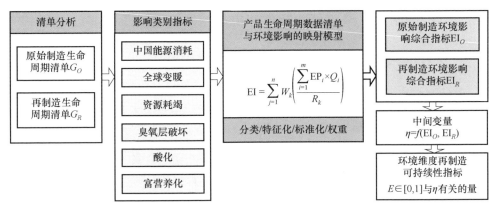

图 6-10　基于 ELCA 的机械产品环境再制造可持续性评价模型

（2）环境维度再制造可持续性评价指标取值及判定标准　机械产品再制造的环境效果显著，实践证明和依据参考文献可发现，再制造产品与原始制造相比节能可达到 60% 以上，节材超过 70%。机械产品再制造的环境影响综合指标与原始制造相比，可降低 70% 以上。据美国环境保护局估计，如果美国汽车回收成果能够被充分利用，水污染处理量将减少 76%，大气污染量将会降低 85%。

因此，若再制造的环境影响综合指标 EI_R 与原始制造的环境影响综合指标 EI_O 之比 η 的数值小于 20%，则可判定机械产品环境维度再制造可持续性很高，此时令环境维度再制造可持续性指标 E 取值为 1.00；若 η 的数值在 20%~40%，则判定可持续性较高，令 E 取值为 0.80；若 η 的数值在 40%~60%，则判定可持续性一般，达到再制造环境保护的基本要求，令 E 取值为 0.60；以上几种情况的环境维度再制造可持续性可以接受。当 η 的数值在 60%~80%，则判定可持续性较低，令 E 取值为 0.40；当 η 的数值在 80%~90%，则判定可持续性极低，令 E 取值为 0.20；当 η 的数值大于 90%，则判定不具可持续性，令 E 取值为 0。以上这几种情况，说明机械产品环境再制造价值较低，企业可不进行废旧产品的再制造生产。

综上分析，环境维度再制造可持续性指标 E 的取值及判断标准为

$$E = \begin{cases} 1.00 & 0.0 < \eta \leq 0.2 \quad \text{环境维度再制造可持续性很高} \\ 0.80 & 0.2 < \eta \leq 0.4 \quad \text{环境维度再制造可持续性较高} \\ 0.60 & 0.4 < \eta \leq 0.6 \quad \text{环境维度再制造可持续性一般} \\ 0.40 & 0.6 < \eta \leq 0.8 \quad \text{环境维度再制造可持续性较低} \\ 0.20 & 0.8 < \eta \leq 0.9 \quad \text{环境维度再制造可持续性极低} \\ 0 & \eta > 0.9 \quad \text{不具维度环境再制造可持续性} \end{cases} \quad (6-42)$$

6.3.3 废旧产品经济可持续性评价指标及模型

1. 经济维度再制造可持续性分析方法与评价模型

基于 LCC 理论，考虑废旧机械产品原始制造及再制造全生命周期过程中的常规成本（资金、设备、劳动力等）、可能成本（法律顾问、罚金等）和环境成本（全球变暖、酸化等）。基于 LCC 的机械产品原始制造与再制造系统边界如图 6-11 所示。

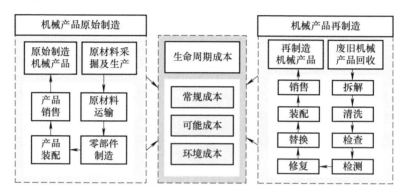

图 6-11 基于 LCC 的机械产品原始制造与再制造系统边界

需要说明的是，相对于机械产品环境维度再制造可持续性分析，在经济维度再制造可持续性分析中，原始制造和再制造的系统边界延伸到了产品销售阶段，这是由于人们对再制造产品质量与性能等方面的顾虑，使得再制造产品需要投入较多销售成本，这与新品销售成本存在很大差异，因此，在经济维度再制造可持续性评价中不可忽略这个阶段的费用。

原始制造总成本 C_O 的表达式为

$$C_O = \sum_{i=1}^{3}\sum_{j=1}^{n} C_{oij} = \sum_{j=1}^{n_1} C_{o1j} + \sum_{j=1}^{n_2} C_{o2j} + \sum_{j=1}^{n_3} C_{o3j}$$

$$= \sum_{j=1}^{n_1} (C_{o1\text{equip}} w_{o1\text{equip}} + C_{o1\text{ labor}} w_{o1\text{labor}} + C_{o1\text{ energy}} w_{o1\text{energy}} + \cdots) +$$

$$\sum_{j=1}^{n_2} (C_{o2\text{legal}} w_{o2\text{legal}} + C_{o2\text{ injury}} w_{o2\text{injury}} + C_{o2\text{ image}} w_{o2\text{image}} + \cdots) +$$

$$\sum_{j=1}^{n_3} (C_{o3\text{GWP}} w_{o3\text{GWP}} + C_{o3\text{ AP}} w_{o3\text{AP}} + C_{o3\text{ EP}} w_{o3\text{EP}} + \cdots) \tag{6-43}$$

再制造总成本 C_R 的表达式为

$$C_R = \sum_{i=1}^{3}\sum_{j=1}^{m}C_{rij} = \sum_{j=1}^{m_1}C_{r1j} + \sum_{j=1}^{m_2}C_{r2j} + \sum_{j=1}^{m_3}C_{r3j}$$

$$= \sum_{j=1}^{m_1}(C_{r1\text{equip}}w_{r1\text{equip}} + C_{r1\text{ labor}}w_{r1\text{labor}} + C_{r1\text{ energy}}w_{r1\text{energy}} + \cdots) +$$

$$\sum_{j=1}^{m_2}(C_{r2\text{legal}}w_{r2\text{legal}} + C_{r2\text{ injury}}w_{r2\text{injury}} + C_{r2\text{ image}}w_{r2\text{image}} + \cdots) +$$

$$\sum_{j=1}^{m_3}(C_{r3\text{GWP}}w_{r3\text{GWP}} + C_{r3\text{ AP}}w_{r3\text{AP}} + C_{r3\text{ EP}}w_{r3\text{EP}} + \cdots) \qquad (6\text{-}44)$$

式中，C_{o1j}、C_{o2j}、C_{o3j}（原始制造）和 C_{r1j}、C_{r2j}、C_{r3j}（再制造）是常规成本、可能成本和环境成本；$C_{o1\text{equip}}$ 和 $C_{r1\text{equip}}$ 为两种制造单位设备成本；$w_{o1\text{equip}}$ 和 $w_{r1\text{equip}}$ 为两种制造的设备数量；$C_{o1\text{labor}}$ 和 $C_{r1\text{labor}}$ 为两种制造劳动力单位成本；$w_{o1\text{labor}}$ 和 $w_{r1\text{labor}}$ 为两种制造劳动力数量；$C_{o1\text{energy}}$ 和 $C_{r1\text{energy}}$ 为两种制造单位能源成本；$w_{o1\text{energy}}$ 和 $w_{r1\text{energy}}$ 为两种制造消耗能源数量；$C_{o2\text{legal}}$ 和 $C_{r2\text{legal}}$ 为两种制造法律顾问单次成本；$w_{o2\text{legal}}$ 和 $w_{r2\text{legal}}$ 为法律顾问次数；$C_{o2\text{injury}}$ 和 $C_{r2\text{injury}}$ 为两种制造个人伤害单位成本；$w_{o2\text{injury}}$ 和 $w_{r2\text{injury}}$ 为个人伤害次数；$C_{o2\text{image}}$ 和 $C_{r2\text{image}}$ 为两种制造市场形象单位成本；$w_{o2\text{image}}$ 和 $w_{r2\text{image}}$ 为市场形象宣传数量；$C_{o3\text{GWP}}$ 和 $C_{r3\text{GWP}}$ 为两种制造全球变暖单位成本；$w_{o3\text{GWP}}$ 和 $w_{r3\text{GWP}}$ 为全球变暖数量因子；$C_{o3\text{AP}}$ 和 $C_{r3\text{AP}}$ 为两种制造酸化单位成本；$w_{o3\text{AP}}$ 和 $w_{r3\text{AP}}$ 为酸化数量因子；$C_{o3\text{EP}}$ 和 $C_{r3\text{EP}}$ 为两种制造富营养化单位成本；$w_{o3\text{EP}}$ 和 $w_{r3\text{EP}}$ 为富营养化数量因子。

利用资金时间价值理论，引入成本净终值（Net Future Value，NFV）的概念，定义计算公式为

$$\text{NFV} = \sum_{i=1}^{n}(\text{CI}_i - \text{CO}_i)(1 + i_c)^t \qquad (6\text{-}45)$$

式中，NFV 为成本净终值；CI_i 为第 i 年的现金流入量；CO_i 为第 i 年的现金流出；i_c 为行业基准收益率；t 为现金流入流出发生的年份。

详细的生命周期成本净终值的计算公式为

$$\text{NFV} = \text{IC}_0 + \sum_{t=1}^{n}\left(\sum_{i=1}^{3}\text{CI}_i\right)(1 + i_c)^t - \sum_{t=1}^{n}\left(\sum_{i=1}^{3}\text{CO}_i\right)(1 + i_c)^t \qquad (6\text{-}46)$$

式中，NFV 为经济净终值；IC_0 为投资成本；i_c 为折现率；n 为计息周期；t 为年份。

进一步，产品原始制造总成本终值的计算公式为

$$\text{NFVC}_O = \text{NFV}\left(\sum_{j=1}^{n_1}C_{o1j} + \sum_{j=1}^{n_2}C_{o2j} + \sum_{j=1}^{n_3}C_{o3j}\right) \qquad (6\text{-}47)$$

式中，NFVC_O 为原始制造总成本终值；C_{o1} 为原始制造常规成本总值；C_{o2} 为原始制造可能成本总值；C_{o3} 为原始制造环境成本总值。

产品再制造总成本终值的计算公式为

$$\text{NFVC}_R = \text{NFV}\left(\sum_{j=1}^{m_1} C_{r1j} + \sum_{j=1}^{m_2} C_{r2j} + \sum_{j=1}^{m_3} C_{r3j}\right) \quad (6\text{-}48)$$

式中，NFVC_R 为再制造总成本终值；C_{r1} 为再制造常规成本总值；C_{r2} 为再制造可能成本总值；C_{r3} 为再制造环境成本总值。经济维度再制造可持续性评价模型，如图 6-12 所示。

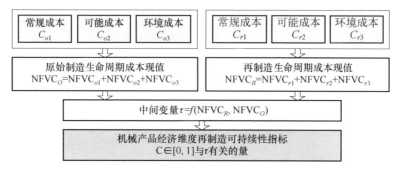

图 6-12 基于 LCC 的机械产品经济维度再制造可持续性评价模型

引入中间变量 τ，经济维度再制造可持续性指标 C 为与 τ 有关的值。

$$\tau = f(\text{NFVC}_R, \text{NFVC}_O) = \frac{\text{NFVC}_R}{\text{NFVC}_O} \quad (6\text{-}49)$$

式中，τ 值是衡量机械产品再制造经济影响的中间值，取值范围为 [0, 1]，数值越大，经济维度再制造可持续性越低。

2. 经济维度再制造可持续性指标取值及判定标准

根据徐滨士院士等专家所总结的，我国再制造产品成本"仅是新品的50%"，因此，再制造成本低于原始制造成本 50%以上的，经济维度再制造可持续性非常高，此时令经济维度再制造可持续性指标 C 取值为 1.00。由于机械产品再制造过程中损伤形式多样，修复成本较高，部分零部件需要新替换件，且考虑再制造产品的销售成本远高于新品，因此，实际机械产品再制造过程中成本可能会超出原始制造成本的 50%，但此时进行再制造的可持续性也较高：再制造成本占原始制造成本 50%~60%的，令 C 取值 0.80；再制造成本占原始制造成本 60%~70%的，再制造可持续性一般，令 C 取值 0.60。以上几种情况经济维度再制造可持续性判断为可行。然而，当再制造成本占原始制造的 70%~80%，再制造可持续性较低，令 C 取值 0.40；再制造成本占原始制造成本

80%~90%的，再制造可持续性极低，可令 C 取值0.20；再制造成本占原始制造成本90%的，不具经济维度再制造可持续性，令 C 取值0。以上几种情况对于再制造企业来讲，废旧机械产品再制造成本太高，而再制造品价格又低，无盈利可能，因此可不予考虑单台机械产品进行再制造。综上所述，经济维度再制造可持续性指标 C 与 τ 值的对应关系及其判定标准为

$$C = \begin{cases} 1.00 & 0.0 < \tau \leq 0.5 & \text{经济维度再制造可持续性很高} \\ 0.80 & 0.5 < \tau \leq 0.6 & \text{经济维度再制造可持续性较高} \\ 0.60 & 0.6 < \tau \leq 0.7 & \text{经济维度再制造可持续性一般} \\ 0.40 & 0.7 < \tau \leq 0.8 & \text{经济维度再制造可持续性较低} \\ 0.20 & 0.8 < \tau \leq 0.9 & \text{经济维度再制造可持续性极低} \\ 0 & \tau > 0.9 & \text{不具经济维度再制造可持续性} \end{cases} \quad (6\text{-}50)$$

3. 基于 LCA-LCC 的再制造环境成本计算模型

（1）常规成本与可能成本　原始制造生命周期过程包括原材料生产、运输、零部件制造、产品装配和产品销售；再制造过程生命周期过程包括辅料生产、旧件回收、拆解、清洗、检测、修复、装配和产品销售。

常规成本是产品形成过程中产生的基本成本，包括原材料采购成本、运输成本、产品制造成本（设备、劳动力、能源等成本）、办公费、税费及财务费等成本；可能成本包括机械产品制造及再制造常见的法律顾问成本、个人伤害成本、经济损失成本和财产损失成本等几个部分。

（2）环境成本　目前我国企业的环境污染成本尚无可参照的支付标准，再制造环境成本更是难以量化，因此，本研究建立基于 LCA-LCC 理论的环境成本计算模型，运用环境影响与社会支付意愿理论，收集整理机械产品再制造与原始制造环境影响相关数据，计算产品原始制造及再制造过程中潜在环境成本。

社会支付意愿指的是社会为避免（或换取）某种变化而愿意支付一定数量的货币，在本研究中主要是指对于产生的环境影响的社会支付货币的意愿，由此来计算分析机械产品原始制造与再制造环境影响的成本。环境社会支付意愿的权重系数是基于环境"代价"与环境税的概念来确定的。关于环境排放的社会支付意愿计算的成本，本书参照李小冬提出的基于 LCA 理论的环境影响社会支付意愿方法，各环境影响类型的货币因子见表6-6。

支付意愿权重系数反映了社会对环境影响的货币支付意愿，其在数值上等于社会支付意愿，即

表 6-6　环境排放物质的社会支付意愿货币因子　　　　　（单位：元·kg^{-1}）

环境影响类型	CADP			GWP				ODP
清单物质	煤	石油	天然气	CO_2	CH_4	NO_x	CO	CFCs
社会支付意愿	0.001	0.008	0.006	0.22	0.009	0.0007	0.11	12.40
环境影响类型	EP			AP				POCP
清单物质	NH_4	NO_x	COD	SO_2	NO_x	H_2S	HCl	CO
社会支付意愿	0.21	0.53	3.13	0.63	0.90	0.335	0.72	1.20

$$w_E^i = \sum_{i=1}^{n} \sum_{j=1}^{m} (e_{ij} c_{ij}) \quad (i,j = 1,2,3,\cdots) \tag{6-51}$$

式中，w_E^i 为环境成本社会支付意愿值；e_{ij} 为环境排放和资源消耗数值；c_{ij} 为环境排放物质的社会支付意愿货币因子，即该污染物的环境税，如"全球变暖"的货币因子为"元·kg^{-1} CO_2"。

本研究考虑原始制造与再制造产品在原材料生产、运输、零部件生产及装配过程中产生的 CADP、GWP、AP、EP、ODP 和 POCP 六方面的环境成本。在 CADP（中国资源消耗）中，由于金属消耗的环境货币因子缺失，且环境成本影响较小，因此，不予考虑，只考虑煤、石油与天然气的环境货币因子，环境成本计算步骤如下：

第一步：确定环境清单分析边界。在基于 LCA-LCC 的环境成本计算模型中，系统边界划分的主要目的是集成机械产品各阶段的经济因素和环境因素，系统研究对象应同时具备经济因素和环境因素的各种数据属性，并同步体现在产品生命周期各个阶段，系统边界参考图 6-11。在此要说明的是，机械产品原始制造和再制造在销售阶段产生的环境成本基本相似，且数值较小，因此，这阶段的环境成本不予考虑。

第二步：环境清单与货币成本集成过程。在 LCA-LCC 环境成本分析系统中，需要考虑资金和成本的时间价值，这是因为集成的数据清单是动态的、随时间变化的。此外，为使经济成本分析与环境影响评价相统一，需在产品各生命周期形成的各个阶段，将环境成本函数进行分配，从而实现产品生命周期数据清单分析的集成，LCA-LCC 分析评价系统清单分析集成步骤如下：

1）构造"环境输出"矩阵 E

$$E = (e_{ij})_{m \times n} = \begin{pmatrix} e_{11} & e_{12} & \cdots & e_{1n} \\ e_{21} & e_{22} & \cdots & e_{2n} \\ \vdots & \vdots & & \vdots \\ e_{m1} & e_{m2} & \cdots & e_{mn} \end{pmatrix} \tag{6-52}$$

式中，e_{ij} 为第 i 种环境输出清单物质在第 j 单元过程的数量，满足 $e_{ij} \geqslant 0$；m 为环境输出因子的种类数；n 为单元过程总个数。

2）构造"环境输出"货币成本矩阵：$\boldsymbol{D} = (d_{11}, d_{21}, \cdots, d_{i1}, \cdots, d_{m1})^{\mathrm{T}}$，为配合 Hadamard 积同型矩阵的要求，将 $m \times 1$ 阶矩阵 $\boldsymbol{D}$ 转化为 $m \times n$ 阶矩阵

$$\boldsymbol{D}^* = (\boldsymbol{D}^1, \boldsymbol{D}^2, \cdots, \boldsymbol{D}^i, \cdots, \boldsymbol{D}^n) = \begin{pmatrix} d_{11}^1 & d_{12}^2 & \cdots & d_{1n}^n \\ d_{21}^1 & d_{22}^2 & \cdots & d_{2n}^n \\ \vdots & \vdots & & \vdots \\ d_{m1}^1 & d_{m2}^2 & \cdots & d_{mn}^n \end{pmatrix} \quad (6\text{-}53)$$

3）对于矩阵 $\boldsymbol{D}$ 中的任一行向量而言，各个分量分别属于不同的单元过程，而每个单元过程需要有一定完成时间，考虑资金的时间价值因素，需引入环境成本的终值系数 k

$$k = \left(\frac{F}{P}, i_c, n \right) \quad (6\text{-}54)$$

式中，P 为基准时点（通常为计算期初）的资金金额；F 为终值（未来值），与现值相等的将来某一时点上的资金金额；i_c 为产品等值计算的行业基准折现率；n 为计息时间周期，通常以年为单位。

4）构建环境成本终值系数矩阵，将各终值系数引入单元过程的经济分析中，终值系数矩阵为矩阵 $\boldsymbol{E}$ 的同型矩阵，即 m 阶"终值系数矩阵" $\boldsymbol{K}$ 为

$$\boldsymbol{K} = \begin{pmatrix} k_1^{t_1} & k_1^{t_1+t_2} & \cdots & k_1^{t_1+t_2+\cdots+t_n} \\ k_2^{t_1} & k_2^{t_1+t_2} & \cdots & k_2^{t_1+t_2+\cdots+t_n} \\ \vdots & \vdots & & \vdots \\ k_m^{t_1} & k_m^{t_1+t_2} & \cdots & k_m^{t_1+t_2+\cdots+t_n} \end{pmatrix} \quad (6\text{-}55)$$

5）构造 $m \times 1$ 阶求和矩阵

$$\boldsymbol{B}_{m \times 1}^{\mathrm{T}} = (b_1, b_2, b_3, \cdots, b_i, \cdots, b_m)^{\mathrm{T}} = (1, 1, \cdots, 1, \cdots, 1)^{\mathrm{T}} \quad (6\text{-}56)$$

式中，与矩阵 $\boldsymbol{B}$ 左乘矩阵的列向量数量决定 m 的个数。

6）将同型矩阵 $\boldsymbol{E}$ 与矩阵 $\boldsymbol{D}$ 和 $\boldsymbol{K}$ 进行 Hadamard 积运算（符号为 ∘），得矩阵

$$\boldsymbol{E} \circ \boldsymbol{D}^* \circ \boldsymbol{K} = (e_{ij} d_{i1}^j p_i^{t_1+t_2+\cdots+t_j})_{mn}$$

$$= \begin{pmatrix} e_{11} & e_{12} & \cdots & e_{1n} \\ e_{21} & e_{22} & \cdots & e_{2n} \\ \vdots & \vdots & & \vdots \\ e_{m1} & e_{m2} & \cdots & e_{mn} \end{pmatrix} \circ \begin{pmatrix} d_{11}^1 & d_{12}^2 & \cdots & d_{1n}^n \\ d_{21}^1 & d_{22}^2 & \cdots & d_{2n}^n \\ \vdots & \vdots & & \vdots \\ d_{m1}^1 & d_{m2}^2 & \cdots & d_{mn}^n \end{pmatrix} \circ \begin{pmatrix} k_1^{t_1} & k_1^{t_1+t_2} & \cdots & k_1^{t_1+t_2+\cdots+t_n} \\ k_2^{t_1} & k_2^{t_1+t_2} & \cdots & k_2^{t_1+t_2+\cdots+t_n} \\ \vdots & \vdots & & \vdots \\ k_m^{t_1} & k_m^{t_1+t_2} & \cdots & k_m^{t_1+t_2+\cdots+t_n} \end{pmatrix}$$

(6-57)

计算环境成本矩阵 $\boldsymbol{C}_T$

$$\boldsymbol{C}_T = [(\boldsymbol{E} \circ \boldsymbol{D}^*) \circ \boldsymbol{K}]^T \boldsymbol{B}_{m \times 1}^T \tag{6-58}$$

式中，$\boldsymbol{C}_T$ 为 $n \times 1$ 阶矩阵；n 为产品单元过程的数量，每一行向量对应相应单元过程的成本 $\boldsymbol{C}_{T_i}$，因此，$\sum_{i=1}^{n} \boldsymbol{C}_{T_i}$ 为单元过程经济成本在时间边界的终值。

第三步：计算环境成本。机械产品原始制造和再制造环境成本输出包括与环境影响类型 CADP、GWP、AP、EP、ODP 和 POCP 相关的成本。其中，原始制造环境成本包括原材料生产、原材料运输、零部件生产和产品装配单元过程的环境成本；再制造环境成本包括辅料生产、旧机回收、旧机拆解、零件清洗、缺陷检测、表面修复、产品装配单元过程的环境成本。

6.3.4 废旧产品社会可持续性评价指标及模型

1. 社会可持续性分析方法与评价模型

机械产品再制造的社会生命周期系统边界如图 6-2 所示。将再制造生产活动的利益相关者分为工人、本地社区和社会；根据利益相关者在再制造活动中涉及的社会生活，进行社会影响数据清单的调研和收集（如企业行为规范、童工数量、工作时间、企业安全措施等）；将社会影响清单转化为影响类别，进一步转化为社会影响指标。基于 SLCA 的机械产品社会可持续性评价模型如图 6-13 所示。

由于随着再制造产业的发展，一部分人的就业问题得到了解决，因此将就业人数、社区投入等社会表现划为"社会经济"指标；由于再制造生产存在特殊性，因此将劳动者工作环境、劳动强度与卫生条件等因素划归为"工作环境"与"健康安全"指标；对于再制造生产中童工雇佣、女工收入及公平的竞争机制等社会清单，采用"人类权利"指标来定量表达。

设考虑利益相关者的社会影响类别指标为 $S_i(i=1,2,\cdots,n)$，w_i 为第 i 个指标的权重，$\sum_{i=1}^{n} w_i = 1$，则再制造社会可持续性指标 S 的计算公式为

$$S = f(S_1, S_2, \cdots, S_n) = \sum_{i=1}^{n} w_i S_i \qquad (6\text{-}59)$$

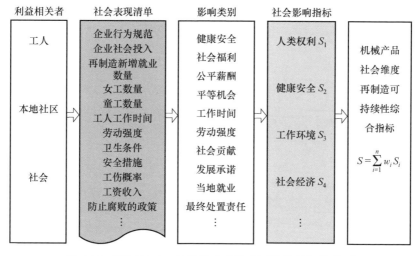

图 6-13 基于 SLCA 的机械产品社会可持续性评价模型

2. 社会可持续性指标计算方法

在社会影响指标中，本书采用 Dreyer（2010）等学者提出的基于 SLCA 的产品社会风险分数（Product Social Risk Score，PSRS）来定量表达产品再制造的社会表现。本书介绍的研究在 Dreyer 方法的基础上进行了改进，将社会影响指标分为四类，即人类权利 S_A、健康安全 S_B、工作环境 S_C 和社会经济 S_D，对于企业社会表现和得分标准进行了重新定义。机械产品社会可持续性评价流程如图 6-14 所示。基于 SLCA 的机械产品社会可持续性指标计算步骤如下

第一步：将再制造企业社会影响分为三个维度（Ⅰ，Ⅱ，Ⅲ），社会影响三个维度的指标从低到高划分的分数值见表 6-7，企业社会表现分数（Company Social Performance Score，CSPS）是三个维度相乘之积，即

$$\text{CSPS} = f(\text{Ⅰ}, \text{Ⅱ}, \text{Ⅲ}) = \text{Ⅰ} \times \text{Ⅱ} \times \text{Ⅲ} \qquad (6\text{-}60)$$

企业社会表现 Ⅰ 为企业在人类权利、健康安全、工作环境和社会经济几个方面的实际表现，分为四个等级 Ⅰ_1、Ⅰ_2、Ⅰ_3 和 Ⅰ_4，其各等级得分标准参照表 6-8。

设 A 为人类权利，B 为健康安全，C 为工作环境，D 为社会经济，企业的实际社会表现分数用 CSPS 表达。

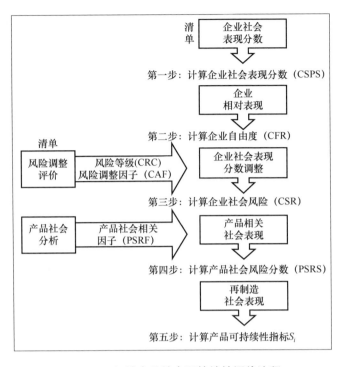

图 6-14 机械产品社会可持续性评价流程

表 6-7 再制造企业社会影响三个维度分数值

多标准指标	企业社会影响表现										
指标分类	Ⅰ				Ⅱ				Ⅲ		
	再制造生产实际表现				企业有无责任制度				企业是否持续履行责任制度		
实现程度分级	$Ⅰ_1$	$Ⅰ_2$	$Ⅰ_3$	$Ⅰ_4$	$Ⅱ_1$	$Ⅱ_2$	$Ⅱ_3$	$Ⅱ_4$	$Ⅲ_1$	$Ⅲ_2$	$Ⅲ_3$	$Ⅲ_4$
得分	0	0.7	2	4	0	1	1.2	2	0	1	1.2	2

表 6-8 企业再制造生产社会表现 Ⅰ 得分标准

社会影响指标	社会表现清单	企业社会表现 Ⅰ 的描述	实际数值	得分
人类权利 A	童工的雇佣	童工比例	31~100	0
			21~30	0.7
			11~20	2
			0~10	4

(续)

社会影响指标	社会表现清单	企业社会表现I的描述	实际数值	得分
人类权利A	公平的工资	女工工资与男工工资的比例	0~30	0
			31~50	0.7
			51~80	2
			81~100	4
	强迫劳动	额外加班时间/正常劳动时间	31~100	0
			21~30	0.7
			11~20	2
			0~10	4
	歧视/平等的机会	感到公平百分比	0~30	0
			31~50	0.7
			51~80	2
			81~100	4
	满意的薪酬	收入满意度百分比	0~30	0
			31~50	0.7
			51~80	2
			81~100	4
	安全健康的生活环境	员工感觉的百分比	0~30	0
			31~50	0.7
			51~80	2
			81~100	4

（续）

社会影响指标	社会表现清单	企业社会表现Ⅰ的描述	实际数值	得分
健康安全 B	工人工伤的避免措施	工伤出现百分比	31~100	0
			21~30	0.7
			11~20	2
			0~10	4
	工人防护设备的使用	百分比	0~30	0
			31~50	0.7
			51~80	2
			81~100	4
	工人对应急知识的掌握	百分比	0~30	0
			31~50	0.7
			51~80	2
			81~100	4
	工人对健康安全知识的掌握	百分比	0~30	0
			31~50	0.7
			51~80	2
			81~100	4
工作环境 C	工人工作环境	满意度百分比	0~30	0
			31~50	0.7
			51~80	2
			81~100	4
	工人劳动强度	满意度百分比	0~30	0
			31~50	0.7
			51~80	2
			81~100	4
	工作卫生条件	满意度百分比	0~30	0
			31~50	0.7
			51~80	2
			81~100	4
	员工升职与考核	晋升一级的时间（年）	>10	0
			7~10	0.7
			4~6	2
			1~3	4

(续)

社会影响指标	社会表现清单	企业社会表现Ⅰ的描述	实际数值	得分
社会经济 D	再制造企业就业	人数	1~100	0
			101~300	0.7
			301~500	2
			>500	4
	当地社区项目的投入	万元/年	0~0.5	0
			0.6~2	0.7
			2.1~4	2
			>4	4
	促进当地就业	当地员工的百分比	0~20	0
			21~30	0.7
			31~50	2
			51~100	4
	当地习惯的尊重	百分比	0~30	0
			31~50	0.7
			51~80	2
			81~100	4

$$\mathrm{CSPS}_\tau = \begin{cases} \mathrm{CSPS}_A = f(A_{i\mathrm{I}}, A_{i\mathrm{II}}, A_{i\mathrm{III}}), i=1,2,\cdots,n \\ \mathrm{CSPS}_B = f(B_{j\mathrm{I}}, B_{j\mathrm{II}}, B_{j\mathrm{III}}), j=1,2,\cdots,m \\ \mathrm{CSPS}_C = f(C_{k\mathrm{I}}, C_{k\mathrm{II}}, C_{k\mathrm{III}}), k=1,2,\cdots,o \\ \mathrm{CSPS}_D = f(D_{l\mathrm{I}}, D_{l\mathrm{II}}, D_{l\mathrm{III}}), l=1,2,\cdots,p \end{cases} \quad (6\text{-}61)$$

企业社会表现Ⅱ为企业在人类权利、健康安全、工作环境和社会经济几个方面有无责任制度以及程度如何，分为Ⅱ$_1$、Ⅱ$_2$、Ⅱ$_3$和Ⅱ$_4$四个等级，分数值分别为0、1、1.2、2，取值标准参照表6-9。

表6-9 企业再制造生产社会表现Ⅱ与Ⅲ得分标准

企业社会表现Ⅱ的描述	社会表现Ⅱ得分	企业社会表现Ⅲ的描述	社会表现Ⅲ得分
无责任制度	0	责任制度没有持续执行	0
有，但不详细	1	持续执行，没有监督措施	1
有，较详细	1.2	持续执行，有监督措施	1.2
有，非常详细	2	持续执行，有监督措施，并有效处理员工反馈	2

企业社会表现Ⅲ为企业在人类权利、健康安全、工作环境和社会经济几个方面是否持续执行责任制度以及程度如何，分为Ⅲ$_1$、Ⅲ$_2$、Ⅲ$_3$和Ⅲ$_4$四个等级，分数值分别为0、1、1.2和2，取值标准亦见表6-9。

人类权利表达式为

$$\text{CSPS}_A = \sum_{i=1}^{n} (A_{i\text{I}} \times A_{i\text{II}} \times A_{i\text{III}}) \tag{6-62}$$

式中，$i = 1, 2, \cdots, n$ 为童工比例、歧视、公平的工资及强迫劳动等。

健康安全表达式为

$$\text{CSPS}_B = \sum_{j=1}^{m} (B_{j\text{I}} \times B_{j\text{II}} \times B_{j\text{III}}) \tag{6-63}$$

式中，$j = 1, 2, \cdots, m$ 为工伤比例、工人设备防护的使用等。

工作环境表达式为

$$\text{CSPS}_C = \sum_{k=1}^{o} (C_{k\text{I}} \times C_{k\text{II}} \times C_{k\text{III}}) \tag{6-64}$$

式中，$k = 1, 2, \cdots, o$ 为工人对工作环境、劳动强度、卫生条件的满意度等。

社会经济表达式为

$$\text{CSPS}_D = \sum_{l=1}^{p} (D_{l\text{I}} \times D_{l\text{II}} \times D_{l\text{III}}) \tag{6-65}$$

式中，$l = 1, 2, \cdots, p$ 为社会就业率、当地习惯的尊重、当地社区项目投入等。

第二步：用企业自由度（Company Free Rein, CFR）来表达企业实际得分与理想得分之间的差异，差异越大，企业改善空间越大，对于人类权利A、健康安全B、工作环境C与社会经济D，CFR的表达式为

$$\text{CFR}_i = f(\text{CP}_{i\max}, \text{CP}_i) = \frac{\text{CP}_{i\max} - \text{CSPS}_i}{\text{CSPS}_{i\max}} \quad (i = A, B, C, D) \tag{6-66}$$

第三步：计算企业社会风险（Company Social Risk, CSR），对于人类权利A、健康安全B、工作环境C与社会经济D，CSR表达式为

$$\text{CSR}_i = f(\text{CFR}_i, \text{CAF}_i) = \text{CFR}_i \times \text{CAF}_i \quad (i = A, B, C, D) \tag{6-67}$$

式中，CAF（Contextual Adjustment Factor）为风险调整因子，取值范围为[0.4，1.0]，值越大，风险越大，"1"代表较高风险。

CRC（Contextual Risk Class）为风险等级，是企业评估社会表现的重要参数，一种CRC与CAF的关系及取值含义，见表6-10。

第四步：计算产品社会风险得分（Product Social Risk Score, PSRS），将企业风险分数转化为再制造产品的风险得分，可得再制造产品社会影响性，计算公式为

$$PSRS_i = f(PSRF_i, CSR_i) = PSRF_i \times CSR_i \quad (i = A, B, C, D) \quad (6\text{-}68)$$

式中，PSRF（Product Social Relation Factor）为产品社会相关因子，即再制造企业产品的社会风险，其取值范围为 [0, 1]，取值越大，产品风险越高。

表 6-10 一种 CRC 与 CAF 的关系及取值含义

CRC（风险等级）	CAF（风险调整因子）	可能发生概率
1	1.0	可能性极高
2	0.9	可能性很高
3	0.7	可能发生
4	0.5	不太可能发生
5	0.4	不可能发生

第五步：计算产品社会可持续性指标。在本研究中，社会可持续性指标取值范围也为 [0, 1]，且取值越大，社会可持续性越高。令再制造产品社会可持续性指标为 S_i，则其计算表达式为

$$S_i = f(PSRS_i) = 1 - PSRS_i \quad (i = A, B, C, D) \quad (6\text{-}69)$$

3. 社会可持续性指标的判定标准

综上所述，机械产品再制造的社会维度可持续性综合指标表达式为

$$S = f(S_A, S_B, S_C, S_D) = \sum_{i=1}^{4} \alpha_i S_i \quad (i = A, B, C, D) \quad (6\text{-}70)$$

式中，α_i 为 S_A、S_B、S_C、S_D 的权重，$\sum_{i=1}^{4} \alpha_i = 1$，其值可由研究人员和企业管理人员根据企业实际情况共同确定，也可由 AHP 或专家调查法来确定。

参照 Dreyer（2010）对于企业风险分数的判定标准，机械产品社会可持续性指标的确定及判断标准如式（6-71），再制造企业风险、产品风险及社会可持续性判定标准见表 6-11。

$$S = \begin{cases} [0.8, 1.0) & \text{社会维度再制造可持续性很高} \\ [0.6, 0.8) & \text{社会维度再制造可持续性较高} \\ [0.4, 0.6) & \text{社会维度再制造可持续性一般} \\ [0.2, 0.4) & \text{社会维度再制造可持续性较低} \\ [0.0, 0.2) & \text{不具社会维度再制造可持续性} \end{cases} \quad (6\text{-}71)$$

表6-11　再制造企业风险、产品风险及社会可持续性判定标准

企业风险分数	企业社会风险	产品风险分数	产品风险	社会可持续性指标	社会可持续性判定
$0.9<CSR\leq1.0$	极高	$0.9<PSRS\leq1.0$	极高	$0.8<S\leq1.0$	很高
$0.6<CSR\leq0.9$	很高	$0.6<PSRS\leq0.9$	很高	$0.6<S\leq0.8$	较高
$0.4<CSR\leq0.6$	中高等	$0.4<PSRS\leq0.6$	中高等	$0.4<S\leq0.6$	中等
$0.2<CSR\leq0.4$	中等	$0.2<PSRS\leq0.4$	中等	$0.2<S\leq0.4$	低
$0.0<CSR\leq0.2$	低	$0.0<PSRS\leq0.2$	低	$0.0<S\leq0.2$	很低

6.4　废旧发动机再制造可持续性评价实例分析

本实例的研究对象为WD615.87型斯太尔再制造发动机（六缸、水冷、直喷式车用高强化柴油机，总排量9.726L），如图6-15所示。再制造WD615.87型斯太尔发动机是目前中国较为成熟的产品，其再制造经济价值较高，且有较好的环境友好性。

原始制造发动机使用5年，行程30万km进行回收再制造。发动机七大件分别为曲轴、连杆、飞轮壳、齿轮室、缸体、缸盖和飞轮。旧机回收以后要经过机械高压气枪拆解，零部件高温清洗、喷砂清洗，检查，检测，再制造加工（修复），替换，装配。发动机主要零部件的故障类型及再制造加工工艺路线见表6-12。

图6-15　WD615.87型斯太尔再制造发动机

表6-12　发动机主要零部件的故障类型及再制造加工工艺路线

序号	部件名称	故障类型	故障程度	工艺路线
1	曲轴	密封轴颈研伤	严重	粗化-喷涂-精磨-清洗-抛光-检测-整理-粗化-清洗
2	连杆	大头孔研伤	一般	电净-刷镀-珩磨-压衬套-装衬套-铣7°-镗小头孔-校直-分组
3	飞轮壳	裂纹	轻微	清洗-冷焊-打磨-喷涂-后期整理
4	齿轮室	丝孔损坏	轻微	清洗-下丝套-喷漆-后期整理

(续)

序号	部件名称	故障类型	故障程度	工艺路线
5	缸体	主轴孔超差	严重	台检-磨曲轴箱-喷涂-镗主轴孔-珩磨主轴孔-水检-安装气缸套-安装凸轮轴衬套-清洗油道和缸体-打磨
6	缸盖	座圈研伤	一般	台检-加工喷油器衬套-水检-加工气门座圈底孔-加工气门座圈-气门口加工
7	飞轮			外购件

6.4.1 废旧发动机技术可持续性评价

1. 发动机再制造技术可行性指标的确定

根据式（6-3）~式（6-24），可得七个技术可行性指标的计算值。以修复性指标 μ_r 为例，其时间因子、技术因子和比率因子的计算过程如下：

1) 发动机理想修复时间 t_{ir} 为 1200min，实际修复时间 t_{ar} 为 1435min，则修复性的时间因子数值为

$$\mu_{r1} = \frac{t_{ir}}{t_{ar}} = \frac{1200}{1435} \approx 0.84$$

在修复技术使用中，电弧喷涂主要用于曲轴和缸体主轴孔；等离子熔覆技术主要用于缸体止推面与止推片等；纳米电刷镀技术主要用于连杆和缸体气缸孔。经统计，实际电弧喷涂修复数 140 件，等离子熔覆修复 20 件，纳米电刷镀修复 5 件，相应的理想修复件数分别为 144 件、23 件和 7 件，则可得修复性的技术因子数值为

$$\mu_{r2} = \frac{\sum_{j=1}^{3} L_{rij}\delta_j}{\sum_{j=1}^{3} L_{raj}\delta_j} = \frac{140 \times 1 + 20 \times 5 + 5 \times 10}{144 \times 1 + 23 \times 5 + 7 \times 10} \approx 0.88$$

2) 经统计在旧件修复过程中，连杆修复比率为 85%，曲轴修复比率为 85%，盖板类修复比率为 90%，齿轮类修复比率为 85%，飞轮壳和齿轮室修复比率为 75%，缸体修复比率为 70%，缸盖修复比率为 80%，取修复成功零部件数与进行修复零部件总件数的统计量，可得修复性的比率因子数值为

$$\mu_{r3} = \frac{n_{ir}}{n_{ar}} \approx 0.79$$

同理，其他再制造技术可行性指标三因子可参照修复性指标进行计算，结

果见表6-13。

表6-13 技术可行性的七项指标值

	μ_d	μ_c	μ_i	μ_t	μ_r	μ_h	μ_a
时间指标 μ_{i1}	0.80	0.83	0.78	0.71	0.84	1	0.89
技术指标 μ_{i2}	1	0.74	1	0.80	0.88	1	1
比率指标 μ_{i3}	0.75	1	0.73	0.68	0.79	0.75	1

2. 发动机再制造技术可行性指标三因子权重的确定

采用组合赋权法的TOPSIS模型，由式（6-25）~式（6-31）可得到拆解性、清洗性、检查性、检测性、修复性、替换性和装配性七个指标的时间、技术及比率因子权重值。在权重值计算中，以检测可行性 w_t 为例，计算过程如下：

1）通过发动机再制造企业的四位工艺人员（负责发动机拆解、清洗、修复、装配的工艺组长）和三位技术部门项目工程师对指标重要程度的排序，计算出权重 w_{t11}、w_{t12} 与 w_{t13} 的数值。

2）应用Delphi法，对六位再制造技术专家进行评价指标三因子重要度的调研，确定 w_{t21}、w_{t22} 和 w_{t23} 的经验值。

3）应用TOPSIS，根据各指标与理想解的接近程度，计算得到 w_{t31}、w_{t32} 和 w_{t33} 的数值。

以上数值，见表6-14。

表6-14 检测性指标三因子权重值

指标权重	时间因子	技术因子	比率因子
w_{t11}、w_{t12}、w_{t13}	0.20	0.60	0.20
w_{t21}、w_{t22}、w_{t23}	0.15	0.65	0.20
w_{t31}、w_{t32}、w_{t33}	0.72	0.80	0.96
组合权重	0.13	0.50	0.19
标准化权重	0.16	0.61	0.23

4）计算组合权重。如检测性的时间因子组合权重由式（6-30）可得，

$$w_{t1} = \frac{0.72 \times (0.2 + 0.15)}{2} \approx 0.13$$

5）对 w_{it} 进行标准化处理。由式（6-31）得到检测性技术三因子权重值，如检测性的时间因子的标准权重为

$$w_{it1} = \frac{0.13}{0.13 + 0.50 + 0.19} \approx 0.16$$

其余各因子权重计算方法相同，七个再制造技术可行性指标三因子权重的数值见表 6-15。

表 6-15 技术可行性指标三因子权重值

指标权重	w_d	w_c	w_i	w_t	w_r	w_p	w_a
时间因子权重	0.31	0.21	0.32	0.16	0.12	0.14	0.25
技术因子权重	0.28	0.62	0.18	0.61	0.64	0.17	0.12
比率因子权重	0.41	0.17	0.50	0.23	0.24	0.69	0.63

因此，可得三因子权重矩阵表达为

$$w_{ij} = \begin{pmatrix} w_{d1} & w_{c1} & w_{i1} & w_{t1} & w_{r1} & w_{p1} & w_{a1} \\ w_{d2} & w_{c2} & w_{i2} & w_{t2} & w_{r2} & w_{p2} & w_{a2} \\ w_{d3} & w_{c3} & w_{i3} & w_{t3} & w_{r3} & w_{p3} & w_{a3} \end{pmatrix} = \begin{pmatrix} 0.31 & 0.21 & 0.32 & 0.16 & 0.12 & 0.14 & 0.25 \\ 0.28 & 0.62 & 0.18 & 0.61 & 0.64 & 0.17 & 0.12 \\ 0.41 & 0.17 & 0.50 & 0.23 & 0.24 & 0.69 & 0.63 \end{pmatrix}$$

则根据七个发动机再制造技术可行性指标值，其计算过程如下：

$$\begin{pmatrix} \mu_d \\ \mu_c \\ \vdots \\ \mu_a \end{pmatrix} = \begin{pmatrix} \mu_{d1} & \mu_{d2} & \mu_{d3} \\ \mu_{c1} & \mu_{c2} & \mu_{c3} \\ \vdots & \vdots & \vdots \\ \mu_{a1} & \mu_{a2} & \mu_{a3} \end{pmatrix} \circ \begin{pmatrix} w_{d1} & w_{d2} & w_{d3} \\ w_{c1} & w_{c2} & w_{c3} \\ \vdots & \vdots & \vdots \\ w_{a1} & w_{a2} & w_{a3} \end{pmatrix} \begin{pmatrix} 1 \\ 1 \\ 1 \end{pmatrix}$$

$$= \begin{pmatrix} 0.80 & 1.00 & 0.75 \\ 0.83 & 0.74 & 1.00 \\ 0.78 & 1.00 & 0.73 \\ 0.71 & 0.80 & 0.68 \\ 0.84 & 0.88 & 0.79 \\ 1.00 & 1.00 & 0.75 \\ 0.89 & 1.00 & 1.00 \end{pmatrix} \circ \begin{pmatrix} 0.31 & 0.28 & 0.41 \\ 0.21 & 0.62 & 0.17 \\ 0.32 & 0.18 & 0.50 \\ 0.16 & 0.61 & 0.23 \\ 0.12 & 0.64 & 0.24 \\ 0.14 & 0.17 & 0.69 \\ 0.25 & 0.12 & 0.63 \end{pmatrix} \begin{pmatrix} 1 \\ 1 \\ 1 \end{pmatrix}$$

$$= (0.836 \quad 0.803 \quad 0.795 \quad 0.758 \quad 0.854 \quad 0.828 \quad 0.973)^T$$

因此，可知七个再制造技术可行性指标的数值为：$\mu_d = 0.836$，$\mu_c = 0.803$，$\mu_i = 0.795$，$\mu_t = 0.758$，$\mu_r = 0.854$，$\mu_p = 0.828$，$\mu_a = 0.973$。

▶ 3. 发动机再制造技术可行性指标权重的确定

采用层次分析法，依据 1~9 标度法，对七种修复技术进行分析和两两比较，建立判断矩阵（见表 6-16）。采用几何平均法，计算出再制造技术可行性指标的权重分别为：$w_d = 0.092$，$w_c = 0.190$，$w_i = 0.061$，$w_t = 0.190$，$w_r = 0.223$，$w_h = 0.061$，$w_a = 0.183$。该判断矩阵的最大特征值 $\lambda_{\max} = 7.11$，一致性指标 CI =

0.0184，由于矩阵为 7 阶矩阵，故 RI = 1.36，随机一致性比例 CR = 0.0136<0.1，因此，可以认为该两两判断矩阵满足一致性要求，其相应求得的权重有效。

表 6-16 各指标的层次分析判断矩阵

μ_{ij}	μ_d	μ_c	μ_i	μ_t	μ_r	μ_h	μ_a	权 重
μ_d	1	1/2	2	1/2	1/3	2	1/3	0.092
μ_c	2	1	3	1	1	3	1	0.190
μ_i	1/2	1/3	1	1/3	1/3	1	1/3	0.061
μ_t	2	1	3	1	1	3	1	0.190
μ_r	3	1	3	1	1	3	2	0.223
μ_h	1/2	1/3	1	1/3	1/3	1	1/3	0.061
μ_a	3	1	3	1	1/2	3	1	0.183

4. 发动机再制造技术可行性分析

综上所述，由技术特性（即技术可行性指标）权重、七个技术可行性指标的数值及式（6-32）可得技术可行性指数 T。

$$T = \mu_d w_d + \mu_c w_c + \mu_i w_i + \mu_t w_t + \mu_r w_r + \mu_h w_h + \mu_a w_a$$
$$= 0.836 \times 0.092 + 0.803 \times 0.190 + 0.795 \times 0.061 + 0.758 \times 0.190 +$$
$$0.854 \times 0.223 + 0.828 \times 0.061 + 0.973 \times 0.183 \approx 0.84$$

因此，由再制造技术可行性判断标准式（6-33），可以确定 WD615.87 型斯太尔发动机再制造技术可行性较高。经调研，本实例工艺技术方案在同种损伤情况下的废旧发动机再制造实际应用过程中均达到了较好的效果，再制造修复后的发动机零部件加工修复精度较高，发动机产品质量稳定，顾客反馈良好，达到了企业提出的"再制造发动机的质量等同新机"的要求。因此，实际再制造工艺技术的应用情况也验证了所提出的技术可行性分析方法的有效性和适用性。

6.4.2 废旧发动机环境可持续性评价

1. 目的与范围确定

1）研究目标。收集整理原始制造发动机与再制造发动机生命周期资源与能源消耗以及污染排放的清单数据；选择环境影响类别，建立环境影响评价模型，计算环境维度再制造可持续性指标，分析与评价发动机环境维度的再制造可持续性。

2）功能单位。WD615.87 型斯太尔发动机，包括原始制造、再制造柴油机各一台，使用时间 5 年，行驶 30 万 km。

3）系统边界。基于 ELCA 的机械产品原始制造与再制造生命周期评价系统边界如图 6-7 所示。

2. 生命周期清单分析——发动机原始制造

1）原材料的采掘、生产。钢、铸铁、合金等构成了发动机零部件的主要原材料，其中消耗钢 195.05kg、铸铁 684.64kg、铝 41.23kg、合金 35.32kg、其他 10.16kg。

2）原材料的运输。发动机的主要原材料通过货车运输，燃料为汽油，货车载重为 10t，总的运输距离为 880km，企业车间内的物料运输距离忽略。

3）零部件加工与装配。发动机零部件原始制造与装配的数据是从企业生产现场采集得到的，主要包括发动机七大件如缸体、缸盖、曲轴、连杆等零部件的生产制造以及装配的基础数据。

4）其他零部件的加工过程能耗。采用式（6-36）计算。中国电力市场平均单元过程相关数据参照 CLCD 数据库，单位电能所消耗能源及环境排放清单数据（见表 6-4）。汇总的原始制造发动机生命周期清单数据，见表 6-17。

表 6-17 原始制造发动机生命周期清单数据

环境类型	清单物质	清单数据/kg	环境类型	清单物质	清单数据/kg
主要自然资源	钢、铸铁	779.69	空气污染排放	CO	15.37
	铝	41.23		CO_2	4844.01
	合金	35.32		SO_2	14.44
	煤	2703.74		NO_x	11.83
	石油	104.13		CH_4	13.42
	天然气	24.81		H_2S	0.03
水污染	BOD	5.23		HCl	0.84
	COD	5.94		CFCs	6.11E-06
	NH_4	0.05		可吸入颗粒物（烟尘）	0.93

对于资源消耗与环境排放需要说明的是：零部件在原始制造生命周期过程中主要消耗的是原材料（钢铁、铝、合金）和能源（电能），对环境的排放主要是上述资源及能源采掘、加工、运输过程中的各种废气和废物（如 CO_2、SO_2、H_2S、CFCs 等）等，这部分对生态环境影响较大，是重点考虑内容。零部件在机械加工过程中对环境的排放主要是产生的噪声、切削液和烟尘等，其中噪声较小，不足以造成严重污染，切削液一般是重复利用，对外界环境污染较小，

因此，在本研究中对噪声和切削液造成的污染不予考虑，只考虑可吸入颗粒物（烟尘）的影响。

3. 生命周期清单分析——发动机再制造

1）废旧发动机的回收。根据实际调查，被调研企业在我国的 4S 店约有 100 多家，通过计算每个店回收的废旧发动机的数量与运输的距离，得到回收一台旧机的运输路程平均为 800km，假设通过货车运输，汽油为主要消耗燃料，载重量为 10t。

2）废旧发动机的拆解。废旧发动机运输到车间后，首先进行机械拆解，一台发动机拆解工时约为 300min，每台发动机拆解过程中需要消耗的标准煤约为 1.2kg。

3）发动机零部件再制造。发动机再制造过程包括清洗、检测、修复等工艺过程，通过调研获得相关能耗、物耗等数据。

4）辅料的生产。通过企业调研、实验等方式来获得，发动机再制造过程中的辅料主要有铸铁、铝、合金、柴油、煤油等。

需要说明的是：废旧机械回收及再制造生命周期过程中主要消耗的是原材料（钢铁、合金、柴油等）和能源（电能），对环境的排放主要是上述资源及能源采掘、加工及废旧机械产品回收运输过程中的各种废气和废物（如 CO_2、SO_2、H_2S、$CFCs$ 等）等，这两部分对生态环境影响较大，是重点考察内容。

再制造在清洗、修复、装配等过程中对环境的影响主要是：清洗的沉积物及少量废液的排放；修复过程中电弧、等离子喷涂颗粒的固体排放；机加工过程中的烟尘与噪声等。在发动机再制造清洗过程中，大部分沉积物已通过高温分解得到处理，而清洗液主要由水、少量煤油等构成，企业建立了污水处理系统，在内部得到了净化；修复过程中喷涂颗粒固体排放数量较少，而机加工过程中产生的噪声也不大，不足以造成较大环境污染。因此，本研究中不考虑清洗、修复、机加工过程中的噪声、沉积物、废液及喷涂颗粒的排放，只考虑烟尘（可吸入颗粒物）的排放。

综上所述，本研究利用 CLCD 数据库查询和对环境排放的分析计算，得到再制造发动机生命周期清单数据，见表 6-18。

4. 生命周期影响评价

研究选用的环境影响评价指标分为 CADP、GWP、AP、EP、ODP 和 POCP 六种类型。各项环境影响类别的特征化因子基准值、标准化因子和权重因子数值，见表 6-5。通过式（6-37）~式（6-40）的计算，发动机原始制造及再制造清单数据经特征化、标准化及加权处理的结果与环境影响综合指标，见表 6-19 和表 6-20。

表 6-18 再制造发动机生命周期清单数据

环境影响	清单物质	清单数据/kg	环境影响	清单物质	清单数据/kg
自然资源	钢、铸铁	10.05	空气污染排放	CO	12.64
	铝	12.05		CO_2	1030.25
	合金	9.10		SO_2	11.54
	柴油	15.03		NO_x	3.22
	煤油	9.020		CH_4	3.68
	煤	582.10		H_2S	0.43
	石油	68.62		HCl	0.25
	天然气	6.35		CFCs	7.33E-07
水污染	BOD	0.89		可吸入颗粒物（烟尘）	0.177
	COD	1.08			
	NH_4	0.02			

表 6-19 发动机原始制造环境影响综合指标

影响类型	清单物质	重量/kg	特征化因子		特征化结果	标准化因子	标准化结果	权重	综合指标
CADP	钢、铸铁	779.69	4.45	kg ce	9358.70	3959	2.36	0.74	
	铝	41.23	2.88						
	煤	2703.74	1						
	石油	104.13	26.4						
	天然气	24.81	12.8						
GWP	CO_2	4844.01	1	kg CO_2 eq	8995.85	8700	1.03	21.6	
	CH_4	13.42	25						
	NO_x	11.83	320						25.00
	CO	15.37	2						
AP	SO_2	14.44	1	kg SO_2 eq	23.52	36	0.43	0.05	
	NO_x	11.83	0.7						
	H_2S	0.03	1.88						
	HCl	0.84	0.88						
EP	NH_4	0.05	3.44	kg NO_3 eq	17.51	62	0.28	3.0	
	NO_x	11.83	1.35						
	COD	5.94	0.23						
ODP	CFCs	6.11E-06	1	Kg CFC_{-11} eq	6.11E-06	0.2	3.05E-05	9.1	
POCP	CO	15.37	0.03	kg C_2H_4 eq	0.46	0.65	0.71	0.2	

表6-20 发动机再制造环境影响综合指标

影响类型	清单物质	重量/kg	特征化因子	特征化结果	标准化因子	标准化结果	权重	综合指标
CADP	钢、铸铁	22.1	4.45	kg ce	2607.05	3959	0.66	0.74	
	铝	12.05	2.88						
	煤	582.21	1						
	石油	68.58	26.4						
	天然气	6.35	12.8						
GWP	CO_2	1033.63	1	kg CO_2 eq	1854.12	8700	0.21	21.6	5.31
	CH_4	3.68	25						
	NO_x	3.20	320						
	CO	12.56	2						
AP	SO_2	11.49	1	kg SO_2 eq	14.05	36	0.39	0.05	
	NO_x	2.20	0.7						
	H_2S	0.43	1.88						
	HCl	0.25	0.88						
EP	NH_4	0.02	3.44	kg NO_3 eq	3.28	62	0.05	3.0	
	NO_x	2.20	1.35						
	COD	1.08	0.23						
ODP	CFCs	7.33E-07	1	kg CFC_{-11} eq	7.33E-07	0.2	3.67E-06	9.1	
POCP	CO	12.56	0.03	kg C_2H_4 eq	0.38	0.65	0.58	0.2	

5. 结果解释

对表6-19与表6-20进行比较，其比较结果的解释及建议如下：

1）发动机再制造相对于原始制造，在资源和能源消耗、大部分气体排放方面有较大优势，尤其在钢铁、铝、煤的消耗以及CO_2、CH_4、CFCs、BOD、COD及烟尘等污染物排放方面优势明显，契合了再制造在资源节约与减少污染排放方面的基本特征；但是再制造对于CO与SO_2气体的排放却出现了相反的结果，且发动机再制造H_2S的排放比原始制造高很多。

2）发动机再制造与原始制造相比，在CADP、GWP、EP和ODP四个环境影响类型上的优势明显，即对发动机进行再制造极大降低了资源和能源消耗，以及温室气体排放、水体富营养化和臭氧层破坏对环境的影响；而再制造在AP

和 POCP 指标上几乎变化不大，也就是在酸化和光化学烟雾方面优势不够明显。

3）出现 1）和 2）情况的主要原因是发动机再制造阶段使用了较多的铝和合金等辅料，从而产生大量的 SO_2、HCl 和 H_2S 等气体，造成了 AP（酸化）指标的升高；此外，废旧发动机在回收时运输距离较远，而货车运输过程中产生了大量的 CO，从而导致了 POCP（光化学烟雾）指标的升高；发动机再制造在节约资源和能源消耗以及降低 CO_2、CH_4、HCl、CFCs、BOD、COD、NH_4 等污染物排放方面有较大优势，从而使得 CADP、GWP、EP 和 ODP 指标降低。

建议：在发动机再制造过程中应注意辅料的选择，对于合金、铝等辅料应尽量选择造成环境污染较小的替代材料，在废旧产品运输过程中，应注意回收物流点的合理设置，尽量减少运输总距离，从而降低在 AP 和 POCP 方面对环境的影响。

6. 发动机环境维度再制造可持续性分析

综上所述，根据式（6-37）~式（6-39）的计算，分别得到发动机原始制造和再制造的综合环境影响指标，$EI_O = 25.00$，$EI_R = 5.31$，根据式（6-40）则可得到中间变量

$$\eta = \frac{EI_R}{EI_O} = \frac{5.31}{25.00} \approx 0.21$$

由式（6-41）可知，环境维度再制造可持续性指标 $E = 0.80$，因此，可以判断该发动机具有良好的环境维度可持续性，达到了社会及企业的要求。

实际结果表明发动机再制造相对于原始制造在资源消耗、环境排放等方面均有较大优势，达到了企业提出的"低油耗、低排放，完全达到环保要求"的目标，可节省原材料 80% 以上，减少污染排放 60% 以上。这与本研究结果相一致，从而验证了所提出的环境维度再制造可持续性分析方法的有效性和适用性。

6.4.3 废旧发动机经济可持续性评价

1. 原始制造发动机生命周期成本

基于生命周期成本分析的发动机原始制造和再制造的系统边界如图 6-11 所示，其中，环境成本的计算参照第 6.4.2 节资源消耗及环境排放数据。

（1）发动机原始制造生命周期常规成本（C_{o1}）与可能成本（C_{o2}） 经企业调研可得到 WD615.87 型发动机原始制造生命周期各阶段的常规成本与可能成本，见表 6-21。考虑资金时间价值，对发动机原始制造的常规成本和可能成本也需要进行终值计算，据了解，原始制造斯太尔发动机属于订单式生产，从原

材料采掘到产品销售、投入使用，整个周期约为1年，按照目前机械行业基准收益率$i=5\%$计算，可得到成本终值系数为1.05。

表6-21 发动机原始制造生命周期各阶段的常规成本与可能成本 （单位：元/台）

成本分类	成本细分	原材料生产及采购	原材料运输	零部件生产/外协	产品装配	产品销售	共计
常规成本 C_{o1}	资金	7.55E+03	0.00E+00	1.00E+03	0.00E+00	0.00E+00	8.55E+03
	材料	0.00.00	0.00E+00	3.80E+03	3.00E+01	5.00E+01	3.88E+03
	能源	2.20E+03	3.00E+01	3.50E+03	1.00E+02	3.50E+01	5.87E+03
	折旧	2.00E+03	2.50E+01	1.50E+03	4.00E+02	0.00E+00	3.93E+03
	运输费	1.00E+02	5.00E+01	0.00E+00	0.00E+00	3.00E+02	4.50E+02
	销售费	1.00E+03	0.00E+00	0.00E+00	0.00E+00	1.50E+03	2.50E+03
	劳动力	4.10E+03	3.00E+02	2.80E+03	1.30E+03	3.50E+02	8.85E+03
	管理	5.60E+02	1.20E+02	2.45E+03	8.00E+01	1.30E+02	1.14E+03
	税	6.50E+03	0.00E+00	0.00E+00	0.00E+00	8.50E+03	1.50E+04
	财务	4.50E+01	1.00E+00	3.50E+01	5.00E+00	2.00E+01	1.15E+02
	废物处理	1.80E+02	1.00E+01	5.60E+01	1.00E+01	2.00E+01	2.76E+02
	水污染	8.00E+00	0.00E+00	1.50E+01	2.00E+00	0.00E+00	2.50E+01
	合计	2.42E+04	5.45E+02	1.30E+04	1.93E+03	1.09E+04	5.06E+04
	NFV（C_{o1}）	2.55E+04	5.72E+02	1.36E+04	2.02E+03	1.15E+04	5.31E+04
可能成本 C_{o2}	法律顾问	1.00E+01	0.00E+00	4.00E+00	2.00E+00	4.00E+00	2.00E+01
	个人伤害	5.40E+01	4.00E+00	2.00E+01	1.00E+01	1.00E+01	9.80E+01
	财产损失	1.50E+02	2.00E+01	7.00E+01	1.00E+01	2.00E+01	2.70E+02
	合计	2.14E+02	2.40E+01	9.40E+01	2.20E+01	3.40E+01	3.88E+02
	NFV（C_{o2}）	2.25E+02	2.52E+01	9.87E+01	2.31E+01	3.57E+01	4.07E+02
总计		2.57E+04	5.98E+02	1.37E+04	2.05E+03	1.15E+04	5.35E+04

根据表6-21，通过终值计算，可得发动机原始制造各阶段常规成本与可能成本的终值，常规成本与可能成本终值之和为

$$\text{NFV}(C_{o1}) + \text{NFV}(C_{o2}) = 53099.6 + 407.4 = 53507(元)$$

（2）发动机原始制造生命周期环境成本（C_{o3}） 矩阵 E 的行向量对应的环境输出因子分别为中国资源消耗（CADP）、全球变暖（GWP）、酸化（AP）、水体富营养化（EP）、臭氧层破坏（ODP）和光化学烟雾（POCP）六类环境影响所对应的物质量。根据企业调研及发动机原始制造环境分析的数据，可得单台发动机各阶段环境输出因子（见表6-22）。

表 6-22　发动机原始制造生命周期环境输出因子　（单位：kg）

影响类型	清单物质	原材料生产	原材料运输	零部件生产	产品装配
CADP	煤	1.39E+03	4.04E−03	1.30E+03	9.74E+00
	石油	6.14E+01	3.51E+01	6.59E+00	1.05E+00
	天然气	1.28E+01	8.13E−04	1.13E+01	7.09E−01
GWP	CO_2	2.73E+03	1.00E+02	2.08E+03	2.99E+01
	CH_4	6.77E+00	8.53E−04	6.05E+00	5.99E−01
	NO_x	4.43E+00	2.03E−03	5.82E+00	1.58E+00
	CO	1.77E+00	1.79E−02	3.71E−01	1.32E+01
AP	SO_2	7.19E+00	2.03E−04	7.22E+00	2.98E−02
	NO_x	4.43E+00	2.03E−03	5.82E+00	1.58E+00
	H_2S	2.88E−02	1.96E−07	1.00E−03	2.00E−04
	HCl	2.58E−01	1.48E−06	5.60E−01	2.20E−02
EP	NH_4	5.24E−03	1.79E−05	4.20E−02	2.74E−03
	NO_x	4.43E+00	2.03E−03	5.82E+00	1.58E+00
	COD	5.57E+00	3.93E−04	2.80E−03	3.67E−01
ODP	CFCs	1.28E−06	9.48E−07	2.82E−06	1.06E−06
POCP	CO	1.77E+00	1.79E−02	3.71E−01	1.32E+01

1）由表 6-22 构造发动机环境输出矩阵 $\boldsymbol{E}=(e_{ij})_{mn}$。

$$\boldsymbol{E}=\begin{pmatrix} 1.39E+03 & 4.04E-03 & 1.30E+03 & 9.74E+00 \\ 6.14E+01 & 3.51E+01 & 6.59E+00 & 1.05E+00 \\ 1.28E+01 & 8.13E-04 & 1.13E+01 & 7.09E-01 \\ 2.73E+03 & 1.00E+02 & 2.08E+03 & 2.99E+01 \\ 6.77E+03 & 8.53E-04 & 6.05E+00 & 5.99E-01 \\ 4.43E+00 & 2.03E-03 & 5.82E+00 & 1.58E+00 \\ 1.77E+00 & 1.79E-02 & 3.71E-01 & 1.32E+01 \\ 7.19E+00 & 2.03E-04 & 7.22E+00 & 2.98E-02 \\ 4.43E+00 & 2.03E-03 & 5.82E+00 & 1.58E+00 \\ 2.88E-02 & 1.96E-07 & 1.00E-03 & 2.00E-04 \\ 2.58E-01 & 1.48E-06 & 5.60E-01 & 2.20E-02 \\ 5.24E-03 & 1.79E-05 & 4.20E-02 & 2.74E-03 \\ 4.43E+00 & 2.03E-03 & 5.82E+00 & 1.58E+00 \\ 5.57E+00 & 3.93E-04 & 2.82E-03 & 3.67E-01 \\ 1.28E-06 & 9.48E-07 & 2.82E-06 & 1.06E-06 \\ 1.77E+00 & 1.79E-02 & 3.71E-01 & 1.32E+01 \end{pmatrix}$$

2) 构造发动机环境输出货币成本 $\boldsymbol{D} = (d_{11}, d_{21}, \cdots, d_{ij}, \cdots, d_{mn})^T$，$d_{ij}$ 为矩阵 $\boldsymbol{E}$ 对应的环境输出所花费的单价成本，依据表 6-6 可得发动机原始环境输出单价成本矩阵为

$$\boldsymbol{D} = (d_1, d_2, \cdots, d_{16})^T$$
$$= (0.001, 0.008, 0.006, 0.22, 0.009, 0.0007, 0.11, 0.63, 0.9, 0.335, 0.72, 0.21, 0.53, 3.31, 12.35, 1.2)^T$$

转换成 16×4 阶矩阵 $\boldsymbol{D}^*$ 为

$$\boldsymbol{D}^* = \begin{pmatrix} 1.00E-03 & 1.00E-03 & 1.00E-03 & 1.00E-03 \\ 8.00E-03 & 8.00E-03 & 8.00E-03 & 8.00E-03 \\ 6.00E-03 & 6.00E-03 & 6.00E-03 & 6.00E-03 \\ 2.20E-01 & 2.20E-01 & 2.20E-01 & 2.20E-01 \\ 9.00E-03 & 9.00E-03 & 9.00E-03 & 9.00E-03 \\ 7.00E-04 & 7.00E-04 & 7.00E-04 & 7.00E-04 \\ 1.10E-01 & 1.10E-01 & 1.10E-01 & 1.10E-01 \\ 6.30E-01 & 6.30E-01 & 6.30E-01 & 6.30E-01 \\ 9.00E-01 & 9.00E-01 & 9.00E-01 & 9.00E-01 \\ 3.35E-01 & 3.35E-01 & 3.35E-01 & 3.35E-01 \\ 7.20E-01 & 7.20E-01 & 7.20E-01 & 7.20E-01 \\ 2.10E-01 & 2.10E-01 & 2.10E-01 & 2.10E-01 \\ 5.30E-01 & 5.30E-01 & 5.30E-01 & 5.30E-01 \\ 3.13E+00 & 3.13E+00 & 3.13E+00 & 3.13E+00 \\ 1.235E+01 & 1.235E+01 & 1.235E+01 & 1.235E+01 \\ 1.20E+00 & 1.20E+00 & 1.20E+01 & 1.20E+00 \end{pmatrix}$$

3) 环境成本的终值系数。本研究中，资金时间价值终值系数采用复利系数 $(F/P, i, n)$ 来计算，原始制造斯太尔发动机从原材料采掘到产品销售、投入使用，整个周期约为 1 年，各阶段之间的时间较短，可忽略不计，因此 $n=1$，按照目前机械行业基准收益率 $i=5\%$ 计算，可得到环境成本终值系数为：$k = (F/P, 5\%, 1) = 1.05$。

4) 环境成本终值系数矩阵 $\boldsymbol{K}$

$$\boldsymbol{K} = \begin{pmatrix} k_{11} & k_{12} & k_{13} & k_{14} \\ k_{21} & k_{22} & k_{23} & k_{24} \\ \vdots & \vdots & \vdots & \vdots \\ k_{161} & k_{162} & k_{163} & k_{164} \end{pmatrix} = \begin{pmatrix} 1.05 & 1.05 & 1.05 & 1.05 \\ 1.05 & 1.05 & 1.05 & 1.05 \\ \vdots & \vdots & \vdots & \vdots \\ 1.05 & 1.05 & 1.05 & 1.05 \end{pmatrix}$$

5）构造阶求和矩阵 $\boldsymbol{B}_{m\times 1}=(1,1,\cdots,1)^{\mathrm{T}}$。其中，$m$ 的个数由与 $\boldsymbol{B}$ 左乘矩阵列向量的个数决定，这里 m 为 16。

6）转化为普通计数法，得到成本数据矩阵，即总的环境成本矩阵为

$$\boldsymbol{C}_T = \begin{pmatrix} c_1 \\ c_2 \\ c_3 \\ c_4 \end{pmatrix} = ((\boldsymbol{E}\circ \boldsymbol{D}^*)\circ \boldsymbol{K})^{\mathrm{T}}\boldsymbol{B}_{16\times 1}^{\mathrm{T}} = \begin{pmatrix} 665.11 \\ 23.42 \\ 496.50 \\ 28.71 \end{pmatrix}$$

由此可知，各阶段环境成本终值为：原材料生产 665.11 元，原材料运输 23.42 元，零部件加工 496.50 元，整机装配 28.71 元。进一步可计算出 CADP、GWP、AP、EP、ODP 和 POCP 的各阶段的环境成本，计算结果见表 6-23。根据表 6-23 可知发动机原始制造各阶段环境成本终值，且四个阶段环境成本终值之和为

$$\mathrm{NFV}(C_{o3}) = 665.11 + 23.42 + 496.50 + 28.71 = 1213.74(元)$$

表 6-23 发动机原始制造各阶段环境成本 （单位：元·台$^{-1}$）

影响类别	清单物质	原材料生产环境成本	原材料运输环境成本	零部件生产环境成本	产品装配环境成本
CADP	煤	1.46E+00	4.24E−06	1.37E+00	1.02E−02
	石油	5.16E−01	2.95E−01	5.54E−02	8.82E−03
	天然气	8.06E−02	5.12E−06	7.12E−02	4.47E−03
	成本合计	2.06E+00	2.95E−01	1.49E+00	2.35E−02
GWP	CO_2	6.31E+02	2.31E+01	4.80E+02	6.91E+00
	CH_4	6.40E−02	8.06E−06	5.72E−02	5.66E−03
	NO_x	3.26E−03	1.49E−06	4.28E−03	1.16E−03
	CO	2.04E−01	2.07E−03	4.29E−02	1.52E+00
	成本合计	6.31E+02	2.31E+01	4.81E+02	8.44E+00
AP	SO_2	4.76E+00	1.34E−04	4.78E+00	1.97E−02
	NO_x	4.19E+00	1.92E−03	5.50E+00	1.49E+00
	H_2S	1.01E−02	6.89E−08	3.52E−04	7.04E−05
	HCl	1.95E−01	1.12E−06	4.23E−01	1.66E−02
	成本合计	9.15E+00	2.05E−03	1.07E+01	1.53E+00
EP	NH_4	1.16E−03	3.95E−06	9.26E−03	6.04E−04
	NO_x	2.47E+00	1.13E−03	3.24E+00	8.79E−01
	COD	1.83E+01	1.29E−03	9.20E+00	1.21E+00
	成本合计	2.08E+01	2.43E−03	3.26E+00	2.09E+00

（续）

影响类别	清单物质	原材料生产环境成本	原材料运输环境成本	零部件生产环境成本	产品装配环境成本
ODP	CFCs	1.66E−05	1.23E−05	3.66E−05	1.37E−05
POCP	CO	2.23E+00	2.26E−02	4.67E−01	1.66E+01
环境排放各阶段成本总计		6.65E+02	2.34E+01	4.97E+02	2.87E+01

2. 再制造发动机生命周期成本模型

（1）发动机再制造常规成本（C_{r1}）与可能成本（C_{r2}） 经企业调研，目前再制造发动机主要生产方式为"回收型再制造"，从旧机回收到产品销售、投入使用，周期约为1年，行业基准收益率$i=5\%$，终值系数为1.05。经计算得到发动机再制造常规成本与可能成本的终值，见表6-24，且两种成本终值之和为

$$\text{NFV}(C_{r1}) + \text{NFV}(C_{r2}) = 31433 + 327.65 = 31760.65(元)。$$

（2）发动机再制造生命周期环境成本（C_{r3}） 在对发动机再制造生命周期环境成本的分析计算中，参照发动机原始制造的环境输出，再制造环境输出矩阵$\boldsymbol{E}$的行向量所对应的因子分别为CADP、GWP、AP、EP、ODP、POCP六种环境影响类型所包含的物质的重量。对此，依据企业实际调研情况，可得单台发动机再制造各阶段环境影响输出因子，见表6-25。

1）构造发动机再制造环境输出矩阵$\boldsymbol{E} = (e_{ij})_{mn}$。由表6-25可得再制造发动机环境输出因子矩阵为

$$E = \begin{pmatrix}
1.20\text{E}+02 & 1.02\text{E}+01 & 1.48\text{E}+01 & 6.14\text{E}+01 & 1.26\text{E}+01 & 3.26\text{E}+02 & 3.77\text{E}+01 \\
4.50\text{E}+01 & 2.09\text{E}+01 & 8.84\text{E}-02 & 3.67\text{E}-01 & 7.50\text{E}-02 & 1.94\text{E}+00 & 2.25\text{E}-01 \\
2.18\text{E}+00 & 1.50\text{E}-01 & 1.32\text{E}-01 & 5.46\text{E}-01 & 1.12\text{E}-01 & 2.89\text{E}+00 & 3.36\text{E}-01 \\
2.35\text{E}+02 & 9.47\text{E}+01 & 2.30\text{E}+01 & 9.56\text{E}+01 & 1.96\text{E}+01 & 5.07\text{E}+01 & 5.88\text{E}+01 \\
1.46\text{E}+00 & 1.40\text{E}-01 & 6.81\text{E}-02 & 2.83\text{E}-01 & 5.79\text{E}-02 & 1.50\text{E}+00 & 1.74\text{E}-01 \\
5.10\text{E}-01 & 6.80\text{E}-01 & 6.64\text{E}-02 & 2.76\text{E}-01 & 5.65\text{E}-02 & 1.46\text{E}+00 & 1.69\text{E}-01 \\
5.76\text{E}-01 & 1.18\text{E}+01 & 5.24\text{E}-03 & 2.17\text{E}-02 & 4.45\text{E}-03 & 1.15\text{E}-01 & 1.34\text{E}-02 \\
8.88\text{E}+00 & 1.60\text{E}-01 & 8.02\text{E}-02 & 3.33\text{E}-01 & 6.82\text{E}-02 & 1.76\text{E}+00 & 2.05\text{E}-01 \\
5.10\text{E}-01 & 6.80\text{E}-01 & 6.64\text{E}-02 & 2.76\text{E}-01 & 5.65\text{E}-02 & 1.46\text{E}+00 & 1.69\text{E}-01 \\
4.27\text{E}-01 & 2.66\text{E}-03 & 1.10\text{E}-05 & 4.58\text{E}-05 & 9.38\text{E}-06 & 2.43\text{E}-04 & 2.81\text{E}-05 \\
4.50\text{E}-02 & 5.00\text{E}-03 & 6.55\text{E}-02 & 2.72\text{E}-01 & 5.56\text{E}-02 & 1.44\text{E}-01 & 1.67\text{E}-02 \\
7.44\text{E}-03 & 1.13\text{E}-02 & 4.29\text{E}-05 & 1.78\text{E}-04 & 3.64\text{E}-05 & 9.40\text{E}-04 & 1.09\text{E}-04 \\
5.10\text{E}-01 & 6.80\text{E}-01 & 6.64\text{E}-02 & 2.76\text{E}-01 & 5.65\text{E}-02 & 1.46\text{E}+00 & 1.69\text{E}-01 \\
9.33\text{E}-01 & 8.70\text{E}-02 & 1.96\text{E}-03 & 8.15\text{E}-03 & 1.67\text{E}-03 & 4.32\text{E}-02 & 5.01\text{E}-03 \\
2.12\text{E}-07 & 2.91\text{E}-07 & 7.53\text{E}-09 & 3.12\text{E}-08 & 6.40\text{E}-09 & 1.66\text{E}-07 & 1.92\text{E}-08 \\
5.76\text{E}-01 & 1.18\text{E}+01 & 5.24\text{E}-03 & 2.17\text{E}-02 & 4.45\text{E}-03 & 1.15\text{E}-01 & 1.34\text{E}-02
\end{pmatrix}$$

表 6-24 发动机再制造生命周期常规成本与可能成本

(单位：元·台$^{-1}$)

成本类别	成本细分	外协及采购	旧机回收	旧机拆解	零件清洗	缺陷检测	表面修复	产品装配	产品销售	共计
常规成本 (C_{r1})	资金	3.70E+03	1.00E+04	0.00E+00	0.00E+00	0.00E+00	0.00E+00	0.00E+00	3.00E+02	1.40E+04
	材料	1.40E+02	0.00E+00	3.00E+00	5.50E+01	2.70E+01	8.32E+02	1.05E+02	1.00E+02	1.16E+03
	能源	3.50E+01	0.00E+00	4.00E+00	9.40E+01	2.00E+01	2.40E+02	3.70E+01	5.00E+01	4.32E+02
	折旧	4.00E+01	0.00E+00	6.00E+00	3.80E+01	2.00E+01	3.36E+02	3.70E+01	0.00E+00	4.80E+02
	运输费	1.05E+02	2.00E+02	2.00E+00	5.00E+00	0.00E+00	4.80E+01	1.40E+01	5.00E+01	3.80E+02
	销售费	1.05E+02	0.00E+00	0.00E+00	0.00E+00	0.00E+00	0.00E+00	0.00E+00	2.00E+03	2.11E+03
	劳动力	7.00E+01	1.50E+02	9.60E+01	1.18E+02	3.60E+01	6.75E+02	4.55E+02	3.00E+02	1.90E+03
	管理	3.50E+01	1.50E+02	4.00E+00	1.20E+01	6.00E+00	7.20E+01	3.70E+01	1.00E+02	3.16E+02
	税	1.19E+02	1.50E+03	0.00E+00	0.00E+00	0.00E+00	0.00E+00	0.00E+00	6.40E+03	8.02E+03
	财务	1.00E+01	0.00E+00	2.00E+00	3.00E+00	4.00E+00	4.20E+01	1.00E+00	3.00E+02	1.71E+02
可能成本 (C_{r2})	气体排放	2.10E+01	0.00E+00	4.00E+00	1.00E+00	6.00E+00	3.00E+00	0.00E+00	0.00E+00	7.10E+01
	水污染	3.50E+01	0.00E+00	2.00E+00	4.00E+00	4.00E+00	1.24E+02	0.00E+00	0.00E+00	2.07E+02
	有害物质	2.00E+01	0.00E+00	2.00E+00	5.00E+00	1.00E+00	6.50E+01	1.00E+01	0.00E+00	1.02E+02
	NFV(C_{r1})	4.66E+03	1.27E+04	1.33E+02	3.99E+02	1.42E+02	2.59E+03	7.30E+02	1.01E+04	3.14E+04
	法律顾问	5.00E+00	1.00E+01	0.00E+00	0.00E+00	0.00E+00	4.00E+01	0.00E+00	1.50E+02	1.50E+02
	个人伤害	1.00E+01	5.00E+00	5.00E+00	1.00E+01	5.00E+00	2.00E+01	1.50E+01	0.00E+00	9.00E+01
	财产损失	5.00E+00	5.00E+00	8.00E+00	9.00E+00	4.00E+00	2.00E+01	6.00E+00	0.00E+00	5.70E+01
	NFV(C_{r2})	2.10E+01	2.10E+01	1.37E+01	2.00E+01	9.45E+00	6.30E+01	2.21E+01	1.58E+02	3.28E+02
总	计	4.68E+03	1.27E+04	1.47E+02	4.19E+02	1.51E+02	2.65E+03	7.52E+02	1.02E+04	3.18E+04

表 6-25　发动机再制造生命周期环境输出因子　　　　　　　（单位：kg）

影响类型	清单物质	辅料生产	旧件回收	产品拆解	零件清洗	缺陷检测	表面修复	产品装配
CADP	煤	1.20E+02	1.02E+01	1.48E+01	6.14E+01	1.26E+01	3.26E+02	3.77E+01
	石油	4.50E+01	2.09E+01	8.84E−02	3.67E−01	7.51E−02	1.94E+00	2.25E−01
	天然气	2.18E+00	1.50E−01	1.32E−01	5.46E−01	1.12E−01	2.89E+00	3.36E−01
GWP	CO_2	2.35E+02	9.47E+01	2.30E+01	9.56E+01	1.96E+01	5.07E+02	5.88E+01
	CH_4	1.46E+00	1.40E−01	6.81E−02	2.83E−01	5.79E−02	1.50E+00	1.74E−01
	NO_x	5.10E−01	6.80E−01	6.64E−02	2.76E−01	5.65E−02	1.46E+00	1.69E−01
	CO	5.76E−01	1.18E+01	5.24E−03	2.17E−02	4.45E−03	1.15E−01	1.34E−02
AP	SO_2	8.88E+00	1.60E−01	8.02E−02	3.33E−01	6.82E−02	1.76E+00	2.05E−01
	NO_x	5.10E−01	6.80E−01	6.64E−02	2.76E−01	5.65E−02	1.46E+00	1.69E−01
	H_2S	4.27E−01	2.66E−03	1.10E−05	4.58E−05	9.38E−06	2.43E−04	2.81E−05
	HCl	4.50E−02	5.00E−03	6.55E−03	2.72E−02	5.56E−03	1.44E−01	1.67E−02
EP	NH_4	7.44E−03	1.13E−02	4.29E−05	1.78E−04	3.64E−05	9.43E−04	1.09E−04
	NO_x	5.10E−01	6.80E−01	6.64E−02	2.76E−01	5.65E−02	1.46E+00	1.69E−01
	COD	9.33E−01	8.70E−02	1.96E−03	8.15E−03	1.67E−03	4.32E−02	5.01E−03
ODP	CFCs	2.12E−07	2.91E−07	7.53E−09	3.12E−08	6.40E−09	1.66E−07	1.92E−08
POCP	CO	5.76E−01	1.18E+01	5.24E−03	2.17E−02	4.45E−03	1.15E−01	1.34E−02

2）构造发动机环境输出货币成本 $\boldsymbol{D} = (d_{11}, d_{21}, \cdots, d_{ij}, \cdots, d_{mn})^{\mathrm{T}}$，$d_{ij}$ 为矩阵 $\boldsymbol{E}$ 对应的环境输出所花费的成本单价，根据表 6-6，可得发动机原始环境输出单价成本矩阵

$$\boldsymbol{D} = (d_1, d_2, \cdots, d_{16})^{\mathrm{T}}$$
$$= (0.001, 0.008, 0.006, 0.22, 0.009, 0.0007, 0.11, 0.63, 0.9, 0.335, 0.72, 0.21,$$
$$0.53, 3.31, 12.35, 1.2)^{\mathrm{T}}$$

转换成 16×7 阶矩阵 $\boldsymbol{D}^*$ 为

$$\boldsymbol{D}^* = 0.335 \times$$

$$\begin{pmatrix} 1.00E-03 & 1.00E-03 & 1.00E-03 & 1.00E-03 & 1.00E-03 & 1.00E-03 & 1.00E-03 \\ 8.00E-03 & 8.00E-03 & 8.00E-03 & 8.00E-03 & 8.00E-03 & 8.00E-03 & 8.00E-03 \\ 6.00E-03 & 6.00E-03 & 6.00E-03 & 6.00E-03 & 6.00E-03 & 6.00E-03 & 6.00E-03 \\ 2.20E-01 & 2.20E-01 & 2.20E-01 & 2.20E-01 & 2.20E-01 & 2.20E-01 & 2.20E-01 \\ 9.00E-03 & 9.00E-03 & 9.00E-03 & 9.00E-03 & 9.00E-03 & 9.00E-03 & 9.00E-03 \\ 7.00E-04 & 7.00E-04 & 7.00E-04 & 7.00E-04 & 7.00E-04 & 7.00E-04 & 7.00E-04 \\ 1.10E-01 & 1.10E-01 & 1.10E-01 & 1.10E-01 & 1.10E-01 & 1.10E-01 & 1.10E-01 \\ 6.30E-01 & 6.30E-01 & 6.30E-01 & 6.30E-01 & 6.30E-01 & 6.30E-01 & 6.30E-01 \\ 9.00E-01 & 9.00E-01 & 9.00E-01 & 9.00E-01 & 9.00E-01 & 9.00E-01 & 9.00E-01 \\ 3.35E-01 & 3.35E-01 & 3.35E-01 & 3.35E-01 & 3.35E-01 & 3.35E-01 & 3.35E-01 \\ 7.20E-01 & 7.20E-01 & 7.20E-01 & 7.20E-01 & 7.20E-01 & 7.20E-01 & 7.20E-01 \\ 2.10E-01 & 2.10E-01 & 2.10E-01 & 2.10E-01 & 2.10E-01 & 2.10E-01 & 2.10E-01 \\ 5.30E-01 & 5.30E-01 & 5.30E-01 & 5.30E-01 & 5.30E-01 & 5.30E-01 & 5.30E-01 \\ 3.13E+00 & 3.13E+00 & 3.13E+00 & 3.13E+00 & 3.13E+00 & 3.13E+00 & 3.13E+00 \\ 1.235E+01 & 1.235E+01 & 1.235E+01 & 1.235E+01 & 1.235E+01 & 1.235E+01 & 1.235E+01 \\ 1.20E+00 & 1.20E+00 & 1.20E+00 & 1.20E+00 & 1.20E+00 & 1.20E+00 & 1.20E+00 \end{pmatrix}$$

3）资金时间终值系数。已知再制造发动机从旧机回收到产品销售、投入使用，周期约为 1 年，各阶段之间的时间跨距较短，可忽略不计，因此 $n=1$，按照目前机械行业基准收益率 $i=5\%$ 计算，可得到终值系数：$k=(F/P,5\%,1)=1.05$。

4）构造环境成本终值系数矩阵 $\boldsymbol{K}$

$$\boldsymbol{K} = \begin{pmatrix} k_{11} & k_{12} & \cdots & k_{17} \\ k_{21} & k_{22} & \cdots & k_{27} \\ \vdots & \vdots & & \vdots \\ k_{161} & k_{162} & \cdots & k_{167} \end{pmatrix} = \begin{pmatrix} 1.05 & 1.05 & \cdots & 1.05 \\ 1.05 & 1.05 & \cdots & 1.05 \\ \vdots & \vdots & & \vdots \\ 1.05 & 1.05 & \cdots & 1.05 \end{pmatrix}$$

5）构造求和矩阵 $\boldsymbol{B}_{m \times 1} = (1,1,\cdots,1)^{\mathrm{T}}$。其中，$m$ 的个数由与 $\boldsymbol{B}$ 左乘矩阵列向量的个数决定，这里 m 为 16。

6）总成本矩阵。可得环境总社会支付意愿成本矩阵，即总环境成本矩阵为

$$\boldsymbol{C}_T = \begin{pmatrix} c_1 \\ c_2 \\ c_3 \\ c_4 \\ c_5 \\ c_6 \\ c_7 \end{pmatrix} = ((\boldsymbol{E} \circ \boldsymbol{D}^*) \circ \boldsymbol{K})^{\mathrm{T}} \boldsymbol{B}_{16 \times 1}^{\mathrm{T}} = \begin{pmatrix} 65.50 \\ 39.72 \\ 5.50 \\ 22.87 \\ 4.68 \\ 121.27 \\ 14.06 \end{pmatrix}$$

根据结果可知，辅料生产阶段环境成本终值为 65.50 元，旧机回收阶段环境成本终值为 39.72 元，旧机拆解阶段环境成本终值为 5.50 元，零件清洗阶段环境成本终值为 22.87 元，零件检测阶段环境成本终值为 4.68 元，零件修复阶段环境成本终值为 121.27 元，整机装配阶段环境成本终值为 14.06 元。进一步可计算出 CADP、GWP、AP、EP、ODP 与 POCP 在各阶段的成本终值，见表 6-26。

表 6-26　发动机再制造各阶段环境影响类别成本　　（单位：元·台$^{-1}$）

影响类型	清单物质	辅料生产	旧机回收	旧机拆解	零件清洗	缺陷检测	表面修复	产品装配
CADP	煤	1.26E-01	1.07E-02	1.55E-02	6.45E-02	1.32E-02	3.42E-01	3.96E-02
CADP	石油	3.78E-01	1.76E-01	7.43E-04	3.08E-03	6.31E-04	1.63E-02	1.89E-03
CADP	天然气	1.37E-02	9.45E-04	8.32E-04	3.44E-03	7.06E-04	1.82E-02	2.12E-03
CADP	合计	5.18E-01	1.87E-01	1.71E-02	7.10E-02	1.46E-02	3.77E-01	4.36E-02
GWP	CO_2	5.43E+01	2.19E+01	5.31E+00	2.21E+01	4.53E+00	1.17E+02	1.36E+01
GWP	CH_4	1.38E-02	1.32E-03	6.44E-04	2.67E-03	5.47E-04	1.42E-02	1.64E-03
GWP	NO_x	3.75E-04	5.00E-04	4.88E-05	2.03E-04	4.15E-05	1.07E-03	1.24E-04
GWP	CO	6.65E-02	1.36E+00	6.05E-02	2.51E-03	5.14E-04	1.33E-02	1.55E-03
GWP	合计	5.44E+01	2.32E+01	5.31E+00	2.21E+01	4.53E+00	1.17E+02	1.36E+01
AP	SO_2	5.87E+00	1.06E-01	5.31E-02	2.20E-01	4.51E-02	1.16E-01	1.36E-01
AP	NO_x	4.82E-01	6.43E-01	6.27E-02	2.61E-01	5.34E-02	1.38E+00	1.60E-01
AP	H_2S	1.50E-01	9.36E-04	3.87E-06	1.61E-05	3.30E-06	8.55E-05	9.88E-06
AP	HCl	3.40E-02	3.78E-03	4.95E-03	2.06E-02	4.20E-03	1.09E-01	1.26E-02
AP	合计	6.54E+00	7.53E-01	1.21E-01	5.02E-01	1.03E-01	2.65E+00	3.08E-01
EP	NH_4	1.64E-03	2.49E-03	9.46E-06	3.92E-05	8.03E-06	2.08E-04	2.40E-05
EP	NO_x	2.84E-01	3.78E-01	3.70E-02	1.54E-01	3.14E-02	8.12E-01	9.40E-02
EP	COD	3.07E+00	2.86E-01	6.44E-03	2.68E-02	5.49E-03	1.42E-01	1.65E-02
EP	合计	3.35E+00	6.67E-01	4.34E-02	1.80E-01	3.69E-02	9.55E-01	1.11E-01
ODP	CFCs	2.75E-06	3.77E-06	9.76E-08	4.05E-07	8.30E-08	2.15E-06	2.49E-07
POCP	CO	7.26E-01	1.49E+01	6.60E-03	2.73E-02	5.61E-03	1.45E-01	1.69E-02
各阶段成本总计		6.55E+01	3.97E+01	5.50E+00	2.29E+01	4.69E+00	1.21E+02	1.41E+01

可得发动机再制造的总环境成本终值，普通计数法数值为

$$NFV(C_{r3}) = 65.50 + 39.72 + 5.50 + 22.87 + 4.68 + 121.27 + 14.06$$
$$= 273.60(元)$$

3. 发动机经济维度再制造可持续性分析

根据上述分析，得到发动机原始制造全生命周期成本汇总（见表6-27）和发动机再制造全生命周期成本汇总（见表6-28）。

表6-27 发动机原始制造全生命周期成本分析 （单位：元·台$^{-1}$）

产品过程	WD615.87型斯太尔原始制造发动机					
成本终值	原材料生产	原材料运输	零部件生产	产品装配	产品销售	合计
NFV（C_{o1}）	25455.20	572.30	13598.60	2023.40	11450.30	53099.80
NFV（C_{o2}）	224.70	25.20	98.70	23.10	35.70	407.40
NFV（C_{o3}）	665.11	23.42	496.50	28.71	—	1213.74
NFV（C_O）	26345.01	620.92	14193.80	2075.21	11486.00	54720.94

表6-28 发动机再制造全生命周期成本分析 （单位：元·台$^{-1}$）

产品过程	WD615.87型斯太尔再制造发动机								
成本终值	原材料生产	旧件回收	产品拆解	零件清洗	缺陷检测	表面修复	产品装配	产品销售	合计
NFV(C_{r1})	4656.80	12705.00	133.40	399.00	141.80	2587.20	729.80	10080.00	31433.00
NFV(C_{r2})	21.00	21.00	13.65	20.00	9.45	63.00	22.05	157.50	327.65
NFV(C_{r3})	65.50	39.72	5.50	22.87	4.68	121.27	14.06	—	273.60
NFV(C_R)	4743.30	12765.72	152.55	441.87	155.93	2771.47	765.91	10237.50	32034.25

WD615.87原始制造发动机的总成本终值为

NFV(C_O) = 26345.01 + 620.92 + 14193.80 + 2075.21 + 11486
= 54720.94(元)

因此，WD615.87型斯太尔再制造发动机的总成本终值为

NFV(C_R) = 4743.30 + 12765.72 + 152.55 + 441.87 + 155.93 + 2771.47 + 765.91 + 10237.50 = 32034.25(元)

综上所述，结合表6-27与表6-28中的数据，根据式（6-49），计算得到原始制造发动机和再制造发动机的经济维度再制造可持续性指标中间值为

$$\tau = \frac{\text{NFV}(C_R)}{\text{NFV}(C_O)} = \frac{32034.25}{54720.74} \approx 0.59$$

由式（6-50）可知，经济维度再制造可持续性指标值为$C = 0.80$，因此，可以判定斯太尔发动机经济维度再制造可持续性较高，说明该企业发动机再制造具有较高的成本优势。

6.4.4 废旧发动机社会可持续性评价

以 WD615.87 型斯太尔发动机再制造为对象,对企业社会表现进行调研和员工问卷调查,其中被调研员工中现场工人人数达到 80%,办公室管理人员 10%,工程师和设计师等技术人员 10%,得到企业社会表现的原始数据。社会可持续性分析如下:

1. 企业社会可持续性清单数据

根据调研结果,企业再制造的社会表现 I 基本数据见表 6-29,包含人类权利、健康安全、工作环境和社会经济的部分数据信息,社会表现 II 与 III 的得分见表 6-30。

表 6-29 企业再制造社会表现 I 的实际得分

社会影响指标	社会表现清单	企业社会表现 I 的描述	实际数值	得分
人类权利 A	童工的雇佣	童工比例	0%	4
	公平的工资	女工工资与男工工资的比例	93.6%	4
	强迫劳动	额外加班时间/正常劳动时间	10%	2
	歧视/平等的机会	感到公平百分比	98%	4
	满意的薪酬	收入满意度百分比	93%	4
	安全健康的生活环境	员工感觉的百分比	97%	4
健康安全 B	工人工伤的避免措施	工伤出现百分比	0.3%	4
	工人防护设备的使用	百分比	100%	4
	工人对应急知识的掌握	百分比	96%	4
	工人对健康安全知识的掌握	百分比	97%	4
工作环境 C	工人工作环境	满意度百分比	80%	2
	工人劳动强度	满意度百分比	98%	4
	工作卫生条件	满意度百分比	93%	4
	员工升职与考核	平均晋升一级的时间(年)	4	2
社会经济 D	再制造企业就业	人数	236	0.7
	当地社区项目的投入	万元/年	3~5	2
	促进当地就业	当地员工的百分比	53%	2
	当地习惯的尊重	百分比	98%	4

表 6-30 企业再制造社会表现 II 和 III 的实际社会影响得分

社会影响指标	社会表现清单	企业社会表现 II 得分	企业社会表现 III 得分
人类权利 A	童工的雇佣	1.2	1.2
	公平的工资	1	1
	强迫劳动	1.2	1.2
	歧视/平等的机会	1.2	1.2
	满意的薪酬	2	2
	安全健康的生活环境	2	2
健康安全 B	工人工伤的避免措施	2	1.2
	工人防护设备的使用	2	2
	工人对应急知识的掌握	2	2
	工人对健康安全知识的掌握	2	2
工作环境 C	工人工作环境	2	2
	工人劳动强度	1.2	1.2
	工作卫生条件	1.2	1.2
	员工升职与考核	1.2	1.2
社会经济 D	再制造企业就业	2	1.2
	当地社区项目的投入	2	2
	促进当地就业	2	1.2
	当地习惯的尊重	2	2

▶ 2. 社会可持续性指标的计算

根据第 6.3.4 节提出的机械产品社会可持续性指标计算步骤，计算发动机社会可持续性评价指标步骤如下：

第一步：计算企业表现分数 CSPS。

人类权利得分为 $\mathrm{CSPS}_A = \sum_{i=1}^{6} (A_{iI} \times A_{iII} \times A_{iIII}) = 50.4$。

健康安全得分为 $\mathrm{CSPS}_B = \sum_{j=1}^{4} (B_{jI} \times B_{jII} \times B_{jIII}) = 57.6$。

工作环境得分为 $\mathrm{CSPS}_C = \sum_{k=1}^{4} (C_{kI} \times C_{kII} \times C_{kIII}) = 22.4$。

社会经济得分为 $CSPS_D = \sum_{l=1}^{4}(D_{l\mathrm{I}} \times D_{l\mathrm{II}} \times D_{l\mathrm{III}}) = 30.5$。

第二步：计算企业自由度 CFR，$CFR = (CSPS_{max} - CSPS)/CSPS_{max}$。

人类权利自由度为 $CFR_A = (CSPS_{Amax} - CSPS_A)/CSPS_{Amax} = (96 - 50.4)/96 = 0.475$。

健康安全自由度为 $CFR_B = (CSPS_{Bmax} - CSPS_B)/CSPS_{Bmax} = (64 - 57.6)/64 = 0.10$。

工作环境自由度为 $CFR_C = (CSPS_{Cmax} - CSPS_C)/CSPS_{Cmax} = (64 - 22.4)/64 = 0.65$。

社会经济自由度为 $CFR_D = (CSPS_{Dmax} - CSPS_D)/CSPS_{Dmax} = (64 - 30.5)/64 \approx 0.52$。

第三步：计算企业社会风险 CSR，$CSR = CFR \times CAF$。

经调研，确定四类社会风险调整因子为：$CAF_A = 0.5$，$CAF_B = 0.7$，$CAF_C = 0.6$，$CAF_D = 0.4$，则

人类权利社会风险为 $CSR_A = CFR_A \times CAF_A \approx 0.24$。

健康安全社会风险为 $CSR_B = CFR_B \times CAF_B = 0.07$。

工作环境社会风险为 $CSR_C = CFR_C \times CAF_C = 0.39$。

社会经济社会风险为 $CSR_D = CFR_D \times CAF_D = 0.208$。

第四步：利用式（6-68）计算产品社会风险得分 PSRS。

经调研，企业对各类社会影响类别的风险等级 CRC 评价及产品关联因子 PSRF 的取值见表 6-31。

表 6-31　企业社会影响风险等级与产品关联因子取值

社会影响类别	社会影响风险等级 CRC	产品关联因子 PSRF
人类权利 A	4	0.5
健康安全 B	5	0.4
工作环境 C	4	0.5
社会经济 D	5	0.4

因此，可得产品风险得分 PSRS 如下：

人类权利产品风险得分为 $PSRS_A = PSRF_A \times CSR_A = 0.5 \times 0.24 = 0.12$。

健康安全产品风险得分为 $PSRS_B = PSRF_B \times CSR_B = 0.4 \times 0.07 \approx 0.03$。

工作环境产品风险得分为 $PSRS_C = PSRF_C \times CSR_C = 0.5 \times 0.39 \approx 0.20$。

社会经济产品风险得分为 $PSRS_D = PSRF_D \times CSR_D = 0.4 \times 0.208 \approx 0.08$。

第五步：计算发动机社会可持续性指标值。

人类权利指标值为 $S_A = 1-\text{PSRS}_A = 1-0.12 = 0.88$。

健康安全指标值为 $S_B = 1-\text{PSRS}_B = 1-0.03 = 0.97$。

工作环境指标值为 $S_C = 1-\text{PSRS}_C = 1-0.20 = 0.80$。

社会经济指标值为 $S_D = 1-\text{PSRS}_D = 1-0.08 = 0.92$。

由上述分析可知：该发动机再制造企业在"人类权利""健康安全""社会经济"方面的指标较高，社会表现较好；而其"工作环境"指标数值较低，这是由于发动机再制造过程中的拆解、清洗环节会产生较多灰尘、油渍及废液等污染物，使得再制造工作环境与新品的制造环境相比要艰苦很多，因此，企业应重视工人工作环境的改善，积极探索新的拆解及清洗技术，降低污染，改善工作环境。

3. 发动机社会维度再制造可持续性分析

企业对以上四类社会可持续性指标进行重要性量化，所赋权重分别为

$$\alpha_A = 0.25,\ \alpha_B = 0.25,\ \alpha_C = 0.3,\ \alpha_D = 0.2$$

可得发动机社会维度再制造可持续性综合指标为

$$S = \alpha_A S_A + \alpha_B S_B + \alpha_C S_C + \alpha_D S_D \approx 0.90$$

因此，根据式（6-71）可以判断该企业发动机再制造行为的社会可持续性很高，从企业员工及社会经济角度来讲都具有较高的贡献和价值。

4. 发动机再制造企业实际社会表现分析

被调研企业自1995年成立以来生产再制造汽车零部件及发动机产品数万余件（台），企业员工数量稳定，其中80%来自当地市区，工资福利较好，且由于热心社会福利事业，因此在当地具有较高的社会评价。目前该企业正在逐步改善发动机再制造现场的工作环境，引进多台清洗和修复设备，以减轻工人劳动强度、降低工作危险程度，企业良好的社会表现与研究结果一致，从而验证了本方法的有效性和适用性。

6.4.5 废旧发动机生命周期可持续性综合评价

综上所述，计算得到废旧发动机的技术可行性指标、环境可持续性指标、经济可持续性指标和社会可持续性指标，其值分别为：$T = 0.84$，$E = 0.80$，$C = 0.80$，$S = 0.90$。

结果表明废旧发动机再制造分别在技术、环境、经济和社会影响方面均有良好的表现，而对于综合可持续性分析，还需进一步对四个定量指标进行加权

综合和分析。再制造技术可行性指标与环境、经济和社会维度可持续性指标的权重需要全面、客观地反映变量的重要程度，这里采用模糊层次分析方法（FAHP）确定各维度权重值的大小，以下是权重的计算过程，进而得出发动机可持续性综合指标。

第一步：建立层次结构。

建立目标层 a，目标为准确的可持续性分析。准则层中有四个判定准则：运行可靠、功能齐全 b_1，节约资源、降低成本 b_2，减少排放、保护环境 b_3，社会进步、公平公正 b_4。指标层有四个，分别为再制造技术可行性 c_1、环境可持续性 c_2、经济可持续性 c_3 和社会可持续性 c_4。发动机再制造可持续性评价层次结构如图 6-16 所示。

图 6-16 发动机再制造可持续性评价层次结构

第二步：建立模糊评价矩阵。

1) 由式（3-1），得四个准则相对于目标层的评价矩阵

$$\tilde{C}_b = \begin{pmatrix} \tilde{1} & \tilde{5} & \tilde{3} & \tilde{7} \\ 1/\tilde{5} & \tilde{1} & 1/\tilde{3} & \tilde{3} \\ 1/\tilde{3} & \tilde{3} & \tilde{1} & \tilde{5} \\ 1/\tilde{7} & 1/\tilde{3} & 1/\tilde{5} & \tilde{1} \end{pmatrix}$$

2) 建立四个指标对于四个准则的评价矩阵

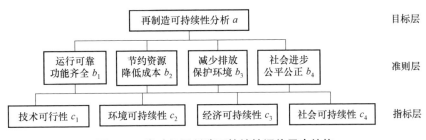

$$\tilde{C}_{b1} = \begin{pmatrix} \tilde{1} & \tilde{9} & \tilde{9} & \tilde{7} \\ 1/\tilde{9} & \tilde{1} & \tilde{5} & \tilde{3} \\ 1/\tilde{9} & 1/\tilde{5} & \tilde{1} & 1/\tilde{3} \\ 1/\tilde{7} & 1/\tilde{3} & \tilde{3} & \tilde{1} \end{pmatrix} \quad \tilde{C}_{b2} = \begin{pmatrix} \tilde{1} & 1/\tilde{7} & 1/\tilde{3} & 1/\tilde{5} \\ \tilde{7} & \tilde{1} & \tilde{5} & \tilde{3} \\ \tilde{3} & 1/\tilde{5} & \tilde{1} & 1/\tilde{3} \\ \tilde{5} & 1/\tilde{3} & \tilde{3} & \tilde{1} \end{pmatrix}$$

$$\tilde{C}_{b3} = \begin{pmatrix} \tilde{1} & 1/\tilde{7} & 1/\tilde{9} & 1/\tilde{3} \\ \tilde{7} & \tilde{1} & 1/\tilde{3} & \tilde{5} \\ \tilde{9} & \tilde{3} & \tilde{1} & \tilde{7} \\ \tilde{3} & 1/\tilde{5} & 1/\tilde{7} & \tilde{1} \end{pmatrix} \quad \tilde{C}_{b4} = \begin{pmatrix} \tilde{1} & 1/\tilde{5} & 1/\tilde{3} & 1/\tilde{7} \\ \tilde{5} & \tilde{1} & \tilde{3} & 1/\tilde{3} \\ \tilde{3} & 1/\tilde{3} & \tilde{1} & 1/\tilde{5} \\ \tilde{7} & \tilde{3} & \tilde{5} & \tilde{1} \end{pmatrix}$$

第三步：计算三角模糊数权重。

1）计算四个准则的权重。根据式（3-3）~式（3-4）可得中间变量值

$$\tilde{r}_{b1} = [b_{11} \otimes b_{12} \otimes b_{13} \otimes b_{14}]^{1/4} = [\tilde{1} \otimes \tilde{5} \otimes \tilde{3} \otimes \tilde{7}]^{1/4} = [15,105,945]^{1/4}$$
$$= (1.97, 3.20, 5.54)$$

$$\tilde{r}_{b2} = [b_{21} \otimes b_{22} \otimes b_{23} \otimes b_{24}]^{1/4} = [\tilde{1}/5 \otimes \tilde{1} \otimes 1/\tilde{3} \otimes \tilde{3}]^{1/4}$$
$$= [1/35, 1/5, 5/3]^{1/4} = (0.41, 0.67, 1.14)$$

$$\tilde{r}_{b3} = [b_{31} \otimes b_{32} \otimes b_{33} \otimes b_{34}]^{1/4} = [1/\tilde{3} \otimes \tilde{3} \otimes \tilde{1} \otimes \tilde{5}]^{1/4} = [3/5, 5, 35]^{1/4}$$
$$= (0.88, 1.50, 2.43)$$

$$\tilde{r}_{b4} = [b_{41} \otimes b_{42} \otimes b_{43} \otimes b_{44}]^{1/4} = [1/\tilde{7} \otimes 1/\tilde{3} \otimes 1/\tilde{5} \otimes \tilde{1}]^{1/4}$$
$$= [1/315, 1/105, 1/15]^{1/4} = (0.24, 0.31, 0.51)$$

于是得到四个准则的三角模糊权重分别为

$$\tilde{w}_{b1} = \frac{\tilde{r}_{b1}}{\tilde{r}_{b1} \oplus \tilde{r}_{b2} \oplus \tilde{r}_{b3} \oplus \tilde{r}_{b4}}$$
$$= \frac{(1.97, 3.20, 5.54)}{(1.97, 3.20, 5.54) \oplus (0.41, 0.67, 1.14) \oplus (0.88, 1.50, 2.43) \oplus (0.24, 0.31, 0.51)}$$
$$= \frac{(1.97, 3.20, 5.54)}{(3.50, 5.86, 9.62)} = (0.20, 0.55, 1.58)$$

$$\tilde{w}_{b2} = \frac{\tilde{r}_{b2}}{\tilde{r}_{b1} \oplus \tilde{r}_{b2} \oplus \tilde{r}_{b3} \oplus \tilde{r}_{b4}}$$
$$= \frac{(0.41, 0.67, 1.14)}{(1.97, 3.20, 5.54) \oplus (0.41, 0.67, 1.14) \oplus (0.88, 1.50, 2.43) \oplus (0.24, 0.31, 0.51)}$$
$$= \frac{(0.41, 0.67, 1.14)}{(3.50, 5.86, 9.62)} = (0.04, 0.11, 0.32)$$

$$\tilde{w}_{b3} = \frac{\tilde{r}_{b3}}{\tilde{r}_{b1} \oplus \tilde{r}_{b2} \oplus \tilde{r}_{b3} \oplus \tilde{r}_{b4}}$$

$$= \frac{(0.88, 1.50, 2.43)}{(1.97, 3.20, 5.54) \oplus (0.41, 0.67, 1.14) \oplus (0.88, 1.50, 2.43) \oplus (0.24, 0.31, 0.51)}$$

$$= \frac{(0.88, 1.50, 2.43)}{(3.50, 5.86, 9.62)} = (0.09, 0.26, 0.69)$$

$$\tilde{w}_{b4} = \frac{\tilde{r}_{b4}}{\tilde{r}_{b1} \oplus \tilde{r}_{b2} \oplus \tilde{r}_{b3} \oplus \tilde{r}_{b4}}$$

$$= \frac{(0.24, 0.31, 0.51)}{(1.97, 3.20, 5.54) \oplus (0.41, 0.67, 1.14) \oplus (0.88, 1.50, 2.43) \oplus (0.24, 0.31, 0.51)}$$

$$= \frac{(0.24, 0.31, 0.51)}{(3.50, 5.86, 9.62)} = (0.02, 0.05, 0.15)$$

2）计算四个指标的权重。根据式（3-5）~式（3-8）可以得到四个指标分别相对于四个准则的权重值

$$\tilde{r}_{c1} = \tilde{w}_{b1} \tilde{r}_{cb11} \oplus \tilde{w}_{b2} \tilde{r}_{cb21} \oplus \tilde{w}_{b3} \tilde{r}_{cb31} \oplus \tilde{w}_{b4} \tilde{r}_{cb41}$$

$$= (0.2, 0.55, 1.58)(\tilde{1}, \tilde{9}, \tilde{9}, \tilde{7}) \oplus (0.04, 0.11, 0.32)(\tilde{1}, 1/\tilde{7}, 1/\tilde{3}, 1/\tilde{5}) \oplus$$

$$(0.09, 0.26, 0.69)(\tilde{1}, 1/\tilde{7}, 1/\tilde{9}, 1/\tilde{3}) \oplus (0.02, 0.05, 0.15)(\tilde{1}, 1/\tilde{5}, 1/\tilde{3}, 1/\tilde{7})$$

$$= (5.44, 14.98, 42.96)$$

同理，可得

$$\tilde{r}_{c2} = \tilde{w}_{b1} \tilde{r}_{cb12} \oplus \tilde{w}_{b2} \tilde{r}_{cb22} \oplus \tilde{w}_{b3} \tilde{r}_{cb32} \oplus \tilde{w}_{b4} \tilde{r}_{cb42} = (3.84, 10.70, 30.11)$$

$$\tilde{r}_{c3} = \tilde{w}_{b1} \tilde{r}_{cb13} \oplus \tilde{w}_{b2} \tilde{r}_{cb23} \oplus \tilde{w}_{b3} \tilde{r}_{cb33} \oplus \tilde{w}_{b4} \tilde{r}_{cb43} = (2.40, 6.83, 18.52)$$

$$\tilde{r}_{c4} = \tilde{w}_{b1} \tilde{r}_{cb14} \oplus \tilde{w}_{b2} \tilde{r}_{cb24} \oplus \tilde{w}_{b3} \tilde{r}_{cb34} \oplus \tilde{w}_{b4} \tilde{r}_{cb44} = (1.98, 5.41, 15.44)$$

则四个指标的三角模糊权重分别为

$$\tilde{w}_{c1} = \frac{\tilde{r}_{c1}}{\tilde{r}_{c1} \oplus \tilde{r}_{c2} \oplus \tilde{r}_{c3} \oplus \tilde{r}_{c4}} = (0.05, 0.40, 3.14)$$

$$\tilde{w}_{c2} = \frac{\tilde{r}_{c2}}{\tilde{r}_{c1} \oplus \tilde{r}_{c2} \oplus \tilde{r}_{c3} \oplus \tilde{r}_{c4}} = (0.04, 0.28, 2.20)$$

$$\tilde{w}_{c3} = \frac{\tilde{r}_{c3}}{\tilde{r}_{c1} \oplus \tilde{r}_{c2} \oplus \tilde{r}_{c3} \oplus \tilde{r}_{c4}} = (0.06, 0.18, 1.36)$$

$$\tilde{w}_{c4} = \frac{\tilde{r}_{c4}}{\tilde{r}_{c1} \oplus \tilde{r}_{c2} \oplus \tilde{r}_{c3} \oplus \tilde{r}_{c4}} = (0.02, 0.14, 1.13)$$

第四步：计算每个指标的标准化权重的清晰数，过程如下：

1）计算权重的清晰数。根据式（3-9），可得到各权重的清晰数，其中

$$w'_{c1} = \frac{1}{2 \times (1+8)} \times 0.05 + \frac{8 + 2 \times 8 \times 0.127 + 0.127}{2 \times (1+8) \times (1+0.127)} \times 0.4 +$$
$$\frac{1}{2 \times (1+0.127)} \times 3.14 = 1.59$$

同理，可得其他三个指标权重的清晰数

$$w'_{c2} = 1.12, \quad w'_{c3} = 0.62, \quad w'_{c4} = 0.57$$

2）计算标准化权重。根据式（3-10）可得各指标的标准化权重

$$w_{c1} = \frac{1.59}{1.59 + 1.12 + 0.62 + 0.57} = 0.41$$

同理，可得 $w_{c2} = 0.29$，$w_{c3} = 0.16$，$w_{c4} = 0.14$。

因此可知，技术可行性权重为 $w_T = w_{c1} = 0.41$，环境可持续性权重为 $w_E = w_{c2} = 0.29$，经济可持续性权重为 $w_C = w_{c3} = 0.16$，社会可持续性权重为 $w_S = w_{c4} = 0.14$。

因此，由式（6-1）可得废旧发动机再制造可持续性综合指标 R_a 的数值如下：

$$R_a = w_T T + w_E E + w_C C + w_S S$$
$$= 0.41 \times 0.84 + 0.29 \times 0.80 + 0.16 \times 0.80 + 0.14 \times 0.90 = 0.83$$

通过计算，获得了某损伤状况发动机的可持续性为 0.83。根据式（6-2）可持续性判定标准，可知再制造的 WD615.87 型斯太尔发动机具有较高的综合可持续性。而企业实际发动机再制造在技术、环境、经济及社会方面均有良好表现，理论计算结果与实际情况相一致，这验证了本书提出的多维度可持续性分析方法的有效性和适用性，从而实现了机械产品可持续性的科学系统的定量分析与评价。

6.5 小结

本章以原始制造和再制造机械产品为研究背景，介绍了生命周期可持续性评价（LCSA）方法，提出了基于 LCSA 的可持续性评价框架，建立了基于技术、环境、经济与社会的多维可持续性评价方法和模型，研究了各评价要素指标的量化计算方法，采用模糊层次分析法（FAHP），进行了技术、环境、经济以及社会的四个维度可持续性评价指标权重的计算。最后，本章以废旧发动机再制造为对象，对生命周期可持续性评价方法进行了详细的实例分析。

参考文献

[1] ROBOT T L. The remanufacturing industry: hidden giant [R]. Boston University: Manufacturing Engineering Department, 1996.

[2] Environmental Protection Agency. Benefits of the remanufacturing exclusion: background document in support of the definition of solid waste rule [R]. Washington: EPA Office of Research and Development, 2011.

[3] 徐滨士. 再制造工程及其关键技术 [J]. 内燃机配件, 2009 (4): 3-8.

[4] 徐滨士. 再制造与循环经济 [M]. 北京: 科学出版社, 2007.

[5] LUND R T. Remanufacturing: the experience of the United States and implications for developing countries [R]. Washington: DC, 1984.

[6] 徐滨士. 再制造工程基础及应用 [M]. 哈尔滨: 哈尔滨工业大学出版社, 2005.

[7] 时君丽. 基于 LCSA 的机械装备多维度可再制造性分析方法研究 [D]. 大连: 大连理工大学, 2017.

[8] GUIDE V D R. Production planning and control for remanufacturing: industry practice and research needs [J]. Journal of Operational Management, 2000, 18 (4): 467-483.

[9] 国家发展和改革委员会. 关于加快发展循环经济的若干意见 [EB/OL]. (2005-09-08) [2022-01-10]. http://www.gov.cn/zwgk/2005-09/08/content_30305.htm.

[10] 中华人民共和国循环经济促进法 [EB/OL]. (2008-08-29) [2022-01-10]. http://www.gov.cn/flfg/2008-08/29/content_1084355.htm.

[11] 国家发展和改革委员会, 科技部, 工业和信息化部. 国务院关于推进再制造产业发展的意见 [EB/OL]. (2010-05-31) [2022-01-10]. http://www.gov.cn/zwgk/2010-05/31/content_1617310.htm.

[12] 工业和信息化部. 关于进一步做好机电产品再制造试点示范工作的通知 [EB/OL]. (2019-08-13) [2022-01-10]. http://www.gov.cn/xinwen/2019-08/13/content_5420881.htm.

[13] 工业和信息化部. 工业绿色发展规划 (2016—2020) [EB/OL]. (2017-06-21) [2022-01-10]. https://www.ndrc.gov.cn/fggz/fzzlgh/gjjzxgh/201706/t20170621_1196817.html?code=&state=123.

[14] 徐滨士. 装备再制造工程 [M]. 北京: 国防工业出版社, 2013.

[15] 朱胜, 徐滨士, 姚巨坤. 再制造设计基础及方法 [J]. 中国表面工程, 2003 (3): 27-31.

[16] 李飞龙. 废旧汽车发动机再制造综合绩效评价研究 [D]. 长沙: 湖南大学, 2015.

[17] 中华人民共和国环境保护部. 2014 年全国环境统计公报 [R]. 北京: 环境保护部, 2015.

[18] International Standards Organization. Environmental management-life cycle assessment- require-

ments and guidelines: ISO 14044—2006 [S]. Geneva, Switzerland: ISO, 2006.

[19] 杜彦斌. 退役机床再制造评价与再设计方法研究 [D]. 重庆: 重庆大学, 2012.

[20] SHI J L, LI T, LIU Z C. A three-dimensional method for evaluating the remanufacturability of used engines [J]. International Journal of Sustainable Manufacturing, 2015, 3 (4): 363-388.

[21] DU Y B, CAO H J, LIU F. An integrated method for evaluating the remanufacturability of used machine tool [J]. Journal of Cleaner Production, 2012, 20 (1): 82-91.

[22] SHI J L, WANG Y J, FAN S J, et al. An integrated environment and cost assessment method based on LCA and LCC for mechanical product manufacturing [J]. The International Journal of Life Cycle Assessment, 2019, 24 (1): 64-77.

[23] HOOGMARTENS R, PASSEL S V, ACHKER K V, et al. Bridging the gap between LCA, LCC and CBA as sustainability assessment tools [J]. Environmental Impact Assessment Review, 2014, 48: 27-33.

[24] 杜彦斌, 廖兰. 基于失效特征的机械零部件可再制造度评价方法 [J]. 计算机集成制造系统, 2015, 21 (1): 135-142.

[25] 杜彦斌, 曹华军, 刘飞, 等. 面向生命周期的机床再制造过程模型 [J]. 计算机集成制造系统, 2010, 16 (10): 2073-2077.

[26] 曾寿金, 刘志峰, 江吉彬. 基于模糊 AHP 的机电产品绿色再制造综合评价方法及应用 [J]. 现代制造工程, 2012 (7): 1-6.

[27] 袁姗姗. 面向再制造产品的拆卸与修复设计方法研究 [D]. 济南: 山东科技大学, 2011.

[28] 关秀敏. 浅析内燃机零部件关键工艺装备再制造工程 [J]. 内燃机与配件, 2013 (7): 35-37.

[29] 何赟泽. 电磁无损检测缺陷识别与评估新方法研究 [D]. 北京: 国防科技大学, 2012.

[30] 李君. 涡流检测技术在化工设备检测中的应用 [D]. 大连: 大连理工大学, 2009.

[31] 姚巨坤, 崔培枝. 再制造检测工艺与技术 [J]. 新技术新工艺, 2009 (4): 1-3.

[32] 刘宝, 徐彦霖, 王增勇, 等. 涡流检测技术及进展 [J]. 兵工自动化, 2006, 25 (3): 80-81.

[33] 白金元, 徐滨士, 梁秀兵, 等. 自动化电弧喷涂 1Cr18Ni9Ti-Al 复合涂层在废旧发动机缸体再制造中的应用 [J]. 中国表面工程, 2007, 20 (6): 40-41.

[34] 邹莉. 等离子喷涂技术及其应用 [J]. 昆明冶金高等专科学校学报, 2005, 21 (5): 52-55.

[35] KUO T. A modified TOPSIS with a different ranking index [J]. European Journal of Operational Research, 2017, 260: 152-160.

[36] AKBAS H, BILGEN B. An integrated fuzzy QFD and TOPSIS methodology for choosing the ideal gas fuel at WWTPs [J]. Energy, 2017, 125: 484-497.

[37] 刘夏璐，王洪涛，陈建，等. 中国生命周期参考数据库的建立方法与基础模型 [J]. 环境科学学报，2010, 30 (10)：2136-2144.

[38] NORRIS G A. The requirement for congruence in normalization [J]. The International Journal of Life Cycle Assessment, 2001, 6 (2)：85-88.

[39] International Standards Organization. Environmental management-life cycle assessment：ISO 14042—2001 [S]. Geneva, Switzerland：ISO, 2001.

[40] 杨建新. 产品生命周期评价方法及应用 [M]. 北京：气象出版社，2007.

[41] 刘志超. 发动机原始制造与再制造全生命周期评价方法 [D]. 大连：大连理工大学, 2013.

[42] 田钟维. 基于 LCA-LCC 的再生混凝土环境经济性能评估研究 [D]. 杭州：浙江大学, 2012.

[43] 李小冬，吴星，张智慧. 基于 LCA 理论的环境影响社会支付意愿研究 [J]. 哈尔滨工业大学学报，2005, 37 (11)：1507-1510.

[44] DREYER L C, HAUSCHILD M Z, SCHIERBECK J. Characterization of social impacts in LCA part 1：development of indicators for labor rights [J]. International Journal of Life Cycle Assessment, 2010, 15 (4)：247-259.

[45] DREYER L C, HAUSCHILD M Z, SCHIERBECK J. Characterisation of social impacts in LCA part 2：implementation in six company case studies [J]. International Journal of Life Cycle Assessment, 2010, 15 (4)：385-402.

第 7 章

制造企业可持续性评价方法

7.1 企业可持续性评价研究背景及意义

随着社会的不断发展，可持续发展越来越成为国内外众多学者的研究热点。从最初的可持续发展理论的研究，逐渐延伸至与企业相关的研究。企业发展的强弱和国家综合实力的强弱密切相关，企业频繁倒闭对社会来说是巨大的资源浪费。所以，企业可持续发展是国家和社会可持续发展的基础，企业要为社会可持续发展做出贡献，首先要保证自身能够可持续发展。

企业可持续发展是指企业在发展过程中，坚持不断地创新以保持自身的活力和竞争优势，在确保市场份额扩大和利润增长的同时，在优化内部资源配置的基础上，与外界环境变化相适应，合理地利用自然资源和能源，持续地增加盈利和扩大企业规模，实现企业永续发展的战略目标。企业可持续发展不仅表现为企业持续、稳定、健康的发展，还表现为企业发展与自然环境改善、社会发展的和谐统一。

7.1.1 企业可持续发展面临的压力

目前，制造业已经成为创造人类财富的支柱产业，而在将原材料变为产品的制造过程中，大量的资源、能源消耗及废弃物的排放给社会及环境造成了沉重负担，加剧了全球资源能源紧缺和环境污染问题。企业可持续性发展所面临的压力大致可分为三个方面：环境的压力、社会的压力和政府的压力。

1. 来自环境的压力

资源和环境是指在一定社会经济技术条件下，能被开发和利用以提高人类发展能力和福利水平、具有稀缺性的自然物质和自然条件，它是工业发展的基础和依托。

随着工业化快速推进，粗放型发展方式在不断满足人们物质文化需求的同时，也带来严峻的资源和环境问题，自然资源消耗和污染排放量增加过快，污染物构成日趋复杂，环境承载能力已接近上限。频繁出现的极端天气、水土流失、空气污染等环境问题使人类深刻认识到生态环境的重要性，环境质量已成为影响人民生活质量的重要因素。能源是工业发展的基本动力，经济快速发展必然增加能源消费。煤炭资源作为基本能源和终端能源可直接燃烧，碳化物和硫化物排放量较大，在一定程度上造成了碳排放的增加，环境污染和生态失衡问题日益加剧。在制造业领域，依靠电力驱动的机械加工系统主要消耗电能，低碳制造的主要着眼点就是低能耗制造。节约能源、提高能源利用效率对于经济社会的可持续发展意义重大。

所以，企业作为微观经济的主体，其运营发展状况是经济可持续发展的基础，也是环境和社会可持续发展的重要保证。企业如果不转变粗放型发展方式，不走资源节约型和环境友好型工业发展道路，国家工业化和现代化将难以为继。

2. 来自社会的压力

当企业行为不符合利益相关者的道德要求时，企业将遭受利益相关者的惩罚。利益相关者主要包括政府管制机构、采购商、投资者、行业联盟和员工等，尤其是潜在员工。促使企业履行社会责任的驱动力主要来自两个方面。

一方面，企业无视社会责任问题，使自身声誉受损，员工的流失率增多，出现招工难现象。一些企业为了能招收预期（未来）的员工，也关注社会责任问题。在劳动力市场，一些潜在和在岗的员工表示出对具有社会责任感的企业的青睐。一些声誉不良的企业很难招收到优秀的员工。这种效应广泛蔓延，尤其是在供不应求的劳动力市场中。投资者通过资本市场"用脚投票"的方式使不符合社会责任规范的企业在资本市场失去活力。

另一方面的压力则来自消费者，主要是指消费者优先选取具有社会责任特征的产品，抵制不符合社会责任规范产品等。随着社会的进步和人们收入的提高，人们对产品伦理因素的要求越来越高，尤其对消费者的权益、健康等广泛的伦理问题越来越关注。不能满足消费者期望的企业，很可能会失去企业声誉，进而在市场份额和利润方面受到负面影响。

企业的不良记录主要有罢工、联合抵制、突发事故等。企业担心商业关系受损，不得不考虑与利益相关者的关系，并通过履行社会责任来改善与利益相关者的关系，这对企业履行社会责任有一定的促进作用。尽管有很多重要的力量在推动企业社会责任的发展，但是消费者将最终可能成为中国企业社会责任的最大推动者与终极力量源泉。惩罚一个不负责任企业行为的最有效的办法是不再购买这家企业的产品，而这个权力掌握在每一个消费者手中。所以，深入持续的消费者运动，能够为企业可持续发展赋予新的动力与压力。

3. 来自政府的压力

可持续发展是人类对工业文明进程进行反思的结果，是人类为了克服一系列环境、经济和社会问题，特别是全球性的环境污染和广泛的生态破坏，以及它们之间关系失衡所做出的理性选择。经济发展、社会发展和环境保护是可持续发展的相互依赖、互为加强的组成部分，我国政府对这一问题也极为关注。近年来，我国政府对企业社会责任问题越来越重视，不少地方政府进行了探索和实践，力图通过推动企业履行社会责任来提高区域竞争力和企业竞争力。

对于环境规制有两种看法：一是污染避难所假说，该假说认为环境规制会提高企业产品成本，从而降低企业利润，削弱企业的竞争力，企业不得不将生产转移到其他地区；二是波特假说，该假说认为环境政策可以激励企业进行清洁生产技术的创新和发展，从长期来看，可以提高企业竞争力。政府作为环境保护的主导者、企业绿色行为的引导者，对于环境规制一般会采用以下两种手段：一是采用强制性约束手段对经济活动进行限制，通过制定法规、征收环境保护税、加大对造成环境污染的企业的惩罚力度，使得企业必须遵守政府制定的法律法规，强制约束企业的非绿色行为；二是采用激励性手段对企业经济活动进行良性引导，通过减免与企业相关的环境保护税费，或者通过政府补贴、环境奖励等经济手段，激励企业采取绿色行为，实现资源的合理配置，使得经济活动更加高效。我国于2015年正式开始实施《中华人民共和国环境保护法》。企业作为污染治理的责任主体，必须依法履行环保责任、改革创新环境治理方式。

随着环境、社会、政府等方面压力的增大，制造企业的可持续发展能力受到了前所未有的考验。企业可持续发展驱动力与可持续性评价的意义如图7-1所示。企业不仅面临着来自内部（股东、员工等）追求高经济效益的压力，还面临着来自企业外部（政府、消费者等）的要求企业承担相应社会责任的压力。社会责任要求企业走绿色可持续发展道路，在发展过程中要兼顾近期目标与长远目标、近期利益与长远利益，在创造利润、承担经济责任的同时，还要承担对员工、消费者、社会和环境的责任，与内外部各利益相关者保持协调发展与和谐统一。企业可持续发展能力评价研究，对于保持企业长期健康的发展、实现资本市场的良性循环以及GDP的增长具有重要作用。

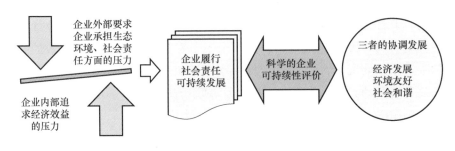

图 7-1 企业可持续发展驱动力与可持续性评价的意义

7.1.2 企业可持续性评价的意义

绿色制造作为企业的一种发展战略，是企业走可持续发展道路的实施手段和重要保障，绿色制造的实施目标是使企业的经济效益与环境效益、社会效益协调稳定发展。企业可持续性是企业实施绿色制造的程度，是对制造企业社会表现的一种认可程度。企业可持续性好表示企业的长远利益在思想上和财务上与其资源利用效率、主动采取的健康与安全措施以及负责任的领导方式保持一致，这意味着企业创造的财富要多于其所破坏的财富。企业的可持续性表现（Corporate Sustainability Performance）是企业实现可持续发展的一种战略，即追求一种兼顾经济效益与环境友好、社会责任的协调平衡状态。为了提高可持续性表现，很多制造企业，例如美国苹果公司、福特汽车公司等，都采取了一定的措施来降低其对环境和社会的不良影响。

企业可持续性评价是一个通过分析企业可持续发展能力指标间的相互影响和相互作用关系，了解实现企业可持续发展的条件、障碍，正确评价企业可持续发展的能力和潜力，并结合企业发展战略目标，为提高企业可持续发展能力提出对策的系统过程。企业应该基于外部环境和内部价值链驱动，配置优化企业资源、履行社会责任、与内外部利益群体和谐发展，达到一个经济增长、环境友好、社会稳定的平衡状态的目标。科学的可持续性评价是实现这一目标的第一步，也是至关重要的一步。由于各企业对可持续制造的关注点不同以及可持续制造各影响因素之间复杂且相互耦合的关系，单独度量经济、环境和社会某一维度的影响不能完整地评估企业可持续发展能力的大小，因此，建立一个综合的可持续性评价模型和方法变得非常紧迫和必要，研究科学有效的企业可持续性评价方法，对提高我国企业整体可持续发展具有理论意义和现实意义。

7.2 企业可持续性评价方法和模型

制造业是国民经济发展的主体，在严峻的资源和环境形势下，制造类企业的可持续性评价已经成为学术界研究的热点。本书从经济、环境和社会三个维度建立评价指标体系，主要基于主成分分析、信度效度分析等多元统计分析方法，建立企业可持续性评价模型，获得各个企业样本的可持续性综合指标，然后结合可持续协调度衡量企业的可持续协调发展综合程度。

7.2.1 总体研究思路

总体研究思路为：首先，明确研究对象、所需数据和资料，确定环境、经济和社会三个维度初始评价指标体系。其次，为使最终评价结果尽可能地体现企业的可持续发展水平，引入信度分析和效度分析对评价指标进行识别和筛选，构建有效的指标体系；利用主成分分析方法，建立企业三维可持续性评价模型，将不同量纲单位的各维度影响指标集成为一个综合的企业可持续性指数，实现多个指标到综合指标的集成；引入协调度来描述企业的经济、环境和社会各维度之间的发展均衡状态，通过企业可持续协调发展综合指数直观地表达企业的综合可持续协调发展水平。最后，进行基于主成分分析方法的企业可持续性评价实例分析，对所选企业可持续性综合指数和协调发展综合指数进行计算、排序和分析。企业可持续性评价流程如图 7-2 所示。

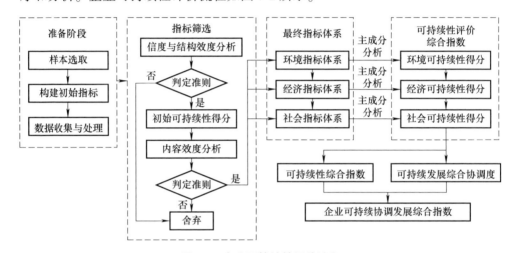

图 7-2　企业可持续性评价流程

这里通过将不同量纲单位的各维度影响指标集成为一个综合的企业可持续性指数，来直观地表征和比较企业的可持续性。企业作为经济活动的主要参与者，其存在和发展是处于一个激烈的竞争环境中的，过程也是复杂多变的，也就是说企业的可持续发展能力在一定程度上也体现于其在市场上、行业中所处的竞争地位，即企业竞争力。所谓竞争力，是指至少两个及以上的参与者经过角逐比较而体现出来的综合能力，是一个相对指标，必须通过比较才能体现出来。因此，一般企业可持续性评价都是针对多个研究样本，采用多元统计方法进行的，这也是这里采用主成分分析方法的原因之一。

在企业的发展过程中，由于环境因素、经济因素和社会因素是相辅相成、互相制约、互相影响的，所以一个企业具有良好的可持续性表现，不仅体现在各子系统（经济、环境、社会）各自拥有良好综合指标，还应该体现在这些子系统的发展协调性（即可持续发展的协调程度）。否则会出现以下情况：若社会的综合指标得分很低，而经济和环境的综合指标得分特别高，经过标准化、加权后获得较高的可持续综合指标得分，表示企业具有较好的可持续发展能力，而实际上较弱的社会可持续性表现已经影响到了企业的可持续发展能力,评价结果与实际情况不符。因此,本书介绍的研究引入了可持续发展协调度的概念来衡量经济、环境和社会之间的协调发展程度,通过可持续性综合指标和协调度获得最终的企业可持续协调发展综合指数。

7.2.2 信度和效度分析

为了提高统计分析的质量,提升整个研究的价值,确保最终的企业可持续协调发展综合指数尽可能准确地衡量企业的可持续协调发展水平,引入信度分析和效度分析,对评价指标进行初步筛选和优化。

1. 信度分析

信度(Reliability),即可靠性,是指采用同样的方法对同一对象重复测量时所得结果的一致性程度。信度分析通常用来测量评价系统的稳定性和可靠性。

一个好的测验必须是稳定可靠的,多次测验所获得的结果是前后一致的。例如:用直尺测量长度,其结果是稳定可靠的;用橡皮筋测长度则是不可靠的,前后测量结果缺乏一致性。只有测量值接近或等于真值,用同一工具多次测量同一特性获得相同或相近的结果,才能认为这个测量结果是可靠的。

信度指标多以信度系数来表示,信度系数越大,表示测量的可信程度越高。信度系数理论上可以表达为真实值方差和测量值方差的比值。若 x 为测量值,t 为真实值,e 为测量随机误差,真实值和测量值之间关系为 $x=t+e$,$\sigma_x^2 = \sigma_t^2 + \sigma_e^2$,即测量值的方差等于真实值的方差与随机误差的方差之和,所以信度系数为

$$\rho_x = \frac{\sigma_t^2}{\sigma_x^2} = 1 - \frac{\sigma_e^2}{\sigma_x^2} \tag{7-1}$$

信度分析的方法主要有重测信度法、复本信度法、折半信度法、内部一致性信度法等。其中,Cronbach's α 信度系数是 Cronbach 于 1951 年创立的,用于评价调查问卷的内部一致性,是目前最常用的信度系数。α 系数取值在 0~1,α 系数越高,信度越高,问卷的内部一致性越好。Cronbach's α 系数公式为

$$\alpha = \frac{n}{n-1}\left(1 - \frac{\sum_{i=1}^{n} S_i^2}{S_x^2}\right) \tag{7-2}$$

式中,n 为评价指标总数;S_i^2 为第 i 指标的样本内方差;S_x^2 为全部评价指标的总样本方差。α 系数评价的是评价指标中各样本得分间的一致性,属于内在一致性系数。低信度 $\alpha<0.35$,中信度 $0.35 \leq \alpha \leq 0.70$,高信度 $0.70<\alpha$。本书采用 α 信

度系数法。

2. 效度分析

效度（Validity）即有效性，是指测量的有效程度或测量的正确性，即一个测验能够测量出所要测量特性的程度。例如，用直尺测量长度是有效的，而用来测量温度则是无效的。对一个测验来说，效度比信度更为重要，测验首先要保证能如实地测量出所要测量的东西，否则，这种测量将是没有意义的。对效度的定义可做如下理解：

1）任何一种测验只对一定目的有效。

2）测验的效度是对测量结果而言的，即一种测量工具只有经过实际测量，才能根据测量结果判断它的效度。

3）测验的效度是相对的而非绝对的。测验是根据行为样本，对所要测量的对象做间接推断，只有达到某种程度的不同，而没有全有或全无的区别。

本研究中的效度分析主要包括结构效度分析和内容效度分析。

结构效度是指测量结果体现出来的某种结构与测值之间的对应程度。本研究中的结构效度分析则是通过主成分分析来实现的，即确保第一主成分的贡献比例大于50%，或者第一主成分比第二主成分多出4~5倍。

内容效度又称表面效度或逻辑效度，它是指所设计的指标能否真正地代表所要测量的企业可持续水平。内容效度分析常采用逻辑分析与统计分析相结合的方法。统计分析主要采用单项指标与总得分相关分析法获得评价结果，即计算每个指标得分与评价样本总得分的相关系数，根据相关是否显著判断是否有效。若评价指标体系中有逆向指标，应将其正向处理后再计算总分。本研究中通过计算各指标与初始可持续性得分的相关系数来进行内容效度分析。

综上所述，为构建合理的评价指标体系，信度分析与效度分析需满足以下限制条件：

1）信度系数 α 大于0.7，或保留的指标可以提高 α。

2）在结构效度分析中，主成分分析的第一主成分与指标变量的载荷系数大于0.5；第一主成分的贡献比例大于50%，或者第一主成分比第二主成分多出4~5倍。

3）在内容效度分析中，各评价指标与初始可持续性得分的相关系数大于0.5。

7.2.3 企业可持续性评价指标体系

企业可持续性评价指标体系的构建，需要选择充分体现企业可持续发展能力的基本构成要素，围绕着基本要素的结构，设计出逻辑严密、相互关联、互为补充、全面系统的评价指标体系，最主要的是真正体现企业的可持续发展能力。本研究引用"经济–社会–环境"复合系统概念来研究企业可持续发展的影响因素，基于可持续发展最基本也是最重要的内核（既竞争又共生、既矛盾又适应的三维结构内核），构建的企业可持续性评价指标体系结构，如图7-3所示。

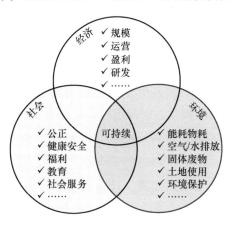

图 7-3　企业可持续性评价指标体系结构

基于文献综述和行业调研，依据可持续发展报告指南（GRI）指标和美国环保署颁布的可持续性评价指标体系，从经济、环境和社会三个维度主要考虑以下指标因素，构建企业可持续性评价指标体系：

（1）经济　企业的规模与成长能力（总资产、净资产增长率、销售总额、利润总额、利润增长率等）；企业营运能力或资金周转能力（流动资金周转率、总资金周转率等）；盈利能力（成本费用利润率、净资产收益率、总资产报酬率等）；偿债能力（资产负债率、对外债务担保占净资产比例等）；研发能力（研发投资等）；市场控制能力（国内外市场的占有率、市场变化的适应能力等）等。

（2）环境　资源消耗（能源物料消耗量、能源物料利用率、水资源消耗量及利用率等）；环境污染（废气、废水、固体垃圾废弃物排放情况等）；环境保护（环保支出费用、废物再利用、行业特征污染物排放达标率等）。

（3）社会　企业活动与利益相关者（员工、消费者及当地社区等）的相互影响、社会福利、社会经济影响等。例如，员工生活福利、员工组成结构、雇员的稳定性、人权与公平、职业健康与安全、员工工作满意度、教育与培训、消费者满意度、对当地社区影响、利税总额等。

不同行业不同企业的内外部环境、结构不尽相同，因此，在实际应用中，应结合研究目标，根据实际具体情况对指标体系进行设计和相应的修订，并且尽量选择定量指标，必要的时候采用定量和定性相结合的方法。初步选定评价指标体系后，还需要通过调查问卷、信度和效度分析对其进行进一步的优化筛选。

7.2.4 基于主成分分析的企业可持续性评价模型

1. 企业可持续性综合指数

基于主成分分析方法的可持续性评价模型，在第3章已经介绍过，这里不再赘述。此处，补充主成分载荷系数矩阵 D 的计算公式，该系数矩阵反映了主成分 P_i 与原变量 X_i 之间的相互关联程度，可用来分析结构效度和样本企业可持续发展中存在的优势和不足，计算公式为

$$d_{ij} = \sqrt{\lambda_j e_{ij}} \quad (i=1,2,\cdots,m; j=1,2,\cdots,p) \tag{7-3}$$

按照第3.2.2节评价模型的步骤，计算到第7步骤，采用式（3-15）得到维度 k 下各个企业 i 的可持续性评价得分后，将其标准化到 [1，5] 范围内。

$$H_k(i) = \frac{P_k(i) - P_k(\min)}{P_k(\max) - P_k(\min)} \times 4 + 1 \quad (i=1,2,\cdots,n; k=1,2,3) \tag{7-4}$$

式中，k 为经济、环境和社会三个维度；n 为样本企业的个数；$P_k(i)$ 为维度 k 下企业 i 的可持续性得分；$H_k(i)$ 为维度 k 下企业 i 的可持续性标准化得分。

将各个样本企业的经济、环境和社会影响分别按照主成分分析的步骤计算，得出每个样本三个维度的可持续性标准化得分，然后通过线性综合法，求出每个企业的三维可持续性综合指数 $S(i)$。

$$S(i) = \sum_{k=1}^{3} w_k H_k(i) = w_{经} H_{经济}(i) + w_{环} H_{环境}(i) + w_{社} H_{社会}(i) \quad (i=1,2,\cdots,n) \tag{7-5}$$

式中，$S(i) \in [1,5]$；$w_{经}$、$w_{环}$ 和 $w_{社}$ 分别为经济、环境和社会三个维度的权重。

主成分分析通常是根据其所得到的主成分得分、载荷系数和可持续性综合指数等进行结果分析的。

2. 企业可持续发展综合协调度

由可持续发展的定义可知，企业的可持续发展必须是经济、社会和环境三个方面协调发展，任何一方面出现问题都将影响整体的可持续性。这里引入经济、社会和环境三个维度的两两协调度和综合协调度，避免计算过程中获得较高可持续性得分的维度弱化了较低得分维度，进而严重影响企业真正可

持续协调发展水平评价结果的准确性。两两协调度是指经济、社会和环境三个维度中任意两个可持续性得分表现在某一时点或时段的均衡状态,其中,经济与环境的发展协调度为 C_{12},经济与社会的为 C_{13},环境和社会的为 C_{23},其计算公式为

$$C_{jk}(i) = \left\{ \frac{4H_j(i)H_k(i)}{[H_j(i)+H_k(i)]^2} \right\}^K \quad (j,k=1,2,3; j \neq k; i=1,2,\cdots,n) \quad (7-6)$$

式中,$C_{jk}(i) \in [0,1]$;$H_j(i)$、$H_k(i)$ 为企业 i 在经济、社会和环境各个维度的可持续性标准化得分;K 为调节系数。由两两协调度公式可知,任意两个不同维度的可持续性得分的差值越大,协调度的值越小。

企业可持续发展综合协调度是指三维综合指标得分在某一时点或时段的均衡状态,由符号 C 来表示,其计算公式为

$$C(i) = \sqrt[3]{C_{12}(i)C_{23}(i)C_{13}(i)} \quad (i=1,2,\cdots,n) \quad (7-7)$$

式中,$C(i) \in [0,1]$,值越大表示协调程度越高,值越大表示发展越协调。

企业可持续发展综合协调度划分标准见表 7-1。

表 7-1 企业可持续发展综合协调度划分标准

C	[0,0.55)	[0.55,0.8)	[0.8,0.93)	[0.93,0.95)	[0.95,0.97)	[0.97,0.99)	[0.99,1.00]
等级	极度失调	严重失调	失调	濒临失调	基本协调	协调	很协调

3. 企业可持续协调发展综合指数

企业可持续协调发展综合指数是企业经济、环境和社会协调发展水平高低的定量指标,主要以可持续性综合指数 S 为基础,用企业发展综合协调度 C 进行综合调整,用 CSI 表示,计算公式为

$$\text{CSI}(i) = S(i)C(i) \quad (7-8)$$

式中,$\text{CSI}(i) \in [0,5]$,$S(i) \in [1,5]$,$C(i) \in [0,1]$,$i=1,2,\cdots,n$。

式(7-8)综合了企业的可持续发展度和协调度,可用于同类型不同企业之间或同一企业不同时期可持续发展状况的定量评比。

7.3 基于主成分分析的内燃机制造企业可持续性评价实例分析

内燃机作为当今热效率最高的动力机械之一,被广泛应用于交通运输、工程机械、农业机械、固定动力装备和国防装备等领域,在国民经济中占据重要

地位。21世纪以来，我国内燃机工业产值总体呈现快速发展势头。同时，我国也是内燃机使用大国，存在较大的能源环境问题，内燃机是目前和今后实现节能减排的最具潜力和效果、最为直观明显的产品之一。因此，内燃机行业在提升全行业核心竞争力的同时，还肩负着建设资源节约型和环境友好型社会的产业责任和社会责任。企业可持续性评价能为内燃机制造企业及行业可持续发展提供引导作用和决策支持。

本节基于建立的企业可持续性评价指标体系和评价模型，选择行业有代表性的内燃机制造企业为研究对象，从经济、社会、环境三个方面对内燃机行业进行了可持续性评价，以期找出内燃机企业发展中的优势及不足，趋利避弊，为协调优化企业的经济效益、环境效益和社会效益提供决策支持，从而推动内燃机工业向着更环保、经济、科学的可持续方向发展。最后以单个企业为研究对象进行个例分析，以展示如何识别单个企业所存在的问题，并给出一定的改进建议。

7.3.1 研究样本

通过设计调查问卷，采取企业调研的方式，获取了调研企业从2010年到2012年的环境、经济和社会维度的相关数据。根据数据的完整性及样本的代表性等，对这些研究样本做以下说明：

1）每个企业/年为一个样本，且假设每个样本间是不相关的。

2）由于并不是每个被调研企业都提供了完整的经济、环境和社会数据，而对于评价模型来说原则上是样本数量越多评价结果越准确，因此为了保证每一维度的评价结果尽量准确，应避免最终每个评价维度选择的样本数目不一样。在进行企业的可持续性综合评价时，选取了三个维度数据都完整的69个企业样本为研究对象。

3）为了保证主成分分析的有效性和准确性，要求样本数目超过100个或者是指标数目的5倍。本研究中的69个企业样本，超过了经济、环境和社会评价指标数目（最多12个）的5倍，满足要求。

7.3.2 企业可持续性评价指标体系

结合我国内燃机制造业的发展现状及影响因素分析，基于反映中国内燃机制造业需求、评价指标选取原则等，通过文献查阅及问卷调研，构建中国内燃机制造企业的三维可持续性评价指标体系，见表7-2。

表 7-2　内燃机制造企业三维可持续性评价指标体系

维　度	代　号	名　称	单　位	数 值 属 性
经济指标	EC1	总资产	万元	正向
	EC2	工业总产值	万元	正向
	EC3	销售总额	万元	正向
	EC4	利润总额	万元	正向
	EC5	流动资金周转率	%	正向
	EC6	流动资金净额	万元	正向
	EC7	净资产收益率	%	正向
	EC8	成本费用利润率	%	正向
	EC9	出口占销售总额比率	%	正向
	EC10	资产负债率	%	正向
	EC11	研发费用	万元	正向
	EC12	全员劳动生产率	万元/（人·年）	正向
环境指标	EN1	能源消耗	t/标准煤	逆向
	EN2	用水量	t	逆向
	EN3	CO_2 排放量	t	逆向
	EN4	SO_2 排放量	t	逆向
	EN5	NO_x 排放量	t	逆向
	EN6	废水	t	逆向
	EN7	固体废弃物	t	逆向
	EN8	环保费用	万元	正向
社会指标	S1	员工总数	人	正向
	S2	科研人员占总员工比	%	正向
	S3	男女员工比率	%	正向
	S4	员工流动率	%	逆向
	S5	培训人次	次/（人·年）	正向
	S6	安全事故次数	次/（人·年）	逆向
	S7	利税总额	万元	正向
	S8	社会捐赠	万元	正向
	S9	消费者满意率	%	正向

7.3.3 企业可持续性评价及结果分析

1. 建立评价数据矩阵

根据内燃机制造企业问卷调研的原始数据及评价指标体系，建立系统的评价数据矩阵。在建立评价数据矩阵过程中，需对数据进行相应的处理，主要有：

1）企业的能源消耗统一采用标准煤来衡量，将电力、天然气、煤炭及石油分别根据其与标准煤的换算值进行折算。

2）一致化处理。为了使最终评价得分越高表示企业的可持续发展能力越强，需对逆向指标数据进行一致化处理，如社会指标体系中的安全事故次数指标，环境指标体系中除了环保费用的其他指标。

3）功能单元化处理。为了使不同规模的企业具有可比性，需要设置环境指标体系的评价单元为"单位产值"，即每万元产值的环境影响；社会指标体系中的培训人次及安全事故次数的评价单元为"次/（人·年）"。

对于调研过程中的数据缺失问题主要采取了以下处理方法：

1）根据指标的物理意义及计算公式，由已知相关联的指标数据计算得出缺失的数据，例如全员劳动生产率。

2）根据相关的数据库（CLCD）及研究文献估算得出缺失的数据，例如根据企业所消耗的能源（电力、天然气、煤炭、石油）估算出其 CO_2、SO_2、NO_x 气体的排放量。

3）采用平均替代法或逻辑替代法得到缺失的数据。例如可以根据企业的运营情况及已知其他相关指标数据逻辑推理出数据来代替，或是用指标所有样本的平均数据来代替。

2. 信度分析和效度分析

（1）信度分析　根据式（7-2）分别对所评价内燃机制造企业的经济、社会和环境系统进行信度分析，结果见表7-3。其中，经济和环境维度的 α 值满足设定的信度分析大于 0.7 的条件，不进行指标的舍去；而社会维度的 α 值不满足信度分析大于 0.7 的要求，观察分别去掉各个指标后的 α 值，发现逐步去掉 S2 科研人员占总员工比、S3 男女员工比率、S4 员工流动率和 S6 安全事故次数 4 个社会指标后，可以提高 α 值，直到满足信度分析的条件，因此这 4 个指标被舍去，不参与下一步的评价。

（2）基于主成分分析的结构效度分析　运用主成分分析分别对企业的经济、社会和环境维度进行进一步的结构效度分析，结果见表7-4。根据结构效度分析的条件，即第一主成分与指标变量的载荷系数（相关系数）大于0.5，其中经济维度中的EC5流动资金周转率、EC7净资产收益率、EC8成本费用利润率、EC9出口占销售总额比例、EC10资产负债率、EC12全员劳动生产率6个经济指标，环境维度中的EN6废水、EN7固体废弃物、EN8环保费用3个环境指标，以及社会维度中的S9消费者满意率1个社会指标，不符合条件需舍掉，不参与后续可持续性评价。

表7-3 信度分析结果

经济		环境		社会（去指标前）		社会（去指标后）	
α值	指标数目	α值	指标数目	α值	指标数目	α值	指标数目
0.800	12	0.774	8	0.498	9	0.738	5
指标	去掉此指标后的α值	指标	去掉此指标后的α值	指标	去掉此指标后的α值	指标	去掉此指标后的α值
EC1	0.750	EN1	0.718	S1	0.293	S1	0.622
EC2	0.749	EN2	0.777	S2	0.632	S5	0.736
EC3	0.745	EN3	0.675	S3	0.590	S7	0.593
EC4	0.750	EN4	0.680	S4	0.543	S8	0.649
EC5	0.811	EN5	0.680	S5	0.454	S9	0.810
EC6	0.748	EN6	0.787	S6	0.415	—	—
EC7	0.802	EN7	0.777	S7	0.281		
EC8	0.813	EN8	0.840	S8	0.340		
EC9	0.835	—	—	S9	0.477		
EC10	0.810						
EC11	0.748						
EC12	0.821						

表7-4 结构效度分析结果

经济		环境		社会	
指标变量	载荷系数	指标变量	载荷系数	指标变量	载荷系数
EC1	0.969	EN1	−0.882	S1	−0.879
EC2	0.958	EN2	−0.553	S5	−0.575
EC3	0.992	EN3	−0.937	S7	−0.911
EC4	0.931	EN4	−0.937	S8	−0.798
EC5	0.141	EN5	−0.910	S9	−0.256

(续)

经济		环境		社会	
指标变量	载荷系数	指标变量	载荷系数	指标变量	载荷系数
EC6	0.981	EN6	-0.286	—	—
EC7	0.129	EN7	-0.430	—	—
EC8	0.092	EN8	0.155	—	—
EC9	-0.149	—	—	—	—
EC10	0.062	—	—	—	—
EC11	0.982	—	—	—	—
EC12	-0.041	—	—	—	—

（3）内容效度分析 对经过信度分析及结构效度分析保留下来的经济、环境及社会指标体系，分别计算各指标与初始可持续性得分相应的相关系数（见表7-5）。由表7-5可知，除社会维度的S5培训人次这一个社会指标为0.390不满足内容效度分析要求外，其他各指标的相关系数均大于0.5，符合内容效度分析的要求，并满足第一主成分的贡献比例大于50%结构效度分析的要求。

表7-5 内容效度分析结果

经济		环境		社会	
主成分	第一主成分	主成分	第一主成分	主成分	第一主成分
特征值	5.66	特征值	3.72	特征值	2.59
累积贡献率	94.27%	累积贡献率	74.49%	累积贡献率	64.87%
指标	相关系数	指标	相关系数	指标	相关系数
EC1	1.000	EN1	1.000	S1	1
EC2	0.883	EN2	0.633	S5	0.390
EC3	0.974	EN3	0.745	S7	0.833
EC4	0.822	EN4	0.735	S8	0.543
EC6	0.992	EN5	0.660	—	—
EC11	0.978	—	—	—	—

将不符合条件的指标舍掉，重新进行效度分析，结果见表7-6，企业可持续性评价指标体系最终保留了6个经济指标、5个环境指标和3个社会指标。

3. 企业可持续性综合指数和排名

采用主成分分析方法，对通过信度和效度分析保留下来的指标体系，进行企业可持续性综合评价和排序。下面主要以经济维度的可持续性评价为例，进行说明。

采用极值处理法对经济维度原始数据进行标准化处理后,得到的经济维度标准化矩阵见表 7-7。

表 7-6 结构效度和内容效度分析结果

经 济			环 境			社 会		
主成分	第一主成分		主成分	第一主成分		主成分	第一主成分	
特征值	5.66		特征值	3.72		特征值	2.36	
累积贡献率	94.27%		累积贡献率	74.49%		累积贡献率	78.53%	
指标	载荷系数	相关系数	指标	载荷系数	相关系数	指标	载荷系数	相关系数
EC1	0.971	1.000	EN1	−0.869	1.000	S1	−0.902	1.000
EC2	0.962	0.883	EN2	−0.552	0.633	S7	−0.941	0.833
EC3	0.993	0.974	EN3	−0.958	0.745	S8	−0.810	0.543
EC4	0.930	0.822	EN4	−0.940	0.735	—	—	—
EC6	0.983	0.992	EN5	−0.929	0.660	—	—	—
EC11	0.985	0.978	—	—	—	—	—	—

表 7-7 经济维度标准化矩阵

项 目	EC1	EC2	EC3	EC4	EC6	EC11
B1	−0.25287	−0.14036	−0.12658	−0.17482	−0.22996	0.068346
B2	−0.24525	−0.07889	−0.07368	−0.13211	−0.22358	0.128248
B3	−0.20068	2.717325	−0.05026	2.14062	−0.21234	0.400011
B4	−0.30405	−0.12626	−0.28256	−0.33679	−0.28134	−0.48156
B5	−0.30462	−0.33165	−0.28254	−0.35226	−0.2807	−0.47769
⋮	⋮	⋮	⋮	⋮	⋮	⋮
B65	−0.2783	−0.26067	−0.22378	−0.25631	−0.22846	−0.25224
B66	−0.27209	−0.27407	−0.23491	−0.29962	−0.23057	−0.23133
B67	3.740838	5.10572	4.719424	5.872291	4.150028	3.951923
B68	4.603174	4.522869	5.093103	4.47808	4.920817	5.079947
B69	5.431388	3.207767	4.13809	1.844061	4.891541	4.606777

计算相应的相关系数矩阵,见表 7-8。

表 7-8 经济维度标相关系数矩阵

指　　标	EC1	EC2	EC3	EC4	EC6	EC11
EC1	1.000	0.883	0.974	0.822	0.992	0.978
EC2	0.883	1.000	0.934	0.971	0.903	0.920
EC3	0.974	0.934	1.000	0.904	0.989	0.979
EC4	0.822	0.971	0.904	1.000	0.855	0.874
EC6	0.992	0.903	0.989	0.855	1.000	0.983
EC11	0.978	0.920	0.979	0.874	0.983	1.000

相关系数矩阵的特征根、方差贡献率及累计贡献率，见表 7-9。

表 7-9 经济维度特征根、方差贡献率及累计贡献率

序　　号	特 征 根	方差贡献率	方差累计贡献率
1	5.6562	94.27%	94.27%
2	0.2828	4.71%	98.98%
3	0.0285	0.48%	99.46%
4	0.0197	0.33%	99.79%
5	0.0089	0.15%	99.94%
6	0.0039	0.06%	100.00%

根据方差累计贡献率，选取主成分个数（经济维度选取 1 个主成分）、提取特征向量，按照式（3-14）计算主成分得分 F_i，按照式（3-15）以方差贡献率为权重对经济维度的主成分得分进行加权，得到可持续性得分 P_i。此时，得到的各样本可持续性得分 P_i 有正有负，按照式（7-4）进行标准化，将其置于 [1,5] 区间，得到可持续性标准化得分 H_i，如图 7-4 三角形标记的短虚线所示，得分越高，综合经济性能越好。同理，与经济维度分析过程类似，对环境和社会维度指标体系进行主成分分析，得到 69 个样本企业环境和社会维度的可持续性标准化得分，如图 7-4 方形标记的点线和菱形标记的圆点虚线所示。

通过上述分析，得到了各企业在环境、经济和社会各个维度的可持续性评价得分，由于三个维度的可持续性评价得分是分别通过主成分分析方法得到的，具有不同的量纲，不能直接进行相加或比较，因此为得到三个维度的可持续性综合指数，需要确定经济、环境和社会三个维度的权重，这里设定三个维度均等重要，取权重分别为 [1/3,1/3,1/3]，则根据式（7-5），可得到企业可持续性评价综合指数得分情况，如图 7-4 圆形标记实线所示。

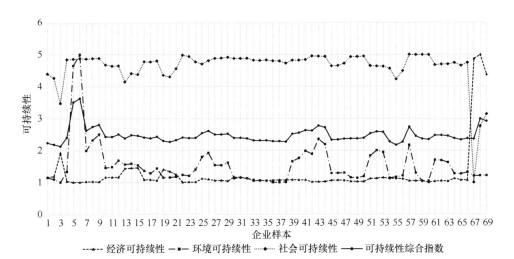

图 7-4 69 个样本企业三个维度可持续性得分及可持续性综合指数

在图 7-4 中,从评价结果来看,69 个样本企业的经济维度可持续性评价得分情况:均值为 1.27,除了 67、68、69 三个样本(这三个样本来自同一个企业的 2010 年、2011 年和 2012 年的经济维度数据),其他研究样本得分介于 1.0 分~2.0 分。环境维度可持续性评价得分情况:均值为 1.54,除了 5、6 两个样本(这两个样本来自同一个企业的 2011 年和 2012 年的环境综合指标得分),其他研究样本的得分均处于 1.0 分~2.5 分。社会维度可持续性评价得分情况:均值为 4.62,研究样本的社会可持续性得分介于 3.5 分~5.0 分。每个样本的可持续性综合指数得分情况:均值为 2.48,研究样本的可持续性综合得分处于 2.0 分~3.6 分。可持续性综合得分较低的原因为经济和环境维度可持续性得分较低,而社会维度可持续得分较高,社会维度经过信度和效度分析,舍去指标个数较多,剩余指标可持续情况较好,导致可持续得分较高。这说明,为得到较准确的可持续性评价结果,需要保证原始调研数据的完整度和可信度。

为进一步分析企业可持续性等级状况,采用第 3.2.3 节实例分析同样的方法,计算可得企业综合评价主成分的加权值 B_1 和 B_2。以 B_1 和 B_2 为横纵坐标,得 69 个样本企业的综合评价主成分的加权值的分布情况,如图 7-5 所示。

结合企业可持续性评价综合指数数值和排序,可以看出可将企业可持续性划分为四种类型。其中:排名前 4 为 Ⅳ 型,属于强可持续类型;排名 5~10 为 Ⅲ 型,属于较强可持续类型;排名 11~30 为 Ⅱ 型,属于基本可持续类型;其他排名为 Ⅰ 型,属于较弱可持续类型。

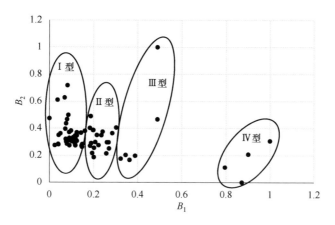

图 7-5　69 个样本企业综合评价主成分加权值 B_1 和 B_2 的分布

4. 企业可持续协调发展综合指数

（1）企业可持续发展协调度　根据以上获得的 69 个研究样本的经济、环境和社会维度的可持续性得分，由式（7-6）和式（7-7），调节系数 $K=1$，可计算得到各个研究样本的经济与环境（C_{12}）、经济与社会（C_{13}）、环境与社会（C_{23}）可持续发展两两协调度及综合协调度（C），如图 7-6 所示。

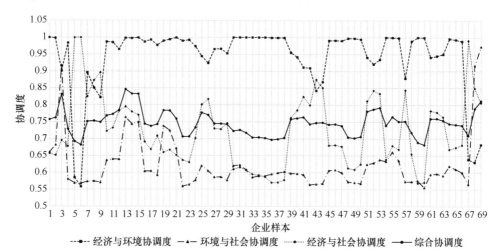

图 7-6　69 个样本企业可持续发展两两协调度及综合协调度

根据表 7-1 企业可持续发展协调度划分标准，对 69 个研究样本企业的可持续发展两两协调度及可持续发展综合协调度进行等级分析，结果如图 7-7 所示。

根据图 7-6 和图 7-7，分析 69 个研究样本的综合可持续发展协调度，可以发现情况并不乐观，有 5 个研究样本处于失调状态，占总体的 7%；有 64 个研究样本处于严重失调状态，占总体的93%。在两两可持续协调度方面，经济与环境协调度（C_{12}）有47个研究样本处于基本协调水平以上，经济与社会协调度（C_{13}）仅有1个研究样本处于基本协调水平以上，环境与社会协调度（C_{23}）仅有4个研究样本处于基本协调水平以上。这意味着大多数研究样本发展过程中，其经济、环境和社会维度处于失衡状态，其中，经济与环境协调度较好，环境与社会协调度较差。对于可持续发展两两协调度或综合协调度处于濒临失调状态以下的企业，应及时采取相应措施来提高其可持续发展的协调性。

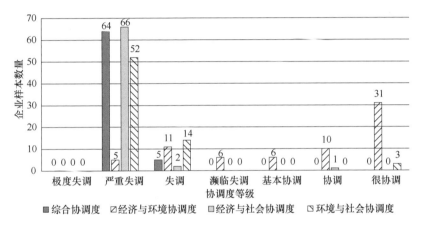

图 7-7 企业可持续发展协调度等级分析

（2）企业可持续协调发展综合指数 基于以上求得的69个研究样本的可持续性综合指数得分（S）和可持续发展综合协调度（C），通过式（7-8）可计算得出企业可持续协调发展综合指数，如图7-8所示，其数值范围为0分~5分，本实例中其数值范围为1.5分~2.5分，均值为1.85分。69个样本中，处于平均水平以上的有31个样本，占总体的44.9%。因此，大多数企业应该采取相应的措施来提高其可持续协调发展综合水平。

5. 单个企业可持续性分析

综合排名第1和第2的样本企业序号分别为6、5，这两个样本来自同一个企业（企业A）2012年和2011年的数据；综合排名第3和第4的样本企业序号分别为69、68，这两个样本来自同一个企业（企业B）2012年和2011年的数据。为了说明如何具体分析某个企业的可持续发展情况，识别出其存在的问题，并提供一定改进建议，这里选取企业B为研究对象进行个例分析，评价其从2010年到2012年的可持续水平。

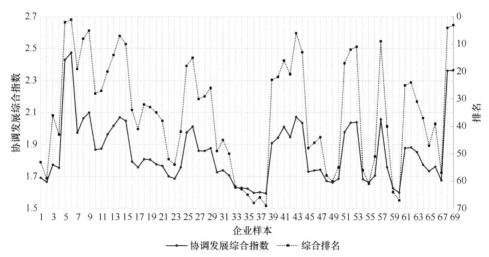

图 7-8 企业可持续协调发展综合指数和综合排名

图 7-9 所示为企业 B 的可持续性评价得分情况，从 2010 年到 2012 年的发展趋势来看，企业 B 可持续性综合指数（实线）呈先上升后下降的趋势。其中，经济可持续性得分（虚线所示）总体上有所下降，环境可持续性得分（点线所示）基本保持不变，社会可持续性得分（圆点线所示）有所上升。该企业三个年度的可持续性综合排名分别为 49、3、4，可持续性综合指数均值为 2.78，处于平均水平以上（2.48）。该企业 2010 年度综合排名低的主要原因是其该年度的社会维度可持性得分很低，同时还影响了协调度和协调发展指数的数值。

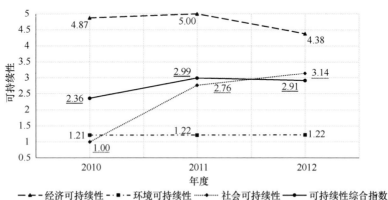

图 7-9 企业 B 可持续性评价得分情况

图 7-10 所示为企业 B 的可持续协调发展情况，从图中可以发现从 2010 年到 2012 年，企业 B 的综合协调度（实线所示）和协调发展综合指数（双点线所示，对应右侧坐标轴）均呈上升趋势，其中，经济环境协调度和经济社会协调度有所

上升，而环境社会协调度有所下降。根据表 7-1 可持续发展协调度划分标准，企业 B 经济和环境之间的发展一直处于严重失调状态，经济和社会之间的发展从严重失调状态上升到基本协调状态，环境和社会之间的发展从协调状态下降到失调状态。总体来看，环境、经济和社会三个维度的综合协调度处于严重失调和失调状态，而其三个年度的可持续协调发展综合指数排名分别为 57、4、3。

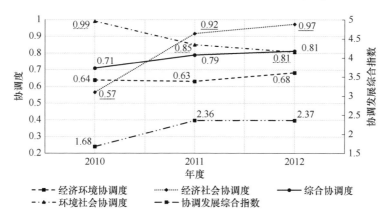

图 7-10 企业 B 可持续发展协调度及综合评价指标

从以上评价结果来看，企业 B 的经济可持续性得分要远远好于其环境和社会可持续性得分，从而也导致了发展不协调、企业综合可持续性低的问题。要提高企业 B 的可持续发展水平，首先要从提高其环境可持续性和社会可持续性着手，尤其是环境可持续性。企业 B 是该行业的龙头企业，因此经济效益处于领先地位，其推出的产品具有环保特性，但还需国家政策上的扶持，环境效益短期内也很难见效。该企业在发展过程中也逐渐注重员工的培训和企业文化的建设，因此，社会可持续性有所上升。从表 7-6 中的各项指标与第一主成分的载荷系数来看，环境可持续性主要与能源消耗、CO_2 和 SO_2 排放量等指标相关，而社会可持续性主要与员工总数、利税总额和社会捐赠等指标相关。鉴于以上分析，企业 B 应该继续加强产品科研投入，通过产学研结合来提高自主研发水平，保持当前经济发展良好形势，同时加强与当地社区的联系，增加就业岗位，提高员工工资水平，减少人员流动。另外，企业 B 也可以从制造工艺方面开展节能减排工作，减少环境影响。

7.4 小结

本章为衔接可持续领域介观和宏观层次可持续性研究和评价，介绍了基于主成分分析的企业可持续性方法,包括企业可持续性评价指标体系、指标的信度和效度分析以及企业可持续性评价模型等内容。研究结果表明,主成分分析是一种有效地构建企业三维可持续性评价模型的方法,可以得到调研企业可持续性综合指数和排名,可以识别调研企业在经济、环境和社会三方面的长处和弱点。由此,通过对企业可持续性的分析和评价,可以有针对性地对相对较弱的方面提出改进措施,实现企业可持续性的提高。

参 考 文 献

[1] ELKINGTON J. Cannibals with forks the triple bottom line of 21st century business [M]. [S.l.]: New Society, 1998.

[2] 温素彬. 基于可持续发展的企业绩效评价理论与方法研究 [D]. 南京: 南京理工大学, 2005.

[3] 邱英. 企业可持续发展财务评价理论与方法研究 [D]. 成都: 四川大学, 2007.

[4] CARMINES E G, ZELLER R A. Reliability and validity assessment [M]. London: Sage Publications, 1979.

[5] TAVAKOL M, DENNICK R. Making sense of Cronbach's alpha [J]. International Journal of Medical Education, 2011, 2: 53-55.

[6] KRISHNAN A, RAMASAMY R. Accessing the construct and content validity of uncertainty business using sem approach: an exploratory study of manufacturing firms [J]. Global Journal of Management and Business Research, 2011, 11 (12): 1-7.

[7] JIANG Q H, LIU Z C, ZHANG H C, et al. Three dimensional sustainability assessment: a case of combustion motor industry in China [C] //20th CIRP International Conference on Life Cycle Engineering (LCE), 17-19, April, 2013, Singapore. [S.l.]: CIRP, 2013: 523-528.

[8] 全国能源基础与管理标准化技术委员会. 综合能耗计算通则: GB/T 2589—2020 [S]. 北京: 中国标准出版社, 2020.

[9] 何晓群. 多元统计分析 [M]. 3版. 北京: 中国人民大学出版社, 2012.

[10] LI T, ZHANG H C, YUAN C, et al. A PCA-based method for construction of composite sustainability indicators [J]. The International Journal of Life Cycle Assessment, 2012, 17 (5): 593-603.

[11] JIANG Q H, LIU Z C, LIU W W, et al. A principal component analysis based three-dimensional sustainability assessment model to evaluate corporate sustainable performance [J]. Journal of Cleaner Production, 2018, 187: 625-637.